JN296353

テキストブック
刑法総論

葛原力三　塩見 淳　橋田 久　安田拓人 著

有斐閣
yuhikaku

はしがき

　本書は，法学部において刑法を学ぶ学生が「テキストブック」として利用することを念頭に執筆されたものである。もとより，法学部生であることに意味があるのではなく，刑法について理解を深めたいと考える方々にも本書は広く開かれている。

　法学部における刑法総論の授業で何をどのように教えるかは，教員にとって悩ましい問題である。法学部で学ぶ少なからざる学生は法科大学院への進学を１つの選択肢として意識しており，授業では，合格するために必要とされる基本的な知識や理論の確実な修得が要請されることになる。他方，法学部は法曹以外にも社会の各方面に人材を送り出しており，そういった分野を志している学生には，細かな知識もさることながら，刑法解釈学のもつ体系的思考の面白さを実感してもらいたいとの思いがある。年々複雑化し高度化する一方の判例・学説を前にしながら，どうしたら「面白くてためになる」授業になるのかを模索する毎日が続いている。

　法学部でのそのような授業に相応しい一書を作れないものか——それが本書の執筆に至った動機である。たしかに，現在，刑法総論に関する書物，しかもきわめて優れた書物が数多く出版されている。しかし，それらは，確立された自らの犯罪論体系を背景に，判例・学説に網羅的な検討を加えた学術的色彩の濃厚なものであったり，法科大学院での教育を意識した実践的・専門的な内容のものであったり，刑法に初めて触れる人にその内容をわかりやすく説明し，より高度な学習への関心を高めるように工夫されたものであったりと，必ずしも法学部で刑法を受講する学生が利用するに適した書物とはいえないように思われたのである。

　本書は，京都・大阪に在住する４名の教員が分担して執筆した。お互いに駆け出しの頃から議論を交わしてきており，本書の検討を重ねる際にも，忌憚のない意見交換を行った。そこでは，判例・学説をどのように理解するかにとどまらず，何をどこまで書くのか，どのように書けばわかりやすくなるのかといった，本書に固有ともいえる問題について，各自の考え方の違いが明らかにな

り，再び1つの方向にまとめていく作業が繰り返された。本書が，多少なりとも「テキストブック」として平準化されているとすれば，そのような作業の賜物といえよう。もっとも，平準化は容易ではなく，今読み返すと「繁簡よろしき」を得ていないと感じる箇所も少なくない。この点を含め，公刊後も，読者の方々のご注意やご意見を踏まえて，本書をさらによりよいものにしていきたいと考えている。

　本書の公刊にあたっては，有斐閣京都編集室の土肥賢氏と一村大輔氏に一方ならぬお世話になった。両氏の適切なアドバイスと粘り強い督促がなければ，この時期にこのような形で本書が公刊に至ることはなかったであろう。心より御礼申しあげる。

　平成21（2009）年　ひな祭りの日に

著 者 一 同

目　次

第1章
刑法の意義と機能　　*1*

第1節　刑法の意義と特色　*1*

1　刑法の意義 ·· *1*

2　刑法の特色 ·· *1*

(1) 外部的行為の規制──行為原則（*1*)　　(2) 謙抑主義──
ultima ratio としての刑法（*2*)　　(3) 刑法の二次規範性（*2*)
(4) 刑法の断片性（*2*)

3　刑　法　典 ·· *3*

第2節　刑法学──刑法の解釈　*3*

1　刑　法　学 ·· *3*

2　刑法の解釈 ·· *4*

(1) 歴史的解釈と目的論的解釈（*4*)　　(2) 両解釈法の統合（*4*)

第3節　刑法の機能　*5*

1　刑罰の目的・正当化根拠 ·· *5*

(1) 応報刑論と目的刑論（*5*)　　(2) 刑罰の正当化根拠（*6*)

2　刑法の機能 ·· *7*

(1) 法益の保護と社会秩序の保護（*7*)　　(2) 自由の保障（*7*)

第2章
罪刑法定主義　　*9*

第1節　総　　説　*9*

1　思想的基盤 ·· *9*

####　2　わが国における罪刑法定主義の展開……………………………… 9
第2節　法律主義　10
####　1　総　　説………………………………………………………………… 10
####　2　命令と法律主義……………………………………………………… 11
　　　(1) 総説（11）　(2) 特定委任（11）
####　3　条例と法律主義……………………………………………………… 12
####　4　明確性の原則………………………………………………………… 13
　　　(1) 総説（13）　(2) 要求される明確性の程度（14）
####　5　類推解釈の禁止……………………………………………………… 15
　　　(1) 類推解釈と拡張解釈（15）　(2) 判例の状況（15）
第3節　遡及処罰の禁止（事後法の禁止）　16
####　1　総　　説………………………………………………………………… 16
####　2　妥当範囲……………………………………………………………… 17
　　　(1) 行為時に「適法であった行為」（17）　(2) 事後的な法定刑の加重（17）　(3) 手続法的規定（18）　(4) 判例の不利益変更と遡及処罰の禁止（19）
第4節　刑法の時間的適用範囲　20
####　1　刑の廃止……………………………………………………………… 20
　　　(1) 刑の廃止と限時法の理論（20）　(2) 補充規範の改廃と刑の廃止（20）
####　2　刑の変更……………………………………………………………… 21
第5節　刑罰法規の適正　22
####　1　内容の適正…………………………………………………………… 22
　　　(1) 総説（22）　(2) 合憲限定解釈（22）　(3) 合憲的限定解釈と明確性の原則（23）
####　2　罪刑の均衡…………………………………………………………… 24
　　　(1) 総説（24）　(2) 具体的判断（25）

第3章

犯罪論の基礎　　27

第1節　犯罪論の体系　27
　1　総　　説 …………………………………………………… 27
　2　犯罪の成立要件 …………………………………………… 27
　3　犯罪論体系の諸相 ………………………………………… 28
　4　客観的処罰条件 …………………………………………… 28

第2節　違法性の概念　29
　1　形式的違法性と実質的違法性 …………………………… 29
　2　違法性の実質 ……………………………………………… 29
　　(1) 主観的違法論と客観的違法論（29）　　(2) 法益侵害説（29）
　　(3) 違法二元論（30）

第3節　行　　為　32
　1　総　　説 …………………………………………………… 32
　2　行為概念の限界機能 ……………………………………… 32
　3　行為論の諸相 ……………………………………………… 34

第4章

客観的構成要件　　35

第1節　総　　説　35
　1　構成要件の概念 …………………………………………… 35
　　(1) 犯罪成立の第1段階としての構成要件（35）　　(2) 価値中立的な構成要件（35）　　(3) 不法類型としての構成要件（36）
　　(4) 不法・責任類型としての構成要件（36）
　2　構成要件の機能 …………………………………………… 37
　　(1) 保障機能（37）　　(2) 犯罪個別化機能（38）
　　(3) 故意規制機能（38）　　(4) 違法推定機能（38）

　　　　(5) 訴訟法的機能（39）
　　3　構成要件の種別……………………………………………… 39
　　　　(1) 基本的構成要件と拡張された構成要件（39）　(2) 開かれた構成要件と閉ざされた構成要件（40）
　　4　不法構成要件の諸要素……………………………………… 40
　　　　(1) 客観的要素（40）　(2) 主観的要素（41）

第2節　主　　　体　*41*

　　1　主体の範囲………………………………………………… *41*
　　　　(1) 身分犯（41）　(2) 処罰の人的制約（42）
　　2　法　　　人………………………………………………… *43*
　　　　(1) 犯罪能力（43）　(2) 法人処罰のための要件（44）

第3節　因果関係　*50*

　　1　総　　　説………………………………………………… *50*
　　　　(1) 犯罪成立要件としての因果関係（50）　(2) 因果関係の複合的判断基準（50）　(3) 因果関係と客観的帰属（51）
　　2　条件関係…………………………………………………… *52*
　　　　(1) conditio sine qua non 公式（52）　(2) 条件公式の広すぎる帰責範囲（52）　(3) 具体的結果記述（53）　(4) 仮定的因果経過（53）　(5) 択一的競合（54）　(6) 合法則的条件の公式（55）
　　3　相当因果関係……………………………………………… *55*
　　　　(1) 相当性の判断（55）　(2) 相当性要件の根拠（56）　(3) 広義の相当性（危険創出）（57）　(4) 狭義の相当性（危険実現）（57）　(5) 判断資料の限定（59）
　　4　因果関係（客観的帰属）判定のためのその他の考慮……… *60*
　　　　(1) 合義務的態度の代置（60）　(2) 規範の保護目的（61）　(3) 遡及禁止論（62）

第4節　不作為犯　*63*

　　1　意　　　義………………………………………………… *63*
　　　　(1) 不作為・不作為犯・不作為犯罪（63）　(2) 作為犯と不作為犯の区別（65）
　　2　不作為犯の成立要件……………………………………… *67*

(1) 不作為犯に固有の要件（67）　　(2) 危険状態の先行存在（67）
　(3) なすべき作為（68）　　(4) 作為義務者（69）
　(5) 作為可能性（72）　　(6) 因果関係（73）

第5章

主観的構成要件

第1節　総　　説

第2節　故　　意

1　具体的内容と機能
2　故意の要件——認識の対象，態様，時期
　(1) 認識の対象（77）　　(2) 認識の態様（78）　　(3) 認識の時期（80）
3　故意の現象形態
　(1) 確定的故意と不確定的故意（81）　　(2) 未必の故意（82）
4　事実の錯誤
　(1) 抽象的事実の錯誤（86）　　(2) 具体的事実（同一構成要件内）の錯誤（89）　　(3) 共犯と錯誤（94）

第3節　過　　失

1　総　　説
2　成立要件
　(1) 客観的要件（97）　　(2) 主観的要件（101）　　(3) 信頼の原則（103）　　(4) 許された危険の法理（105）
　(5) 新旧過失論の対立（106）
3　過失の種類
　(1) 業務上過失と重過失（108）　　(2) 加重処罰の根拠（108）
4　管理監督過失
　(1) 管理過失と監督過失（109）　　(2) 過失責任を問われる者（110）
　(3) 注意義務の具体的内容（111）
5　結果的加重犯
　(1) 意義（112）　　(2) 基本犯と加重的結果との間の関係（112）

(3)　重い結果に関する過失（*113*）　(4)　結果的加重犯の未遂（*113*）

第4節　主観的超過要素　*114*

1　総　　説 …………………………………………………… *114*

2　目的犯における目的 …………………………………… *115*

　　　　(1)　後の行為を目的とする目的犯（*115*）　(2)　結果を目的とする目的犯（*115*）

3　その他の主観的超過要素 ……………………………… *116*

　　　　(1)　傾向犯における主観的傾向（*116*）　(2)　表現犯における心理的過程（*116*）　(3)　未遂犯における故意（*117*）

第6章

正当化事由　*119*

第1節　総　　説　*119*

1　正当化事由の種別 ……………………………………… *119*

　　　　(1)　規定の有無（*119*）　(2)　利益衝突状況の有無（*119*）
　　　　(3)　緊急状況の有無（*120*）

2　正当化事由の役割と正当化の判断基準 ……………… *120*

3　正当化の一般原理 ……………………………………… *120*

　　　　(1)　総説（*120*）　(2)　法益衡量説・利益衡量説（*121*）
　　　　(3)　目的説・社会的相当性説（*122*）

4　正当化の効果 …………………………………………… *123*

5　正当化事由・可罰的違法阻却事由・違法減少事由 …… *123*

6　違法の統一性 …………………………………………… *123*

　　　　(1)　総説（*123*）　(2)　刑法外の法領域において禁止された行為（*124*）　(3)　刑法外の法領域において許容された行為（*124*）
　　　　(4)　違法の構成要件関連性（*125*）

第2節　正当防衛　*125*

1　総　　説 …………………………………………………… *125*

2　正当化根拠 ……………………………………………… *126*

(1) 対立する個人的法益のみに着目する見解（126）
　　　(2) 法確証原理（126）
　■3　正当防衛状況 ……………………………………………… 127
　　　(1) 侵害（127）　(2) 急迫性（129）　(3) 不正（130）
　　　(4) 正当防衛の可能な法益（131）
　■4　正当防衛行為 ……………………………………………… 133
　　　(1) 概観（133）　(2) 防衛行為の有効性（133）
　　　(3) 防衛行為の必要性（134）　(4) 防衛行為の相当性（134）
　　　(5) 防衛の意思（137）
　■5　闘争状態における正当防衛 ……………………………… 139
　　　(1) 自招侵害（139）　(2) 喧嘩（142）
　■6　過　剰　防　衛 ……………………………………………… 143
　　　(1) 総説（143）　(2) 刑の減免根拠（143）　(3) 量的過剰（144）

第3節　誤想防衛・誤想過剰防衛　144

　■1　正当化事情の錯誤 ………………………………………… 144
　■2　誤　想　防　衛 ……………………………………………… 145
　　　(1) 意義（145）　(2) 故意の成否（145）　(3) 行為の正当化（147）
　■3　誤想過剰防衛 ……………………………………………… 148
　　　(1) 意義（148）　(2) 刑の減免（148）　(3) 判例（148）
　■4　盗犯等防止法における正当防衛の特則 ………………… 149

第4節　緊　急　避　難　149

　■1　総　　　　説 ………………………………………………… 149
　　　(1) 通常の形態（149）　(2) 特殊な形態（150）
　■2　法　的　性　質 ……………………………………………… 151
　　　(1) 法規定（151）　(2) 学説（152）
　■3　緊急避難状況 ……………………………………………… 154
　　　(1) 危難（154）　(2) 現在性（155）　(3) 緊急避難の可能な法益（156）
　■4　緊急避難行為 ……………………………………………… 156

(1) 概観（*156*）　(2) 避難行為の有効性（*156*）
　　　(3) 避難行為の補充性（*157*）　(4) 害の均衡（*157*）
　　　(5) 避難行為の相当性（*158*）　(6) 避難の意思（*160*）
　　　(7) 自招危難（*161*）　(8) 過失犯と緊急避難（*162*）
　5　過 剰 避 難……………………………………………………*163*
　　　(1) 総説（*163*）　(2) 避難行為の補充性の欠如（*163*）
　6　誤想避難・誤想過剰避難…………………………………*164*
　　　(1) 誤想避難（*164*）　(2) 誤想過剰避難（*164*）
　7　防衛行為による第三者侵害と正当防衛・緊急避難の成否
　　　……………………………………………………………………*165*
　　　(1) 攻撃手段として用いられた第三者の財の侵害（*165*）
　　　(2) 反撃手段として用いた第三者の財の侵害（*165*）
　　　(3) 攻撃手段でも反撃手段でもない第三者の財の侵害（*166*）

第5節　正当行為・自救行為・義務の衝突　*167*

　1　正 当 行 為……………………………………………………*167*
　　　(1) 法令行為（*167*）　(2) 正当業務行為（*170*）
　2　自 救 行 為……………………………………………………*171*
　　　(1) 総説（*171*）　(2) 正当化の根拠と要件（*171*）
　　　(3) 判例（*172*）
　3　義 務 の 衝 突…………………………………………………*173*
　　　(1) 作為義務と作為義務の衝突（*173*）　(2) 義務緊急避難（*173*）
　　　(3) 論理的義務衝突（*174*）

第6節　被害者の同意　*174*

　1　総　　　説……………………………………………………*174*
　　　(1) 被害者の自己決定権の尊重とその限界（*174*）　(2) 超個
　　　人的法益に対する罪と同意（*175*）　(3) 同意の体系的地位（*175*）
　2　同意の有効要件………………………………………………*176*
　　　(1) 同意能力（*176*）　(2) 同意の対象（*176*）　(3) 同意
　　　の心理的内容（*177*）　(4) 同意の存在時期（*177*）
　　　(5) 同意の表示（*178*）　(6) 同意の任意性（*178*）
　3　同意の認識……………………………………………………*180*
　4　身体に関する自己決定権の制約……………………………*181*

　　　　(1) 総説（*181*）　(2) 同意傷害の可罰性の根拠と基準（*181*）
　5　推定的同意 ·· *183*
　　　　(1) 総説（*183*）　(2) 不処罰根拠（*184*）　(3) 要件（*184*）
　6　危険の引受け ·· *185*
　　　　(1) 総説（*185*）　(2) 不処罰根拠（*185*）
　7　治療行為 ·· *186*
　　　　(1) 総説（*186*）　(2) 要件（*186*）

第7節　可罰的違法阻却事由　*188*
　1　総　　説 ·· *188*
　2　可罰的違法性の阻却 ·· *188*

第7章

責任阻却事由　*191*

第1節　総　　説　*191*
　1　責任主義 ·· *191*
　2　責任の内容 ·· *192*
　　　　(1) 想定される人間像・意思自由の問題（*192*）　(2) 非難の対象（*193*）　(3) 非難の主体・基準（*194*）　(4) 責任と積極的一般予防論（*195*）
　3　責任の判断と責任要素 ·· *195*
　　　　(1) 阻却事由としての責任の判断（*195*）　(2) 責任要素（*196*）

第2節　責任能力　*196*
　1　心神喪失と心身耗弱 ·· *196*
　　　　(1) 責任能力の法的規定（*196*）　(2) 精神の障害（*197*）　(3) 認識能力・制御能力（*199*）　(4) 限定責任能力（*200*）　(5) 法的判断としての責任能力判断（*201*）
　2　刑事未成年 ·· *202*
　　　　(1) 刑法41条の規定（*202*）　(2) 少年法の規定（*202*）
　3　原因において自由な行為 ······································ *202*

(1) 同時存在の原則（202）　　(2) 原因行為説──間接正犯類似説（203）　　(3) 結果行為説（204）　　(4) 併用説（204）
　　4 実行行為途中からの責任能力の低下……………………………207
　　　　(1) 問題の所在──判例の状況（207）　　(2) 学説の状況（208）

第3節　違法性の意識の可能性　209

　　1 違法性の錯誤の意義……………………………………………209
　　　　(1) 総説（209）　　(2) 違法性の錯誤にいう「違法性」の意義（210）
　　2 違法性の錯誤の取扱い…………………………………………211
　　　　(1) 問題の状況・判例の状況（211）　　(2) 学説の状況（212）
　　3 違法性の錯誤の回避可能性……………………………………213
　　　　(1) 総説（213）　　(2) 期待されるべき調査と信頼が許される情報（源）（214）

第4節　適法行為の期待可能性　217

　　1 総　　説…………………………………………………………217
　　　　(1) 期待可能性の意義（217）　　(2) 期待可能性の機能（217）
　　2 期待可能性の判断基準（期待可能性の標準）…………………219
　　　　(1) 行為者標準説（219）　　(2) 平均人標準説（219）
　　　　(3) 国家標準説（220）

第5節　責任阻却事情の錯誤　220

　　1 総　　説…………………………………………………………220
　　2 心理状態に影響を及ぼす外部的事情に関する錯誤……………221
　　　　(1) 違法性の意識の可能性（221）　　(2) 期待可能性（221）
　　3 客観的責任要素とされる場合…………………………………221

第8章

未　遂　犯

第1節　総　　説　223

　　1 意　　義…………………………………………………………223

　　　　(1) 既遂犯と未遂犯 (223)　　(2) 処罰範囲拡張の内容 (223)
　　　　(3) 未遂犯の処罰根拠 (224)
　　2　予備罪・陰謀罪 ·· 226
　　　　(1) 予備罪 (226)　　(2) 陰謀罪 (228)

第2節　実行の着手　228

　　1　意　義 ·· 228
　　2　判断資料 ·· 228
　　　　(1) 故意 (228)　　(2) 行為者計画 (229)
　　3　判断基準 ·· 231
　　　　(1) 行為基準 (231)　　(2) 危殆化基準 (231)　　(3) 判例
　　　　の検討 (232)
　　4　特殊な遂行形態における着手時期 ································ 235
　　　　(1) 間接正犯 (235)　　(2) 離隔犯 (236)　　(3) 不作為犯 (237)

第3節　不能犯　238

　　1　意　義 ·· 238
　　　　(1) 行為の一般的危険性 (238)　　(2) 構成要件欠缺（欠如）
　　　　論 (238)　　(3) 幻覚犯 (239)
　　2　危険性の判断 ·· 239
　　　　(1) その方法 (239)　　(2) 類型ごとの整理 (242)

第4節　中止犯　244

　　1　意　義 ·· 244
　　　　(1) 中止未遂と障害未遂 (244)　　(2) 予備罪への準用 (245)
　　　　(3) 減免根拠 (245)
　　2　中止行為 ·· 247
　　　　(1) 既遂に至る可能性 (247)　　(2) 中止行為の態様 (247)
　　　　(3) 未遂に終わったこととの因果関係 (250)　　(4) 中止故意 (250)
　　3　任　意　性 ·· 251
　　　　(1) 責任減少に関わる要素 (251)　　(2) 判断基準 (251)

第9章

共　　犯　　255

第1節　総　　説　255

1 複数関与者帰責の諸制度 ……………………………… 255
　(1) 広義の共犯 (255)　　(2) 任意的共犯と必要的共犯 (255)

2 正犯と共犯 …………………………………………………… 256

第2節　共同正犯　257

1 共同正犯の基本的成立要件 ……………………………… 257
　(1) 客観的要件 (257)　　(2) 主観的要件 (258)
　(3) 共謀 (260)

2 共同正犯の正犯性 ………………………………………… 261
　(1)「すべて正犯とする」の意味 (261)　　(2) 正犯性の理論的根拠 (262)

3 共同正犯の共犯性（複数犯性）………………………… 265
　(1) 罪名の異なる共同正犯 (265)　　(2) 共犯の基本的理解と行為共同説・犯罪共同説 (266)

4 共同正犯の諸問題 ………………………………………… 268
　(1) 承継的共同正犯 (268)　　(2) 片面的共同正犯 (270)
　(3) 過失犯の共同正犯 (271)　　(4) 結果的加重犯の共同正犯 (273)

第3節　間接正犯　274

1 総　　説 …………………………………………………… 274

2 間接正犯の事例類型 ……………………………………… 274
　(1) 責任無能力者を利用する場合 (274)　　(2) 強制 (276)
　(3) 故意なき道具 (277)　　(4) 適法行為の利用 (279)
　(5) 故意ある道具 (280)　　(6) 故意ある幇助道具 (281)
　(7) まとめ (282)

第4節　教唆犯　282

1 総　　説 …………………………………………………… 282

2 成立要件 …………………………………………………… 283

(1)　教唆行為＝犯罪決意の惹起（283）　　(2)　正犯者の実行の着手（284）　(3)　教唆故意（285）　(4)　制限従属形式（285）
　3　共謀共同正犯および間接正犯との区別……………………286
　4　間接教唆，再間接教唆………………………………………287
　5　未遂の教唆……………………………………………………288
　　　(1)　問題と学説の対立状況（288）　　(2)　アジャン・プロヴォカトゥール（289）

第5節　従　　犯　290

　1　成　立　要　件………………………………………………290
　　　(1)　幇助行為（290）　　(2)　正犯者の実行の着手（291）
　　　(3)　幇助行為の時点（291）　　(4)　幇助故意（292）
　2　幇助の因果関係………………………………………………292
　　　(1)　促進的因果関係（292）　　(2)　心理的因果関係（293）
　　　(3)　無効幇助（293）
　3　中立的行為による幇助………………………………………294
　4　共同正犯との区別……………………………………………295

第6節　共犯の諸問題　297

　1　共犯と身分……………………………………………………297
　　　(1)　65条の法意（297）　　(2)　65条1項の連帯的作用の根拠（297）
　　　(3)　65条2項の個別的作用の根拠（298）　　(4)　65条の実質的根拠の説明を試みない見解（299）　　(5)　構成的身分犯と加減的身分犯（299）　　(6)　65条1項と共同正犯（300）
　　　(7)　身分者が非身分者に加功した場合（301）
　2　予備罪の共犯…………………………………………………301
　　　(1)　予備罪処罰規定がある場合（301）　　(2)　他人予備の共同正犯（302）
　3　不作為犯と共犯………………………………………………303
　　　(1)　不真正不作為としての（不作為による）共犯（303）
　　　(2)　作為義務の内容による区別（303）　　(3)　行為支配説（304）
　　　(4)　区別不能説（304）
　4　共犯関係からの離脱…………………………………………305
　　　(1)　共犯の心理関係，とくに共謀関係からの離脱（305）
　　　(2)　因果性の遮断（305）　　(3)　実行の着手以降の離脱，解消（306）

第10章

罪　　数　　309

第1節　総　　説　309

第2節　本来的一罪　310
1　総　　説　310
2　法条競合　311
(1) 意義（311）　(2) 特別関係・補充関係（311）
(3) 択一関係（交差関係）（311）

第3節　科刑上一罪　312
1　総　　説　312
2　観念的競合　312
(1) 意義（312）　(2) 不作為の個数（313）
3　牽　連　犯　314

第4節　包括一罪　315
1　総　　説　315
2　吸収一罪　315
(1) 随伴行為（315）　(2) 共罰的事前行為・事後行為（315）
3　狭義の包括一罪　316
(1) 接続犯（316）　(2) 集合犯（316）
4　かすがい現象　317
5　共犯における罪数　317

第5節　併　合　罪　317
1　総　　説　317
2　併合罪の処断　318
(1) 吸収主義（318）　(2) 加重主義（318）　(3) 併科主義（319）

第11章

刑法の場所的適用範囲　*321*

- 1　総　　説 …………………………………………………… *321*
- 2　属地主義の原則 …………………………………………… *322*
  - (1) 意義（*322*）　(2) 犯罪地の確定（*322*）　(3) 錯誤の取扱い（*323*）
- 3　適用範囲の拡張 …………………………………………… *323*
  - (1) 保護主義（*323*）　(2) 属人主義（*324*）　(3) 世界主義（*324*）
- 4　刑法の競合における処理 ………………………………… *325*
  - (1) 外国刑法では不可罰の場合（*325*）　(2) 外国刑法でも可罰的な場合（*326*）

事項索引　*327*

判例索引　*336*

略 語 一 覧

1．主な法律等

外交約	外交関係に関するウィーン条約
刑訴	刑事訴訟法
公害犯罪	人の健康に係る公害犯罪の処罰に関する法律
航空強取	航空機の強取等の処罰に関する法律
児童買春	児童買春，児童ポルノに係る行為等の処罰及び児童の保護等に関する法律（児童買春・ポルノ処罰法）
臓器移植	臓器の移植に関する法律
地公等労	地方公営企業等の労働関係に関する法律
鳥獣保護	鳥獣の保護及び狩猟の適正化に関する法律
道交	道路交通法
盗犯	盗犯等ノ防止及処分ニ関スル法律（盗犯防止法）
動物愛護	動物の愛護及び管理に関する法律
独禁	私的独占の禁止及び公正取引の確保に関する法律
独行等労	特定独立行政法人等の労働関係に関する法律
爆発	爆発物取締罰則
犯人引渡	逃亡犯罪人引渡法
暴力	暴力行為等処罰ニ関スル法律
麻薬	麻薬及び向精神薬取締法
麻薬特例	国際的な協力の下に規制薬物に係る不正行為を助長する行為等の防止を図るための麻薬及び向精神薬取締法等の特例等に関する法律
民訴	民事訴訟法
労組	労働組合法

2．主な文献略語

〈単独著・共著〉

浅田	浅田和茂・刑法総論〔補正版〕（成文堂, 2007）
阿部	阿部純二・刑法総論（日本評論社, 1997）
板倉	板倉　宏・企業犯罪の理論と現実（有斐閣, 1975）
井田	井田　良・講義刑法学・総論（有斐閣, 2008）
井田・構造	井田　良・刑法総論の理論構造（成文堂, 2005）
伊東	伊東研祐・刑法総論（新世社, 2008）
内田Ⅰ	内田文昭・刑法Ⅰ（総論）〔改訂版補正版〕（青林書院, 1997）
内田(上)(中)	内田文昭・刑法概要上巻・中巻（青林書院, 1995・1999）

略 語 一 覧

大越	大越義久・共犯の処罰根拠（青林書院，1981）
大谷	大谷　實・刑法講義総論〔新版第 3 版〕（成文堂，2009）
大谷・各論	大谷　實・刑法講義各論〔新版第 3 版〕（成文堂，2009）
大塚	大塚　仁・刑法概説（総論）〔第 4 版〕（有斐閣，2008）
小野	小野清一郎・犯罪構成要件の理論（有斐閣，1953）
川崎	川崎友巳・企業の刑事責任（成文堂，2004）
川端	川端　博・刑法総論講義〔第 2 版〕（成文堂，2006）
木村亀	木村亀二＝阿部純二増補・刑法総論〔増補版〕（有斐閣，1978）
香城	香城敏麿・行政罰則と経営者の責任（帝国地方行政学会，1971）
斎藤	斎藤信治・刑法総論〔第 6 版〕（有斐閣，2008）
佐伯千	佐伯千仭・刑法講義総論〔4 訂版〕（有斐閣，1981）
佐伯千・思想	佐伯千仭・刑法に於ける期待可能性の思想　合本〔増補〕（有斐閣，1985 年）
佐久間	佐久間修・刑法講義（総論）（成文堂，1997）
荘子	荘子邦雄・刑法総論〔第 3 版〕（青林書院，1996）
正田	正田満三郎・犯罪論或問（一粒社，1969）
曽根	曽根威彦・刑法総論〔第 4 版〕（弘文堂，2008）
団藤	団藤重光・刑法綱要総論〔第 3 版〕（創文社，1990）
団藤・基礎	団藤重光・法学の基礎〔第 2 版〕（有斐閣，2007）
内藤(上)(中)(下Ⅰ)(下Ⅱ)	内藤　謙・刑法講義総論上・中・下Ⅰ・下Ⅱ（有斐閣，1983・1986・1991・2002）
中	中　義勝・講述犯罪総論（有斐閣，1980）
中山	中山研一・刑法総論（成文堂，1982）
西田	西田典之・刑法総論（弘文堂，2006）
西原	西原春夫・刑法総論（成文堂，1977）
西原(上)(下)	西原春夫・刑法総論上巻〔改訂版〕・下巻〔改訂準備版〕（成文堂，1993）
野村	野村　稔・刑法総論〔補訂版〕（成文堂，1998）
橋爪	橋爪　隆・正当防衛論の基礎（有斐閣，2007）
橋本	橋本正博・「行為支配論」と正犯理論（有斐閣，2000）
林	林　幹人・刑法総論〔第 2 版〕（東京大学出版会，2008）
林・基礎	林　幹人・刑法の基礎理論（東京大学出版会，1995）
林美	林美月子・情動行為と責任能力（弘文堂，1991）
日高	日高義博・不真正不作為犯の理論〔第 2 版〕（慶應通信，1983）
日高・基礎	日高義博・違法性の基礎理論（イウス出版，2005）
平野Ⅰ・Ⅱ	平野龍一・刑法総論Ⅰ・Ⅱ（有斐閣，1972・1975）
平野・基礎	平野龍一・刑法の基礎（東京大学出版会，1966）

平野・諸問題(上)	平野龍一・犯罪論の諸問題（上）総論（有斐閣，1981）
平場	平場安治・刑法総論講義（有信堂，1952）
福田	福田　平・刑法総論〔全訂第4版〕（有斐閣，2004）
藤木	藤木英雄・刑法講義総論（弘文堂，1975）
藤木・行政	藤木英雄・行政刑法（学陽書房，1976）
堀内	堀内捷三・刑法総論〔第2版〕（有斐閣，2004）
堀内・不作為犯	堀内捷三・不作為犯論（青林書院，1978）
前田	前田雅英・刑法総論講義〔第4版〕（東京大学出版会，2006）
前田・各論	前田雅英・刑法各論講義〔第4版〕（東京大学出版会，2007）
町野Ⅰ	町野　朔・刑法総論講義案Ⅰ〔第2版〕（信山社，1995）
松宮	松宮孝明・刑法総論講義〔第4版〕（成文堂，2009）
美濃部	美濃部達吉・行政刑法概論（岩波書店，1939）
宮本	宮本英脩・刑法大綱（弘文堂書房，1932）
安田	安田拓人・刑事責任能力の本質とその判断（弘文堂，2006）
山口	山口　厚・刑法総論〔第2版〕（有斐閣，2007）
山口・探究	山口　厚・問題探究　刑法総論（有斐閣，1998）
山中	山中敬一・刑法総論〔第2版〕（成文堂，2008）
吉岡	吉岡一男・刑事法通論（成文堂，1995）

〈共同執筆・講座・コンメンタール〉

21世紀	成城大学法学会編・21世紀を展望する法学と政治学（信山社，1999）
アクチュアル	伊藤渉ほか著・アクチュアル刑法総論（弘文堂，2005）
アルマ	町野朔＝中森喜彦編・刑法Ⅰ　総論〔第2版〕（有斐閣，2003）
基本講座(1)・(3)	阿部純二ほか編・刑法基本講座第1巻・第3巻（法学書院，1992・1994）
刑法教科書	伊藤寧ほか著・刑法教科書総論(上)（嵯峨野書院，1992）
現代講座(5)	中山研一ほか編・現代刑法講座第5巻（成文堂，1982）
現代的展開Ⅰ	芝原邦爾ほか編・刑法理論の現代的展開総論Ⅰ（日本評論社，1988）
最前線	山口厚＝井田良＝佐伯仁志著・理論刑法学の最前線（岩波書店，2001）
争点	西田典之＝山口厚＝佐伯仁志編・刑法の争点（有斐閣，2007）
争点・3版	西田典之＝山口厚編・刑法の争点〔第3版〕（有斐閣，2000）
大コメ(1)・(3)	大塚仁ほか編・大コンメンタール刑法〔第2版〕第1巻・第3巻（青林書院，2004）
法学講義	大谷實編・刑法Ⅰ（総論）（悠々社，2007）

〈古稀記念〉

鈴木古稀(上)	鈴木茂嗣先生古稀祝賀論文集　上巻（成文堂，2007）
内藤古稀	内藤謙先生古稀祝賀・刑事法学の現代的状況（有斐閣，1994）
中古稀	中義勝先生古稀祝賀・刑法理論の探求（成文堂，1992）
中山古稀(3)	中山研一先生古稀祝賀論文集　第3巻（成文堂，1997）
西原古稀(2)	西原春夫先生古稀祝賀論文集　第2巻（成文堂，1998）
平野古稀(上)	平野龍一先生古稀祝賀論文集（上）（有斐閣，1990）
福田大塚古稀(上)(下)	福田平・大塚仁博士古稀祝賀・刑事法学の総合的検討（上）（下）（有斐閣，1993）
松尾古稀(上)	松尾浩也先生古稀祝賀論文集（上）（有斐閣，1998）

※本文における文献略語の表記方法について
・共同執筆・講座・コンメンタール・古稀記念は以下のように表記する
　例：内藤古稀143頁〔町野朔〕
・雑誌論文は以下のように表記する
　例：塩見淳「不作為犯の不能未遂」論叢148巻3＝4号〔2001〕295頁

3．主な判例・裁判例集

〈大審院時代〉

刑集	大審院刑事判例集
刑録	大審院刑事判決録
裁判例	大審院裁判例（法律新聞別冊）
新聞	法律新聞

〈最高裁判所時代〉

一審刑集	第一審刑事裁判例集
下刑集	下級裁判所刑事裁判例集
刑月	刑事裁判月報
刑集	最高裁判所刑事判例集
高刑集	高等裁判所刑事判例集
高刑速	高等裁判所刑事判決速報集
裁時	裁判所時報
裁特	高等裁判所刑事裁判特報
集刑	最高裁判所裁判集刑事
東高刑時報	東京高等裁判所判決時報（刑事）
判時	判例時報
判タ	判例タイムズ
判特	高等裁判所刑事判決特報

4．主な論文（判例評釈）雑誌
〈法律雑誌〉

警研	警察研究
刑法	刑法雑誌
研修	研修（法務省法務総合研究所）
法教	法学教室
法セ	法学セミナー

〈紀要〉

神奈	神奈川法学（神奈川大学法学会）
関法	法学論集（関西大学法学会）
現刑	現代刑事法（現代法律出版）
産法	産大法学（京都産業大学法学会）
書研	書研所報（裁判所書記官研修所）
上法	上智法学論集（上智大学法学会）
法研	法学研究（慶応義塾大学法学研究会）
論叢	法学論叢（京都大学法学会）

執筆者紹介 (50音順)

□葛原　力三（くずはら・りきぞう）
　　1959 年　生まれ
　　1982 年　関西大学法学部卒業
　　1986 年　関西大学大学院法学研究科博士後期課程単位修得
　　1991 年　関西大学法学部専任講師
　　現　在　関西大学法学部教授
　　担　当　第 4 章第 3 節, 第 5 章, 第 9 章

□塩見　淳（しおみ・じゅん）
　　1961 年　生まれ
　　1984 年　京都大学法学部卒業
　　1984 年　京都大学法学部助手
　　現　在　京都大学大学院法学研究科教授
　　担　当　第 4 章第 1 節・第 2 節・第 4 節, 第 8 章, 第 10 章, 第 11 章

□橋田　久（はしだ・ひさし）
　　1964 年　生まれ
　　1988 年　京都大学法学部卒業
　　1993 年　京都大学大学院法学研究科博士後期課程研究指導認定退学
　　1995 年　京都産業大学法学部専任講師
　　現　在　名古屋大学大学院法学研究科教授
　　担　当　第 3 章, 第 6 章

□安田　拓人（やすだ・たくと）
　　1970 年　生まれ
　　1993 年　京都大学法学部卒業
　　1997 年　京都大学大学院法学研究科博士後期課程研究指導認定退学
　　1997 年　金沢大学法学部助教授
　　現　在　京都大学大学院法学研究科教授
　　担　当　第 1 章, 第 2 章, 第 7 章

第1章 刑法の意義と機能

第1節 刑法の意義と特色

1 刑法の意義

　刑法は，どのような行為が犯罪とされ，それに対してどのような刑罰が科せられるかを定めた法である。刑罰とは，刑法9条に規定されている，死刑，懲役，罰金などの制裁であり，本書にいう犯罪とは，それに対する制裁として刑罰が科せられる，法に違反した行為である。刑法は，こうした犯罪と刑罰の関係を規定する法をすべて含み，刑法という名の法律（刑法典）に限られるものではない。例えば，爆発物取締罰則，児童買春・ポルノ処罰法（児童買春，児童ポルノに係る行為等の処罰及び児童の保護等に関する法律）のような特別刑法は，刑法典を補充するものとして重要である。さらに，会社法960条以下の罪のように民事法などのなかに罰則がおかれていることも多い。これらはすべて刑法であり，刑法典（明治40年法律第45号）という意味での刑法（狭義の刑法）と区別するため，刑罰法規もしくは広義の刑法と呼ばれることもある。

2 刑法の特色

(1) 外部的行為の規制——行為原則

　刑法は，殺すな，盗むなといった形で，道徳的にも非難されるべき行為を禁じており，その限りで道徳と内容的には相当程度重なり合っている。しかし，刑法は，道徳とは異なり，内心の領域に立ち入って規制を加えるものではない。いかに危険あるいは不道徳な考えをもっていても，それが行為として表にあらわれない限りは，刑法による制裁が科せられることはない（行為原則）。刑法と道徳とでは，その禁止・命令の向けられる対象が異なっているのである。

(2) 謙抑主義——ultima ratio としての刑法

また，刑法は，その違反に対して法的制裁を予定している点では，民法など，それ以外の法と共通するが，刑法の予定する制裁・刑罰は，それが科せられる人から重要な利益（自由・財産さらには生命）を奪う点で，他の法より厳しいものである。したがって，刑法は，他の法による制裁（民法による損害賠償，行政法による許可の取消など）では不十分であったり，他に適切な方法がない場合にのみ，控えめに用いられるべき最後の手段（ultima ratio）である。

それゆえ，「刑法は，あらゆる違法な行為に対して刑罰をもって臨もうとするような思い上った態度をとるものではない」（佐伯千82頁，宮本80頁）。これを謙抑主義という。違法性が軽微な場合に犯罪の成立を否定する可罰的違法性の理論などは，その具体的なあらわれである。

(3) 刑法の二次規範性

このように，刑法は，他の法による制裁では不十分な場合に，より強力な制裁を追加するために用いられるものである（刑法の二次規範性）から，例えば，民法で適法とされている行為を刑法が違法だとみて処罰を行うようなことはあってはならない。例えば，刑法各論で「不法原因給付と横領罪の成否」を勉強するときには，このことを思い出して頂きたい。

(4) 刑法の断片性

こうしたことから，刑法による規制は，どうしても断片的にならざるをえない。民法709条では，「故意又は過失によって他人の権利又は法律上保護される利益を侵害した」場合にはすべて損害賠償責任を負うこととされているが，刑法で処罰されるのは，個別具体的に刑罰法規が設けられている場合に限られる。そのため，例えば債務不履行や利益窃盗は処罰されないが，このことは，謙抑主義の観点からは，妥当なことと思われる。

他方で，犯罪による被害者もやはり弱い市民なのだから，刑法による規制は少なければ少ないほどよいと考えるのは間違いである（佐久間4頁）。それゆえ，必要な保護がなされていない分野があれば，刑罰法規を新設・補充していく必要がある。この点では，例えば，私的な領域の刑法による保護はきわめて不十分であり，盗撮や盗聴行為につき刑法で処罰すべきでないかといったことが問題となろう。

3 刑法典

　犯罪と刑罰の関係を規定した法の中心には、「刑法」という名前の法律がある。これは、明治40（1907）年に制定され、翌年から施行されている古い法律で、すでに施行後100年を経過したが、全面的な改正は行われていない。平成7（1995）年には、内容的な修正を伴わないで、その表現を現代的なものに改める改正がなされている。

　刑法典は、「第一編　総則」と「第二編　罪」からなる。後者は、殺人罪や窃盗罪のように、ほぼどの国でもどの時代でも処罰されるような基本的・古典的な犯罪を規定している。前者は、刑罰に関する規定のほか、各犯罪類型に共通する一般的な成立要件を定めている。これは、特別の規定がない限り、刑法典各則に限らず、犯罪と刑罰を規定したすべての法に適用される（8条）。総則の「第七章　犯罪の不成立及び刑の減免」「第八章　未遂罪」「第十一章　共犯」は、各則の犯罪成立要件の例外を定めたもので、本書において扱う刑法総論の重要な検討対象となる。

第2節　刑法学——刑法の解釈

1　刑法学

　刑法学は、大きく分ければ、犯罪論と刑罰論からなる。前者は、刑法の解釈により犯罪の成立要件・基準を明らかにするものであり、後者は、刑罰の目的・正当化根拠や科せられるべき種類・量を検討するものである。本書では、後者については、次節においてごく簡単に扱うにとどめる。

　犯罪論は刑法総論の主要部分と刑法各論に分かれる。前者は、刑法典「第一編　総則」の解釈を中心に、どの罪にも共通する、犯罪の一般的な成立要件を検討するもので、本書のメインテーマをなす。わが国の刑法典の総則においては、例えばドイツの刑法典と比べると、個々の問題について詳細な定義がおかれていない場合（心神喪失の意義など）、あるいは、一義的かつ完結的な解決が示されていない場合（違法性の錯誤など）が少なくなく、そのため、刑法総論上の諸問題に関する学説はきわめて多様なものとなり、その優劣をめぐって激しい論争が行われているのが現状である。後者の刑法各論は、刑法典「第二編

罪」をはじめ刑法に規定された犯罪に固有の成立要件を検討するものである。

2　刑法の解釈
(1)　歴史的解釈と目的論的解釈
　刑法学の任務は，刑法を解釈して，その規範の内容を具体化した形で示し，もってその内容を明らかにすることにある。

　まず，出発点となるのは，立法者の意思であり，刑法学は，立法者の想定していたように法が実現されるよう，その意思を明確に再現することに努めなければならない（歴史的解釈）。もっとも，法律はいったん制定されると，文言としては固定されるが，社会は変化し，立法時には想定されなかったことが生じうるため，その場合にどうするかが問題として残ることになる。

　他方，それぞれの法規範の目的を考慮して，その目的にあうように解釈することを，目的論的解釈という。例えば，刑法各論の解釈においては，それぞれの罪の保護法益が何かを考え，そこから実行行為が何かを考えていくが，これも目的論的解釈の一例である。もっとも，刑法には罪刑法定主義の要請が働くので，合目的性だけで結論を決めることはできない。

(2)　両解釈法の統合
　ではどのように考えるのが妥当であろうか。

　まず，立法者の意思を絶対視することは，法の硬直化を招き，必ずしも妥当ではない。法は，立法者の手を離れて，客観的な法規範として存在するに至った以上，その社会と共に生きるべき運命を与えられ，いわば独立の生命力をもったものだとも考えられる（団藤・基礎349頁）。

　他方で，刑法の領域では，次章でみる罪刑法定主義の民主主義的側面からみて，立法者意思尊重の要請は軽視できないため，法規範が客観的存在になったとして，立法者意思との関連づけを完全に解消するのは妥当でないであろう。この関連づけは，おそらく文言の可能な意味の範囲に着目することにより確保されよう。すなわち，立法者が，ある言葉を用いた以上，その言葉を使った規範はそれ自体が客観的な存在になる。それゆえ，立法者は，その言葉の解釈として可能な範囲では，解釈・適用する者に法の実現をゆだねたものと解されるから，法律が動かなくても，その範囲内では，社会の変化に対応し，新たな事

象に対処することも可能となるものと考えられるのである。

第3節　刑法の機能

1　刑罰の目的・正当化根拠
(1)　応報刑論と目的刑論

　(a)　応報刑論　　刑法は，刑罰という制裁により，その目的を達成しようとするものであるから，その機能は刑罰の機能と不可分一体のものになる。刑罰は，それ自体として苦痛・害悪であるから，刑罰は何のために科せられるのか，刑罰を科すことがなぜ正当化されるかが問題となる。この点については，応報刑論と目的刑論という相異なる考え方がある。

　応報刑論とは，刑罰は，犯罪に対する当然の報い（応報）として科せられるもので，そのことによって自己目的的に正当化されるとする考え方である。応報刑とは，より厳密には，責任に応じた刑であり，犯した罪に関する非難の量に応じた刑が科せられるべきことになる（井田9頁）。これは，古くは「目には目を」というタリオの法にもみられたものであり，時代を下って，カントとヘーゲルにより理論的に基礎づけられた考え方である。

　(b)　目的刑論　　これに対し，目的刑論とは，刑罰は，犯罪の予防という目的達成の手段として正当化されるとする考え方であり，そのなかには，一般予防論と特別予防論が，一般予防論のなかには，伝統的な一般予防論（消極的一般予防論）と近時有力な積極的一般予防論がある。特別予防論は，犯罪を行った者に刑罰を科すことによってその者の将来の犯罪を予防しようとする考え方であり，より細かくみれば，処遇による行為者人格の改善，処罰による当該行為者の威嚇，隔離による再犯防止が問題になる。また，伝統的な一般予防論（消極的一般予防論）は，犯罪と刑罰を事前に予告しまた実際に処罰することによって，一般の国民が犯罪行為に及ぶことを予防しようとする考え方。そして，積極的一般予防論は，刑罰を科すことによって国民の規範意識を強化することによって犯罪を予防しようとする考え方である。

　もっとも，これらはいずれか1つしか考慮されえないというものではない。例えば，新たな刑罰法規を制定する際，あるいは，すでに存在する刑罰法規の

法定刑を改正する際には，刑罰の一般予防目的が最も重視されるであろう。財産犯において窃盗罪などの領得罪の法定刑が毀棄罪のそれより重いこと，身代金目的拐取罪の法定刑が著しく高いことなどは，この観点から説明できる。しかし，他方で，罪刑の均衡が破られてはならないとすれば，それは応報の考え方により歯止めがかかっているのである。また，量刑に際して，そのような刑罰を科すことが犯罪者の更正・社会復帰にどのような影響を及ぼすかが考慮されるべきだとすれば，それは刑罰の特別予防目的に関わる問題なのである。

(2) 刑罰の正当化根拠

刑罰には様々な目的が認められるが，それらは対立することがありうるため，そのうちの何が究極的に刑罰を正当化するかが問題となる。すなわち，ここでの問題は，①予防目的を達成するためには必要であるが応報の観点からは正当化されない刑罰を科すことが認められるか，これとは逆に，②応報の観点からは妥当だが犯罪予防の観点からは必要でない刑罰を科すことが認められるか，である。

①の問いを消極に解すべきことは当然であろう。応報の観点から正当化される範囲を超えて一般予防目的を追求することは，その刑罰を科せられる者を手段にして広く社会一般の利益を確保すること，すなわち，「人格の手段化」であって，法的に是認されない。カントやヘーゲルが，一切の予防目的を考慮すべきではないとして，絶対的応報刑論を説いたのは，このためなのであった。また，特別予防目的を純粋に追求したのでは，その者に再び犯罪行為に及ぶ危険性がある以上ずっと刑罰を科さざるをえないこととなるが，それでは，罪刑均衡の要請がみたされず，妥当でないのである。

他方，②の問いにも否と答える見解が有力である。刑罰は，あくまで犯罪予防にとって不可欠な限度で正当化されるのだから，それを超える分は合理性を欠いているというのである。しかし，現在の科学の水準でもって，個々の事案において犯罪予防目的に必要な刑罰を算定することは不可能だから，こうした見解からはおよそ刑罰を科すことができなくなろう。そして，仮に刑罰が犯罪予防にとって全く役に立たない手段であったとしても，国家は実力を独占し，個人に復讐を（刑罰でもって！）禁じた以上，復讐感情を適切に宥和するためにも応報としての刑罰を科さざるをえないと思われる（西原（下）487頁，大谷44頁）。

2 刑法の機能

(1) 法益の保護と社会秩序の保護

　刑法は，犯罪と刑罰を事前に予告しまた実際に処罰することによって，生命や財産といった法的に保護されるべき利益（これを法益という）を保護している。そこで，1つの考え方は，これだけが刑法の任務であると考え，そこから，法益を侵害し，あるいは，危殆化（きたい）（危うく）する行為だけが処罰されるべきだという結論を導いている。

　これに対し，もう1つの考え方は，犯罪により社会秩序が乱れないようにすること，あるいは，法規範がしっかり妥当している状態を維持・強化することが，刑法の任務だと考えている。

　この問題は，結局は，刑法において何を違法として禁じるのかという，違法性の本質に関わることであり，**第3章**で詳しく扱われる。

(2) 自由の保障

　刑法は，処罰される国民の側からみれば，それに規定された範囲でしか処罰されないことを保障するものであり，「犯罪者のマグナカルタ」と呼ばれることもある。これは，結局は，次章でみる罪刑法定主義の根拠・機能を別の形で表現したものであるから，詳しくはそこで扱う。

第2章 罪刑法定主義

第1節 総　　説

1　思想的基盤

　罪刑法定主義とは，どのような行為が処罰されるのか，それに対してどのような刑罰が科せられるのかが，行為の前に法律で定められていなければ，その行為は処罰されてはならないとする原則である。罪刑法定主義の思想的基盤は，中世以降の過酷で専断的な刑罰制度の打破を試みた，啓蒙思想に由来する。そこでは，国家権力による刑罰権の恣意的な行使から個人の権利・自由を擁護すべく，あらかじめ犯罪と刑罰を法律で定めるべきことが高唱されたのである。

　また，罪刑法定主義は，「近代刑法学の父」と呼ばれたドイツの刑法学者フォイエルバッハによっても理論的基礎づけを与えられた。彼は，人は苦痛を避け快楽を得ようとするから，犯罪から得られる快楽を少し上回る程度に苦痛である刑罰を規定しておけば，犯罪を避けさせることができるとする，心理強制説を主張し，そこから犯罪と刑罰が事前に法定されていなければならないことを基礎づけたのである。こうした合理的な選択を行う人間像を前提とした，刑罰による一般予防の観点もまた，罪刑法定主義の背景的基礎をなしているのである。

2　わが国における罪刑法定主義の展開

　わが国では，明治時代初頭まで，刑罰法規の類推適用が認められており，罪刑法定主義が認められるようになったのは，明治13年の旧刑法以来のことである。現行刑法典には，これを直接定める規定はおかれていないが，日本国憲法31条は「何人も，法律の定める手続によらなければ，その生命若しくは自

由を奪われ，又はその他の刑罰を科せられない」と規定しているから，その当然の前提として，手続で適用されるべき実体法もまた法律で定められていることを要求しているものと考えられる。また，同法39条は，遡及処罰の禁止の原則を規定している。したがって，罪刑法定主義は憲法上の要請でもあるといえよう。さらに，罪刑法定主義は，国際人権規約B規約により国際的にも承認されているが，同規約は，わが国でも昭和54（1979）年に批准され，同年より法的拘束力をもっている。

第2節　法律主義

1　総　説

　法律主義とは，犯罪と刑罰が法律によって定められていなければならないという原則であり，民主主義的要請に基づくものである。すなわち，国民は，その代表者である議会を通じて，自ら，禁止される行動の範囲ならびに刑罰として失うかもしれない自由などの不利益の範囲を決定するのであり，それを超える不利益を国家により被らされることがあってはならないという考え方が，法律主義の基礎となっているのである。このような観点からは，処罰範囲・程度を縮小・軽減する方向であれば，刑罰法規の定める枠から外れた判断をすることも許されることになる。被告人に有利な類推解釈が一般に許容されているのは，そのためである。

　他方，法律主義は，立法権による司法権のコントロールの観点を重視して説明されることもある。「裁判官は法律の言葉を語る口にすぎない」という，モンテスキューの言葉は，このことを最もよくあらわすものである。このような理解を徹底すれば，裁判官は，立法府の判断に拘束されるべきことになり，処罰範囲・程度を縮小・軽減する方向であっても，刑罰法規の定めるところから外れた判断は許されないことになろう。また，この要請からすれば，刑罰法規では犯罪類型をできるだけ詳細に場合分けをし，それに応じた比較的限られた範囲の法定刑を規定すべきことになる。フランス刑法やわが国の旧刑法などは，明らかにこの傾向にある。

　これに対し，わが国の現行刑法は，犯罪類型も概括的で，法定刑の範囲も非

常に広く，裁判官が事案に即して適正な判断をなしうることを想定しており，これと異なる傾向にある。また，とりわけ，犯罪の成立を否定すべき事情（違法性阻却事由・責任阻却事由）が明文の規定にない場合でも，違法性・責任を否定すべき実質的根拠が妥当する限りにおいて，犯罪の成立を否定すべだと考えるのが一般的である。

2 命令と法律主義

(1) 総　　説

　法律主義にいう法律とは，成文の制定法で，国会が制定したものでなければならない。それゆえ，法律によらずに直接慣習法あるいは判例法に基づき処罰することは否定される。

　法律主義との関係で問題になるのは，行政機関の命令である。命令とは，国の法形式のうち，議会の議決を経ずに，専ら行政機関（内閣や省庁）によって制定されるものであり，内閣が制定するものは政令，各省庁が制定するものは省令・規則など（国家行政組織12条1項・3項，13条）と呼ばれ，その総称が命令である。

　法律主義の趣旨からすれば，行政機関が命令において罰則を設けることは許されないはずであるが，憲法73条6号は「特にその法律の委任がある場合」に例外的に命令に刑罰法規を設けることを認めている（さらに国家行政組織12条3項・13条2項）。例えば，覚せい剤取締法は，覚せい剤として，①「フエニルアミノプロパン，フエニルメチルアミノプロパン及び各その塩類」のほか，②これと「同種の覚せい作用を有する物であつて政令で指定するもの」などを挙げ（覚せい剤取締2条），この所持などを処罰しているが，①以外の物質が新たに登場して規制が必要になったとき，いちいち法律を改正するのは煩雑であり，迅速な対応が困難になろうから，このような行き方には合理性が認められる。

(2) 特定委任

　問題は，法律主義の要請をみたすためには，「特にその法律の委任がある場合」がどのようなものでなければならないのかであるが，この点については，一般的・包括的委任は許されず，特定委任が必要だとされるのが一般的である。

特定委任とは，委任する事項が特定された委任であり，ここでは具体的な処罰の範囲が特定されていることをいう。最高裁も，「特にその法律に具体的な委任がある場合」には委任が憲法上許されるとしている（最大判昭和27・12・24刑集6巻11号1346頁）。

そこで，さらに，特定委任・具体的委任といえるためには，委任事項がどの程度具体的に特定されていることが必要であるかが問題となる。この点が争われたのが，猿払事件である。事案は，郵便局員が特定政党の候補者の選挙用ポスターを掲示したというものであるが，国家公務員法102条1項は，公務員の政治的行為を禁止し，違反者に対する刑罰を規定するが，「人事院規則で定める政治的行為をしてはならない」として，政治的行為の具体的内容を人事院規則14-7にゆだねているため，特定委任・具体的委任があったかが問題となったのである。最高裁は，同法「102条1項が，公務員の政治的中立性を損うおそれのある行動類型に属する政治的行為を具体的に定めることを委任するものであることは，同条項の合理的な解釈により理解しうる」として，同条項を合憲としている（最大判昭和49・11・6刑集28巻9号393頁）。

3　条例と法律主義

条例とは，地方公共団体が自治権に基づいて制定する法形式である。地方自治法は，普通地方公共団体が，法令に反しない限りにおいて，その事務に関して条例制定権をもつことを定め（地方自治14条1項），法令に特別の定めがある場合を除くほか，条例中に罰則を設けることを一般的に許容している（同条3項）。各都道府県の迷惑行為防止条例などは，この規定に基づいて制定されている。

もっとも，条例は，国法の形式として，命令より下位であるが，その命令についてさえ，具体的・特定委任が厳しく要求されていることからすれば，地方自治法に規定するような一般的・包括的委任では不十分ではないかが問題となりうる。最高裁は，「条例は……公選の議員をもつて組織する地方公共団体の議会の議決を経て制定される自治立法であつて，行政府の制定する命令等とは性質を異にし，むしろ国民の公選した議員をもつて組織する国会の議決を経て制定される法律に類するものであるから，条例によつて刑罰を定める場合には，

法律の授権が相当な程度に具体的であり，限定されておればたりる」と判断している（最大判昭和37・5・30刑集16巻5号577頁）。ところが，その後の平成11年の地方自治法改正により，前掲の同法14条1項・3項により条例を規定しうることとされる「事務」の範囲を定める2条2項は，例示規定を失ったことにより，もはや相当な程度に具体的で限定的な授権をしているとはいえない状態になっていることには注意を要する。

　しかし，条例は，憲法94条に根拠をもつ自主立法であり，国の立法に相当するものであるから，民主主義的要請は実質的に確保されている。そして，地方自治法14条3項は，法令との抵触を回避すべきことを前提に，そうした地方自治体の権限を確認しつつ，条例に定める罰則の法定刑を制限しているにすぎないと考えられる。こうみれば，条例については，特定委任がなされていなくても，罪刑法定主義上の問題は生じないであろう。

4　明確性の原則
(1) 総　　説
　明確性の原則とは，犯罪と刑罰に関する規定の内容は，明確なものでなければならないとする原則である。このことは，戦後，英米法の実体的デュープロセスの考え方の影響のもとで展開されたため，伝統的な罪刑法定主義の内容とは分けて説明されることが多い。しかし，犯罪と刑罰を法律で規定することだけを要求しても，その内容があいまい・不明確であれば，処罰範囲は裁判官が恣意的に決しうることとなり，実質的にみて法律主義に反することになる。

　また，あいまい・不明確な刑罰法規は，国民の予測可能性ないし刑罰法規の一般予防効果の観点からも非常に疑問である。最高裁も，徳島市公安条例事件において，「刑罰法規の定める犯罪構成要件があいまい不明確のゆえに憲法31条に違反し無効であるとされるのは，その規定が通常の判断能力を有する一般人に対して，禁止される行為とそうでない行為とを識別するための基準を示すところがなく，そのため，その適用を受ける国民に対して刑罰の対象となる行為をあらかじめ告知する機能を果たさず，また，その運用がこれを適用する国又は地方公共団体の機関の主観的判断にゆだねられて恣意に流れる等，重大な弊害を生ずるからである」（最大判昭和50・9・10刑集29巻8号489頁）とし，

「あいまい不明確」な刑罰法規が違憲無効とされる余地を認めている。

　もっとも，法律は言葉を手段とした規制手段であるが，言葉は往々にして多義的でありうる。また，法律は，個々の具体的事案を超えて一般的に妥当するものであるから，どうしても様々な事案の具体性を捨象した，抽象的な言葉を用いることにならざるをえない。誰がみても処罰範囲が一義的に明らかであるという刑罰法規は，理想かもしれないが幻想である。他方で，専門家が解釈を施してようやくその意味内容を明らかにし，処罰範囲を確定しうるというのでは，刑罰法規は，国民の予測可能性を保障しえないことになり，妥当でない。そして，そのことから，行為規範として有効に機能せず，期待されるべき一般予防効果も得られないことになろう。

(2)　要求される明確性の程度

　そこで問題となるのは，どの程度明確に規定されていればよいのかである。最高裁は，前掲の徳島市公安条例事件において，「ある刑罰法規があいまい不明確のゆえに憲法31条に違反するものと認めるべきかどうかは，通常の判断能力を有する一般人の理解において，具体的場合に当該行為がその適用を受けるものかどうかの判断を可能ならしめるような基準が読みとれるかどうかによつてこれを決定すべきである」と判示している。このような基準は，明確性判断により確保されるべきものが国民一般の予測可能性だとすれば，一般論として妥当であろう。

　もっとも，最高裁が，明確性の原則違反の主張を退けるに際しては，①本件に適用する限りにおいては明確だとするもの（最決昭和36・12・6集刑140号375頁，最大判昭和47・11・22刑集26巻9号554頁），②解釈によって不明確さを解消できるから無効とはいえないとするもの（最判昭和45・4・24刑集24巻4号153頁），③法文中に例示があるから明確であるとするもの（最決昭和39・5・7刑集18巻4号144頁）などがある。このうち，①については，当該刑罰法規そのものが処罰範囲を明確に示すことができていないという問題が解決されていないのではないか，②については，明確性の原則は，通常の判断能力を有する国民一般の予測可能性を保障するものだから，裁判官が事後的にその不十分さを治癒することはできないのではないか，という疑問がある。また，③についても，類推の方法によればわかるというだけでは明確性は確保されていな

いのではないか，裁判官による法律の補充を認めるのでは法律主義に反するのではないか，という批判が向けられている。

　刑罰法規の明確性は，犯罪の成立要件についてのみならず，法定刑についても問題となる。したがって，処罰するとだけ規定され，刑罰の種類・量とも定められていない絶対的不定刑は禁じられる（アルマ9頁〔中森喜彦〕）。もっとも，わが国の法定刑は，例えば，殺人罪であれば，死刑，無期または5年以上の懲役というように，非常に幅が広い。それゆえ，法定刑に関しては，明確性の要請がややも後退させられ，個々の具体的事案に応じた量刑を可能にすることの利益がより重視されていると考えられる。

5　類推解釈の禁止
(1)　類推解釈と拡張解釈
　類推解釈とは，ある事実が刑罰法規の定める枠内に含まれていないことを認めながら，その枠内に含まれている事実と実質的・価値的に同等であることを理由として，処罰する解釈法である。このような解釈は，裁判官が，立法府が定めた処罰範囲を超えて処罰することになるから，法律主義，その基礎にある民主主義的要請に反するものである。

　他方，拡張解釈は一般に許容されている。これは，通常の日常用語の範囲を超えて刑罰法規の文言を拡張的に解釈することによって，通常の日常用語により解釈したのでは処罰範囲に含まれない事案を処罰するものであるが，それは刑罰法規の文言の「可能な意味」の範囲内でなければならない。

(2)　判例の状況
　わが国の判例には，正面から，類推解釈を肯定したものは見当たらず，論理形式としては拡張解釈がとられている。例えば，電気窃盗事件（大判明治36・5・21刑録9輯874頁）において，大審院は，窃盗の客体である「所有物」（旧刑366条）は「有体物」に限られず「可動性及び管理可能性」があるものであれば足りるとし，電気はこれに含まれると判断している。もっとも，これには，文言の「可能な意味」の範囲を超えているのではないかとの批判が向けられている。

　これに対し，ガソリンカー事件（大判昭和15・8・22刑集19巻540頁）におい

て，大審院は，交通往来の安全の妨害となる行為を禁じ危害発生を防止するという規定の趣旨，および，ガソリンカーと汽車は，動力の違いこそあれ，いずれも線路上を運転し多数の乗客を運ぶ陸上交通機関である点において全く等しいという同質性を根拠に，ガソリンカーが「汽車」に含まれると判断している。これは，「汽車」という文言を拡張したもので，拡張解釈であるが，理由づけにおいては，類推解釈の疑いを残すものである。こうした例としては，さらに，コピーの文書性を認めた判例（最判昭和51・4・30刑集30巻3号453頁）などがある。

このように，許されない類推解釈と許される拡張解釈の差は，論理の運びの違いで紙一重であるようにも思われるが，やはり，類推解釈は，立法者が処罰しないとしたものを処罰することとなる点で，法律主義に正面から反しており，論理形式としておよそ許容されるべきではない。また，実際にも，拡張解釈は，刑罰法規の文言の解釈としておよそ可能な範囲を超えることはありえないから，そのような限界をもたない類推解釈は，論理形式としてより処罰拡大的に働くおそれが大きいといえよう（平野Ⅰ77頁）。

第3節　遡及処罰の禁止（事後法の禁止）

1　総　説

遡及処罰の禁止とは，刑罰法規は事前（行為に出る前）に制定されていなければならないという原則であり，事後法の禁止ともいう。この原則は，自由主義的要請に基づくものとされている。すなわち，遡及処罰を認めるのでは，国民は自らの行為が処罰されるべきものであるかどうかを予測することができず，適法な行為であってもそれを控えざるをえないこととなり，行動の自由が大幅に制約されてしまうため，妥当でないというのである。

しかし，こうした説明では，遡及処罰の禁止は，国民に「処罰されないが違法である行為に及ぶならず者の自由」を保障するものとなり，不合理なものとなってしまう。

そうではなくて，遡及禁止において決定的に重要なのは，個々の事案を考慮せずに一般的に公布された，すでに一定の行為の前にそれと無関係に存在して

いる，厳密な法律による国家権力の拘束・制約なのである。これを国民の側からみれば，刑罰制度は，国民がそれぞれの自由を提供することにより，国家に法益保護ないし秩序維持を託することを内容とした，将来に向けられた一種の契約なのであり，すでに行為に及んだ者を事後的に多数者の意思によって断罪することは認められないということになろう。こうして，遡及処罰の禁止は，罪刑法定主義の民主主義的側面，あるいは，法治国家思想により基礎づけられるのだと考えられる（根拠①）。

また，この原則は，刑罰法規の予防効果の観点からも説明できよう。すなわち，国家は，国民に対する一般予防効果をも狙って刑罰法規を設けるのであり，事後的に制定された刑罰法規は，それ以前になされた犯罪に対する予防効果を当該行為者についてはもちえないから，それを遡及適用することには，合目的性が認められないのである（根拠②）。

2 妥当範囲

(1) 行為時に「適法であった行為」

憲法39条は，「何人も，実行の時に『適法』であつた……行為については，刑事上の責任を問はれない」としているが，この原則の射程は，行為時において法律上禁止されているが罰則がおかれていない場合にも及ぶ。例えば，売春防止法3条による売春・買春の禁止に反した行為につき，事後的に罰則を設けて処罰するようなことは，認められない。

(2) 事後的な法定刑の加重

また，行為時に罰則が存在していれば，事後的に法定刑を加重する改正を行い，それを遡及適用することも許されない。学説上は，予測可能性の保障が「およそ処罰されるか」だけではなく「どの程度に処罰されるのか」にまで及ぶのだという理由から，このことを説明する見解も有力である（山口15頁，アクチュアル16頁〔鎮目征樹〕）が，軽く処罰されるだけなら犯行に及ぶという自由は保障する必要はないであろう。

この点もまた，1でみた根拠①②により説明可能である。すなわち，刑罰法規の新設のみならず既存の法定刑の加重もまた，当該行為とは無関係に事前に存在している法律による国家権力の拘束・制約の要請に反するものであるし，

法定刑の加重も国民が提供する自由の量に関わることであり，多数者による事後的断罪が認められるべきでないことは，刑罰法規新設の場合と同様である（根拠①）。

また，一般予防の観点からみても，事後的に加重された法定刑は，それ以前になされた犯罪に対する予防効果をもちえないため，事後的に加重された法定刑を遡及適用することは，当該行為の抑止に関しては合目的性が認められず，許容されないのである（根拠②）。

(3) 手続法的規定

遡及処罰の禁止は，告訴の要否，公訴時効の期間といった，手続法的規定にも及ぶのか，例えば，殺人罪の公訴時効期間を延長したり撤廃したりすることは認められるのか。

ドイツでは，戦争中のナチスの犯罪を追及するため，1969年に謀殺罪の時効期間が20年から30年に延長され，1979年には謀殺罪の公訴時効が遡及的に廃止された。ドイツの憲法裁判所は，①罪刑法定主義は，行為の可罰性の有無・程度を事前に告知すべきものとする原則であり，それ以上の手続的制約は行為の可罰性に影響しないから，その遡及的変更は罪刑法定主義に反しない，②時効の完成を待っている犯人の期待権は法的保護に値しないとして，こうした遡及的変更を合憲だとしている（西田49頁参照）。

これに対し，わが国の最高裁は，「公訴の時効は，訴訟手続を規制する訴訟条件であるから，裁判時の手続法によるべきであるとしても，その時効期間が，犯罪に対する刑の軽重に応じて定められているのであるから，その手続法の内容をなす実体法（刑罰法規）をはなれて決定できるものではない。従つて，公訴の時効が訴訟法上の制度であることを理由として，時効期間について，すべて裁判時の法律を適用すべきであるとするのは相当でない」として，時効期間の遡及的変更には否定的な態度を示している（最決昭和42・5・19刑集21巻4号494頁）。また，最近の平成16年改正に際しては，法定刑の加重により公訴時効期間が延長されることとなったが，附則3条2項により，遡及的変更が明文で禁じられている。

その他，刑の執行猶予の条件の変更，訴訟条件などに関する規定の変更などについては，次節でまとめてとりあげる。

第3節　遡及処罰の禁止（事後法の禁止）

(4)　判例の不利益変更と遡及処罰の禁止

　遡及処罰の禁止は，法令に関しては当然の前提となっているため，実際上議論の対象となるのは，行為当時の最高裁判例によれば不可罰となるべき行為を，その判例を行為者の不利益に変更して処罰することが許されるかという問題である。最高裁は，近時，「行為当時の最高裁判所の判例の示す法解釈に従えば無罪となるべき行為を処罰すること〔は〕憲法〔39 条〕に違反しない」と判断し，判例の不利益変更は遡及処罰の禁止の原則には反しないと結論づけている（最判平成 8・11・18 刑集 50 巻 10 号 745 頁）。

　これに対し，学説上は，判例にも事実上の拘束力があり，国民は判例を通じて自らの行動についての法的効果を予測しながら行動するから，遡及処罰の禁止の原則を適用すべきだとする見解も有力であり（大谷 68 頁，曽根 17 頁，浅田 64 頁など），これによれば，行為者に不利益な方向での判例変更の場合には，判例の変更を将来にわたって宣言しつつ，当該事案には適用しないという取扱いがなされるべきことになる。

　もっとも，わが国で判例が法源でないのは明らかなのだから，ここで真に問題となるのは，国民の行動にとっての判例の行為規範性ないし国民からみた判例に対する信頼の要保護性が，法律のそれと同等かである。そして，この問題は否定的に解されるべきである。わが国の最高裁は，**第 2 節 4** でみたように，明確性の原則を承認しており，また，類推解釈の禁止も広く認められている。そうだとすれば，国民一般に対して，処罰範囲とその程度の認識可能性は，法律によって十分に保障されている。そして，この可能性の範囲を超える裁判官の法解釈は，罪刑法定主義に反しており，そもそも許されない。そうだとすれば，判例の不利益変更は，法律の文言から認識しうる枠内におけることなので，国民の自由を法律の遡及的適用の場合におけるほど大きく損なうことにはならないのである。

　なお，このように解しても，行為当時の判例を信じた結果，違法性の意識を欠くに至った行為者については，別途，責任論において違法性の錯誤論による救済を検討することになる（前掲最判平成 8・11・18 の河合裁判官補足意見のほか，町野Ⅰ48 頁，山口 16 頁，西田 50 頁，前田 67 頁）。

第4節　刑法の時間的適用範囲

1　刑の廃止

(1)　刑の廃止と限時法の理論

刑法は，犯罪行為に対して，国家が裁判において適用すべき規範で（も）ある。犯罪行為後，裁判時までに，当該行為に適用されるべき刑罰法規が廃止された場合には，立法者は，当該行為に対する刑罰権行使の必要性を否定したことになるから，裁判所が有罪判決を言い渡すことはできない。この場合には，刑事訴訟法337条2号により，免訴の判決が言い渡される。

もっとも，立法者は，改正法のなかに「改正前の行為についてはなお従前の例による」という経過規定をおくことにより，改正前の行為を処罰することも可能である。問題は，こうした規定がおかれていない場合であるが，こうした場合に同様の取扱いを認めないと，施行期間終了が近づくにつれ，事実上抑止効果がなくなり，野放しとなってしまうとして，一定期間経過後に廃止されることが予定されている刑罰法規については，その廃止後も引き続き適用可能だとするのが，限時法の理論である。しかし，経過規定をおかなかった立法者の落ち度を，明文の根拠なく救済することには，罪刑法定主義の観点から問題があるため，現在では限時法の理論は全く支持されていない。

(2)　補充規範の改廃と刑の廃止

刑罰法規の内容が，他の法律や下位の法規範に依存している場合に，行為時に処罰の対象とされていた行為が，これら法令の変更により処罰の対象からはずれることになった場合，刑の廃止があったとして免訴判決を言い渡すべきかが問題となる。

判例には，政令により外国とみなされていた奄美大島からの密輸入行為が起訴された後に，政令が変わり外国とみなされなくなった場合につき「何ら犯罪を構成しないものとなった」として免訴としたもの（最大判昭和32・10・9刑集11巻10号2497頁）と，新潟県公安委員会規則により第二種原動機付自転車の定員が1名から変更され2人乗りが規制対象外となった場合につき，旧道路交通取締法施行令「41条は，公安委員会の定める制限が，その時々の必要によ

り，適宜変更あるべきことを当然予想し」ていたとして，有罪判決を下したもの（最大判昭和 37・4・4 刑集 16 巻 4 号 345 頁）がある。後者については，補充規定に一種の「限時法の理論」を適用したものだと理解できよう（山口 387 頁）。

学説上は，法的見解の変更か事実関係の変化にすぎないかを区別し，前者の場合に限って刑の変更を認める見解も有力である（前田 69 頁，山口 387 頁など）。刑法が，行為の一般的意味に着目して処罰しているのだとすれば，他の法令により細部において処罰範囲が変わっても，類型として行為の禁止・処罰が不変であれば，刑の廃止はないと考えることには，十分な合理性が認められよう（アルマ 22 頁〔中森喜彦〕）。これに従えば，「外国からの密輸入」「（第二種原動機付自転車の）定員外乗車」は引き続き禁じられているから，昭和 32 年の最高裁判決は不当だということになろう。

もっとも，こうした類型としての禁止が維持されているかの限界づけは微妙であり，最高裁昭和 37 年の事案でも，「第二種原動機付自転車の二人乗り」という類型はもはや禁じられていないとみれば，免訴判決が言い渡されるべきことになる。

2 刑の変更

刑法 6 条は，「犯罪後の法律によって刑の変更があったときは，その軽いものによる」と規定している。このことは，遡及処罰の禁止とは何の関係もなく，より新しい立法者の判断の方が，より適切にその時代の要請を反映していると考えられることによる（21 世紀 393 頁以下〔高山佳奈子〕）。

「刑の変更」には，主刑・付加刑の双方を含むと解するのが一般であり，没収の範囲の変更や裁量的没収から必要的没収への変更，労役場留置の期間の変更（大判昭和 16・7・17 刑集 20 巻 425 頁）なども，これにあたると解すべきである。

刑の執行猶予の条件に関する規定の変更に関して，最高裁は，「本件で問題となつている刑の執行猶予の条件に関する規定の変更は，特定の犯罪を処罰する刑の種類又は量を変更するものではないから，刑法第 6 条の刑の変更に当らない」としている（最判昭和 23・6・22 刑集 2 巻 7 号 694 頁）。しかし，執行猶予が認められるかどうかは，実質的には刑の軽重に大きく影響するものであるか

ら,「刑の変更」にあたると解するのが妥当である。

　他方,刑の時効,公訴時効の期間,訴訟条件としての告訴の要否などについては,刑の適用に直接関連するものではないため,「刑の変更」にあたらないとする見解が多数を占めている（大谷71頁,前田66頁注6など）。

第5節　刑罰法規の適正

1　内容の適正

(1)　総　説

　英米法の実体的デュープロセスの理論の影響を受けて,罪刑法定主義と関連して,さらに,内容の適正および罪刑の均衡が確保されなければならないと考えられている。

　内容の適正が疑わしいとされる場合にも,いくつかの類型があるが,そのうち,表現の自由や結社の自由に関する憲法の人権保障規定に反する内容を含んだ刑罰法規は,それ自体として憲法に反していることになる。また,処罰の必要性ないし合理的根拠を欠いたり,無害な行為を罰したりする刑罰法規も,内容的に不適正であることは明らかである（アクチュアル22頁〔鎮目征樹〕）。

　さらに,規制の目的に照らして過度に広範な刑罰法規も,内容の適正さを欠いている。このような刑罰法規によれば,憲法上の人権を害したり,無害な行為まで含めて処罰してしまうなどの弊害が生じる。そこで,こうした場合に,当該刑罰法規が違憲だとすることも可能であるが,その場合には,当該被告人の行為が間違いなく当該刑罰法規の典型的対象であっても処罰できないことになるなどの弊害もあるので,解釈により憲法違反を回避できないかが問題となる。

(2)　合憲限定解釈

　そこでとられるのが合憲的限定解釈である。これは,処罰範囲を解釈により合憲と認められる適正な範囲に限定したうえで,当該刑罰法規を適用することをいう。

　最高裁は,「淫行」の処罰が問題となった福岡県青少年保護育成条例事件において,「右の『淫行』を広く青少年に対する性行為一般を指すものと解する

ときは，……例えば婚姻中の青少年又はこれに準ずる真摯な交際関係にある青少年との間で行われる性行為等，社会通念上およそ処罰の対象として考え難いものを含むこととなつて，その解釈は広きに失する」（最大判昭和60・10・23刑集39巻6号413頁）としており，過度に広範な刑罰法規には問題があることを認めている。しかし，同時に，最高裁は，これを違憲無効とするのではなく，適切な範囲に限定する解釈を行ったうえで適用すれば，「同規定につき処罰の範囲が不当に広過ぎる」わけではなく，憲法31条には違反しないとし，具体的には，「青少年を誘惑し，威迫し，欺罔し又は困惑させる等その心身の未成熟に乗じた不当な手段により行う性交又は性交類似行為」および「青少年を単に自己の性的欲望を満足させるための対象として扱っているとしか認められないような性交又は性交類似行為」の2つの類型に限定している（第1類型は第2類型のなかでより強く非難されるものを類型化したものだとされている）。

　また，最近では，広島市暴走族追放条例事件において，こうした判断がとられている。すなわち，同条例は，16条1項において，「何人も，次に掲げる行為をしてはならない」と定め，その1号として「公共の場所において，当該場所の所有者又は管理者の承諾又は許可を得ないで，公衆に不安又は恐怖を覚えさせるような い集又は集会を行うこと」を掲げ，また，17条は，「前条第1項第1号の行為が，本市の管理する公共の場所において，特異な服装をし，顔面の全部若しくは一部を覆い隠し，円陣を組み，又は旗を立てる等威勢を示すことにより行われたときは，市長は，当該行為者に対し，当該行為の中止又は当該場所からの退去を命ずることができる」と規定し，さらに，19条は，この市長の命令に違反した者を6か月以下の懲役または10万円以下の罰金に処するものとしており，適用範囲が広範に過ぎるのではないかが争われた。最高裁は，同「条例の全体から読み取ることができる趣旨，さらには〔同〕条例施行規則の規定等を総合すれば」限定的な解釈が可能であり，そうであれば憲法に反しないとして，合憲限定解釈の手法による処罰を認めている（最判平成19・9・18刑集61巻6号601頁）。

(3) 合憲的限定解釈と明確性の原則

　たしかに，合憲的限定解釈の手法により，処罰範囲を内容的に適正な範囲に限定すれば，処罰すべきでないものを処罰するという問題はクリアーされる。

しかし、こうした解釈により画される処罰範囲を国民一般が認識しえないのであれば、やはり、国民の予測可能性は侵害されることになろう。前掲の福岡県青少年保護育成条例事件の最高裁大法廷判決も、「このような解釈は通常の判断能力を有する一般人の理解にも適うものであ」ることを確認しており、結論的にそういえるかについては批判も強い（本判決における伊藤裁判官の反対意見など）が、一般論としては妥当であろう。

これに対し、(2)でみた広島市暴走族追放条例事件判決には、「通常人の読み方からすれば、ある条例において規制対象たる『暴走族』の語につき定義規定が置かれている以上、条文の解釈上、『暴走族』の意味はその定義の字義通りに理解されるのが至極当然」で、多数意見のような限定解釈は無理だとする藤田裁判官の反対意見、同様に、「本条例は、通常の判断能力を有する一般人の視点に立ったとき、その文言からして、多数意見が述べるような限定解釈に辿りつくことは極めて困難」だとする田原裁判官の反対意見が付されている。

2 罪刑の均衡

(1) 総　説

犯罪と刑罰の均衡がとれていない刑罰法規も適正なものとはいえない。江戸時代には、10両以上の盗賊は死罪であったが、現在では、このような罰則は、罪刑の均衡に反するものと考えられよう。刑罰は、犯された罪に対する、応報的反作用であり、法的非難としての害悪であるが、少なくともそれが犯された罪のもつ害悪の程度を上回ることは、正義の要請に反するであろう。

なお、最高裁も、猿払事件において、「刑罰規定が罪刑の均衡その他種々の観点からして著しく不合理なものであつて、とうてい許容し難いものであるときは、違憲の判断を受けなければならない」ことを認めている（最大判昭和49・11・6刑集28巻9号393頁）。そして、尊属殺人事件では、旧200条の尊属殺人罪の法定刑が死刑または無期懲役のみで、どのような情状であっても、執行猶予をつけることができないこととなっているのは、不合理な差別であるとし、同条を違憲だとしている（最大判昭和48・4・4刑集27巻3号265頁）。これは、形式的には憲法14条を根拠としているが、実質的には罪刑均衡の原則に配慮したものといえよう。

(2) 具体的判断

　もっとも，どの程度の刑が犯罪の不法・責任の量と均衡して，適正だといえるのかは，非常に困難な問題である。最高裁は，前掲猿払事件判決において，その指針を示し，「刑罰規定は，保護法益の性質，行為の態様・結果，刑罰を必要とする理由，刑罰を法定することによりもたらされる積極的・消極的な効果・影響などの諸々の要因を考慮しつつ，国民の法意識の反映として，国民の代表機関である国会により，歴史的，現実的な社会的基盤に立つて具体的に決定されるものであり，その法定刑は，違反行為が帯びる違法性の大小を考慮して定められるべきものである」と判示している。

　また，それぞれの犯罪間での法定刑の均衡が図られていることも重要である。法定刑を決めるに際して考慮されうる要素は，前掲最高裁判決が示すように様々であるが，やはり，保護法益の内容とその侵害の程度が最も基本的に考慮されるべき要素である。そして，保護法益は，個人的法益であれば，財産より自由，自由より身体，身体より生命が，それぞれ重いのであるから，法定刑の設定に際してもそのことが何よりまず考慮されるべきであろう。こうみれば，自由に対する罪の法定刑がやや低いのに対し，財産に対する罪の法定刑は重すぎるようにも思われる。もっとも，罪刑均衡の原則が保障しているのは，直接的には，当該の罪に関する罪刑の均衡であり，その法定刑と他の罪の法定刑の均衡がとれているかどうかは，立法政策の問題であるとする見解もある。

第3章 犯罪論の基礎

第1節　犯罪論の体系

1　総　　説

　犯罪論の体系とは，すべての犯罪に共通する犯罪の一般的成立要件を論理的に配列し，組織化したものである。

　犯罪論体系の機能としてまず，法的安定性をもたらすことが挙げられよう。具体的な事案を体系から演繹して解決することにより，感情や恣意を排しつつ，首尾一貫した結論を導くことができる。これは，等しきを等しく扱う法の公平な運用を保障し，ひいては法の支配を貫徹することにつながるのである。さらに体系は，事案の簡明な処理にも資する。犯罪の成否を判断するには，犯罪論体系に含まれる要件をその順序で検討していけばよいのである。ある要件を充足しなければただちに犯罪の成立が否定されてその先を検討する必要がなくなるため，思考経済にも役立つ。

　もっとも，体系自体が自己目的ではないので，体系的整合性を害さない限りで具体的に妥当な結論を追求すべきことはいうまでもない。

2　犯罪の成立要件

　犯罪とは，構成要件該当の，違法，有責な行為である。

　構成要件は各則に規定された犯罪行為の類型であり，これに行為があてはまることを構成要件該当性という。犯罪とされる行為が法律に定められていなければならないという，罪刑法定主義の形式的な要請に応える要件である。犯罪が完成しなかった場合に関する未遂論（**第8章**），犯罪に複数人が関与した場合に関する共犯論（**第9章**）も構成要件に属する。

第3章 犯罪論の基礎

違法とは行為が法的に許されないこと（本章第2節），責任（有責性）とは行為者を非難できることである（第7章）。違法と責任が犯罪の実質をなす。

構成要件該当性，違法性，責任はこの順序で判断される。比較的形式的ゆえにより明確な構成要件該当性をまず判断して処罰範囲を画し，しかる後に実質的判断に進むのが，思考経済上好ましく，処罰を適正な範囲内にとどめることにもつながるのである。ただし，違法と責任は，それぞれの存在が積極的に確認されるのではなく，これらを欠如させる例外的事情である正当化事由，責任阻却事由の有無を検討することによって判断される。

3　犯罪論体系の諸相

わが国では一般的に，構成要件，違法，責任からなる3段階の犯罪論体系が採用されており，本書もこれに従っている。この他には，構成要件に先立つ要素として行為を考慮する4段階の体系や（内藤（上）105頁・135頁，曽根42頁），行為と責任の間にある構成要件と違法を「類型的不法」という1つの段階で併せて論じる消極的構成要件要素論の体系も主張されている。行為要件の要否については本章第3節で，消極的構成要件要素論については第4章第1節1(3)で検討することにしたい。

なお，故意，過失を，構成要件段階と責任段階のいずれに位置づけるか，あるいはその両方にかも，体系論の一環として激しく争われている。本書はこれらを（主として）構成要件要素と捉える体系を採用するものである。

4　客観的処罰条件

構成要件，違法，責任の外にあって犯罪の成否には関わらないが刑罰権の発生を左右する客観的処罰条件の存在を認めるべきか。例えば，事前収賄罪（197条2項）における「公務員となった場合」の要件を専ら政策的理由から設けられたものと解し，故意の認識対象からも除外する見解がある（大塚515頁，山中1024頁）。しかし，刑罰は犯罪を法律要件とする法律効果であるから，犯罪の成否とは無縁の事情によって処罰の有無を定めることには疑問がありうる。有力説はこれを構成要件要素に配するか違法性に関係づけるかしたうえで（佐伯千137頁・190頁，平野Ⅰ163頁，曽根64頁，浅田112頁，町野Ⅰ147頁），その事

情の存在について故意または少なくとも過失を要求している。

第2節　違法性の概念

1　形式的違法性と実質的違法性

　形式的違法性とは，法秩序，法規範に違反することをいう。行為は違法か適法かのいずれかであって，その間（法的に自由な領域）は存在しない。散歩，睡眠等，明示的な法的評価が下されていない行為であっても，これを妨害することは違法であるから，法的に保護されていることになる。法による禁止，命令に違反しない行為は適法なのである（佐伯千163頁）。そのことは，道徳的に否認される行為についても異ならない（例えば，退屈しのぎに蟻をふみ潰す行為）。

　実質的違法性（不法ともいう）は違法性の実体であって，その中身については2でみるような対立がある。このような実質的観点を導入することによって初めて，違法性の量を観念することができる。違法性の量は責任の量とあいまって刑罰量を左右するのみならず，違法性が著しく軽微な場合には処罰が否定されることもある（第6章第1節5，同章第7節）。

2　違法性の実質

(1)　主観的違法論と客観的違法論

　かつての主観的違法論は，違法と責任を区別していなかった。すなわち，違法を人の意思に対して向けられた命令規範ないし決定規範（人ヲ殺スヮカレ）違反と捉え，命令は，その意味を理解しそれに基づいて意思決定する能力，つまり責任能力を前提とするので，違法は責任能力者の行為についてのみ考えうるとして，責任なき違法を否定していたのである。

　しかし今日では，違法と責任を区別する客観的違法論が揺るぎなき地位を確立するに至っている。そしてその内部において，違法と責任を規範の観点からいかに区別するか，それに対応して違法性の実質を何に求めるかについて，以下のような見解の対立が生じている。

(2)　法益侵害説

　(a)　客観的違法論の嚆矢となったドイツのメッガーの見解は，命令規範の

論理的前提として，命令される事項についての法的評価を示す規範（人ノ死ヲモタラスコトハ好マシクナイ）があることを説き，違法を評価規範違反，責任を命令規範違反と解することで違法と責任の区別を可能ならしめた（これに従うものとして，佐伯千168頁，平野Ⅰ50頁，内藤（中）305頁，曽根84頁，山口99頁，浅田172頁）。評価規範は「名宛人なき規範」ともいわれるように人に向けられたものではないため，人の行為でなくともこれに違反して違法とされることがあり，それを違法状態と呼ぶ。例えば，鮫が人を喰い殺すのは殺人罪の構成要件に該当し，違法であって，単に責任が否定されるにすぎないことになろう。

(b) 違法が専ら評価規範に違反することであるとすれば，その実質は法益の侵害という結果反価値（「反価値」は「無価値」ともいう），あるいはその前段階である法益の危殆化（これも併せて結果反価値と呼ばれることもある）となる。このように結果に着目することは，刑罰を過去の犯罪に対する反動と捉える応報刑論に親和的である（吉岡69頁，林7頁）。さらに，現行法上未遂は既遂より評価が軽いこと，結果は客観的かつ量的に把握できるので，これを基準にすることによって初めて違法性の有無を明確に判断でき，その大小を問題にしうること（内藤（中）303頁，曽根82頁），刑法の法益保護目的（平野Ⅰ51頁，山口101頁，曽根81頁）も，これを支える理由として挙げられている。

このように結果に着目する法益侵害説ないし結果反価値論は，結果以外の事情を違法判断の対象から排除しようとする。行為については，行為がもつ法益侵害の一般的な危険性が「先取りされた結果反価値」として考慮されるにとどまる（佐伯千175頁，平野Ⅱ216頁，林33頁，曽根90頁）。行為者の主観が違法性を左右すること，すなわち主観的違法要素の存在は原則として否定される。それゆえ，故意犯（例えば殺人罪）と過失犯（例えば過失致死罪）の不法は同じであり，前者の法定刑の高さは専ら責任の大きさによる（内藤（上）220頁，町野Ⅰ195頁，前田52頁，曽根164頁，浅田174頁）。違法判断の基準時は結果発生後の事後的な裁判の時点となる（第8章第3節2(1)(d)）。

(3) 違法二元論

(a) 評価が命令に先立つことは否めないとしても，刑法の一般予防機能を重視し，刑法規範は法が望ましいと考える状態を実現するために国民の規範意識に働きかけ，一定の態度を要求するものとの前提からは，人間を対象としな

い評価規範への違反のみをもって違法とすることはできない。違法も責任と同じく，人に向けられた命令規範への違反の側面も有すると考えるべきである。

　このような立場から，違法と責任の区別を，規範の名宛人が抽象的な一般人か具体的な行為者かの違いに求める見解が有力に主張されている（福田139頁，大塚359頁，大谷239頁）。しかし，論者が違法要素とする行為能力や故意も具体的な行為者について判断せざるをえないことから，違法判断も責任判断も当該行為者について行われるが，前者では行為者の意思による行動の統制，後者では行為者の規範意識による動機づけの統制を対象とする所説が注目を集めている（井田232頁・238頁，安田拓人「意思能力，行為能力，責任能力の関係」法セ567号〔2002〕24頁）。

　(b)　違法性の実質についても，命令規範違反の側面を抜きにして考えることはできない。

　たしかに，法益侵害説が挙げる論拠（(2)(b)）の多くには説得力があり，法益侵害は違法性にとって重要な意味をもつというべきである。行為規範の中身も，結果反価値に関連づけて，「法益侵害を禁止する規範」（平場安治「刑法学における私の立場」刑法30巻3号〔1990〕326頁）と捉えられよう。これを社会倫理規範と解する立場がかつては有力であったが（団藤188頁，大塚356頁，大谷11頁・237頁），法と道徳を同一視して国が刑罰によって特定の道徳を国民に押し付けるものという非難が向けられねばならない。この意味で，結果反価値が違法の基礎をなすのである。

　しかし，法益侵害説がいみじくも刑法の目的として掲げる法益保護は，(a)に前述したごとく一般予防の方法によらずしては実現できないと考えられるが，行為者が支配できるのは結果ではなく行為であるから，違法と評価して禁止することに一般予防上意味がありうるのは行為をおいて他にない（井田81頁）。「人の死という結果」ではなく「人を殺す行為」を禁ずべきなのである。そうであれば，違法は評価規範違反としての結果反価値につきるものではなく，人に向けて一定の行為を命令，禁止する規範に対する違反としての行為反価値もその構成要素ということになる。違法の構成要素はこのように二元的に考えるべきであると思われる。

　違法二元論による違法性の判断基準は，禁じられている行為の内容がわかっ

第3章 犯罪論の基礎

ていて初めて行為を思いとどまれることから、行為時の判断資料に基づく事前判断でなければならない（第8章第3節2(1)(c)）。遡及処罰の禁止（第2章第3節1）も、行為時に規範が存在し、かつそれを知りうる状態にあるべきことを前提としている（平場・前掲刑法327頁）。主観的違法要素は肯定される。一般予防の見地からは、法益侵害を目指した故意行為をそうではない過失行為よりも強く禁止することが合理的だからである（井田110頁）。行為反価値を欠く無過失行為は適法となる。

なお、結果反価値をおよそ考慮しない見解は、わが国では一般に主張されていない。そこで、違法二元論を結果反価値論との対比において行為反価値論と呼ぶこともある。

第3節　行　為

1　総　説

前述のように、構成要件該当性に先立つ独立の犯罪成立要件として行為の段階をおく体系がある（第1節3）。しかし、およそ行為と呼べそうなものを逐一確認することから犯罪の成否の検討を始めるのは不毛であり、行為性を論ずることには今日強い疑念の目が向けられているのである。

行為概念の機能として実際上意味がありうるのは、行為でないものの犯罪性を否定して処罰を限定する限界要素としての機能である。これを追求すれば行為概念の内容は豊富になっていく。この他、犯罪は行為でなければならないことから、構成要件該当、違法、有責という犯罪の属性が形容詞として付加する実体としての行為を考え、処罰すべきすべての場合（作為犯、不作為犯、故意犯、過失犯）を含む基本要素としての機能も認められているが、この機能を追求すれば行為の内容は空虚になって限界機能と矛盾することになる（佐伯千140頁）。それゆえ、とくに限界機能について、項を改めて考えておくことにしたい。

2　行為概念の限界機能

行為ではないとの理由で処罰が否定さるべきものとして、思想や人格が挙げられている。たしかに、行為として表出されるまでは処罰の対象とすべきでは

ない（第1章第1節2(1)）。しかし，思想，人格を処罰する刑罰法規は内容の適正を欠き，罪刑法定主義に反して違憲無効とされようから（第2章第5節1），あえて行為性を問う必要はないであろう（前田109頁）。

　行為性を否定すべき場合としてさらに，支配不可能な行動がありうる。行為者が自己に向けられた規範を遵守する能力（行為能力）を欠く場合には処罰すべきではないからである（井田29頁・232頁）。その能力は規範の中身に応じて異なるので，以下に分説する。

　作為犯においては，単に作為を止めることが義務づけられているにすぎないので，この義務に従う能力が疑問視されるのは，無意識下の行動，痙攣の発作，反射的動作，物理的強制による動作（例えば，背後から押されたために前にいた人に倒れかかった）などのごく例外的な場合に限られる。しかもそこでも行為について論ずる意義は疑わしい。行為性を失わせる事情が予見できればその時点に遡って処罰することが可能だからである（アルマ25頁〔中森喜彦〕）。自動車を居眠り運転して被害者が運転する自転車に追突し死亡せしめた重過失致死罪の事案について，「睡眠状態に陥つたのちの動作は刑法上行為といえない」と認めつつ，「睡気のため正常な運転ができない虞があることを認識しながら，自動車の運転を継続すること」についての罪責を問うた裁判例もある（大阪高判昭和32・6・28判特4巻13号317頁）。さらに，このような遡及ができない場合にも，構成要件該当性・実行行為性（アルマ26頁〔中森喜彦〕，山中150頁）や責任（前田110頁，町野Ⅰ124頁）を否定するという解決も提示されている。神経を病んでいた者が浅眠状態下で3人の男に殺される夢を見て極度の恐怖感に襲われ，1人の首を絞めたところそれは横で就寝中の妻であって，これを窒息死せしめた事案につき，第一審（大阪地判昭和37・7・24下刑集4巻7＝8号696頁）は行為性を否定したが，控訴審（大阪高判昭和39・9・29判例集未登載）は責任無能力のゆえに無罪とした。

　作為義務の課される不作為犯においては，作為犯におけるよりも行為能力の疑われることが事実上多くなろうが，そこでも行為能力すなわち作為能力は不作為犯固有の構成要件要素である作為可能性の要件で検討されており（第4章第4節2(5)），やはり行為を独立に論ずるまでもないと思われる。

3　行為論の諸相

　行為の概念として多くのものが提案されているので，ここで概観を行っておく。意思に基づく身体の動静をもって行為と解する因果的行為論（山口42頁）は，意思活動を認めがたい忘却犯，すなわち，遮断機を下ろすのを忘れて事故を引き起こした踏切番のごとき認識なき過失不作為犯を包含しえない点が批判されている。目的を設定し，その実現に向けて外界の因果経過を支配，操縦する目的追求活動として行為を捉える目的的行為論（福田59頁，井田243頁・246頁）は，構成要件外の結果を目指す過失犯の行為性の説明に困難をきたす。行為者の人格の主体的現実化をいう人格的行為論（団藤106頁）に対しては，責任無能力者の行為が否定されてしまうと批判される。いずれも基本要素としての機能に欠けるのである。意思によって支配可能な社会的に意味ある態度を行為とする社会的行為論（大谷106頁）は，構成要件以下の法的評価を先取りするものである。行為を単なる身体の動静とする見解（平野Ⅰ113頁，内藤（上）154頁，西田77頁，町野Ⅰ122頁）は，限界機能を果たしえないであろう。

第4章 客観的構成要件

第1節 総　　説

1　構成要件の概念
(1)　犯罪成立の第1段階としての構成要件
　犯罪を組成する基本的要素は「不法」と「責任」である。もっとも，犯罪の成否について検討を進める際には，いきなり「不法」の存在を確定するのではなく，まず当該行為が「構成要件」に該当するかを判断するという手順をふむ方法が，いいかえれば，犯罪論の体系上，――行為論をひとまずおくとして――最初の段階に「構成要件」を位置づける考え方が，今日広く採用されている。

(2)　価値中立的な構成要件
　それでは，構成要件は不法・責任とどのような関係に立ち，どのような内容をもつのか。構成要件という考え方が主張された当初は，それは不法・責任とは独立した，評価を含まない価値中立的な段階であり，その要素は記述的かつ客観的なものに限るとされた。このような構成要件概念を採用する意義は，罪刑法定主義の実効性を確保する点に求められる。裁判官が犯罪を認定する際に，その恣意の介入する余地が小さい記述的・客観的要素の充足から検討して，とりあえず最低限の不可罰の領域を確保すべきだと考えられたのである。
　しかし，充足しても犯罪は成立するかもしれないし，しないかもしれないというだけで，犯罪，あるいは，不法や責任に関して実質的な何かを提供しないような構成要件概念を導入する実践的意味は乏しいといわねばならないであろう。かくして，今日，わが国で価値中立的構成要件を採用する論者は，どの犯罪の成立が問題となるのかを明らかにする必要から故意・過失という主観的構

成要件要素を承認し（曽根58頁），さらに併せて規範的要素も肯定してきている（内田（上）147頁・160頁）。もっとも，前説には，構成要件に犯罪個別化の機能（2(2)を参照）が認められるだけで，なおその内容は乏しくはないか，後説には，構成要件の要素が増えることでこれを不法・責任類型とする理解に接近し，ひいては，特色とされる価値中立性が損なわれるのではないか，といった疑問が向けられよう。

(3) **不法類型としての構成要件**

現在の有力説は，構成要件を不法類型（不法構成要件）と捉える。構成要件を犯罪を構成する1つの段階と考える以上，やはり不法ないし責任と関連づけるべきであり，かつ，後述のように不法・責任類型説は妥当でないと解されるところから，本書も不法類型説を支持する。なお，構成要件には，不法に関わる規範的要素が含まれるのは当然として，主観的要素も入るかは，主観的違法要素の肯否により異なってくることになる。

ところで，不法に関わる事情には，殺人罪の成立要件のように不法を積極的に肯定するものと，正当防衛のようにその存在を否定するものとがある。不法構成要件とは，前者の，不法を基礎づける事情のみを含み，後者の，基礎づける事情を前提としたうえでこれを否定する事情は，正当化（違法性阻却）事由として構成要件とは別に位置づけられている。

以上に対しては，構成要件といい正当化事由といっても，それが等しく違法性の存否に関わるのであれば，両者を概念的に区別する意味がないのではないか，すなわち，「『蚊を殺す行為』と『正当防衛で人を殺す行為』とでは，違法性がないという意味で同一」（井田・構造132頁）ではないかとの疑問も生じるところである。かくして，学説では，正当化事由を消極的構成要件要素として体系的に位置づける考え方（消極的構成要件要素の理論）も有力である（中57頁，井田・構造132頁）。しかし，違法の基礎づけと阻却が積極か消極かの相違にすぎないとはいえないように思われる。

(4) **不法・責任類型としての構成要件**

構成要件を不法・責任類型とする見解は伝統的な多数説である。ただし，不法・責任「類型」の意味するところには変遷がみられる。すなわち，かつては，「構成要件に於て違法性が表現されると同じく道義的責任も亦表現される。

……主観的要素は構成要件に属すると同時に違法性の要素でもあり、亦道義的責任の要素でもある」(小野431頁。さらに佐伯千125頁参照)、などと述べられていた。そこでは、不法と責任の区別は明確でなく、両者が構成要件においていわば総合的に考慮されていたのである。しかし、近時では、分析的に不法要素と責任要素とを区別したうえで、両者が構成要件に属するとの理解が一般的となっている。

　本説の背景には、故意・過失をなお責任要素として維持する立場からの実際上の要請がある。すなわち、この立場においては、構成要件を違法類型とした場合、殺人罪も傷害致死罪も過失致死罪も構成要件としては区別できないことになる。これを回避するために、責任要素たる故意・過失も考慮した構成要件を構想する必要が生じるのである(ただし、本説に立ちつつ故意・過失を構成要件に含めない見解として現代的展開Ⅰ22頁〔町野朔〕)。

　犯罪を組成する要素が不法と責任だとすれば、構成要件がその両者の類型を含んでいると考えるのは素直といえるかもしれない。しかし、やはり、ここで考えるべきは、「構成要件」という概念に何を盛り込むのが概念構成として合理的で適切であるかだと思われる。この点からみると、本説は、1個の構成要件概念のなかに不法と責任という異質な要素を詰め込んでいること、いいかえれば、犯罪を基礎づける要素の集合をあえて構成要件と呼んでも理論的に実りあるものとはいえないことから支持できないと解される。

2　構成要件の機能

　以上でみてきたように、犯罪論体系の一段階をなし、その充足により不法を一応基礎づけること、というのが構成要件の本来的機能といえるが、さらに構成要件には様々な「機能」が指摘されている。

(1) 保障機能

　構成要件は、そこに該当しない限り、刑事罰の対象とはならないことを示すという意味で保障機能をもつとされる。たしかにそのとおりではあるものの、それは、構成要件が犯罪成立を検討する一段階である以上当然のことであって、「機能」として挙げるほどの事項ではないように思われる。

(2) 犯罪個別化機能

構成要件は，実定法上の犯罪を（甲罪，乙罪，丙罪……というように）個別化する機能をもち，またそのように定立されなければならないとされる。まず確認を要するのは，ここでの「犯罪」とは「条文」ではない点である。例えば，刑法233条は信用毀損罪と（偽計）業務妨害罪の2つの構成要件を含むとも，業務妨害罪の構成要件は233条後段と234条から成り立つとも考えうるのである。

以上を前提としたうえで，問題となるのは「個別化」の程度，具体的には，同一の法益侵害行為について故意と過失で個別化すべきかどうかである。この点は，個別化を認めるのが多数であるものの，例えば，殺人罪，傷害致死罪，過失致死罪を構成要件としては同一とみる消極説（内藤（上）195頁）も有力に唱えられている。もっとも，それは，構成要件の機能としてどの程度個別化すべきかが問われているというよりも，構成要件を不法類型とし，故意の有無は不法にとって重要でないと解する立場の論理的帰結（ただし現代的展開 I 21頁〔町野朔〕）というべきだと思われる。

(3) 故意規制機能

構成要件には故意の対象となるべき事実を規制する機能があるといわれる。しかし，この表現はやや精確を欠いている。構成要件を不法・責任類型とする立場において，例えば，責任能力の存在に認識が及んでいる必要はないし，不法類型説で主観的構成要件を肯定する場合に，主観的事情自体は認識の対象とならない。故意の対象は，不法構成要件に属する，あるいは，不法・責任構成要件に属する客観的事情というべきであろう。

いずれにせよ，近時は，故意の対象を（客観的）構成要件の枠をもって画する考え方に対する批判も有力である。そこでは，例えば，「行為を犯罪たらしめている事実，すなわち，不法・責任事実」の認識をもって故意を認めるに十分（町野朔「法定的符合について（下）」警研54巻5号〔1983〕8頁）などと主張されている。詳細は，抽象的事実の錯誤の項（第5章第2節4(1)）を参照されたい。

(4) 違法推定機能

構成要件を不法類型ないし不法・責任類型と解する場合，行為が構成要件に該当すれば，正当化事由の不充足を条件にして違法と評価されることになる。これは違法推定機能と呼ばれている。もっとも，そのような「機能」は，構成

要件が不法を基礎づける類型であることを別に表現したにすぎないといえよう。

なお，留意を要するのは，「違法推定」とは「ある事実が構成要件に該当する以上，特別の事由がないかぎり，その事実は違法性を帯びるものと推定される」（団藤199頁）ことではない点である。正当化事情の存否が確定するまでは，構成要件に該当した行為は違法かもしれないし適法かもしれないのであって，違法と「推定」されるわけではないし，構成要件に該当すれば，通常，正当化事情が欠ける（例えば，殺人を犯した者は，正当防衛に出ていないのが通常である）などとはいえないからである。

(5) 訴訟法的機能

学説では，刑事訴訟法335条1項にいわゆる「罪となるべき事実」とは構成要件に該当する事実である，同条2項の「犯罪の成立を妨げる理由」とは違法性阻却事由，責任阻却事由を指し，被告側からその存在を疑わせる証拠が提出されたときのみその不存在を立証すればよい（大谷112頁，西田69頁），阻却事由たる事実についてはその証明は証拠の優越の程度で足りる（小野174頁）などの主張がみられ，これらは訴訟法的機能と総称されている。

しかし，「罪となるべき事実」は，そこに客観的処罰条件が含まれるとすれば，仮に不法・責任類型説に立ったとしても構成要件とは一致しないことが指摘できる。また，違法性阻却事由や責任阻却事由自体は構成要件でない点はおくとしても，それらの立証がどうあるべきかは訴訟法固有の問題であって，実体法の概念である構成要件の「機能」であるかのように説明するのはミスリーディングといえる。訴訟法的機能は否定されるべきだと解される。

3 構成要件の種別

(1) 基本的構成要件と拡張された構成要件

構成要件の原則形態は，単独の行為者による完全な犯罪実現を前提とするもので，これを基本的構成要件と呼ぶ。これに対して，XがYと共同で殺人を行った，Yに殺人をそそのかした，あるいは，Yによる殺人の道具を調達したといった場合，Xは刑法199条とならんで60条（共同正犯），61条1項（教唆犯），62条1項（幇助犯）の適用を受けて処罰されるし，Xが単独で殺害を試みたものの失敗に終わった場合は（未遂犯），刑法203条と43条の適用が必要

となる。共犯や未遂犯においては，このように基本的構成要件に一般的な形で修正が加えられ，処罰範囲が拡張される。これらを拡張された（修正された）構成要件と呼ぶ。

(2) 開かれた構成要件と閉ざされた構成要件

刑罰規定は，何が禁止される行為かを完結した形で示さなければならないが，例外的に，裁判官による違法評価の補充（確認）を予定するものがあるとされ，開かれた構成要件と呼ばれている。具体的には，「正当な理由がないのに」人の住居などに侵入する行為を処罰する住居侵入罪（130条。さらに133条，134条），「不法に」人を逮捕・監禁する行為を処罰する逮捕および監禁罪（220条）などが挙げられる。

しかし，刑罰規定の文言と構成要件とは別のものであり，刑罰規定としては「開かれ」ていたとしても（裁判官による）解釈を通して，構成要件として完結したものとなる。この意味で構成要件はすべて閉ざされており，開かれた「構成要件」は存在しないと解される。一見「正当な」「不法に」という違法評価が問題となっているようでも，裁判官は漠然と「違法」との評価を下すわけではなく，当該状況下であるべきでない行為を解釈により確定していることに変わりはないのである。

4 不法構成要件の諸要素

(1) 客観的要素

不法構成要件の客観的要素としては，まず，犯罪の「主体」が挙げられる。基本的には，すべての自然人が犯罪の主体たりえ，例えば，7歳の児童であっても殺人構成要件の実現は可能である。詳細は次節で説明される。

次に，そのような主体による「実行行為」である。実行行為が一定の客体に対する働きかけを内容としているときは，その「客体」も構成要件の一要素となる。例えば，殺人罪における「人」である。いずれにせよ，個別の実行行為の内容を確定するのは刑法各論の任務であり，総論で扱われるのは，実行行為のもつ法益侵害の危険性を判断する方法，および，なすべきことをしない不作為の実行行為性である。それぞれ，**第8章第3節**，**本章第4節**を参照されたい。

実行行為が遂行される状況が特定されている一部の構成要件では，「行為状

況」も構成要件要素となる。例えば，消火妨害罪（114条）における「火災の際に」がそれにあたる。

　構成要件に外界事象の変化，すなわち，結果発生が要求されている場合には，「結果」および実行行為と結果との「因果関係」が要素として含まれる。とりわけ因果関係の判断方法をめぐっては諸説の対立があり，本章**第3節**においてとりあげられる。

(2) **主観的要素**

　本書は不法構成要件に主観的要素も含める立場を採用する。まず挙げられるのは「故意」である。その内容は次章**第2節**において明らかにされる。

　次に，「過失」である。伝統的に過失は責任要素とされており，これを違法段階に位置づける場合でも，やはり故意と等しく主観的要素とするのが一貫すると思われるものの，客観的な行為態様の問題とする議論が有力に展開されている。詳細は次章**第3節**を参照。

　最後に，沿革的にみれば故意・過失よりむしろ以前に，違法（構成要件）段階への位置づけが主張されていた，目的犯における「目的」などが挙げられる。詳細は，次章**第4節**を参照されたい。

第2節　主　　体

1　主体の範囲

(1) **身　分　犯**

　犯罪を行う主体は，後述する「法人」をひとまずおくと，原則的にすべての自然人である。14歳に満たない刑事未成年者（41条）も，責任が否定されるだけで犯罪自体は犯しうると考えられている。もっとも，処罰規定のなかには，犯罪の主体について「医師，薬剤師，医薬品販売業者，助産師，弁護士，弁護人，公証人」（134条1項），「裁判，検察若しくは警察の職務を行う者」（195条1項）などのように限定を加え，この要件を具備する者，すなわち，特定の「身分」を有する者にのみ犯罪成立を認める，あるいは，この者を加重または減軽して処罰するものがみられる。これらを身分犯——前者を構成的身分犯，後者を加減的身分犯——という。

第4章　客観的構成要件

　上記の「医師」などの職務上の地位・資格を超えて，どこまでが「身分」にあたるかをめぐって，判例は，「男女の性別，内外国人の別，親族の関係，公務員たる資格のような関係のみに限らず，総て一定の犯罪行為に関する犯人の人的関係である特殊の地位又は状態」（最判昭和27・9・19刑集6巻8号1083頁）として広く解している。かくして，強姦罪において男性であること，横領罪において他人の物を占有していること（前掲最判昭和27・9・19）などのほか，目的犯において当該目的をもつこと（最判昭和42・3・7刑集21巻2号417頁。麻薬輸入罪〔当時の麻薬取締法，現在の麻薬及び向精神薬取締法64条1項で規定されている〕の加重要件たる「営利の目的」は刑65条2項の「身分」にあたる），常習犯において常習性を有すること（大連判大正3・5・18刑録20輯932頁。常習賭博罪に関する）も身分とされる。

　身分犯は，その身分を有しない者（非身分者）単独では実現されえないが，非身分者であっても身分者による遂行に関与する（共犯）ことはできると解されている。その際，刑法65条は，そのような共犯たる非身分者について特別の規制を行っている。身分犯をめぐる問題は，非身分者の共犯に関する処理と不可分に考える必要があるので，「共犯と身分」の箇所（第9章第6節1）で改めてとりあげることにする。

(2)　処罰の人的制約

　犯罪の主体であることは否定されないものの，行為者が一定の人的範囲に属するために，その者の処罰が制約される場合がある。天皇，摂政（典範21条により，在任中，訴追されない）および国務大臣（憲75条により，在任中，内閣総理大臣の同意がなければ訴追されない）や，元首，外交官および外交使節とその家族（外交約31条1項・37条により接受国の刑事裁判権から免除される）などがその例である。このような制約の法的性格をめぐっては，天皇など一部の者については人的処罰阻却事由説や刑法適用否定説も唱えられているものの，近時では，一律に訴訟障害と解する立場が有力である。

　訴訟障害と解される場合，訴追の制限は，当該行為者が在任する間に限られ，退任後には解除される。また，訴追の可否は行為者ごとに判断され，規定された地位に就いていない共犯の起訴は可能である（東京高判昭和24・11・18判特1号266頁）。

2 法　　人

(1) 犯罪能力

(a) 自然人とならんで法人も犯罪主体たりうるか（犯罪能力を有するのか）をめぐっては，伝統的には否定説が多数であった。法人は擬制的存在であり，一般に「法人の行為」とされるものも厳密には自然人の行為であること，また精神をもたない法人に対して刑罰で責任非難を加えるのは不可能なこと，実際的にみても現に違反行為を行った自然人を処罰すれば足りることなどが根拠とされる。古くから判例も，法人処罰が明文化されている場合は例外としつつ，犯罪能力否定説に立っていた（大判明治36・7・3刑録9輯1202頁。漁業組合の総会決議に基づき理事名義で行われた告訴につき理事に誣告罪を適用した原判決に対する，組合が犯罪主体だとの上告を排斥した。さらに，大判昭和10・11・25刑集14巻1217頁は，法人処罰の明文を欠く貯蓄銀行法上の無許可営業罪について法人が起訴されたケースでその処罰を否定している）。

これに対して，肯定説は，「法人」は擬制であるとしても，法人の代表者またはそれに準ずる地位にある者の行為を「法人の行為」とみるのは実態に適合する理解といえること，法人に対して罰金刑を科すのは犯罪予防の観点から意味があること，利益を享受する主体が法人であるとすれば，その活動を規制するために法人を処罰する必要があることなどを根拠として主張されており，現在ではこちらが通説となっている。さらに近時では，代表者などの自然人の行為を「法人の行為」と同一視する構成（同一視モデル）を超えて，組織体としての法人固有の行為責任・犯罪能力を承認する見解（組織体モデル）も有力化している。今日の判例も，肯定説への変更を明示したことはないものの，法人処罰規定の趣旨を，後述のように，従業者などに対する選任・監督上の過失に求めているところから，法人自身に（過失責任を問いうるだけの）犯罪能力があると解しているとみられる。

いずれにせよ，肯定説も，刑法典上の罰則を法人に直接適用することまでは認めておらず，法人処罰の明文がある場合に限ると考えているし，他方，否定説も明文がある場合の法人処罰を不当だと批判するわけではなく，当該明文を刑法8条但書にいわゆる「その法令に特別の規定があるとき」にあたるとして法人処罰を承認する。その際には，行政刑法に固有の刑事責任が認められる，

法人は受刑主体にはなりうるなど，犯罪能力を否定しつつ刑事責任ないし刑罰という法効果を法人に帰属させるとの構成がとられている。したがって，両説は帰結においてはほぼ一致する。しかし，法人の処罰を過失責任などにより実質的に根拠づけようとすれば，やはり犯罪能力肯定説に立たざるをえないと思われる。

(b) 法人の処罰を定める規定は相当数に上る。留意を要するのは，実際の規定では，「法人の代表者又は法人若しくは人の代理人，使用人その他の従業者が，その法人又は人の業務に関して〇〇の罪を犯したときは，行為者を罰するほか，その法人又は人に対して各本条の罰金刑を科する」などとされて，法人のみならず自然人の業務主も併せてその刑事責任を問う形式がとられている点である。

以下では，便宜上，法人と自然人とを必ずしも明確には区別することなく，法人（業務主）の刑事責任をめぐる規制について説明する。

(2) 法人処罰のための要件

(a) 処罰の形式および根拠　業務主たる法人・人を処罰する際の立法形式には変遷があり，当初は業務主のみを処罰する代罰規定の方式がとられた（明治33年に法人処罰を初めて規定した，法人ニ於テ租税及葉煙草専売ニ関シ事犯アリタル場合ニ関スル法律では「各法規ニ規定シタル罰則ヲ法人ニ適用ス」とされていた）。やがて，昭和に入ってから後，先に条文例として挙げたように，「行為者を罰するほか」業務主にも罰金刑を科す両罰規定が増加し，現在では，業務主処罰規定の大多数がこの形式といわれる（公害犯罪4条等。直接行為者のほか法人およびその代表者を罰する三罰規定の例として独禁95条・95条の2）。

業務主が，従業者の行為について，単独で，または，従業者と共に処罰される根拠をめぐっても同様に変遷がみられる。代罰規定のもとでは，業務主の無過失免責の明文がない限り，従業者の責任が当然に業務主に転嫁されると考えるのが判例（大判大正13・4・1刑集3巻276頁。「取締上ノ必要及其ノ業務ノ性質ニ鑑ミ……違反者其ノ者ヲ処罰スルヨリハ業務ノ主体タル法人其ノ者ヲ責任者トシテ処罰スル」のが法の趣旨とする）であり，この転嫁責任の考え方は両罰規定のもとでも維持された。学説においても同様の立場が一般的であったが，1930年代末頃から行政刑法の領域において，業務主における無過失責任の肯定は責任主義

に反するとの考え方を背景に,「不可抗力に基づいたことの証明」がない限り,注意義務違反が認められるとする過失推定説が有力に主張され（美濃部30頁),次第にこの立場が行政刑法の枠を超えて支持を広げることとなった。

そのような状況のなか，最高裁も，昭和32年に判例を変更し，旧入場税法上の両罰規定を「事業主として右行為者らの選任，監督その他違反行為を防止するために必要な注意を尽さなかった過失の存在を推定した規定と解すべく，したがって事業主において右に関する注意を尽したことの証明がなされない限り，事業主もまた刑責を免れえないとする法意と解するを相当」だと判示した（最大判昭和32・11・27刑集11巻12号3113頁。無過失責任説をとる補足意見が付されている）。業務主処罰の根拠は従業者の選任・監督上の過失に求められ，かつ，過失は存在すると推定されたのである。学説でも，現在，過失推定説が通説となっている。なお，32年判決は自然人業務主に関するものであったが，法人業務主についても同旨の立場が確認されている（最判昭和40・3・26刑集19巻2号83頁）。

(b) 選任・監督上の過失　過失推定説のもとでは，業務主たる法人・人が当該行為者の選任・監督につき十分な注意を払い，過失がない場合には免責される。この注意義務の程度について，判例の態度は厳格である。従業員に対して遵守事項を定めて講習会を開く（大判昭和3・3・20刑集7巻186頁。蚕糸業法上の代罰規定に関するものであるが，同規定は業務主の無過失免責を明文で認めていた），保安規定をおく（福岡高判昭和45・2・13高刑集23巻1号112頁）といった抽象的な注意・監督では足りず，当該違反行為を防止するに足りる個別・具体的な措置を施したことが要求される。かくして，過失の存在が推定され，業務主側が過失不存在の立証責任を負うことも手伝って，無過失免責が認められた例（例えば，高松高判昭和46・11・9刑月3巻11号1447頁）は少数にとどまっている。

判例には2つの異なる方向から批判が向けられている。1つは，無過失免責がほとんど認められていないとの事情を背景に，業務主の無過失責任を復活させようとする主張である。その背後には行政取締り目的の実効性を確保する狙いがある。しかし，業務主の処罰は行政取締りの場面でのみ行われるものではなく（例えば，いわゆる公害罪法の処罰規定が単なる行政取締りを目的とするとはいえ

ない）．そもそも行政的な取締りのためなら無過失の者でも刑罰を科してよいというテーゼは存在しない。このような主張は支持を得られないでいる。

　もう1つは，逆に，免責の余地をもっと広げるべきだとの主張である。判例の運用が無過失責任に近いとすれば，それは実質的に責任主義に抵触していることになる。そこで，より責任主義に合致したものにすべきだとする。具体的には，過失の挙証責任を訴追側に負わせる（純過失説），あるいは，過失の「推定」の意味を挙証責任の転換ではなく，業務主に対する証拠提出責任として理解するといった過失「推定」説に修正を迫る方向と併せて，注意義務の内容に再検討を加える方向も主張されている。そこでは，業務主の注意義務をより抽象的に，すなわち，従業者の「違反行為を防止，監督するための制度上ないしは組織上の措置義務と，この措置が有効に機能するように注視，監督する措置義務」と捉える見解（香城129頁）のほか，法人固有の行為責任を認める考え方を背景に，法人の組織体としての活動から生じる危害防止のために課せられる個々の安全基準に違反すること（藤木・行政51頁参照），企業体の組織活動を全体的にみて不注意があること（板倉58頁）を過失とする説や，「企業が，その活動にあたって規制を受ける法令を遵守するために自主的に実施する施策」であるコンプライアンス・プログラムの「実施を企業固有の注意義務の内容と捉え」る説（川崎213頁）などが有力化している。

　　(c)　業務主の「行為」　業務主が法人の場合，代表者たる自然人の行為を法人の行為と同一視する構成（同一視モデル）を背景にしつつ，代表者たる自然人の行為をもって法人の行為とするのが判例・通説とみられる。したがって，従業者などの選任・監督上の過失（法人の監督責任）は代表者において問題となり，また，代表者が自ら違反行為を行えば，もはや法人には免責の余地は存しないことになる（法人の行為責任）。もっとも，後者については，「代表者の行為＝法人の行為」と解するのであれば，1つの行為を二重に処罰しているのではないかとの批判が向けられている。これには，代表者と法人は別人格であるから，同一の主体を2度処罰するわけではないとの反論がある（最判昭和45・3・13判時586号97頁）。

　「代表者」の範囲をめぐっては，まず，形式的に代表者とされる者に限るか，いわゆるオーナーとして会社などを実質的に経営している者を含むかが問題と

なる。判例（最決昭和58・3・11刑集37巻2号54頁）は形式的に解し，実質的経営者は「従業者」にあたるとしている。しかし，そのような「従業者」に対する名目的経営者の「監督」責任を問えるのかは疑わしく思われる。

　さらに，「代表者」を法人の機関の構成員（理事や取締役など）に限ることなく，独立性の強い下部組織において包括的権限をゆだねられた高級管理職員にまで広げるべきであると，立法論としても解釈論としても主張されている。そのような者の行為は法人のそれとなお同視できる点を根拠とし，実際的には，高級管理職員自身が違反行為を行った場合に無過失免責の主張を排除する一方で，従業者が違反行為を行った場合は，「代表者（高級管理職員）」との関係がより密接になることから，選任・監督責任の存否を具体的に判断しても不都合がない点が考慮されている。もっとも，主張される高級管理職員の概念が不明確ではないか，少なくとも現行法の「代表者」という文言とは整合しないなどの批判がある。

　以上は，代表者の行為を法人の行為と同一視する考え方に基づく処理である。これに対しては，法人固有の行為責任を肯定する立場（組織体モデル）からは有力な異論も向けられている。すなわち，自然人としての代表者に責任があっても，それを法人に絶対責任として転嫁するのはやはり責任主義に反しているとの批判である。この立場からは，法人自体において違反行為に対する組織制度的な防止措置がとられていたならば，免責が認められるべきだと主張されている（松尾古稀（上）673頁〔佐伯仁志〕）。

　(d)　従業者側の要件　　業務主が処罰されるためには，従業者の側も一定の要件をみたす必要がある。この要件として，一般的には「従業者が，その法人又は人の業務に関して○○の罪を犯したとき」，すなわち，従業者であること，業務との関連性，および，違反行為の存在の3つが挙げられる。

　まず，従業者の範囲については，判例では，業務主と雇用契約関係にある者に限られず，その監督のもとで事業に従事する者であれば足りると解されている。例えば，雇用関係にある者が第三者を雇主の事業に属する業務に継続的に従事させた場合，この第三者の違反行為につき業務主は責任を負うことになる（大判大正7・4・24刑録24輯392頁）。

　次に，業務との関連性については，定款所定の「目的」の範囲内かといった

抽象的なレベルでは判断されない（最判昭和25・10・6刑集4巻10号1936頁。「定款に定めがなくとも，法人の取引上の地位に基いて，その業務としての客観性が認められる程度に一定の取引又は事業を実行する場合をも含む」とする）一方で，違反行為が当該従業者の個別職務の内容に含まれることまでは要しない（近時の例として最決平成9・7・9刑集51巻6号453頁。所得税逋脱罪に関して「申告納税に関する事務を担当する従業者に限定されない」と判示する）。違反行為が現に行われている業務と実質的に結びついていることが必要であり，かつ，それが認められれば十分と解される。争いがあるのは，業務主のためにする意思で行われたことが必要かである。この点は，業務主は，従業者が客観的に違反行為に出ないよう配慮する義務を負っているのであって，業務主のためか私欲に基づくかといった内心的事情の考慮は不要と思われる。業務関連性は，従業者が「法人等において現に行われている業務を遂行するに際して」違反行為を行ったといえるような関係があれば認められよう。

　最後に，違反行為の存在の要件については，当該行為が違法であれば足り，責任は否定されてもよいこと，および，具体的な違反行為とその行為者が特定されねばならないことの2点を支持するのが判例・通説である。前者は，違法な行為の防止を事業主に義務づけても過剰な要求とはいえないというのがその理由である。もっとも，法人固有の行為責任を重視する立場から，あるいは，過失を責任に位置づける立場から，従業者における過失を不要とする見解も有力である。

　後者は，「従業者が○○の罪を犯したとき」とする文言からの要請といえよう。しかし，ここでも反対説は有力である。すなわち，通説では，従業者の違法な行為の存在は認定できても担当者が何度も交代していて責任を負うべき具体的行為者を特定できない，あるいは，個々の行為をばらばらに捉えれば可罰的違法性の理論や信頼の原則の適用などにより可罰的違法行為が認められないといった事情のもとでは，法人の責任を追及できないことになり妥当でない，企業組織体として違法行為が認定されれば法人の処罰にとって十分だと説かれている（藤木113頁，板倉26頁）。

　（e）法人の代表者や従業者などの処罰　　両罰規定のもとでは，業務主たる法人・人とならんで現実に違反行為を行った法人の代表者や従業者なども処

罰される。その根拠づけをどのようにするかは、適用される処罰規定（本条）が一定の義務を負担する者のみを対象とするいわゆる名宛人限定型のケースでとりわけ問題となる。名宛人が業務主（人・法人）であって法人の代表者や従業者などではない場合、代表者らに対する規定の適用は不可能ではないかとの疑念が生じるからである。

この点をめぐっては、両罰規定が本条を解釈する規定として作用すると考えて、本条が代表者や従業者などに直接適用されるとする見解（解釈規定説）も唱えられるものの、判例は、両罰規定中の「行為者を罰するほか」との文言を根拠にして処罰が可能だとする立場（構成要件修正説）をとっている（最決昭和55・10・31刑集34巻5号367頁。地方税法上の料理飲食等消費税の特別徴収義務者が法人である場合、その代表者の処罰について判示する）。

さらに名宛人非限定型のケースでも、法人の代表者や従業者などは、直接、本条により処罰されるのか、やはり両罰規定を媒介するのかという問題がある。名宛人が限定されていない以上、代表者や従業者などに本条を当然に適用できそうでもあるが、他方、本条の適用対象はあくまで業務主であると考えることも可能であろう。判例は、後者の立場に立ちながら、両罰規定の「行為者を罰するほか」という文言を根拠に代表者や従業者などを処罰しうると解している（最決昭和55・11・7刑集34巻6号381頁）。

（f）業務主に対する罰金の額　業務主に科せられる刑は、従来「各本条の罰金刑」とされてきた。もともと業務主は従業者などの責任を転嫁されると解されていたこと、法人業務主には自由刑を科しえないとの制約があること、業務主の責任は——今日の理解のもとでも——原則として間接的な従業者の選任・監督上の過失に求められることなどが理由と解される。

しかし、（法人）業務主に刑罰としては罰金刑しか科しえないとしても、その額も各本条と同一でよいかは別の問題である。実際的見地からは、業務主は通常大きな資力を有すると考えてよく、各本条の罰金刑では抑止力をもった刑罰として有効に機能しないのではないか、従業者などに自由刑が科せられるケースを考えると、業務主との間にきわめて大きな不均衡がないかなどの疑問が提起される。さらに理論的見地からは、従業者の違反行為は業務に関して行われたのであり、間接的な責任だから行為者自身より軽いとはいえない、業務主

の責任を選任・監督上の過失と解するならば、それは従業者などの直接的な責任とは異質である、業務主について過失責任のみならず、故意責任が問われる場合もあるなどの点を指摘できる。業務主と従業者などとの罰金額の連動には十分な根拠があるとはいえないと考えるべきであろう。

かくして、平成3（1991）年に、法制審議会刑事法部会において、業務主に対する罰金刑の多額と直接の行為者に対する罰金刑の多額との連動切り離しが承認され（同刑事法部会のもとにおかれた財産刑検討小委員会の検討結果「両罰規定の在り方について」判時1402号10頁を参照）、その後、多数の法律に業務主に固有の重い罰金刑を科す規定が導入されるに至っている。ちなみに、私的独占・不当な取引制限などの罪の罰金刑の多額は500万円（独禁89条1項）であるが、業務主たる法人・人については罰金刑の多額は5億円（独禁95条1項1号）とされている。

第3節　因果関係

1　総説

(1) 犯罪成立要件としての因果関係

結果犯の既遂が成立するためには行為と結果との間に因果関係がなければならない。結果が発生していても因果関係がなければ未遂にとどまる。例えば、ピストルの発砲と人の死亡とが認定されても両者が原因・結果の関係に立っていなければ、「人を殺した」とはいえない。法益侵害はいかなる立場においても行為の違法性の源泉であるから、違法行為の類型たる構成要件において、法益侵害の原因である、ということが確定されなければ、当該行為が類型的、原則的にすら違法であるとはいえず、それゆえ、構成要件該当ともいえない。明確な形をとる結果犯以外においても、例えば、詐欺罪や、恐喝罪において、瑕疵ある意思を生じる行為と当該意思および財物の移転との間に因果関係が要求されることもある。また、とくに共犯において教唆、幇助、共謀行為と法益侵害との間の因果関係が要求される。

(2) 因果関係の複合的判断基準

因果関係は、複数の基準を用いて複合的段階的に判断される。まず、行為か

ら結果が発生したことが自然科学的合法則性をもって証明されなければならない。この関係を条件関係ないし合法則的条件関係と呼ぶ。これに加えて，そのような行為と結果との結びつき（条件関係）は，一般人の経験的見地から通常であると認識されるものでなければならない。この関係を相当性ないし相当因果関係と呼ぶ。相当因果関係は，当該行為から当該結果が発生することが経験的にみて蓋然的であること，そして当該結果が当該行為から通常の経過を経て，いいかえれば他の特殊な条件の介入なしに発生したことが確認された場合に肯定される。前者の，結果発生の経験的蓋然性を「広義の相当性」ないし「危険創出」と呼び，後者の経過の通常性を「狭義の相当性」ないし「危険実現」と呼ぶ。

(3) 因果関係と客観的帰属

相当因果関係を含む判断を刑法上の因果関係要件の判断とする考え方（相当因果関係説）が通説的な地位を占めるようになって以来，そこで判断されている「因果関係」とは，原因を探るという意味での自然科学的因果関係の判断と同じものではないという理解は定着している。犯罪の一要件としての因果関係は，刑法の観点から，一定の結果を一定の行為の「せい」だとする＝「帰属する」ことが適切か否かという形でなされる「客観的帰属」の判断だとされているのである。

そうした判断であることを理解しつつも，刑法上は従来どおり「因果関係」（の判断）と呼んで差し支えないとする立場と，自然科学的因果関係と同じものであるとの誤解を避け，さらにそうした誤解に基づいて判断が自然科学的なものに拘束されるのを防ぐためにも，判断の実態に合わせて「客観的帰属」と呼ぶべきであるとする立場とが対立している。

問題は，いかなる観点，要因，基準，判断方式を盛り込むかにあり，それぞれの個別判断方式の適否は帰属判断と呼ぶか因果関係の判断と呼ぶかには依存しないので，本書では以下，伝統的により広く用いられてきた「因果関係」の語を用いて説明するが，自然科学的な意味におけるそれとは異なるものであることを常に念頭において理解されたい。

第4章　客観的構成要件

2　条件関係

(1)　conditio sine qua non 公式

　条件関係は，当該行為を取り除いて考えた場合，当該結果は発生しなかったであろうといえる場合に肯定される。行為と結果が前者なければ後者なしの関係に立つとき，と表現する場合もある。この判断公式を「条件公式」ないし「conditio sine qua non 公式（c. s. q. n. 公式）」と呼ぶ。

　この必須条件の関係は自然科学的な合法則性をもって証明されなければならないとされる。ただし，自然科学的合法則性といっても，例えば，毒薬の分子レベルでの作用機序までもが証明される必要はなく，毒薬を服用させなければ死ななかったという程度での証明であると理解されている。また，いわゆる疫学的証明でも足りるとするのが判例（最決昭和57・5・25判時1046号15頁）・多数説である。つまり，一定の因子が疾病を引き起こす詳細な機序が解明されていなくても，疫学上のルールに従った統計的方法によって，当該因子と疾病とのつながりが大量現象として法則性を有するものと証明されれば，刑法上の条件関係の証明としても十分であるとされるのである。さらに，判例は，不作為犯の事例において，救助作為がなされていれば「十中八九」助かったといえる場合には救助は「合理的な疑いを超える程度に確実であったと認められ」，当該不作為と死亡結果との間に因果関係があるとしたこともある（最決平成元・12・15刑集43巻13号879頁）。

(2)　条件公式の広すぎる帰責範囲

　条件公式はすべての条件を平等の価値をもったものとして扱うので，これだけによるときは，因果関係が認められる範囲は広い。例えば，ナイフでの刺殺が行われた場合，ナイフで刺す行為や殺人者にナイフを渡す行為はもちろん，そのナイフを鍛造する行為も研ぐ行為も柄や鞘を付ける行為も原材料を調達する行為もすべて被害者の死亡に対して同等の因果関係を有することになる。原材料を調達しなければ，被害者はそのナイフで刺されることはなかったなどといえるからである。

　この例では，ナイフの製造工程以前の段階の寄与には，因果関係はあるが過失すらないので実際には刑法上の帰責がなされることはない。しかし，そうした主観的要件による帰責の制限も難しく，かつ既遂犯の責を負わせるのは行き

すぎであるとされる事例群もある。例えば，入院が必要な程度の傷害を故意に負わせたところ，被害者が入院先の病院の火災によって焼死したといった場合，傷害致死罪が，航空機事故で死亡させようと思い航空券をプレゼントしたところ，被害者が搭乗した飛行機が墜落したといった場合，殺人既遂罪が成立してしまうことになり，帰責範囲が広すぎる，とされるのである。そこで，相当因果関係（因果関係の相当性）という要件を追加することによって，この広すぎる帰責範囲に適切に絞りをかける必要があるというのが現在の通説的理解である。

(3) 具体的結果記述

条件公式によるときは因果関係の判断がむしろ困難となり，あるいは因果関係が認められる範囲が逆に狭くなりすぎる場合もあることが夙に指摘されている。まず，結果をごく抽象的に記述する場合である。結果である人の死を「およそ人の死」と記述すれば，人はいずれ必ず死ぬのであるから，当該行為を取り除いてもそのように記述された結果は必ず発生するであろう，と判断することになる。つまり，条件関係を肯定することができない。そこで，殺害とは「死期を早める」ことを意味するのであって，「人の死」とは，特定の時点での死亡である，という形に結果の記述をある程度具体化することによって解決が図られることになる。しかし，具体的に記述すれば済むというわけではなく，例えば，被害者に赤い帽子をかぶせた人は，被害者が他の者に射殺された場合，「赤い帽子を被った死」という具体的結果について因果関係を設定したことになる。あるいは，決壊寸前のダム湖にバケツ1杯の水を注ぎ込む行為は，決壊をごくわずかの時間ではあるが早めたことになるから，まさしく実際に生じた「その時点での」決壊とは条件関係に立つことになる。そこで，これらの事例において条件関係を否定するために，結果は「法的に意味のある外界変更」の限度で具体的に記述されることになる。

(4) 仮定的因果経過

条件公式にとってより深刻な問題は，いわゆる仮定的因果経過の事例において生じる。殺人犯の死刑執行に立ち会ったその死刑囚に殺された被害者の父親が決定的瞬間に死刑執行人を押し退けて，処刑スイッチを押したとしよう。父親の行為がなかったとしても死刑囚の死は発生していたといえるので，父親の行為と死刑囚の死亡との間には条件関係はないことになる。

第4章　客観的構成要件

　この事例群は，一般に，仮定的な因果経過を付け加えて判断してはならないとすることによって解決できるとされているが，付け加えた判断をしてはならない理由は明らかではない。不真正不作為犯において条件関係を判断しようとすれば，作為を付け加えて判断せざるをえないからである。例えば，池で溺れる子供の不救助という不作為の子供の溺死との条件関係を判断する際，不救助を取り除くとは，とりもなおさず救助作為を仮定的に付け加えることを意味するのである。そもそも条件公式自体がすでに仮定的事情の判断なのであるから，付け加え禁止による解決は，条件公式の考え方にそぐわない。

(5)　択一的競合

　2人の人物が全く独立に，つまり意思連絡なしにそれぞれ致死量の毒物を被害者の食物に混入した，といった事例を択一的競合と呼ぶ。条件公式を適用すると，いずれの者の行為を取り除いても結果が発生したであろうといえるので，いずれの行為も被害者の死亡結果とは条件関係に立たない，つまり因果関係がなく2人とも殺人未遂，という少なくとも直観的には常識に反する結論に至る。

　一部の学説は，このような場合，2つの条件を累積的に取り除くことによって条件公式によっても妥当な結論を導くことができるとする（平野Ⅰ138頁，前田171頁）。複数条件を取り除いて考えることを肯定し，かつそれは例外的場面においてのみだとするのであれば，どのような場合に複数条件を取り除くかを明らかにすべきであろう。不都合が生じる事例についてだけ，妥当な結論を先置してこれに合わせるため例外的に判断方式を変えるのであれば，一般的な判断方式を設定する意味はなくなる。

　毒物の量が倍になったのだから死期は早まったはずであり，実際には，複数条件が競合しながら単一条件の場合と結果が全く同じということは考えられないとの指摘もある（前田171頁，内藤（上）256頁）。この見方はたしかにリアリティーという観点においては一定の説得力を有する。しかしながら，例えば，爆発物の起爆装置が2つの独立した並列の電気回路からなっており，いずれの回路のスイッチからも起爆できるようになっていたとして，そのスイッチを2人の者が（ほぼ）同時に押した，といった場合には，結果の変更も生じない。そもそも択一的競合の事例群は，死期が早まっていないということを前提として定義されるものである。もし，結果について法的に意味のある違いが生じて

いたといえるのであれば，それは結果記述の問題にすぎない。

条件公式を維持しようとする限り，いずれの行為が結果に対して効果をもったかが証明できないから，「疑わしきは被告人の利益に」の原則により両者共に未遂とする（町野Ⅰ156頁，内田Ⅰ146頁，内藤（上）255頁）のが最も一貫した解決であろう。しかし，いずれか一方が効果を有しなかったこと，あるいは一方だけが効果を有したことの証明はたしかにないが，少なくともいずれかの行為が効果を生じたことは証明されている。にもかかわらず因果関係を否定せざるをえないところに条件公式の限界がある。

(6) 合法則的条件の公式

以上の各事例群において困難を生じるのは条件公式に固執するからであると考える見解は，条件公式の仮定的に「取り除いて考える」判断方式を捨てることを提案する。ある行為に時間的に後続して外界における変化が接続し，その変化と行為とが自然法則的に結びついている場合に，その行為は当該外界変更の原因である。刑法上の因果関係判定の第1段階としてはこれで十分だとするのである（山中260頁）。このような判断方式を合法則的条件の公式と呼ぶ。

この公式によれば，上記の特殊な事例群においては，率直な解決がもたらされる。ただし，択一的競合の事例において本当に両方の条件の同時作用が証明されたことになるのか否かについては疑問が留保される。もっとも，実践的な観点からは，この公式による判断と条件公式による判断の結論はほぼ同じだといってよい。条件公式が困難に陥るような事例が実際に生じることは希であろうし，通常の事例であれば，その条件を取り除いて考えた場合には結果が発生しなかったであろうという判断と，その条件と結果とが自然法則に合致する形で連続・接続しているという判断とは，事実上，表現の違いにとどまる。例えば，特定の薬物を服用させなければ被害者は死亡しなかったという判断は，当該薬物が致死性を有しているという自然科学的合法則性の知識と，行為者が被害者に当該薬物を服用させたという認定から成立しているからである。

3 相当因果関係

(1) 相当性の判断

以上のような条件関係ないし合法則的条件関係があると判断された後，その

第4章　客観的構成要件

　関係に相当性があることが肯定されなければならない。相当性の判断は，広義の相当性と狭義の相当性の二段階で判断されるが，判断基準は，いずれも一般人の経験的知識を前提とした予見可能性である。この点の表現としては，一般人の観念，社会生活上の経験，全人類の経験的知識といったバリエーションがあるが，要するに専門科学知識をもたない裁判官の常識的判断という程度の意味である。この判断は，そうした一般的な経験法則に照らして，現実に生じたように事象が経過することがありうるか（一般人の見地から客観的に予見可能か否か）を，裁判の時点で，行為の時点に立ち返って判断する，客観的事後予測である，とされている。

　相当性（客観的予見可能性）の程度については，かつては「極めて偶然的なものを除く」という程度で足りるとする学説もあった（平野Ⅰ142頁）が，広義の相当性ないし許されない危険の創出を相当性判断の第1段階とする方式が定着してきた現在では，高度の蓋然性が必要だとされることになる。一般人ではなく，科学的一般人あるいは科学的専門家の知識を前提とした予見可能性を基準とするべきである（林136頁）とする見解もあるが，これによるときは，条件関係（合法則性）に加えて相当性を判断する意味は実際上ほとんど失われる。

(2)　**相当性要件の根拠**

　行為と結果との間に自然科学的合法則的なつながりだけではなく相当性が必要である根拠は，社会の平均的観念に合致した範囲で結果を行為に帰属（帰責）する必要性にあるということができる。因果関係といっても，あくまでも刑法上の犯罪という社会現象の文脈における原因を探る判断，いいかえれば，法益侵害結果が生じたのは誰のせいだとすることが適切であるのかという判断なのであるから，その判断は社会的常識の範囲に限定される。およそ一般人が予想もできないような経過を辿って発生した結果につき行為者の負担とすることは過剰である，あるいは，すべての条件を防圧する必要はない，といわれることもある。

　刑法の目的は一般人に犯罪行為に出ることを控えさせること（一般予防）にあるのだから，一般人に予見可能でない結果惹起を禁止しても意味がないので，相当性が必要なのだとする論者もある（林128頁）。「一般人がそれを利用して結果を招致する」ことが可能な，因果経過の設定のみを禁圧すれば一般予防の

必要はみたされると表現されることもある（町野Ⅰ164頁，山口・探究27頁）。一般予防の必要性は，因果関係が否定される（か，最初からない）未遂犯についても成立するので，広義の相当性要件の根拠としてはともかく，狭義の相当性要件も含めての根拠づけとしては，この立論は誤りである。

(3) 広義の相当性（危険創出）

広義の相当性とは，行為が一般的に当該結果を発生させる高度の蓋然性を有していることをいう。同じことが，結果の帰属は実質的で許されない危険の創出を要件とする，と表現されることもある。例えば，特定の位置と距離でピストルを発砲すれば，高い確率でその人が死ぬであろう，といった判断を具体的内容とする。単に，ピストルには一般に殺傷力がある，という意味ではない。

この要件によって，例えば，落雷によって死亡させようと思い，被害者に特定の道を通って自宅まで来るように依頼したところ，被害者はその場所ではめったに生じない落雷を受けて死亡した，といった事例や，事故を期待して飛行機に乗せる事例において殺人罪が既遂罪としても未遂罪としても成立しないことになるとされる。

この要件は，「実行行為と結果との間の因果関係」を判断する際の実行行為性のことであるとされたり，過失犯の構成要件該当行為そのものであるとされたりすることもあるが，体系的な位置づけの問題にすぎず，判断の実質的内容においてもその必要性の根拠づけにおいても，もちろん結論においてもほぼ見解の一致がみられる。

この広義の相当性すなわち危険創出の有無の判断は，順序としては，条件関係の判断に先だってなされることになる。取り除いて考える対象となる行為が大した危険性のない，許された行為であっては因果関係を判定する意味がないからである。

(4) 狭義の相当性（危険実現）

狭義の相当性とは，現実の経過が一般人の認識において，広義の相当性の具体的実現形態のバリエーションの1つであることを意味する。行為者によって創出された危険が結果に実現したこと，あるいは，現実の経過がその危険によって説明されることをいう，と表現される場合もある。相当性の内容として，現実の経過が一般人の経験的知識に照らして通常であることが必要だとされる

第4章　客観的構成要件

ことがあるが，これも結局は同様の判断に依拠していることになる。

　具体的な判断としては，例えば，被害者を橋上から河へ突き落としたところ，被害者は溺死した，川底に激突して死亡した，水面に激突した衝撃で死亡したといった場合，橋の高さや河の水量，深さなどの事情にもよるが，いずれも橋上から突き落とすという行為の危険の実現形態の1つであると考えられるので狭義の相当性が肯定される。橋の高さや，河の水量などは，行為の時点で存在した事情であり，そうした事情があるからこそ突き落とす行為が生命にとって危険となる要因だからである。橋の高さがそれほどでもないのに水面との衝突で死亡した，あるいは水量も流速もそれほど大きくないのに溺死したといった場合には狭義の相当性は否定される余地がある。

　(a)　行為後の自然的介入事情　　この判断を通過することによって適切な解決が図れるものとされる事例群の第1は，行為後に自然の事情が介入した場合である。例えば，橋から突き落としたら被害者が水中にいた人食いザメに食い殺された，といった場合，その橋が海に通じる河口のすぐ近くに架けられたものであり，付近の海には鮫がいるという状況があれば，突き落とす行為の危険の実現であるが，そうした事情がない場合，つまり，たまたま河口から内陸部深くまでその鮫が迷い込んでいたのだとすれば，危険の実現はない，ということになる。あるいは，ゴルフ場で被害者を殴り倒し，ゴルフクラブを握りしめたまま失神した被害者を放置してその場を立ち去ったが，被害者はその直後落雷によって死亡した，という事例においても，広義の相当性（危険性）の記述が，その地域，時季に落雷の可能性が高いことなどを含めてなされている場合には狭義の相当性（危険実現）もあるが，殴り倒す行為の危険が人体に対する直接的な衝撃力だけで記述される場合は，狭義の相当性は否定される。

　(b)　第2行為の介入　　狭義の相当性の判断が重要な意味をもつのは，このように，行為者の行為と競合的に，ないし共同的に結果に作用・寄与する条件があるときに，いずれに結果を帰属するのが適切かが問題となる場面である。そうした条件も結局は行為者の創出した危険のなかに含まれるのであれば，結果は行為者の危険創出に帰属され，含まれない場合は，結果は他条件の方に帰属されるのである。そうした競合的条件がそもそも介入していない場合には，広義の相当性の判断と狭義の相当性の判断とはほぼ重なることになる。

第3節　因果関係

別の条件が競合する場合の1つとして，行為後に行為者自身，被害者あるいは第三者の行為が介入する事例群がある。判例にはすでに早くから，第三者の行為が介在した事例につき，被告人の行為から死の結果が発生することが「経験則上当然予想」できるとはいえないという理由で無罪とするなど，この相当性判断とみられる思考を示すものがあった（最決昭和42・10・24刑集21巻8号1116頁）。その後も，狭義の相当性（危険実現）判断によったものとみることができる判例が複数現れている。被告人の行為がすでに「死因となった傷害」を与えていた場合には第三者の暴行により死期が早められたとしても因果関係があるとした（最決平成2・11・20刑集44巻8号837頁）ものや，被害者や第三者の不適切な行動が介在していても，それらが被告人の行為の危険性に含まれる（最決昭和63・5・11刑集42巻5号807頁），あるいは被告人の行動によって「誘発」された（最決平成4・12・17刑集46巻9号683頁，最決平成16・10・19刑集58巻7号645頁）ものであることを理由に因果関係を肯定した判例などである。

(5)　判断資料の限定

(a)　相当性判断と必然性　　相当性判断に際して，一定の事情を判断の資料（「判断基底」と呼ぶこともある）から除くべきだとする学説が優勢である。裁判の時点で判明しているすべての事情を資料として判断すると，たとえ一般人の見地を基準としても，すべての経過は必然になるからであるという。

(b)　客観説 vs 折衷説　　そこで，客観説と呼ばれる見解は，行為時に存在したことが後に判明したすべての事情は資料とするが，行為後に生じたことが後に判明した事情については，行為時において客観的に（経験法則上）予見可能であったもののみを判断資料とするという限定によって，適切な結論に至ることができるとする（平野Ⅰ142頁，内藤（上）269頁，前田183頁）。

これに対して，一般人には予見できない事情を行為者がとくに知っておりこれを利用した場合についてまで判断資料から除き因果関係を否定するのは不都合だとして，行為後に生じた事情については一般人にとって予見可能な事情に加えて行為者がとくに認識していた事情をも判断資料とすべしとする折衷説と呼ばれる見解がある（団藤177頁，大谷218頁，川端151頁）。

両者はそれぞれ，客観的相当因果関係説，折衷的相当因果関係説などと呼ば

れ、相当因果関係説自体のバリエーションであるかのごとく扱われることもあるが、単に、一般人には認識不可能であるが行為者がとくに認識していた事情がある例外的な事例をどのように処理するかをめぐる小さな争いにすぎない。通常の事例においては、この両者の対立はおよそ問題とならない。

(c) すべての事情の考慮　客観説は、行為後に生じた事情についてのみそのような限定を加える理由を説明できず、折衷説は、いったん、一般人を基準として加えた限定を行為者主観の考慮によって解除する理由を説明できない。いずれも、直観的に妥当だと判断された結論を導くための恣意的な操作である。

そもそも、相当性判断が一般人を基準とするのであるから、判断資料を一般人にとって予見可能な事情に限定するのは無意味である。すべての事情を資料としても、一定の重大な寄与をなした事情が行為時の一般人にとって知りえないのであれば、相当性判断の答は自ずと否となる。また、すべての事情が知られていても、それぞれの事情の発生頻度を確率論的に問題とすることはできる。例えば、そのような病変をもった人がどれくらいいるか、そういう人にどれくらいの確率で出会うかである。時系列を追って判断していけば、すべては必然なのは当然である。しかし判断の時点を固定すれば、相当性＝可能性を問題とすることはなお可能である。

4　因果関係（客観的帰属）判定のためのその他の考慮
(1)　合義務的態度の代置

違法（危険創出）行為と結果との間の条件関係、とくに過失犯において、注意義務違反行為と結果との条件関係を判定するとき、当該違法行為を取り除いて考えるという思考操作を、およそ何もしなかったら、という形で行えば条件関係は肯定されるが、義務適合的な、つまり適法な態度をとっていたら、という形で行うと、なお結果が発生していたであろうと考えられる場合がある。例えば、ある疾病の治療に通常使用する薬剤と取り違えて本来その疾病には使用すべきではない毒性の強い薬剤を使用したためその作用によって患者が死亡したが、通常使用する薬剤を使用していたとしても患者の特異体質のためにやはり死亡したであろうことが後に判明したといった事例である。

条件関係判断の起点を広義の相当性のある行為、つまり許されない高度の危

険の創出に求める限り，当該条件を取り除いて考えるといっても，「およそ何もしなければ」という判断形式はとれない。およそ薬剤を使用しないことは禁止されていないし，薬剤の作用による危険をも含んでいないからである（およそ治療しないことはむしろ禁止されている）。そうだとすると，本来の薬剤を使用していたとしてもやはり死亡していたであろう，あるいは死亡していたかもしれないと考えられる限り，条件関係の合理的な疑いを超える程度の証明はないことになる。

　そこで，「行為者の態度が危険増加を意味する場合には結果が帰属され得る」という見解（危険増加論）が現れる。この見解は，適法な態度がとられたとしても確実に同じ結果が発生したという場合でない限り，行為者の違法な態度は，結果発生のリスクを高めており，これに結果を帰属することは可能だとする。しかし，この見解は，結果犯と危険犯とを少なくともその処罰根拠において同視するものだ，という決定的な批判を被ることになる。

　一般予防の観点からは，結果犯において法が一定の行為を禁止する理由は，それによって結果発生を予防したいからである。したがって，そのような行為禁止に意味があるのは，当該禁止に従って行為がなされなかった場合，すなわち適法な態度がとられた場合には結果が発生しないという場合のみである。つまり，規範自体は抽象的に妥当していても具体的な場面ではその規範の遵守が結果防止に役立たない場合には，当該規範違反を罰する必要はないことになる。とすると，やはり，因果関係を肯定して結果を客観的に帰属するためには，行為者が適法な態度をとっていれば確実に結果が発生しなかったという事情が必要となろう。

(2)　規範の保護目的

　一定の規範違反（義務違反）があり，それと条件関係に立つ結果が発生したとしても，当該規範の目的ないし，保護範囲が当該結果の防止を含まない場合には，結果はその規範違反に帰属されてはならないとする考え方を規範の保護目的論と呼ぶ。例えば，ライトを付けない自転車が2台前後して走行しており，前を走っていた自転車がその存在に気づかなかった対向車と衝突してその自転車に乗っていた人が死亡したが，後続の自転車がライトを点灯していたら，対向車は前の自転車の存在に気づいたであろう，という事例においては，「夜間

走行の際には点灯せよ」という規範の目的は，当該自転車の保護にあり，その前を走っている自転車の保護までは含まないから，当該義務違反に結果を帰属してはならない，すなわち，後続自転車の運転者は過失致死の責任を負わないとするのである。

　この考え方は，個別の形式的な交通規則違反をはじめとする規範違反が単独で過失責任を基礎づけるわけではないことを示す限度では正しいが，結果帰属の一般原理としては機能しえない。そもそも，規範の保護目的，保護範囲を確定することがきわめて困難で，下手をすれば「帰属が不適切だと思われるから規範の保護範囲内にない」というトートロジーにすら陥りかねない。また，個別規範の禁止作用が及ぶべき射程は短くても，そうした規範違反の累積によって実質的で許されない危険が創出されることもありうる。上例では，無灯火走行が前方不注視による追突とあいまって先行自転車を対向車と衝突させた場合，過失責任を否定すべきではないが，「規範の保護目的ではない」という一般的な形で当該規範の作用を否定すると過失を根拠づける一資料としても採用できないことになる。

　また，この考え方によって導かれるとされる結論には，相当性（客観的帰属）判断内部で行われる他の考慮によっても到達することができる。上例においても，ただ自転車が夜間無灯火で走行していたというだけでただちに対向車と衝突するわけではないから，無灯火走行が，先行自転車が対向車と衝突する可能性を増加させた程度は低く，許されない危険の創出とはいえない，という形で帰属を否定することもできる。

(3)　遡及禁止論

　ある行為Aと結果とを結ぶ単一の因果系列上のある点に自由な人間の意思Bが介在している場合，結果帰属はその地点Bで停止され，さらに遡及してAに帰属することは禁止される，という考え方を遡及禁止論と呼ぶ。

　自由かつ故意的に行為した行為者は，規範に違反した行為を決意しない能力（思いとどまる能力）を有し，規範違反の実現の有無を左右できる。それゆえにこの者は規範違反の実現について責任を負う。そうした答責的な主体Bが因果系列の途上に介在しているときは，それ以前の時点でこの系列に条件を与えたAにまで帰責を遡らせる必要はなく，Bに責任を問えば済む。これが遡及

禁止の理論構成である。こうした考え方は，答責的な正犯者の背後にいる者を別様に扱う狭義の共犯に関わる諸規定にも表れているとされる。

しかしながら，遡及禁止を現行法において単独で帰属（因果関係）を完全に否定しうる原理と理解することはできない。そもそも教唆犯としての帰属は明文で認められているわけであるし，判例は答責的な主体を媒介とする背後者の間接正犯性や共謀共同正犯性も肯定することがある。少なくとも，単純に，故意ないし過失行為が介在したというだけで帰属を否定することはできない。

もちろん，直接行為者の意思の独立性が高い場合には背後者を正犯とする帰属は否定されることもまた認められているわけであるから，遡及禁止論的考慮は，少なくとも帰属を制限する要因としては機能しているともいえる。過失行為の後に行為者自身の故意行為が介入した場合に先行過失と結果との因果関係を否定したとみることができる判例もある（最決昭和53・3・22刑集32巻2号381頁）。また，被害者自身や第三者の不適切な行動が介在した事例群において複数の判例が，それが被告人の行為によって誘発された（行為の危険の内容に含まれていた）ものであることを挙げて因果関係を肯定しているのも，他人の意思に基づく行動が帰属否定的に作用しうると認めてのことであろう。つまり，被害者の態度が被告人の態度とは独立に生じた程度が高い（誘発されたのではない）場合には因果関係が否定される余地も含意されているのである。

第4節　不作為犯

1　意　義

(1)　不作為・不作為犯・不作為犯罪

(a)　不作為とは，「一切の作為をしないこと」ではなく「特定の作為をしない」ことをいう。不法の実質を法益侵害に求める通説的理解のもとでは，刑法における不作為の前提となる「特定の作為」とは「法益侵害を回避する作為」と解されることになる。

作為・不作為という概念はレベルを異にする2つの使われ方をする点には留意を要する。1つは条文における行為態様の規定においてである。すなわち，多くの犯罪類型では，人を「殺す」（199条），他人の財物を「窃取する」（235

条）といったように「作為」に出ることが禁止されている。しかし，一部に，特定の作為に出ることを命令し，その「不作為」を処罰するものも認められる。住居などの一定の場所から「退去しなかった」場合を処罰する住居不退去罪（130条後段）がその例として挙げられる。規制のレベルの問題であることを明らかにするために，前者を作為犯罪，後者を不作為犯罪と呼ぶことにする。

　もう1つは，犯罪の個別の遂行形態を表す場合に用いられる。ナイフで被害者の心臓を一突きして行われた殺人は「作為」の形態であり，自分の赤ん坊にミルクを与えないで餓死させた殺人は「不作為」の形態である。具体的な遂行形態のレベルの問題であることを明らかにするために，前者を作為犯，後者を不作為犯と呼ぶことにする。

　(b)　作為犯罪の不作為による遂行・不作為犯罪の作為による遂行　　作為犯罪が作為により遂行された場合（真正作為犯），不作為犯罪が不作為により遂行された場合（真正不作為犯）に，犯罪が成立することは当然といえる。それでは，作為犯罪を不作為により（不真正不作為犯），不作為犯罪を作為により（不真正作為犯）遂行することは可能か。

　後者については，通常はできないと解される。一定の作為をしないことを別の作為に出ることで実現するというのは事実としてはありうるとしても，そのような「別の作為」について不作為犯罪は関心をもっておらず，遂行形態としてはあくまで不作為（不作為犯）と捉えられるからである。ただし，例外的に，「別の作為」が結果回避に至りうる経過の阻止に向けられている場合，不作為犯罪の作為による遂行を考えることができる。第三者によって病人の前におかれた食事を保護責任者が取って食べる（保護責任者不保護罪〔218条後段〕の作為による実現）といった例（曽根201頁）が挙げられる。

　作為犯罪の不作為による遂行は，これを承認するのが判例・通説の立場である。もっとも，検討すべき課題は残されている。1つは犯罪遂行上のものであり，不作為が因果への働きかけ（作為）をしないという形態である以上，因果関係を認めることができないとの指摘がみられる（松宮85頁）。この点は，たしかに作為犯におけるとは異質であることは否定できないとしても，「一定の作為が行われたならば結果は回避されたであろう」という関係があれば，「その作為をしないという不作為」は結果発生の原因だったといいうるとして，こ

れを不作為犯のもとでの因果関係とする理解が一般的である。

　(c)　解釈による不作為犯罪の創設　　さらに罪刑法定主義との関係において，不真正不作為犯の可罰性の承認は，作為犯罪のもとで解釈を通して（書かれざる）不作為犯罪が創設されることを意味し，その際，作為犯罪との価値的な同等性を根拠とするのであれば，許されない類推解釈にあたるのではないかとの疑義が提出される（改正刑法草案12条参照。不真正不作為犯の処罰を要件と共に明記する）。この点は，例えば，「殺す」という文言に不作為による死の惹起（「見殺しにする」）を含めることが，文言の可能な意味の範囲内にとどまっているとすれば，個々の作為犯罪において不作為の形態を排除する趣旨が示されていない限りにおいて，不作為による遂行の処罰も許されると解される。

　（作為の形態で書かれた）不作為犯罪を承認する際には，明確性原理との抵触についても検討を要する。本来の不作為犯罪では，誰がどのような作為をなすべきかが明示されている。例えば，住居不退去罪では，退去の要求を受けた者が退去という作為を行わなければならない。これに対して，作為犯罪においては，当然のことながらそのような明示はなく，解釈による確定を要し，しかも，以下の2で明らかにするように，それは容易な作業ではないからである。この点は，明確性の程度がそれほど高くは要求されておらず，「通常の判断能力を有する一般人の理解において，具体的場合に当該行為がその適用を受けるものかどうかの判断を可能ならしめるような基準が読みとられ」れば十分（最大判昭和50・9・10刑集29巻8号489頁）とすれば，同原理とただちに抵触するわけではないと考えられよう。

　(2)　作為犯と不作為犯の区別

　身体の動作という意味でのある「作為」について，犯罪の遂行態様として，そのまま「作為犯」と考えてよいのか，それとも，当該「作為」があったために「行われなかった別の作為」に着目して「不作為犯」と捉えるべきなのかが，作為犯と不作為犯の区別の問題である。

　留意を要するのは，この区別は成立が問われている犯罪との関係で相対化する点である。パチンコ店でパチンコをするという「作為」を例に挙げると，このような作為自体が意味をもつのか，この「作為」のために「パチンコ店の駐車場に停めてある車の中にいる赤ん坊の世話をしない」との不作為と捉えるべ

きかについては、パチンコ台からパチンコ玉を不正に取り出すという窃盗罪との関係では作為犯、室温の上昇した車内にいる赤ん坊に「生存に必要な保護をしなかった」という保護責任者不保護罪との関係では不作為犯と考えられる。なぜそう考えてよいのか、判断基準が問われるのである。

　この点は、身体の動作としての「作為」が、想定される犯罪の法益を危殆化したといえる場合、作為犯と解されよう。このような判断は、「作為」がなかったならば法益は危殆化されなかったであろうとの形で行われるのが通常といえる。しかし、例えば、上記の設例で、パチンコをするとの「作為」を取り去って、代わりに、車内の赤ん坊を連れ出しに行くとの「作為」を付け加えると、赤ん坊の生命・身体は危殆化されなかったであろうということで不保護罪についても作為犯と評価されてしまう。したがって、厳密には、問題の「作為」の時点で「一切の作為」がなかったとすれば想定される犯罪の法益は危殆化されなかったであろうといえる場合を作為犯とする、と考えるのが妥当に思われる。

　身体の動作としての「作為」が作為犯・不作為犯のどちらと評価されるかが争われるケースとしては、①生命維持装置を患者に装着した医師が、後に殺意をもってこれを「取り外す」（命令を履行する作為に出た後に、これを「作為」により中止する）、②踏切警手が、列車と通行車両などとの衝突事故を期待し、指定の時間に遮断機を上げられないようにするために「飲酒する」（事前の「作為」により、命令を履行する作為に出られないようにする）、③島に残された自分の子（幼児）の救出に向かう父親が島に渡れないようにするために、唯一の「橋を落とす」（命令を履行する作為に出ようとする他者に対して、これを「作為」により阻止する）などが挙げられる。これらも、結局、上述の基準に従って判断されるのであって、①は作為犯、②は不作為犯、③は作為犯と解される。

　なお、作為犯か不作為犯かは犯罪の遂行形態をどのように捉えるかの議論であって、想定される犯罪がただちに成立するわけではない点には留意を要する。不作為犯とされた場合、さらに、問題の者が作為義務を負うこと（その内容については以下の2を参照）が犯罪の成立に必要となる。例えば、上記の②において、不作為による傷害罪などは、行為者がすでに飲酒の時点で「適時に遮断機を下ろす」との作為を行う義務（具体的には「飲酒をしない」）を負うといえるときに初めて成立する。作為犯とされた場合でも、例えば、③において、父親が

幼児の所在を知る前で，救助が現実化していない段階において「橋を落とす」ケースでは，それが遺棄罪の実行行為といえるかが別に検討されねばならない。

2 不作為犯の成立要件
(1) 不作為犯に固有の要件
(a) 不作為犯にはその遂行形態のゆえに固有の検討課題がある。その中心は，作為義務の確定——なすべき作為とその作為をなすべき者とを特定すること——である。これは，不真正不作為犯においては条文で示されていないのでとりわけ困難な作業となる。しかし，例えば，保護責任者不保護罪において，老年者などを「保護する責任ある者」とは誰か，「その生存に必要な保護」とは何かが自明というわけではなく，真正不作為犯でも状況は大きくは異ならない。

(b) 主観面については，故意犯において，作為犯と同様に，客観的構成要件に該当する事実に対する認識（故意）が要求されると共に，さらに特別の要件が立てられるべきかが議論されている。すなわち，不作為による放火に関する古い判例には，家屋に燃え移るおそれのある状態にもかかわらず，「既発の危険を利用する意思」で外出したとして放火罪の成立を肯定したもの（大判昭和 13・3・11 刑集 17 巻 237 頁）があり，学説でも「既発の状態を利用するか，すくなくとも意図的に放置したこと」が必要だ（藤木 135 頁）とする主張がみられる。しかし，そのような厳格な要件の根拠は明らかではなく，過失犯には適用できないところから支持は困難に思われる。判例も利用意思の存在を要件とまでは解していないとみられる（最判昭和 33・9・9 刑集 12 巻 13 号 2882 頁参照。不作為による放火の事案で「既発の火力により右建物が焼燬せられるべきことを認容する意思」を指摘するにとどまる）。

(2) 危険状態の先行存在
不作為犯が成立するには，まず，問題の時点で，法益に対する危険状態が客観的に存在していなければならない。作為犯では因果への介入により危険が新たに創出されるのに対して，不作為犯では既存の危険への不介入の形態をとる。危険状態の先行存在は，不作為犯の構造上不可欠であり，因果への不介入という不作為犯のマイナス部分を補って，これを作為犯と等置するための重要な要

件と位置づけられる（この要件を行為論で扱うのは山中148頁・229頁）。

先行する危険状態は，次の(3)でとりあげる「不作為」による犯罪実現の危険性を判断する際にも資料としてとり入れられる。しかし，ここでの危険状態は，不作為犯を作為犯と構造的に等置するための要件であるところから，「不作為」の危険性判断におけるとは異なり，客観的に存在する事実に基づいて判断される一方で，危険の程度は相当に低くても十分と解される（塩見淳「不作為犯の不能未遂」論叢148巻3＝4号〔2001〕295頁）。

(3) なすべき作為

(a) 不作為犯においてなすべき作為とは，既存の法益侵害の危険を減少・消滅させるような作為，より精確にいえば，構成要件の実現を回避する一般的可能性をもった作為である。問題の時点で，このような「作為」を見いだせない場合，不作為犯の成立は否定される。作為犯では，実行行為に法益侵害（構成要件実現）の一般的危険性が必要とされる（第8章第3節）。不作為犯では裏返されて，「作為」に法益侵害（構成要件実現）の一般的な回避可能性が要求されるのである。そのような「作為」を行わないことが不作為犯における実行行為となる。

(b) 「作為」のもつ回避可能性を判断する方法は，裏返された形になるものの，作為犯における実行行為の危険性のそれと同一と考えられる。詳細は該当箇所（第8章第3節）の説明に譲るが，ここでは，「作為」を行っても結果は回避できなかったことが事後になって判明した場合でも，問題の時点で「作為」が危険を減少させる一般的可能性を有していたといえるならば，不「作為」が実行行為と認められてよい点を確認しておく。例えば，病院に運んでも助からなかったことが事件後の遺体の解剖により明らかになったとしても，車の運転をあやまって被害者を轢いた時点では病院に運べば助かると一般的に判断される場合，（他の要件も充足するとして）被害者の不救助を殺人ないし保護責任者不保護の実行行為とみることは可能である。ただし，客観的には病院に運んでも助からなかったのであるから，不救助が被害者死亡の原因とまではいえないことになる。

これに対しては，因果関係が否定される，すなわち「結果を防止することが具体的に可能な作為を想定しえない以上，そこには実行行為としての『不作

為』そのものが存在しえない」として未遂犯も不成立となるとの見解（現代的展開Ⅰ74頁〔西田典之〕。同一の結論を未遂結果との因果関係が否定されると説明するのは山口・探究33頁）も主張される。しかし，作為犯の場合に，未遂に終わった以上，すなわち，結果を惹起することが具体的に不能な作為である以上，実行行為としての「作為」そのものが存在しないといわないのであれば，不作為犯において異なった判断をすることには疑問が残る。かくして，上記の例では，殺人未遂罪ないし保護責任者不保護罪の適用が認められる（札幌地判昭和61・4・11高刑集42巻1号52頁参照。加重結果との因果関係を否定しながら不作為による基本犯の成立を肯定）と解される。

(c) 「作為」が危険を減少・消滅させる可能性の程度をめぐっては，作為犯において実行行為の危険性がそれほど高度でなくてよいとすれば，回避可能性も同様にある程度あればよいと思われる。結果の防止が確実に可能であることを要求する反対説（大谷149頁。高度の蓋然性とするのは大塚152頁）には，作為犯と比べて実行行為の危険性をそれほど高く設定する理由が不明だとの批判が向けられよう。実際的にみても，回避の見込みがある程度あるなら「作為に出よ」と命じても不当とは思われない。

(4) **作為義務者**

(a) **身分犯としての不作為犯**　法益侵害を回避する「作為」を特定したとしても，すべての者に「作為」に出るよう義務づけることは妥当とはいいがたい。作為の強制はその禁止と比べて市民生活への介入の度合いが大きく，とりわけ刑罰を背景とした強制は慎重でなければならないからである。やはり，法益侵害の回避について一段と高い責任を負うと目される者のみが遂行主体とされるべきであろう。

実際にも，わが国の刑法には，災害または公共の危険のもとで救助を必要とする人，あるいは，重要な法益に対する危険にさらされている人を容易に救助できる者すべてに緊急救助義務を課し，その違反を処罰する不救助罪はおかれていない。また，不真正不作為犯に関して，遂行主体の範囲は，元となる作為犯罪では限定がなくても，作為義務者（保障人とも呼ばれる。この概念のもとでは，作為義務を負う立場としての保障人の地位と，そこから生じる作為義務としての保障人的義務とが区別される。中森喜彦「保障人説」現刑41号〔2002〕4頁参照）に限られ

るとし、これを構成要件段階に位置づけるのが通説的理解である。不作為犯は一種の（違法）身分犯と解されるのである。

　　(b)　刑法以外の規範の援用　　一定の範囲の者を作為へと義務づける規範はどのように成立するのか。作為義務の根拠づけをめぐっては、伝統的には、刑法以外の規範、具体的には、法令、契約、事務管理および条理を援用する形で行われていた。判例では、生後間もない子供をもらい受けながら食物をろくに与えないで5か月あまりで死亡させた事案につき、「被告ハ契約ニ因リ被害者養育ノ義務ヲ負フ」として不作為による殺人罪を認めたもの（大判大正4・2・10刑録21輯90頁）や、土工として雇い自宅に同居させていた者が急性肺炎を起こしたため解雇し、即時に自宅から強制退去させた事案につき、雇主は「保護ヲ与フヘキ暗黙ノ約諾ニ因リ法律上ノ保護責任ヲ負担」するとして保護責任者遺棄（致死）罪を適用したもの（大判大正8・8・30刑録25輯963頁）や、さらにはひき逃げのケースで保護責任者遺棄（致死）罪を肯定する際に、保護責任の根拠を道路交通法の規定する救護義務に求めたもの（大阪高判昭和30・11・1判特2巻22号1152頁、東京高判昭和37・6・21高刑集15巻6号422頁。後者は、自車との衝突により負傷した被害者を車道から歩道に運んで放置したとの事案であり、自車内への被害者の引入などは行われていない）などが挙げられる。

　しかし、刑法と目的を等しくしない他の規範を援用するだけでは、処罰に直接関わる作為義務の根拠づけにはなお不十分だといわざるをえない。例えば、民法752条により夫婦は相互扶助義務を負担するとしても、別居して離婚協議中の妻が溺れているのを助ける作為義務が夫にあるとはいえないと思われる。社員が夜間たまたま忘れ物を取りに会社に戻ったところ、出火を発見しながら放置したとしても、雇用関係を根拠に不作為による放火を承認するのは行きすぎであろう。刑事責任の追及のためには、相互扶助義務とか雇用契約とかに加えてさらなる実質的な事情の存在が必要と解されるのである。

　　(c)　事実的モメントの考慮　　その後、有力に展開されているのは、作為義務が問題となる時点の具体的状況や行為者の対応に着目し、義務の根拠づけに共通する事実的モメントをとり出そうすると様々な試みである。

　その1つは、自らの故意または過失行為により法益侵害の危険を惹起した者はその危険実現を阻止する義務を負うとする先行行為説（日高152頁）である。

しかし，本説に対しては，法益侵害の回避可能性とその認識さえあれば，先行する過失犯が故意犯に，あるいは，先行する故意犯の結果的加重犯が加重結果の故意犯にそれぞれ転化してしまうとの疑問が向けられる。判例も，表現はともかく事実関係に着目すると，単純なひき逃げのように先行行為しか存在せず，他に付加的な事情が認められないケースで不作為犯を肯定したものは少数にとどまっている。

さらに，法益の維持・存続を図る行為の開始，同行為の反復・継続，および，法益に対する排他性を要件とする事実上の引受けに作為義務の根拠を求める具体的依存性説（堀内・不作為犯253頁）が挙げられる。法益保護の観点から根拠づけを試みた点で注目されるものの，引受けにより保護状態が積極的に設定された場合に限られる点で作為義務の成立要件として厳格すぎるとの批判がある。

第3に，「不作為者が自己の意思に基づいて排他的支配を有し，または設定した場合」，支配の意思に基づかない排他的支配のもとでは「身分関係，社会的地位に基づき社会生活上継続的に保護・管理義務を負う場合」に義務を肯定する排他的支配説（現代的展開Ⅰ91頁〔西田典之〕）である。この見解の掲げる「排他的支配」の要件は他の論者によっても採用されており，これと併せて自己の行為による危険創出を義務の成立に要求する説（香川古稀108頁〔佐伯仁志〕），危険源または法益に対する排他的支配を自ら設定した場合に作為義務を肯定する説（林162頁）などが主張されている。

排他的支配への着目は，侵害に至る因果経過を掌中に収めている以上，支配者に対して作為を義務づけるのが適当だとの判断を背景にしており，その限りでは，説得力ある内容を含んでいるように思われる。判例でも，同様のモメントが考慮されているとみられる。すなわち，ひき逃げの事案において，不作為による殺人罪ないし保護責任者遺棄（致死）罪が肯定されるのは負傷した被害者を車内に引き入れた事案がほとんどであること（最判昭和34・7・24刑集13巻8号1163頁参照。ただし，判決自身は，当時の道路交通取締法の定める救護義務と過失による先行行為を指摘するにとどまる），ひき逃げ以外の事案でも，要保護者に対する支配が作為義務の承認に意味をもっているとみられること（東京地八王子支判昭57・12・22判タ494号142頁参照。被害者に医師の治療を受けさせる義務を肯定する際，「単なる飲食店の経営者とその従業員というに止まらず，被告人両名が，

M〔被害者〕に対し，その全生活面を統御していた」ことを指摘する。さらに最決平成17・7・4刑集59巻6号403頁。ただし，自己に帰責される態様で被害者の生命を危殆化したことと併せて，被害者たる「患者の親族から，重篤な患者に対する手当てを全面的にゆだねられた」ことが指摘されており，決定自身は自ら要保護者の保護を「引き受けた」点に着目しているようにも読める），自己の所有物・占有物から生じた危険の回避は当然の法的義務とされる場合があること（放火罪に関して大判大正7・12・18刑録24輯1558頁，前掲大判昭和13・3・11）が指摘できる。

　　（d）法益・危険源との規範的に密接な関係　　もっとも，ひき逃げを典型とする，要保護状態の発生以前に行為者・被害者間になんらの関係も存在しなかったケースであれば，排他的支配の要求は作為義務の画定に際してうまく機能するとしても，もともと行為者と法益・危険源の間に保護ないし監視関係が存在し，要保護状態の発生によってそれが救助義務へと具体化するケースでは，排他的支配を不可欠の要件とすることは適当でないと思われる。

　例えば，海で自分の子が溺れているとき，近くに救助可能な他者がいるから，あるいは，自社が製造した薬にきわめて重篤な障害をもたらす副作用があることが判明しても，それ以前に出荷した薬はもはや支配していないから，親は救助義務を負わず，製薬会社（の取締役など）は薬を回収する義務がないとはいえないであろう。これらの事例では，「被害者は児童であり同居中の親と泳ぎに来ていた」，「当該薬は潜在的に身体に対する危険性を有しており，副作用に関する情報は製薬会社に集まっていた」といった，法益または危険源と作為義務が問題となる者との間の規範的関係を実質的に考察して，作為義務が根拠づけられるべきだと解される。

　まとめるなら，法益の帰属者ないしは法益に対する危険源と規範的に密接な関係にある者，そうでなくても，法益ないし危険源に対する事実的な排他的支配を自己の意思に基づいて設定した者は作為義務者と解されることになる。

　(5)　**作為可能性**

　作為義務者は「なすべき作為」を行えなければならない。義務は可能を前提にするという意味では，作為可能性が欠ける場合は，そもそも作為義務者ではないといってもよい。作為可能性の程度は，刑事責任の前提となる以上，容易に遂行できることが必要だと解される（前掲大判大正7・12・18参照，前掲大判昭

13・3・11，前掲最判昭和33・9・9参照。いずれも，「容易に」火を消し止めえたことを指摘する）。

　作為の事実的可能性は，不作為犯の構成要件要素たる作為義務ないし作為義務者の内容に関わるものであるからやはり構成要件段階に位置づけられる。これに対しては，違法性の存否が個別行為者の能力に左右されることへの疑義から，これを責任段階で考慮する見解も唱えられる（大谷152頁，山口93頁）。しかし，これには，泳げないために救助できないといった身体的事情を，心理的極限状況にあって適法行為を期待できない事情と考えることはできないとの批判が向けられよう。

(6) 因 果 関 係

　不作為により結果犯が遂行される場合でも，因果関係を判断する手順は基本的に作為犯の場合と異ならず，事実的関係が確定された後に規範的観点からの限定が図られる。ただし，事実的因果関係の判断が，作為犯では「作為がなければ結果が発生しなかったか」であるのに対して，不作為犯では「作為があれば結果を回避できたか」という形で定式化される。

　事実的因果関係の判断構造自体は，（裏返しの関係にあるだけで）作為犯と不作為犯とでは異ならないものの，不作為犯ではその証明に難しさがある。なぜなら，作為により危険が（とりわけ新たに）創出された場合，結果との関係を認定しやすいのに対して，不作為犯の場合，すでにある程度の危険が先行して存在するため，「作為」により介入しても結果を回避できなかったかもしれないと疑う余地が残りやすいからである。しかし，それは事実上の差異であって，いずれにせよ不作為の形態においても，因果関係の存在が合理的疑いを超える程度に確実であると立証される必要があることに変わりはない（これに対して，結果回避が蓋然的であれば足りるとするのは山中241頁）。判例（最決平成元・12・15刑集43巻13号879頁）も同旨である。

第5章 主観的構成要件

第1節 総　説

　行為者の主観すなわち内心に特定の状態があることが犯罪成立の要件（＝構成要件要素）となっているものを主観的構成要件要素という。現行刑法典上は，故意，過失および目的犯における目的（通貨偽造等・148条）がこれにあたる。構成要件要素としての故意を「構成要件的故意」と呼ぶ。いずれも客観的，外部的事情に関する認識・予見の態様を中心的内容とする。

　刑法38条1項は，「罪を犯す意思がない行為は，罰しない。ただし，法律に特別の規定がある場合は，この限りでない」と規定している。この「罪を犯す意思」が故意であり，ここに原則としてすべての犯罪につき必要である旨規定されているので，第二編罪に規定された各犯罪の要件として個別には挙げられていない。他方，「法律に特別の規定がある場合……」とは，過失犯ないし結果的加重犯を処罰する旨の明示規定のことであるとされている。例えば，刑法210条の「過失により人を死亡させた者は……」といった規定にみられるように，個別の犯罪において過失でも足りることが明示されていれば，例外的に故意がない場合であっても処罰されるという趣旨である。

　目的とは，各種偽造罪における「行使の目的」や，刑法96条の2の「強制執行を免れる目的」のように，故意に加えて要求される主観的要件である。故意とは異なり対応する客観的要素が要件となっていないので，「主観的超過要素」（未遂犯における故意もその一種である）とも呼ばれる。

　構成要件は違法行為の類型であるから，この種の構成要件要素の存在を認めるということはとりもなおさず，こうした主観的要素が違法性を左右すること（主観的違法要素）を認めるということである。この点については，強い異論が

第5章 主観的構成要件

主張されているが，この異論も犯罪の成立に故意，過失，目的といった主観的要素はおよそ必要ない，あるいはあってはならないと主張するものではなく，単にこれらは責任要素と考えるべきであるとするにとどまる。したがって，この論争は通常の犯罪の成否については実践的な差違をもたらさない。未遂犯の成否を判断するに際して故意内容を考慮するか否か，正当化事由にも主観的要件が必要か等の点で，わずかに結論を異にすることになるが，この違いも，必ずしも「およそ主観的違法要素というものを認めるべきか否か」という原理的な問いから論理必然的に導かれるわけではない。

第2節 故　　意

1　具体的内容と機能

刑法38条1項は故意を「罪を犯す意思」としか記述していない。しかし，その内容としては，最小限「犯罪事実＝全ての客観的構成要件要素」の認識が必要であると解釈すべきことは一致して認められている。このことから，構成要件には故意の認識対象の限界を画する（故意を規制する）機能がある，といわれることもある。この認識に加えて「認容」が必要であるか，あるいは正当化事由の前提事実の認識がないことが必要であるか，違法性の認識が必要であるか，という点については争いがある（後述）。

また，刑法38条1項によれば，故意は原則として処罰の限界を画し，客観的要件が共通の過失犯を処罰する規定もある場合は，過失犯に比してより重い刑を根拠づける機能を有することになる。故意がより重い刑罰を根拠づける理由としてほぼ一致して認められているのは，より重い責任である（反対，井田・構造72頁，井田156頁）。この意味で故意は責任要素としての機能を（も）有する。

故意犯のより重い責任は，次のように説明される。構成要件的事実の認識を有する者は，そこから自分の行為の違法性を知り，この認識を直接の手がかりにして行為を思いとどまれた（反対動機が形成されえた）にもかかわらず違法行為に出た点で非難可能性が高い。この点は，故意が構成要件要素＝違法要素であることを認める立場からも否定されない。

第2節　故　　意

　故意は主観的違法要素であり，かつそれゆえに主観的構成要件要素であると考える場合に，故意のより重い違法性の根拠づけには大きく分けて2つの考え方がある。1つは，故意は行為者の法敵対的（反規範的）態度の表明であるから，法は故意行為に対してより厳しい否定的評価を下すのだ，とするものである。すなわち，すべての客観的構成要件要素たる事実を認識・予見しながら行為に出る者は，違法な事態（結果反価値）が実現することを求めて努力する者であり（志向反価値），そのことによって法秩序の価値基準に従わないことを直接的に表明している，というのである（井田・構造10頁）。この説明を採用する場合は，故意の要件として事実の認識に加えて，そうした事態が生じることに対する「認容」あるいは「違法性の意識」を要求する方へ傾く。もう一方の説明は，故意行為は，（客観的な因果を確実に統制しているから）法益侵害の危険性がより高い，とする（中99頁，伊東79頁）。

　故意の違法要素としての機能の側面においては，いずれにせよ，違法な事態を是とする決断，これを意図する，目的とするといった動的な意思的，意欲的側面が重要な役割を果たすことになる。これに対して，責任要素としての機能の側面においては，主として静的な認識の側面，知的側面が重要となる。ただし，あくまでも理論的説明のレベルにおいてであって，このことが故意の具体的な要件を確定する際に直接的に結論を左右するというわけではない。

　現在の多数説は，構成要件的故意というものの存在を認めると同時に故意が責任要素として機能することも肯定する。この立場によれば，構成要件的故意が認定されれば通常，責任の段階で別途故意の有無を判定する必要はない。いったん認定された故意が違法要素としても責任要素としても働くことになる。

2　故意の要件——認識の対象，態様，時期
(1)　認識の対象

　故意があるとされるために認識されていなければならない客観的構成要件要素とは，例えば，「販売」，「収受」，「火を放つ」等といった行為の性質を決める事実，「人」，「他人の財物」，「現住建造物」といった行為の客体とその属性，「人の死」「建造物の焼損」といった行為の結果，そして行為と結果との間の相当因果関係，「公務員」，「医師」といった行為の主体の属性その他，積極的

第5章　主観的構成要件

客観的犯罪成立要件のすべてである（具体的な因果経過のディーテイルについては認識している必要がないことについては一致がみられる。くわしくは4(2)(e)参照）。

(2)　認識の態様

　(a)　意味の認識　　構成要件要素である事実は，その社会的意味において認識されていなければならない。例えば，薬物事犯の故意としては，「白い粉末を所持している」という認識では足りず，なんらかの形で「覚せい剤」や「麻薬」というレベルでの認識があったことが必要である。その他，財物の他人性（235条以下の各罪について），文書・図画のわいせつ性（175条），文書の名義人（159条），行為主体あるいは客体が公務員であること（95条・193条以下等）等の例を挙げるまでもなく（これらの例については錯誤が生じやすい），構成要件要素の認識には感覚的知覚だけでは足りず，「理解」という知的プロセスを経ていることが必要である。このような態様の認識を「意味の認識」と呼ぶ。

　しかし，そうした事柄を法律上，あるいは科学的，専門的な言葉で認識している必要はない。「覚せい剤」，「メチルフェニルアミノプロパン」，「6-ジメチルアミノ-4，4-ジフェニル-3ヘプタノン」といった認識はなくても，「シャブ」，「ヒロポン」といった，法律の文言が指し示している事柄と同じ事柄を意味する日常用語もしくは隠語による認識があれば足りる。これを「素人領域の並行的評価」と呼ぶ（「故意の通俗化」と呼ぶこともある）。例えば，置き引きは公然と行うのであるから「ひそかに取る」という意味もある「窃取」にはあたらないと思っていても，「置き引き」という概念のもとに他人の占有下にある財物を自らの占有下に移すことを認識している限り，窃盗罪の故意に欠けるところはない。

　(b)　あてはめの錯誤――規範的構成要件要素の認識　　このような，一定の事態の認識に際してこれに対応すべき法律上の概念を誤っている，つまり認識した事実を誤った概念にあてはめ，あるいは，一定の概念にあてはまらないと考えた場合を「あてはめの錯誤」と呼ぶ（「包摂の錯誤」とも）。

　あてはめの錯誤の場合も，行為の違法性については錯誤がある。しかし，犯罪（故意犯）の成立に違法性の認識は不要だとする見解が圧倒的多数説である（38条3項）。意味の認識が欠ければ（事実の錯誤）故意はなく，あてはめの錯誤すなわち違法性の錯誤は故意犯の成否に影響しないのであるから，自らの行

為に一定の処罰規定が適用されることを知らない（あるいは，適用されないと考えた）というタイプの錯誤がどちらのカテゴリーに属するのかの割り振りは重要である。例えば，財物の他人性，公務員概念等，その意味内容を理解するためにとくに高度の評価的，価値的知識・判断が必要である概念で表される事実が構成要件要素である場合はとくに，その認識の誤り（規範的構成要件要素の錯誤）が事実の錯誤にあたるのか，あてはめの錯誤にすぎないのかの区別は困難である。その区別基準としては，刑罰法規の錯誤は違法性の錯誤，非刑罰法規の錯誤は事実の錯誤とするもの，法規範自体を誤解した場合と規範的評価の前提事実を誤認した場合とを分けるもの等が提案されてきたが，実はそれらの区別基準自体の限界づけがすでにかなり困難である。この区別は不可能でありかつ不要だとする学説（厳格故意説）もある。

　(c) 判例による区別　　判例には，構成要件的客体の名称を誤った場合には，行為者が念頭においていた単語が刑罰法規上の単語と同一の対象を指称するものか否かで区別しつつ，結論的には概ね違法性の錯誤とし，錯誤が一定の刑法以外の法的ルールの誤解に基づいている場合には，事実の錯誤とする余地をやや広く認めるという一応の傾向がみられるといってよい。

　例えば，大審院判例には，禁猟獣である「むささび」を「もま」だと思って捕獲した狩猟法違反事件において，「むささび」と行為地の方言である「もま」が同一の動物を指している以上，故意はあるとしたものがある（大判大正13・4・25刑集3巻364頁）。他方，「狸」を「むじな」であるとの認識のもとに捕獲した事例では，「我が国古来の習俗上，狸とむじなは別物」であり，狸捕獲の認識を欠くとしたもの（大判大正14・6・9刑集4巻378頁）もある。また，最高裁は，「メチルアルコール」を「メタノール」であると認識していた場合は，法律の不知であるとした（最大判昭和23・7・14刑集2巻8号889頁）。

　他方，飼犬証票なく飼い主不明の犬は無主犬とみなし撲殺する旨の警察規則を誤解し，首輪を付けた無鑑札の犬を私人が撲殺した事例においては，無鑑札の犬について飼い主は所有権を有しない，あるいは無主犬とみなすと誤解したのであれば，他人性（他人の物）の認識がないから故意がない（意味の認識を欠く）が，他人の犬でも無鑑札なら殺してよいと誤解したのであれば法律の錯誤であるとした（最判昭和26・8・17刑集5巻9号1789頁。原審有罪破棄差戻し）例

もある。さらに，許可制の公衆浴場営業を父親から引き継ぐに際して，許可申請変更届を提出し受理された旨の連絡を受けたことをもって許可を得たものと誤信して営業を続けたという事例においては，無許可営業の故意を否定した（最判平成元・7・18刑集43巻7号752頁）。

薬物事犯における薬物の種類の認識に関しては，比較的緩やかにこれを認める下級審判例が多い。「覚せい剤・麻薬」であるといった一般的呼称での認識が少なくとも択一的，概括的なものとして含まれていなければならない（東京高判平成元・7・31判タ716号248頁，東京高判昭和49・11・11刑月6巻11号1120頁）が，当該薬物の名称，化学的組成，具体的性質等の詳細を認識している必要はない（福岡高判昭和26・1・22判特19号1頁，東京高判昭和49・7・9刑月6巻7号799頁）とされているのである。最高裁（最決平成2・2・9判時1341号157頁）も覚せい剤輸入・所持罪の故意について「覚せい剤を含む身体に有害で違法な薬物類である」との認識で足りるとしている。

極端なものとしては，「日本への持ち込みが禁止されている違法な薬物であるという認識」（東京地判昭和63・10・4判時1309号157頁）で足りるとするもの，また，麻薬であるとの少なくとも未必的認識があれば，ジアセチルモルヒネの塩酸塩（ヘロイン）であるとの確定的認識は無くても，「ヘロインを除く趣旨であったとか，あるいはそれがヘロイン以外の麻薬に該当するとの認識であったというような事情はない」以上，ヘロインも麻薬の一種であるからヘロイン輸入の故意が認められるとしたもの（千葉地判平成8・9・17判時1602号147頁）もある。しかし，その後これらに従う裁判例はみられない。

(3) 認識の時期

全客観的構成要件要素の認識は事後的に成立したものであってはならない。故意犯の重罰根拠は，認識を手がかりとして行為にでることを思いとどまることが容易であったこと，かつ認識があったにもかかわらず行為に出たことによって反規範的態度を表明していることあるいは認識に基づく現実的因果性のコントロールにあるのであるから，行為が終了した後にすべての事情を承知した，といった場合には故意に当該行為を行ったとはいえないのである。例えば，とくに「結果」については，「人の死という結果が発生した」といった「認識」ではなく，「人の死という結果が発生するだろう」といった「予見」が必要と

なる。この意味で、結果についての故意は、正確には「結果の予見」、あるいは「結果発生の可能性の認識」と表現されなければならない。その他の要件についても、事後的に行為者が事情を知るに至った場合には故意があったとはいえない。例えば、Xがある人物に個人的な仕事を依頼してその対価として金銭を交付したが、Xは後になって初めて、その人物が公務員でありその仕事はその公務員の職務にあたることを知ったという場合、故意が欠けるため贈賄罪（198条）は成立しない。

　このような構成要件実現の予見は、また、構成要件の実現がなお回避可能な時点になければならない。過失により人を自動車でひき殺す場合でも、被害者が車に接触する直前の瞬間には、衝突・死亡の予見が成立することがある。このようなおよそ結果回避（因果のコントロール）に役立たない認識は故意ではない。

　また、同じ理由で、認識の時期は早すぎてもいけない。甲が自車の前に突然飛び出して来たXを轢き殺してしまったという場合、甲が以前からXを車で轢き殺す計画を抱いていたとしても、殺人罪は成立しない。

3　故意の現象形態
(1)　確定的故意と不確定的故意

　故意の典型は、まず、特定の人の殺害を意図してピストルを発射するといった場合のように、行為者が特定の構成要件実現を目的としている場合である（意思的側面における確定性）。次に、構成要件実現を目的としているわけではないが、特定の構成要件が実現されることが確実であることを認識している場合がある（認識の側面における確定性）。この2つの場合を確定的故意と呼ぶ。しかし、これらは故意の十分条件をみたす状況であって、必要条件というわけではない。行為者が例えば、ピストルを1発発射したが、それがAという人物かBという人物かのいずれかに命中するであろうと思っていた場合（択一的故意）、あるいは、群衆に向かって手榴弾を投げ込むといった場合のように、具体的にどの客体に結果が生じるかは特定していないが、特定範囲において不特定複数の結果が生じることは予見している場合（概括的故意）も故意であり、あるいは構成要件が実現する「かもしれない」と思っていたにすぎない場合（未必の

故意）にも故意はありうるとされる。こうした場合を不確定的故意と呼ぶ。

(2) 未必の故意

　未必の故意とは，結論からいえば，構成要件実現を積極的に目指してはおらず，かつ確実に実現するとも予想していないが，その高度の可能性（結果犯においては結果発生の蓋然性）の認識がある場合をいう。

　例えば，隣家との境の塀の上にいる猫を追い払おうとして石を投げる際に，石がそれて隣家の窓ガラスを割るかもしれないことを認識している，あるいは自動車を急発進させることで近くに立っている人を引っかけてケガをさせるかもしれないことを認識している，といったような場合には，それぞれ，器物損壊罪のもしくは傷害罪の故意の有無が問題となる。構成要件実現を目的とせずかつそれが確実であるとの認識もないという場合にも一定の要件が備わっていれば故意を認めることはできる。それが未必の故意である。その意味で未必の故意は，故意の最小限を示す。かつ刑法38条1項によれば，原則として故意の有無が処罰の限界を画するから，未必の故意の基準を決定することは多くの犯罪類型にとって処罰の必要条件を決定することでもある。しかし，刑法典は故意を定義していないから，未必の故意の具体的要件の確定も解釈にゆだねられている。

　　(a) 問題の所在　構成要件実現の認識・予見がいかなる意味においても全くない場合は，およそ故意は問題とならないから，ここでの問題は，ある程度の認識・予見がある場合について，故意があるとするには，最低どのような条件がみたされることが必要か，いいかえると認識・予見がある程度はあっても故意があるとすることができないのはどのような場合かにある。そのような意味で，ここでは認識があっても過失にすぎない場合＝認識ある過失と未必の故意の区別が問題である，といわれることもある。

　未必の故意の基準をめぐる従来の議論においては，次の3つの問題が1個の基準によって処理されるべきものとして取り扱われている（ここに従来の議論状況がきわめて錯綜したものとなっている1つの原因がある）。

　①とくに結果犯において結果発生がどの程度の確率でありうるものと認識されていなければならないか。

　②認識された事情に対して，これを是とする，認容するといったなんらかの

規範的，評価的態度決定がなされていなければならないか。つまり意思的要素が必要か。

　③行為の時点で存在する事情についてどの程度に「知って」いなければならないか。

　①は，例えば，自動車で走行中，前方に挙動不審な人物を見かけ，ひょっとすると車道に飛び出してくるかもしれないなと思いつつもとくに減速することもなく走行を続けた結果，実際に飛び出してきたその人物を轢殺したといった場合に，故意の殺人罪が成立するか否かを分ける観点である。②は，例えば，数メートル先に立たせた人物が支え持つガラス玉をピストルで撃ち抜くことができるかという賭けに挑んだ射手が，弾丸がガラス玉ではなくそれを支えている人物に命中する可能性を認識しつつ，そうなれば賭けに負けるので非常に困ると思っていた，といった事情が故意の有無に影響を与えるか，という観点である。③は，例えば，同意に基づく性交の相手方である女性が若くみえるので「ひょっとしたら13歳未満かもしれない」と思っていた，あるいは「それでも13歳以上に違いない」と思っていた，あるいは，年齢のことをおよそ意識していなかった，といった事例において強姦罪が成立するか否かを分ける観点である。

　(b)　蓋然性説　　上記①の観点，つまり結果の予見については，「結果発生もありうる」と思っていたことは最低限必要である（可能性説）という点では事実上意見の一致がみられる。比較的多数の見解は，さらに，それだけでは足りず，行為者が結果をある程度高度の確率で発生するであろうものと考えていた，すなわち結果発生の蓋然性（ある程度高度の危険性）を認識していたことが必要であるとする（蓋然性説）。しかし，認識されていることが必要とされる蓋然性の程度についてはさらなる具体的基準は提示されていない。

　(c)　認容説　　②の観点を重視して，可能（あるいは蓋然的）であると認識した構成要件実現を「認容」していたことが必要であるとする見解がある。故意の本質は構成要件事実の単なる認識にある（表象説）のではなく，それを積極的に欲する意思的態度にある（意思説）から，故意の最小限の要件としても，構成要件実現を少なくとも肯定的に評価する態度＝認容が必要であるとするのである。この立場は，古くは通説とされており（団藤295頁，大塚183頁，福田

110頁，阿部103頁），判例にも少なくとも表現上はこれに依拠すると目されるものが比較的多い。

　本説に対しては次のような批判が提起されている。本説において「認容」と呼ばれているものの実体は意思的なものではなく情緒的な反応にすぎず，意思説から必然的，直接に演繹される基準とはいえない。また，それゆえ，その認定は困難で，犯罪認定が自白に頼る危険性を有する。「認容」という言葉を真摯に受け止めれば，構成要件実現についておよそ情緒的に明確な評価を下していない，あるいは少なくとも無関心である場合には故意を認めることができず，狭きに失する。

　そこで，本説の主張者は，構成要件実現を否定しない，甘受するといった消極的認容でも足りるといった修正的基準を提案する。判例にもその趣旨のものがある。しかし，そうなると具体的事案の判定において蓋然性の認識はあるが「認容」がないために故意が認められないという場面はほとんど考えられなくなり，「認容」という要件を付け加えた意味の大半は失われる。判例における「認容」あるいは「敢えて行為にでた」といった表現も「単に語調の上で追加されているにすぎない」との評価もある。

　　(d)　動機説，実現意思説　　現在優勢な考え方は，故意には意思的なあるいは評価的な要素が必要であることを認めつつそうした要素を直接に故意の有無の判断基準とすることを放棄する。動機説と呼ばれる考え方は，結果発生の蓋然性（可能性）の認識を動機形成過程に取り入れていた場合は故意，その認識が意思決定に影響を与えていない場合は過失であるとする（大谷172頁，平野Ⅰ185頁）。この立場は，故意犯の重罰根拠は構成要件事実の認識から生じる違法性の意識に基づいて成立する反対動機を乗り越えて行為したという点にあるということから出発する。構成要件実現の蓋然性の認識が反対動機を形成したにもかかわらずこれを乗り越えて行為した場合は故意，最終的に反対動機を形成するに至らなかった場合は過失であるとするのである。この考え方は，結局，最終的に危険が「ある」と「判断」したか否かによって故意か過失かを分けることになるから，基準としては蓋然性説となんら変わるところはない。ただ，説明の次元で動機過程の考慮を加味しているだけである。同様のことを，法益侵害を是とする決断こそが故意責任の本質をなすから，許されない程度の危険

を認識しつつ行為した以上故意がある，と意思的要素の観点から表現する論者もある。

　これらの見解によれば，結局は高度の危険があると判断しながら行為に出た以上，内心的にそれをネガティブに評価していたか否かを確認せずに故意があると認定することができる。「結果の発生を認識しながら，『あえてでなく』行為に出るということはありえない」（平野Ⅰ186頁）からである。

　発生するかもしれないと認識された結果を回避する措置をとったか（回避意思の発現があったか）否かを問題とする見解（実現意思説）にもほぼ同じ結論に至るバリエーションがある（中113頁）。この見解は，回避措置をとったことによって，付随結果の発生がないものと誤信した場合には，たとえその誤信について過失があったとしても故意はないとし，回避措置をとったとしてもなお結果発生がありうると考えていた以上，なりゆきを運に任せた限度において実現意思，すなわち故意があるとする（回避措置をとってさえいれば故意がないとするこの見解のバリエーションは故意の客観化に至ると批判される）。反対動機から説明するか実現意思から説明するかの違いはあるが，結局は，結果発生の有無に関する行為者の最終的な判断が故意の有無を決めることになるのである。

　(e)　現在の事情に関する不確かな認識　例えば，自分の身分が「公務員」にあたるか否か，あるいは性交の相手方が12歳であるか否かといった事情を明確には意識していない，あるいは単に「大人」だと思っていたといったように，現在の事情について不確かな認識しかない場合も考えられる。こうした場合においても未必の故意で足りるとはされるが，その基準はこれまで十分に明らかにされているとはいえない。

　この種の事例群においては，高度の蓋然性あるいは危険の認識といった将来の事情に関わる基準は機能しえない。また，わずかでもそうである可能性を意識しつつ行為した以上，認容はあり，回避措置はとられておらず，動機過程に含まれていたことになる。そうした事情があると最終的には判断したか否かで故意の有無を分けざるをえないであろう。法文上に明示的に「13歳未満」といった数字による規定がある場合には，なんらかの形でその数字をもって判断したことが必要であろう。また，身分については具体的な身分さえ認識していれば，問題は，その「意味の認識」（規範的構成要件要素の錯誤）の領域に属する

ことになる。

4 事実の錯誤
(1) 抽象的事実の錯誤

(a) 原則　故意があるというためには全客観的構成要件要素の認識が必要である。構成要件要素である事実のうち1つについてでも認識が欠ければ，故意はない。このような認識の欠如は，単純な不知の場合だけではなく，一定の事実を他の事実と取り違えたがために生じることもある。例えば，暗がりでぼんやりとしか見えていない人影をマネキン人形であると誤信してバットで殴ったところ，生身の人間であった，あるいはその逆といった場合である。このように取り違えた事実も別種の構成要件の要素である場合を抽象的事実の錯誤と呼ぶ。存在する事実を単に認識していないということも一種の誤信であり錯誤であるので，単なる不知の場合をも含めて「構成要件的錯誤は故意を阻却する」と表現する。ただし，取り違えの場合，「故意を阻却する」とは，客観的に実現された構成要件についての故意はないという意味であって，行為者が認識していた構成要件についての故意まで消滅するという意味ではない。対応する客観的構成要件要素はないが故意はあるので，場合によっては未遂罪が成立する余地は残る。

(b) 派生原則——形式的重なり合い　行為者が認識した構成要件と実現された客観的構成要件とが食い違っていても，実現された構成要件が認識された構成要件を完全に含んでしまう関係に立つ場合，認識された罪の限度で故意犯が成立する。例えば，傷害を教唆したところ，正犯者は殺人を犯した，あるいは，脅迫を教唆したところ正犯者は脅迫によって財物を交付させたといった，いわゆる共犯過剰の場合である。教唆者が認識していた傷害罪，脅迫罪については，その客観的構成要件要素のすべてが現実化しており，これらの罪の主観的要件も客観的要件もみたされているから，教唆者にはそれぞれ傷害罪の教唆，脅迫罪の教唆が成立する。正犯者の罪名と教唆者の罪名が異なることになるが，共犯は罪名が重なり合う限度で成立しうることはほぼ一致して認められている。

(c) 例外——実質的重なり合いの限度での符合　判例・通説は，実現された構成要件と認識された構成要件とが上記のように形式的な包含関係にある場合

だけでなく，実質的に重なり合っている場合にも，その重なり合いの限度で故意既遂の成立を認める。このような立場を法定的符合説と呼ぶ。形式的重なり合いの場合にしか故意既遂を認めない反対説を構成要件的符合説と呼ぶこともある。

法定的符合説は，実質的重なり合いが認められる場合，行為者の認識していた構成要件に予定された法定刑が客観的に実現された構成要件のそれよりも軽い場合，刑法 38 条 2 項に従って，認識された軽い方の罪の限度で故意既遂を認め，法定刑に差がない場合は，客観的に実現された罪の故意既遂を認める。例えば，判例は，恐喝を教唆したところ正犯者が強盗を行った場合は，軽い恐喝の限度で教唆の既遂を（最判昭和 25・4・11 集刑 17 号 87 頁），虚偽公文書作成の教唆を教唆したところ，正犯者が自ら公文書を偽造した場合には，客観的に実現された公文書偽造罪の教唆犯を認めている（最判昭和 23・10・23 刑集 2 巻 11 号 1386 頁）。

この「実質的重なり合い」は，認識された構成要件の各要素と実現された構成要件の各要素との同一性に限らず，それらの部分的共通性，類似性，はてはそれぞれが属する法規の立法目的等構成要件外的な事情の共通性まで援用して肯定される緩やかな要件であり，重なり合いが認められる範囲はかなり広いものとなっている。その一般基準としては，「罪質」の重なり合い（西原（上）220 頁），法益およびその侵害の危険の種類が共通であること（林 271 頁），不法・責任内容の共通性（町野朔「法定的符合について（下）」警研 54 巻 5 号〔1983〕8 頁），それぞれの構成要件実現の背後にある規範の意味のレベルでの同一性（井田・構造 109 頁，井田 188 頁），素人領域の並行評価における同一性，実質的特別法関係等様々な観点が提案されているが，どれに依拠しても結論に大差はなく，意見が分かれるのは，せいぜい，死体遺棄と遺棄の間に重なり合い，つまり符合を認めるか否か，程度である。また，いずれも複数の観点を総合的に考慮するきわめて抽象的なレベルでの重なり合いをいうという限度で，理論的な解明度においても変わるところはない。

判例は，上記の他にも，例えば，窃盗と強盗（最判昭和 23・5・1 刑集 2 巻 5 号 435 頁），窃盗と占有離脱物横領（大判大正 9・3・29 刑録 26 輯 4 巻 211 頁），麻薬所持と覚せい剤所持，禁制品輸入罪と無許可輸入罪（以上，最決昭和 61・6・

9刑集40巻4号269頁），覚せい剤輸入罪とヘロイン輸入罪（法定刑同一。最決昭和54・3・27刑集33巻2号140頁）の間で実質的重なり合いが肯定できるとしている。最高裁は，ヘロイン輸入罪と覚せい罪輸入罪は，取締りの目的および方式，処罰対象となる行為態様，それぞれの薬物の薬理作用および外観において共通であるから重なり合うとしている。

学説には，この実質的重なり合いのルールを共犯の関与形式間の錯誤の事例にも適用するものが多い。例えば，医師が看護師に毒物をある患者に服用させるよう指示し看護師がそのとおりに行動したためにその患者が死亡したという事例において，医師は看護師には自らの殺害計画が伝わり理解されたと考えていた（教唆犯の故意）が，看護師は全く理解しておらず通常の治療薬であるとの認識のもとに患者に服用させた（客観的には間接正犯）という場合，軽い方の教唆犯のみが成立するとされるのである（ただし，共謀共同正犯を広く認める判例実務のもとでは，教唆犯はほとんど共謀共同正犯に格上げされてしまうので，法定刑に軽重のない事例となる）。

(d) 法定的符合説の問題点　　法定的符合説は，刑に軽重ある場合，行為者の認識した軽い方の罪の既遂のみを認める。しかし，軽い方の罪については客観的構成要件がみたされていない。客観的構成要件の欠缺にもかかわらず，犯罪の成立を認めることはできないであろう。法定的符合説はこの点について刑法38条2項を援用するが，同項は，重い罪を認めることを禁じているにすぎず，軽い罪を認めることを命じているわけではない。また，麻薬だと誤信して覚せい剤を所持していたという場合，麻薬所持罪しか成立しないのに，つまり麻薬および向精神薬取締法違反の罪しか成立しないのに，それを理由として覚せい剤取締法の規制に服するはずの覚せい剤を没収することになる，という背理も生じる。

法定刑同一の場合は，客観的構成要件がみたされた方の罪が成立するとされるのであるから同様の問題は生じない。また，行為者がぼんやりした，あいまいな知識，認識しか有していない場合には，共通性の多い事項間で取り違えがあっても，なお少なくとも未必的な意味で認識があったといえるかもしれない。しかし，非常に専門的な知識をもち微細な差をも通常は判別する能力を有している行為者が，たまたま取り違えたような場合にまで，なお認識があったとし

てしまうことには無理がある。

　(e) より重い罪を認識していたが客観的には軽い罪にとどまった場合，つまり上記とは逆の，例えば人だと思って射殺する意図で発砲したところ実は他人の飼い犬であった，他人の占有する物であると認識しつつ自己の占有下に移したところ，実は占有離脱物であった，という場合，重い方の罪の故意未遂とする見解が多数を占める。過失の器物損壊既遂も過失の占有離脱物横領も観念的にはありうるが処罰規定がない。ただし，客観的に人である可能性，占有物である可能性が全くなかった場合等，不可罰的不能未遂となる余地も大きいはずである。

(2) **具体的事実（同一構成要件内）の錯誤**

　(a) 客体の錯誤　「構成要件的錯誤は故意を阻却する」という命題は，錯誤が構成要件に関わるものでなければ故意に影響しない，という意味も持つ。すなわち構成要件要素の記述レベルよりも具体的な細部にかかわる錯誤は故意に影響しない。199条を例にとれば，「人」の限度で認識があれば，その人の名前や，年齢，性別を誤認していても故意はある。つまり，目の前に立っている人物に「シオミさんですね」と声をかけ「はい」と返事があったので「塩見さん」だと誤信して背後から射殺したところ実は「潮見さん」だったといった「客体の錯誤」と呼ばれる事例群においては，一致して故意既遂の成立が認められる。

　(b) 打撃の錯誤（方法の錯誤）　これに対して，Aを射殺すべく発砲したが，弾丸はAには命中せず，Aの背後の板塀を貫通して向こう側を通りかかったBに命中してこれを死亡させた，あるいは跳弾があらぬ方向へ飛んでそこにいたBに命中した，といった打撃の錯誤（「方法の錯誤」とも呼ぶ）の場合については，意見が分かれる。判例（大判大正11・5・9刑集1巻313頁以来）および多数説は，この場合も客体の錯誤の場合と同じように「人(A)を殺そうとして人(B)を殺したのだから」殺人既遂となるとする。他方，この場合には，「その人(A)を殺そうとして遂げなかった」のだから殺人未遂および「殺すつもりのなかった別の人(B)を殺した」のであるから過失致死との観念的競合となるとする見解も有力に唱えられている（大判大正5・8・11刑録22輯1313頁も）。打撃の錯誤の場合にも故意既遂を認める見解を法定的符合説，

第5章　主観的構成要件

この場合に限り未遂と過失既遂の観念的競合とする見解を具体的符合説と呼ぶ。

　(c)　具体的符合説の問題点　　具体的符合説に対しては，次のような批判が提起されている。

　①具体的符合説論者も客体の錯誤であれば抽象的事実の錯誤の場合にすら構成要件のレベルにまで抽象化して，あるいはさらに進んで実質的重なり合いの限度で故意既遂を認めるのであるから，打撃の錯誤の場合にのみ未遂とするのは一貫しない。

　②打撃の錯誤と客体の錯誤とで結論を違えるのであるから両事例が区別できることを前提とするが，例えば，Aを殺害すべくAが通勤に使用している乗用車に始動キーをひねると起爆する装置をつけた爆弾をセットしたところ，翌日はAではなくAの妻Bが最初にその車を使用したためBが死亡したといった，離隔犯的諸事例においてはこの区別は不可能である。

　③他人の飼い犬Aを狙って飼い犬Bに命中したという場合，器物損壊の未遂と過失器物損壊しか認められず，全くの不可罰になる。

　①および②の批判に対しては，打撃の錯誤は客体の位置，移動，結果発生の時点といった因果的な事情に関する錯誤であり，客体の錯誤はそうではないから，両者を別様に扱う理由も区別もその点にあり，上記のような事例はほとんど打撃の錯誤となる（争いあり）との回答がなされている。批判③についても，未遂と過失の組み合わせという実質しかない事例なのであるから，刑法典がいずれについても不可罰との評価を下している以上，同時に存在するからといって可罰的とする必要はないと回答される。

　ただ，批判③にかんがみて具体的符合説の結論を修正する見解もある。器物損壊罪をはじめとする財産罪については客体の個性はそれほど重要ではないので財産罪においては打撃の錯誤であっても故意既遂とするという見解（曽根207頁）と，法益主体ごとに具体的認識を要求すれば足りるので，同一所有者の物の間で打撃の錯誤が生じた場合は故意既遂，別の所有者の物に当たったような場合は故意未遂と過失既遂，人の生命，身体が問題となる場合は個々人が法益主体なので故意未遂と過失既遂となる，とする見解（西田209頁）である。これらの見解は因果的な錯誤を重視するという具体的符合説の出発点に背馳する。

第 2 節　故　　意

　(d)　法定的符合説の問題点——いわゆる併発事例の解決　　例えば、行為者がA殺害を意図して発射した弾丸がAに命中して死亡させたうえ、Aの身体を貫通して予想外にも近くを通りかかったBにも命中して死亡させた場合、AもBも同じ構成要件に該当する「人」であるから、法定的符合説によれば、AについてもBについても故意を認めることができる。しかし、行為者はA1名を殺害することになるとしか認識していない。とくに刑量に関する責任主義の見地からは2個の故意既遂を認めることには問題がある。法定的符合説内部には、1個しか故意犯の成立を認めるべきではないとする見解もある（一故意犯説）。しかし、いずれか一方に決める基準は法定的符合説には内在しない。しかも、両者共に負傷、一方は負傷、他方は死亡、両名とも無傷等の事例変更に対応できるような基準を立てることはきわめて困難である。

　そこで、現在の多数説および判例はこのようないわゆる併発事例において、客観的に実現された構成要件の数だけの故意犯の成立を認める（数故意犯説）。最高裁（最判昭和53・7・28刑集32巻5号1068頁）は、被告人が警察官Aの拳銃を奪う意図で発射した改造鋲打ち銃の弾丸が、Aを貫通して通行人Bにも命中し両者に傷害を負わせた、という事案において、AB両者につき、強盗殺人未遂の成立を認めた。この立場を徹底すれば、弾丸がおよそ誰にも命中しなかった場合にも複数の故意未遂が認められることになる。「同じ構成要件評価を受ける事実を表象していたのであるから、行為者が発生した事実についての規範の問題（例えば、「人を殺してよいか」など）を与えられていた点に変わりはなく、直接的な反規範的人格態度をみとめることができる」（団藤298頁）というのが本説の根拠だからである。「十分にコントロールできないような危険な手段を用いた場合には、そこから生じた全ての結果を帰属してもよい」という根拠を挙げる論者もある（井田良「故意における客体の特定および『個数』の特定に関する一考察(2)」法研58巻10号〔1985〕64頁）。

　この立場に対しては、本来特定客体についてしか認定できない実行行為の無限転用であり、広範囲にわたって結果責任を認めるものであるという批判が提起される。さらに、例えば、100名の学生が座っている教室の入り口から特定の1人を狙って発砲した場合、誰にも命中しなくても命中する可能性のあった範囲にいた人数分の、最大で100個の殺人未遂が成立することになる。この点

に対しては，その場合は観念的競合になり殺人罪の法定刑の範囲内で，1人を殺す意思しかなかったという事情を勘案して量刑が行われるので不当に重い刑罰が科されることはない，との反論がなされる。しかし，複数の故意犯が成立したということは量刑事情としても重大に評価せざるをえず，1個しか成立しなかった場合の刑量にそろえることはできないはずである。

　同じ問題は，行為者が1発の弾丸を発射する際に，眼前にいる2人の人物のいずれか1名に命中して死亡すると思っている，という択一的故意の事例においても生じる。弾丸がなんらかの事情によりその2人共に命中し両名を死亡させたという場合である。法定的符合説によれば，この事例群の処理は上記のものと全く変わらないことになるが，この事例群においては具体的符合説も成立する故意犯の個数の問題を解決しなければならない。結果の発生すべき客体について具体的符合説が要求する空間的・物理的＝因果的事情の認識はいずれの客体についても存在するからである。結論は，そうした認識をもって「2つの」客体についての故意があると考えるか，択一性の認識をもって1個の故意犯しか成立させないものと理解するかに依存する。

　(e) 因果経過の錯誤　　例えば，被害者を溺死させる意図で橋の上から川へ向かって突き落としたところ，落下した被害者が橋脚に激突して即死したといった事例においては，結果の予見について錯誤はないが，その結果に至る経過については行為者が予見したものと現実とは食い違っている。このような場合を因果経過の錯誤と（「因果関係の錯誤」とも）呼ぶ。

　しかし，結論として因果経過の錯誤を理由として故意既遂が否定される余地はほとんど認められていない。因果経過についても錯誤が生じうること自体は承認されているが，まず，故意には因果関係の重要部分の認識のみが必要であって，因果経過の細部における具体的形態についての錯誤は「重要ではなく」故意責任に影響を及ぼさない，という点については意見の一致がみられる。このことは，例えば，毒殺に成功した行為者が，用いた毒物の作用メカニズムを詳しく知らなかった，あるいは誤解していたからといって故意既遂ではないとするわけにはいかないという実践的配慮と，当該毒物が作用して（原因となって）人が死亡するという認識がある以上，故意既遂の責任ないし違法性を基礎づけるに十分であるという理論的考慮に基づいている。

第2節 故 意

　かつての多数説は，行為者の予見していた経過と客観的に生じた経過との食い違いが相当因果関係の範囲内に収まっている限り故意は阻却されず故意既遂が成立するとしていた（団藤 298 頁，大塚 209 頁）。因果経過の錯誤の事例を錯誤問題として扱う以上，客観的な相当因果関係はあることが前提となる。その限りにおいて，この見解によって故意既遂が否定される場合は事実上ありえない。

　そこで，現在では，具体的経過はそもそも構成要件要素ではなく，具体的経過に関する認識と客観的事実の食い違いは故意の有無にも故意既遂の成否にも影響を及ぼさないとの見解が有力に主張されている（前田 250 頁，西田 211 頁，林 264 頁，大谷 168 頁）。この見解によれば，故意既遂を認めるために認識があったことが必要となるのは，行為の危険性，広義の相当性ないしは実行行為性だけであって，その認識を欠く場合にはすでに故意自体がないので未遂も残らない。

　判例も，縄で被害者の首を絞めたところ動かなくなったのですでに死亡したと誤信し，死体隠蔽の意図で海岸へ運んで放置したところ被害者は砂末を吸引して死亡した（大判大正 12・4・30 刑集 2 巻 378 頁）といったいわゆる「ヴェーバーの概括的故意」事例や，放火の意図でガソリンを大量に撒布したが，「最後の一服」のつもりでタバコに火をつけたところガソリンの蒸気に引火して燃え上がったといった「早すぎた結果発生」と呼ばれる事例群（横浜地判昭和 58・7・20 判時 1108 号 138 頁等）等，行為者に因果経過の錯誤がみられる事案において，因果関係や実行の着手は問題とするものの故意および錯誤の問題には言及していない。

　もっとも，行為者が認識していた危険性（広義の相当性）が結果に実現していなければ，発生した結果の「故意への帰属」が否定され，故意犯は未遂にとどまるとする見解も有力に唱えられている（井田良「故意における客体の特定および『個数』の特定に関する一考察(3)」法研 58 巻 11 号〔1985〕78 頁以下，井田 183 頁，内藤（下Ⅰ）958 頁，松宮 198 頁）。しかし，客観的な因果関係（帰属関係）がなければ，その点についての錯誤問題は生じない。そして客観的危険実現関係があるのに主観的なそれはないという場面はやはりほとんど考えられない。また，結果の予見はあることが因果経過の錯誤の前提であり，結果の予見とはとりも

なおさず危険の認識であるから,「行為者が認識していた危険」の範囲を事実的にそれよりも狭く記述することもきわめて困難である。

　(f)　ヴェーバーの概括的故意　この見解はとくに上記のヴェーバーの概括的故意事例において故意既遂を否定しようとする。「ヴェーバーの概括的故意」とは,行為者が故意をもって行った行為によってすでに結果が発生したと誤信し,犯跡隠蔽等のためにさらに行った第2の非故意的行為によって初めて結果が発生したという事例群をいう。たしかに,この事例群の少なくとも一部は例外的に未遂とすべきであろう。しかし,この結論を上記のような因果経過の錯誤の判断枠組みにおいて導くことは不可能である。

　この事例群において,故意に行われた第1行為が未遂にとどまるべきだとすれば,その理由は,過失的第2行為が致命的であって第1行為の寄与はごくわずかなものにとどまるという事情に求められるべきであろう。第1行為が第2行為の決意・過失以外を惹起しておらず,結果に対して直接的には影響していない（第1行為によって生じた危険がいったんは消滅したといった状況にかんがみて）といえるごく例外的な場合には,結果の帰属は第2行為の決意以前に遡及させるべきではなく,故意のある第1行為の未遂と第2行為についての過失責任を問えるにとどまると思われる。

(3)　共犯と錯誤

　上述のような錯誤問題解決のルールは,共犯の事例においても原則としてそのまま妥当する。正犯者の錯誤に基づいて共犯者（教唆者,幇助者,他の共同正犯者）にも錯誤が生じる場合,正犯者（ないし共同正犯者の一部）が陥った事実の錯誤が,別種の構成要件にまたがっている（例えば,人を射殺するつもりで器物を損壊した）場合には,正犯者と教唆・幇助者（他の共同正犯者）との間に事前に故意の共同が成立している限り,教唆者・幇助者（他の共同正犯者）も全く同じ錯誤に陥っているといってよい。正犯者の錯誤が同一構成要件内での打撃の錯誤である場合も結論に違いは生じない。

　(a)　正犯者の客体の錯誤　正犯者の錯誤が客体の錯誤である（X殺害を教唆された正犯者が人違いによりXだと思ってYを殺害した）場合には,具体的符合説に依拠する場合にのみ特殊な問題を生じる。この場合を教唆者にとっても客体の錯誤とみれば故意既遂の教唆が成立し,教唆者にとっては打撃の錯誤で

あるとみれば全くの不可罰かせいぜい過失正犯のみとなるから，この振り分けが決定的な意味をもつ。具体的符合説論者の多くは，不可罰という結論を避けるという実践的要請も考慮して客体の錯誤であるとするが，打撃の錯誤説もあり決着はついていない。

　(b)　共犯の過剰　　背後者（あるいは共同正犯者の一部）のみが直接行為者の行動について錯誤に陥る場合の典型がいわゆる「共犯の過剰」の事例である。例えば，窃盗を教唆（共謀）したところ，正犯者（の一部）は現場で被害者に発見されて居直り強盗を行ったといった場合，軽い罪（故意）の限度で，すなわち窃盗の共犯（共同正犯）が成立するという点については判例，学説共に一致をみている。刑法38条2項がある以上，重い方の罪について共犯成立を認めることはできない。正犯者（直接実行者）の行為が共犯者（背後者）の認識したものよりも重い場合に限らず，正犯者と共犯者が異なる構成要件実現を認識している場合一般につき抽象的事実の錯誤のルールがそのまま妥当する。抽象的事実の錯誤が単独犯において生じる場合は少なく（未必の故意がある場合も多い），むしろ共犯の事例群こそがその典型であるとさえいえる。

　(c)　共犯形式に関する錯誤　　背後者が教唆の故意で客観的には間接正犯にあたる事実を生じさせる事例にはやや困難な問題がある。例えば，XがAに窃盗を教唆したところ，実はAは責任無能力者であったといった場合，判例・通説は，教唆犯が成立するとする。しかし，この場合，客観的には間接正犯であることが前提であるから，Aには正犯性は認められず，窃盗の正犯のないところにその教唆を認めることになる。したがって，犯罪共同説の立場からは，この結論に至ることはできないはずである。逆に，教唆故意は，「結果を発生させる」という部分では間接正犯の故意と共通である。したがって，この点にのみ着目すれば，間接正犯の成立を認めることも可能である。刑法61条によれば教唆の刑は正犯の刑と同じであるから刑法38条2項の適用はない（64条を根拠として正犯の方が「重い罪」であると考える場合は適用あり）。

　他方，その逆の場合，例えば情を知らないAに毒薬を交付してXに投与せしめX を殺害することを企図したが，Aは毒薬であることを最初から知りながらXに投与したといった場合については，毒薬の交付がすでに殺人の実行行為にあたるという理由で間接正犯を認める少数説と，教唆既遂と間接正犯の

未遂を認め法条競合により結局前者だけが成立するという見解，さらに客観的には教唆にあたる事実しかなく，かつ間接正犯の故意は教唆故意を含むので，教唆既遂のみを認めれば足りるとする通説的見解との間で争いがみられる。

客観的には直接行為者が正犯なのであるから，第1の見解は，「正犯の背後の正犯」を認めることになる。しかもそこで正犯性を基礎づけているのは「正犯として振る舞う」意思のみである。後2者の理論構成はいずれも，過失犯に対する教唆はありえないとする通説的立場からは採用することができない。

現在の判例実務においては，共謀共同正犯が広く認められる反面として，教唆犯に残された余地はきわめて限定されているため，この種の錯誤事例の実践的意義は著しく相対化される。

第3節　過　　失

1　総　　説

刑法38条1項但書は，故意と共に過失犯処罰をも規定している。「罪を犯す意思がない」場合でかつ「法律に特別の規定がある場合」が，過失犯であり，この場合には処罰がなされてよい。各本条に「過失により」等の特定的な言及がある場合が特別の規定がある場合である。しかし，故意について以上に，過失とは何かについては刑法典上に手がかりとなる文言はない。そこで，過失犯は，解釈によって多くの要件を補充的に定める必要のある「開かれた構成要件」である等といわれることもある。

過失とは，不注意である。単に「気づかなかった」という意味ではなく，「注意すべきであるのに注意しなかった」ことである。つまり，注意義務違反があったことが過失の内容であり要件である。この注意義務違反は，結果回避義務等の客観的側面と結果予見義務という主観的側面とを有する複合的要件である。

注意義務違反の客観的側面は，「過失犯の実行行為」であるということができる。この点については，それは過失犯に独自の要件というわけではなく故意犯の客観的要件と共通のものであり，かつ同じ基準によって認定されなければならないとする立場もある。しかし，結局は，過失犯が成立するために証明が

必要となる事情はほぼ同じなのであるから，実践的にはそれほど意味のある議論ではない。

2　成立要件
(1)　客観的要件

(a)　**客観的注意義務違反**——行為の危険性と危険減殺措置の不履行　過失とは注意義務違反である。かつてそれは「不注意」という内心的な状態につきるとされていたが，現在では，過失犯にも故意犯におけると同様，客観的な構成要件該当行為が想定されなければならず，その内容として客観的注意義務違反が必要であるとされるに至っている。

(i)　客観的注意義務とは，法益侵害結果が生じることが客観的に予見可能な場合に当該結果を回避すべく行動する義務をいう。判例もこのような義務の違反が過失の内容をなすものとみている（最決昭和42・5・25刑集21巻4号584頁参照）。この義務は，単に「結果回避義務」と呼ばれることもあるが，結果が発生すれば常に義務違反があるという意味ではなく，通常ならば結果発生を回避するに足りる措置，結果発生の危険を減殺する措置をとるべき義務である。つまり，そのような措置をとっていた＝注意義務を履行していたにもかかわらず結果が発生した場合には過失犯は成立しない。

このような意味において，過失犯には不作為犯（注意しなかったこと＝危険減殺措置の不履行）の色彩が濃いとされる。しかし，機械の誤操作，機械・用具の目的外使用や誤用，薬剤・薬物の取り違え等，単純なミスや無謀な行動によって初めて危険自体が創出されるような場合，直接行為者には危険減殺措置としてむしろそれらの具体的な行動自体を差し控えることが求められる。つまりは実質的には作為犯である。もちろん，そうした直接行為者を監督し作業の場所を管理すべき地位にいた者についてはやはり，そうしたミスがあっても結果が発生しないようないわゆるフェイル・セーフな体制を確立すべき作為義務の違反が考えられる（管理監督過失の一種）。

(ii)　自動車運転や大規模工場の操業等は，それ自体なんらかの意味で危険な行為である。しかし，これらの行為を行うに際して社会生活上必要な注意が払われている限り，そうした危険は，社会的に許容されるレベルにとどまり，

第 5 章　主観的構成要件

そうした危険から法益侵害結果が発生したとしても，ただちに刑事責任を基礎づけるほどの違法性はない。このような考え方を「許された危険の法理」と呼ぶ。この文脈においては，そうした危険創出が許容される条件となる「社会生活上必要な注意」こそが客観的注意義務の履行なのである。

　同じ考え方を，過失犯に独自の「義務違反」の問題ではなく，故意犯とも共通の「法益侵害の危険性」の程度の問題として説明する論者もある。つまり，危険をはらむ行為を危険減殺措置をとらないで行えば，それだけ高度な「実質的で許されない」危険が発生するのであり，逆に危険減殺措置をとりつつ行われている限りその危険は「許された」レベルにとどまる，というのである。この限度では，単に表現のバリエーションにすぎない。過失犯の成立に，危険減殺措置をとらなかったことを要件とする点では全く同じである。

　(b)　客観的注意義務の内容と客観的予見可能性との関係　　行為の危険性＝結果の客観的予見可能性と危険減殺（安全）措置の不履行とは表裏をなす，いわば一体のものであって，過失犯の要件として２つの事項を独立して判断しなければならないわけではない。通常の事例においては，危険減殺措置の不履行が行為の危険性を認識する手がかりであると同時に，危険な行為であるからこそ安全措置を講じる義務が生じるのである。

　危険減殺措置の不履行すなわち客観的注意義務違反は，通常，例えば交通法規等の法規範違反や，医療準則，工業規格等，各種の公的，私的な安全行動基準からの逸脱を手がかりに認定される。ただし，常にそうした基準違反がただちに注意義務違反を構成するというわけではないし，そうした行動基準の遵守がただちに過失を排除するというわけでもない。もちろん，そうした基準が想定している典型事例においてはそれら基準の不遵守が注意義務違反をなすことが多いとはいえる。しかし，結局は，あくまでも具体的な場面においてどのような行動が結果回避のために必要なのかが基準となる。例えば，路面が凍結した下りのカーブを走行する際の注意としては，制限速度の遵守だけでは足りず，さらに低速での走行が必要となろう。また例えば，周りの車両がすべて制限速度を超える速度で走行している際に，独り制限速度を固守して走行することはかえって危険である。制限速度をオーバーしていれば結果が発生しなかったであろうといえる場合には，制限速度を遵守したことがむしろ客観的注意義務違

反となる。このような場合には，客観的予見可能性が注意義務の内容を規定するということになる。

　この客観的予見可能性としては，「何らかの結果が発生するであろう」といった漠然とした不安感，危惧感があるだけでは足りず，ある程度高度の具体的な予見可能性がなければならないとされる（判例，多数説）。

　(c)　予見可能性判断の対象　　とはいっても，実際の因果経過が詳細にわたって予見可能であったことを要せず，「結果の発生に至る因果関係の基本的部分」（札幌高判昭和51・3・18高刑集29巻1号78頁）の予見可能性があれば足りるとされている。したがって，とくに，発生した結果と行為者の不注意との間にそれほど発生頻度の高くない特殊な物理的機序や他人の行為等が介在している場合には，そうした特殊な介在事情が「因果関係の基本部分」に属するか否か，すなわち予見可能であることが必要か否かが過失犯の成否を分けることになる（つまり，予見可能性の「程度」の問題とは厳密にいえば異なる）。

　(ⅰ)　判例には，そうした事情がかなり決定的であるようにみえる事案においてもその予見可能性を不要としたものがある一方で，かなり具体的な事情についてまで予見可能性を要求したものもある。前者の例としては，トンネル内の電力ケーブル接続工事の際に接地線を誤接続したために火災が発生したという事案において，以前には報告されたことのない炭化導電路の形成という経過を具体的に予見できなかったとしても，火災発生に至る可能性は予見できたとしたもの（最決平成12・12・20刑集54巻9号1095頁），電気メスのケーブルを誤接続したために手術中の患者に重度の熱傷を負わせたが，誤接続だけではそのような熱傷を生じた前例がなく，安全装置のない心電計を併用した場合に生じるものであったことが事後に判明したという事案において，「電流の状態に異常を生じさせる理化学的原因については予見可能の範囲外」であるとしながら傷害の予見可能性を肯定したもの（前掲札幌高判昭和51・3・18）がある。

　(ⅱ)　具体的な事情についても予見可能性を要求した例としては，ブレーキ故障がある自動車を，低速ならまだ十分制動能力があると判断して整備工場へ運転して行く途上，故障の状態とブレーキの特殊な構造およびやや強いブレーキペダルのふみ込みがあいまって全く制動不能な状態に陥り人を傷害した事案において，ブレーキの効きが通常より悪いことによって人を死傷させる可能性

は予見できたが，全く制動不能になることまでは予見可能でなかったとしたもの（東京地判昭和47・6・24判時675号107頁），高速道路上でのスリップ事故についていわゆるハイドロプレーニング現象が発生することの予見可能性がないとして過失を否定したもの（大阪高判昭和51・5・25刑月8巻4＝5号253頁）や，自動車での走行中に突然生じた故障について予見可能性がないとして過失を否定したもの（大阪高判昭和49・7・25判タ316号273頁）がある。

　　（d）因果関係（客観的帰属）　　現行法上，過失犯処罰規定は明確な結果犯の形をとるか「過失により」という文言によって，一定の事態の原因が過失であることを要件としている（例えば，刑129条1項「過失により……往来の危険を生じさせ」，鉱業191条2項「過失により鉱区外又は租鉱区外に侵掘した者は」）。そして未遂犯処罰規定の付されたものはない。つまり過失犯は特定の結果（事態）の発生がなければ，そして客観的注意義務に違反する行為とその結果（事態）との間に因果関係（客観的帰属関係）がなければ処罰されない。

　因果関係の判断は，一般的な要件を抽象的に記述するレベルでは，過失犯においても故意犯と変わるところはない。条件関係（合法則性），危険創出（広義の相当性。これは結局，客観的注意義務違反の判断と同一に帰する），危険実現（狭義の相当性）があれば，結果の帰属が肯定される。ただ，過失犯の構成要件該当行為すなわち客観的注意義務違反の内容が明文で詳細に規定されることはなく，上述のように具体的な状況に依存するので，それぞれの判断につき特殊な問題を生じることもある。

　とくに，客観的帰属論の枠内で提唱された判断公式には過失犯のこのような特殊性と関係の深いものが多い。条件関係の判断における合義務的態度の代置に際して生じる問題を回避するために，危険増加論が提案され，あるいは，義務違反的態度と結果との間に条件関係も相当性も認められるがなお結果帰属が不適切とみられる場合を処理するために規範の保護目的の理論が提唱されたという経緯についてはすでに説明した。また，複数の者の過失が競合して重大な結果を生じる場面では，狭義の相当性を経過の通常性と考えるよりは，複数の危険因子のうちいずれが結果に実現したのかを問う危険実現の判断方式に従う方が有用であると考えられる。

(2) 主観的要件

　(a) 主観的予見可能性の機能　　過失は伝統的には内心の状態と理解されてきた。そこでは，不注意すなわち注意義務違反とは，精神を緊張させて結果を予見すべき義務に反して予見しなかったことを内容とし，その要件は結果の主観的予見可能性であるとされていた。そして現在でも，過失独自の内容をなすのはこちらの主観的注意義務違反である，あるいはそれにつきるとする考え方は根強い。仮に注意義務をつくして結果を予見していたとすれば，自らの行為の違法性を認識することができ，それによって生じる反対動機をきっかけとして当該行為にでることを思いとどまることができた，にもかかわらず当該行為にでたことが，過失の責任非難の根拠であるというのである。客観的注意義務違反は，過失犯の違法性の問題であるから，客観的注意義務違反を過失の本体であると考える立場からも，このような意味で過失の有責性要件を主観的予見可能性であるとすることが理論的に排除されるわけではない。また，過失の義務違反としての性質がその違法性を基礎づけると考える立場からは，（違法）構成要件の要素であるとしつつ主観的予見可能性が要件とされることもある。

　もっとも，いずれの立場によるにせよ，結果が客観的に予見可能であることは過失犯の（過失自体のあるいは，故意犯と共通の実行行為性あるいは客観的帰属の）1つの成立要件であることは否定できないから，主観的予見可能性が独立の成立要件として機能する場面は多くはない。一般人（あるいは裁判官）にとって予見可能な結果が一般人の1人であるはずの行為者個人にとっては予見不能であるという場合は例外的にしかありえないからである。

　もちろん，具体的場面において，行為者の知識，技能，洞察力等が一般人より著しく劣るという事態は想定できるし，そのような場合には主観的過失は否定され，つまりは有責性ないし行為反価値性がないがゆえに過失犯が成立しないことにはなろう。しかし，危険な行動・作業に携わる場合には，相応の免許・資格が要求されることが多い（例えば自動車運転免許）。そうした資格を有する者は，一定の水準に達する能力があると社会的に認められた者である。そうした能力者が客観的に予見可能な事態を予見することができないという状況は，急な病変のような，当該能力の発揮を一時的に強く妨げるきわめて特殊な個人的事態の介入があった場合に限られるであろう。また，前に挙げた「炭化

導電路の形成」といった特殊な機序が介入した事例群においても，客観的予見可能性は肯定されるが行為者個人にとっては予見可能ではないという場合がありうる。しかし，上述の一部の判例のように，そうした事例において特殊な事情が予見可能である必要はないとして予見可能性の対象から除外してしまえば，主観的予見可能性が否定されて過失犯が不成立となる余地はなくなる。

　判例は，主観的予見可能性を明示的に不要とはしていないが，軽トラックを暴走させて横転させたところ荷台に乗っていた無断同乗者を死亡させたという事案において，荷台に同乗者がいることを被告人が認識していなかったとしても業務上過失致死罪が成立するとする（最決平成元・3・14刑集43巻3号262頁）等，少なくともそれほど厳格な要件とはみていない。

　(b)　主観的予見可能性の標準　　客観的予見可能性とは独立に主観的予見可能性が犯罪の成否を分ける機能を果たすべきであるとすれば，その標準は，行為者の個人的能力でなければならない。しかし，完全に個人標準とすると，行為者が現に結果を予見しなかったことこそが彼にとって予見可能でなかったことの証左であることにもなりかねない。とくに，注意を払わないことが習い性となって人格の一部として安定してしまっている場合には，いかなる事象もその者個人にとっては予見可能ではないことになる。そこで，主観的予見可能性を要件とする学説の多くは，生理的な層では個人標準だが規範心理の層では一般人標準とし，あるいは「注意」は一般人基準によるが「予見」は個人標準とする，あるいは行為者の属する類型的一般人の能力を標準とする等，一定の客観化を施している。いずれの見解も，日頃から粗忽者であればあるほど過失責任を免れやすいといった事態を避けようとする意図において共通であるが，それ以外に論理必然的な結論の差を生じる議論ではない。

　また，完全に個人の能力を標準としたとしても，例えば，免許はあるが十分習熟してはいない自動車運転者が高速道路をきわめて高速度で走行したがために状況の変化に対応できず事故を起こしたといった場合，その程度の運転技能であるにもかかわらず高速度で走行した，あるいは高速道路に入ったことに過失を認めることは可能である（引き受け過失）ことは一般に認められており，上記の問題は一定程度相対化されることになる。もちろん，予見可能性の時点を遡らせ，予見対象をずらすこのような処理が無限に可能であるとすれば，主

観的予見可能性を要件とした意味は失われるので，自ずと限界はあるはずであるが，どの程度まで遡及することが許されるかは，いまだ特定されていない。

　逆の場合，つまり，行為者が，一般人を超える特殊な能力を有している場合の処理をめぐっては，必ずしも議論が熟しているとはいえない。例えば，F1ドライバーが，高速道路上で先行車が突然制御を失って自車の車線上に進路を塞ぐ形で進出してきたのに対してとっさに回避行動をとらずこれに接触し玉突き事故を起こして死傷者を出したが，F1ドライバーとして有しているとくに高度の技能を駆使すれば平均的ドライバーならば回避できなかったであろう状況にあった先行車を回避できたであろうといった場合，あるいは，超絶的なレベルの手技を駆使できる天才外科医や，最新かつ最も有効でリスクの少ない術式を開発した外科医が，平均的な技能や術式で手術を行ったがために患者が死亡したといった場合である。

(3) 信頼の原則

　ある行為が被害者あるいは第三者の不適切な行動を介して初めて結果を発生させた場合において，被害者あるいは第三者の適切な行動を行為者が期待してよいとき，すなわち他人の行動を信頼してよいときには，当該行為者には過失はない，とするルールを「信頼の原則」と呼ぶ。

　(a) 事例類型　　判例は，この注意義務を限定する準則を，とりわけ交通事故の事案に適用する。交通関与者は，特別の事情のない限り，他の交通関与者も規則を遵守して行動するものと信頼してよく，他の交通関与者が規則に違反する行動をとることがありうることまで予想した安全確認をすべき義務を負うものではない，とされるのである（最判昭和41・12・20刑集20巻10号1212頁，最判昭和48・5・22刑集27巻5号1077頁）。

　また，この準則は，複数人の分業的共同作業において各関与者の過失の範囲を限界づけるのに使われることもある。例えば，電気メスの誤接続により患者に重度の熱傷を負わせた事案では，誤接続をした看護婦のみに過失犯の成立が認められ，執刀医は，看護婦が電気メス装置のケーブルを正しく接続することを信頼してよいとされた（札幌高判昭和51・3・18高刑集29巻1号78頁）。

　信頼してよい場合がありうることは，学説によっても認められているが，それはいかなる場合であるのか，は必ずしも明らかにされていない。交通事故の

場合については，行為者自身が交通規則を遵守していたことが条件となるとする見解（一種のクリーンハンドの原則）もあるが，判例には行為者自身に交通違反がある場合にも信頼してよいとしたものがある（最判昭和42・10・13刑集21巻8号1097頁，最判昭和48・5・22刑集27巻5号1077頁）。また，後述の管理・監督過失というものがありうるという前提からは，単純に分業体制であれば，他の分業者の適切な行動を信頼してよいともいえない。

　　(b)　過失否定の根拠　　信頼してよい場合に過失犯が成立しない根拠については見解が分かれている。現在優勢なのは予見可能性に着目する見解である。他人の適切な行動を信頼できる場合とは，とりもなおさず，不適切な行動は予想できない場合であるというのである。これには客観的予見可能性，すなわち危険の程度が低いからであるとするバリエーション（団藤334頁，平野Ⅰ197頁，山中380頁）と主観的予見可能性がなくなるからであるとするもの（松宮222頁，山口237頁）がある。いずれにせよ予見可能性を根拠とする立場にとっては，信頼の原則は特別なルールとしての意味をもたない。過失犯の一般要件の1つが欠ける事例類型の呼称にすぎないものとなる。

　後述の許された危険の法理を援用する見解もある。しかし，他人が不適切な行動をとらないことを信頼してよい理由が，他人の不適切行動の危険を冒して行為することが許されるからだ，というのでは，トートロジーにすぎない。他の関与者の自己答責性を理由に結果の帰属が否定されるのだとする説明もあるが，こちらに依拠するときは，管理・監督過失の事案との整合性を考慮すれば，信頼の原則はごく限られた場面でしか適用をみないとすることになる。判例が分業の場合についてはむしろ管理・監督過失を認める（信頼してよいとしない）傾向にあることにかんがみれば，判例は，こちらに近い考え方に立つものとも推測できる。

　いずれにせよ今日では，判例によっても学説によっても，信頼の原則がリジッドな大原則として宣言されることは少なくなってきている。しかし，回避可能性ないし予見可能性の対象を確定し限定する際に，「他人の適切な行動を当てにしてよいかどうか」という一種の危険分配の要因として当然のように判断に織り込まれていることも多く，逆にそのためにわざわざこれによることが表明されることはない，ともいえよう。

(4) 許された危険の法理

　許された危険の法理とは，危険な行為を行う行為者が落度のない態度をもって事にあたったのであれば，その危険行為から法益侵害結果が生じても当該行為は違法ではない場合があるとする考え方である。

　　(a) 社会的有用性　　結果回避義務違反すなわち危険減殺措置の不履行または高度の危険を過失犯の1つの要件とする考え方の背後には，法益侵害の危険をはらむすべての行為を禁止するわけにはいかないし，その必要はないという思想が共通して流れている。大規模な工場の操業，高速度交通機関の運用，革新的な医療行為等のように，程度の差こそあれ不可避的に法益侵害の危険を伴う行為は多い。しかし，現代の社会生活は，これら抜きには成り立ちえないところまできている。そこで，危険な行為を行うこともその社会的有用性にかんがみて一定の範囲内で許されているとみる必要が生じる。許された危険の法理は，このような考え方に基づいている。

　上述の，過失を「社会生活上必要とされる注意」の懈怠とみて，かつそれが行為の違法性を決定づけるとする考え方は，この許された危険の法理そのものといってもよい。この考え方は，そのような基準行為からの逸脱，すなわち問題となる行為の一般人の行動パターンからの隔たりを違法性の一般基準とみる，いわゆる，社会相当性論へと発展した。同じことを法益侵害の危険性と関係づける説明のバリエーションもある。自動車運転のような行為が注意を払って行われている限り，その危険性は極小であり，社会的有用性にかんがみて許される範囲にとどまるが，注意を忘れば危険性が増大して許されない程度に至る，とするのである。いずれにせよ，「説明」のレベルでの違いであって，過失犯の成否を具体的に左右する要件をめぐる議論ではないことに注意が必要である。

　　(b) 優越的利益　　一定の種類の行為の一般的な社会的有用性が違法性を左右することによって違法性の内実が法益の侵害から切り離されることを嫌う論者は，危険の社会による甘受（法的許容）を，当該行為の具体的な社会的有用性にかんがみた優越的利益の観点から説明することを試みる。法益侵害の可能性のある行為，すなわち危険な行為は，当該行為が別の法益を救助するために行われたという意味での具体的な社会的有用性が侵害性に勝る場合，優越的利益原則に照らして違法ではない，とするのである。例えば，血友病治療を全

例クリオ製剤に転換することが不可能であり非加熱製剤がなければ治療に支障をきたすという状況であれば，輸入非加熱製剤の使用を止めないことは，それがHIV感染の危険を伴うとしても，その違法性が阻却されるとされることもある（薬害エイズ帝京大ルート・東京地判平成13・3・28判時1763号17頁。西田246頁）。しかし，このような利益衡量は刑法37条に規定されている要件がそろわなければ，正当化効をもたないのが原則であるから，少なくとも次元の異なる問題である。

(5) 新旧過失論の対立

かつて「新旧過失論争」と呼ばれる意見の対立があった。過失とは，精神を緊張させて予見すべき結果を予見しないという内心の状態をいい（過失心理説），責任の要素であるとするのが，それ以前の過失の理解であった。これを「旧過失論」と排撃して，過失犯にも故意犯と同様，固有の実行行為というものが観念でき（過失行為説），その内実は安全措置をとらずに危険な行為を行うことにあり，これが過失犯独自の違法要素であるとする考え方＝新過失論が主張されたのが論争の始まりである。

(a) 結果回避義務 vs 結果予見義務　新過失論の実践的関心は，主として，結果回避義務違反および許された危険の観念を手がかりに過失犯の成立範囲を限定するにあった。予見可能な法益侵害結果が発生しても，結果回避義務がつくされていれば，すなわち安全措置をとっていたのであれば，当該行為は許された危険の範囲にとどまり過失犯を構成しない，という形においてである。旧過失論のように結果予見義務と主観的予見可能性のみを過失犯の要件とするのでは，高速度交通機関の運用等，法益侵害の可能性があることが広く知られている行動が社会のダイナミズムを支えている現代においては，ほとんど結果責任と変わらなくなるというのである。

これに対して，主として，過失犯独自の違法性を認めることは主観的構成要件要素，主観的違法要素というものを肯定することにつながり「客観的違法論」ないし「結果反価値論」の見地からは容認できないとの観点から，過失は従来どおり，責任要素として主観的予見可能性を中心に構成すべきであるとの論陣が張られた。

この対立を図式的に表現すれば，次のようなことになる。新過失論は，過失

の内実を安全措置をとらない危険な＝不注意な態度に見いだし，その要件を結果の客観的予見可能性ならびに安全措置＝結果回避措置の不履行として違法・構成要件要素であるとし，その基準を一般人のとる基準行為からの逸脱の有無に設定する。他方，旧過失論は，過失の本質を精神の緊張の懈怠＝不注意な心理状態にみてとり，その要件を結果の主観的予見可能性であるとして，責任要素であるとして，個人の能力をその標準とする。

　(b) 歩みよりと総合　　とはいえ，旧過失論の側も，新過失論が指摘した現代社会における過失犯処罰範囲の適切な限定の必要性はこれを肯定し，そのための概念装置として提案された信頼の原則や許された危険といった考え方についても受け入れる。過失を主観的予見可能性につきるとする立場からも，つまり過失を主観的違法要素としない形でもこれを説明できるとする限度で歩み寄りをみせたのである。また，新過失論を徹底すると到達するとされる危惧感説（結果回避義務の前提となる客観的予見可能性の程度を「漠然とした危惧感」で足りるとする考え方）と極端な社会相当説＝基準行為違反説も一般的な支持を得ることはなかった。

　このような経緯で，今日では，少なくとも過失犯の具体的成立要件の次元においては，この論争はほぼ止揚されたといってよい。過失は主観的違法要素か責任要素かという議論は元々，具体的成立要件を直接に左右するものではないし，過失犯にも危険な行為＝実行行為が観念されなければならないということは一致して受け入れられている。また，過失に独自の成立要件である結果回避義務違反なのか，故意犯とも共通の危険判断の要因なのかについては意見が分かれるものの，通常要求される安全措置をとらない態度が問題とされるべきことも一般に承認されているといえよう。また，それぞれの体系的位置づけこそ違え，客観的予見可能性も主観的予見可能性も共に必要であることも認められ，可能性判断の基準にどのような者の能力をおくかをめぐっては客観的予見可能性の部分的主観化，主観的予見可能性の客観化とも呼べる概念操作も行われている。また，上述のように信頼の原則も許された危険も，考え方自体としては否定する論者はなく，具体的適用場面と説明の方法にバリエーションがあるにとどまる。

3 過失の種類

(1) 業務上過失と重過失

刑法典は，過失を通常の過失，業務上の過失および重大な過失（重過失）の3つに分類している。業務上過失および重過失の場合にはより重い法定刑が予定される。しかし，これを要件とする処罰規定の数は少なく，刑法典上には，業務上失火罪，重失火罪（117条の2），業務上過失致死傷罪，重過失致死傷罪（211条）しかおかれていない。特別法上も，人の健康にかかる公害犯罪の処罰に関する法律3条（業務上過失），道路交通法116条（業務上過失，重過失），文化財保護法200条（重過失）等わずかである。

業務上過失とは，業務上必要な注意の懈怠（「業務上必要な注意を怠り」という文言となっていることが多い）をいい，業務とは，「人が社会生活上の地位に基づき反復継続して行う行為」をいう。致死傷罪については，加えてその行為が「他人の生命身体等に危害を加える虞あるものであることを必要とする」（最判昭和33・4・18刑集12巻6号1090頁）とされる。判例は，自動車運転一般をこの「業務」にあたると解する等，かなり広く解釈する傾向にあり，単純な過失致死傷罪の法定刑が罰金のみ（210条）と軽いこともあって，過失犯が処罰される場合の多くは業務上過失致死傷罪が占めることになる。もっとも，自動車運転致死傷罪（211条2項）の新設により，自動車運転はこの「業務」からは除かれることになった。

重過失は「重大な過失により」という文言で規定されている場合をいう。注意義務違反の程度が著しく大きい場合，表現を変えれば，わずかな注意を払うだけで結果が発生しなかったであろうといえる場合である。

(2) 加重処罰の根拠

重過失が重く処罰される理由は，些細な注意を払うことによって注意義務を履行することができたのに，これを怠ったことにある。業務上過失が通常の過失よりも重く処罰される根拠については，注意義務の種類が異なるとする見解と注意能力が異なるとする見解とが対立している。前者は，業務者にはその社会的地位に基づいて特別に重い注意義務が課せられているとする。後者は，業務者は反復継続して同種の行為を行っていることから非業務者に比して高度の注意能力を有するとする。高度の能力者は注意義務を履行するのも容易である

から，注意義務に違反した場合の義務違反の程度が大きく，違法性ないし有責性がより重い，とするのである。

業務者である，もしくは反復継続しているというだけで，例えば211条と210条の法定刑の差をもたらすほど注意能力が類型的に高くなる，あるいは法がそのようにみなしていると考えることには無理がある。業務者には特別の注意義務が課されていると考えるべきであろう。ただし，その理由は単純に反復継続する者であるからではなく，一定の類型的危険行為従事者であることに求められなければならない。こう考えることは，自動車運転上の過失がより重く処罰されるようになったこととも整合的である。

4　管理監督過失
(1)　管理過失と監督過失

管理過失とは，大規模施設・設備，建造物等の管理者的立場にある者の過失を，監督過失とは，多数人による事業・事務の監督者的立場にある者の過失をいう。デパートやホテル，病院といった大規模な施設・設備，建造物等の運用や，工場操業等，複数人による分業的あるいは一定の指揮・命令系統に従った危険源の取扱いに際して事故が発生し，（通常は大規模な）法益侵害が生じた場合，そうした大規模設備，工場の運用主体である企業の上級職員，幹部職員の責任を問う方が適切であるとみられる場合がある。通常は，現場近くにいた者ほど過失責任を問われやすく，被告人の地位が現場から離れるほど責任追及が困難になる。しかし，人員配置，勤務体制や設備・装置等の不備，不機能等が被害の拡大に大きく寄与している場合，その点についての過失に着目して，実際の事故に臨んでは具体的には何もできなかった立場の者，例えば企業の取締役級の者にまで責任が問われることがあるのである。

(a)　過失の内容　　管理過失の内容は，事故が発生しても被害が最小限にとどまるよう建造物や施設に保安，避難のための設備をしておくことを怠ったといった，物的危険源管理，安全確保措置の落ち度である。監督過失は，安全に作業を進められるように十分な人員を配置する，あるいは十分に熟練した作業員を危険部署に配置する等の措置を怠ったといった，人的危険源管理，コントロールの落ち度を内容とする。ただ，いずれも，履行されるべき結果回避義

第5章　主観的構成要件

務の内容に従った事例類型の分類であって，法律上特別な種類の過失が規定されているというわけではないし，両者の限界づけもそれほど明確ではなく，両者を併せて安全体制確立義務違反等と呼ぶこともある。また，具体的事案においては両者共に認められることも多い。

　管理過失は，例えばスプリンクラーを設置しておかない，あるいは非常階段を整備しておかない，防煙扉の機能を保全しておかないといった，火災や事故が発生するはるか以前の態度を注意義務違反の内容とするため，結果の客観的・主観的予見可能性は低い場合が多く，これを肯定するのは本来は容易ではない。そこで，「いったん火災が起これば」，人的物的に大規模な損害を生じることを「容易に予見できたことが明らかである」（最決平成5・11・25刑集47巻9号242頁）等と停止条件付の予見可能性が認定されることになる。このような事情を捉えて，管理過失の認定は，少なくとも例外的な場合に限られるとされることもある（山口244頁）。

　監督過失は，他人の行動についての過失であるから，信頼の原則とは裏腹の関係に立つ考え方である。また，現場の直接担当者にも過失がある場合，それと競合する背後の監督者の過失が正犯性をもつものなのか否か，あるいは過失共同正犯との異同はどこにあるのかが問題となる場面でもある。

(2)　過失責任を問われる者

　管理・監督上の措置に注意義務の対象を求める考え方は，昭和後期に頻発した大規模火災，大規模事故における過失責任をめぐる判例によって醸成された。

　過失責任の主体については，現場の従業員もしくはそれに近い立場の者と企業等の事業主体の責任者（代表取締役等）との間の責任分配の問題であり，まさしく信頼の原則と裏腹の関係に立つものと考えているとみられる判例がある。

　　(a)　上級管理職　　ある下級審判例は，病院の火災に際して現場従業員の不適切な行動が重なったために複数人が死亡した事件において，現場従業員が当然果たしてくれるものと予想されるような出火通報，救出活動，避難誘導活動が現実に実行されないであろうという場合までも考慮に入れて火災発生に備えた対策を定めなければならない，というのは酷だとして，病院長の過失を否定した（札幌高判昭56・1・22刑月13巻1＝2号12頁）。また，橋梁架設工事中に橋げたが落下した事故について，下請会社派遣職員である作業員の過失を，

110

この者が現場監督の地位になかったことを理由として否定したうえ，元請け会社の現場代理人の指揮・監督・安全管理上の注意義務違反を認定した例もある（広島地判平成 8・3・28 判タ 949 号 97 頁）。最高裁も，デパート火災による多数人の死亡事故について，取締役人事部長，売場課長で火元責任者，店舗全体の防火管理者の 3 名の過失責任を否定し，むしろ防火管理業務の執行はオーナー社長である代表取締役の義務であることを認めたことがある（最判平成 3・11・14 刑集 45 巻 8 号 221 頁）。

(b) 現場責任者　もっとも，比較的現場に近い管理責任者の過失については，具体的な直接作業者や同等の他の部門の，もしくは上位の管理職の過失と競合的にこれを認める傾向もある。デパートの閉店後の火災によって多量の煙が同デパートの 7 階で営業中のキャバレーの店内に流入したため，多数の死傷者が生じた火災事故において，デパートの管理課長，キャバレーの支配人，キャバレーを経営する会社の代表取締役にそれぞれ業務上過失致死傷罪が成立するとした（最決平成 2・11・29 刑集 44 巻 8 号 871 頁）他，工場での事故の事例において直接ミスを犯した作業員のみならずその上司である直接の監督者（課長）ないし工場長の責任を問い（新潟地判昭和 53・3・9 判時 893 号 106 頁，最判昭和 63・10・27 刑集 42 巻 8 号 1109 頁），最近では，核燃料再処理工場での臨界事故について，事業所長，製造部長，製造課長，職場長兼スペシャルクルー監督，グループ主任，スペシャルクルー副長といった各階層の管理職の責任を認めた例もある（水戸地判平成 15・3・3 判タ 1136 号 96 頁）。

(3) 注意義務の具体的内容

問題とされた具体的な結果回避措置としては，火災の事例においては，現場従業員に平素から避難誘導訓練を実施しておくこと，防火管理者が防火管理業務を適切に実施しているかどうかを具体的に監督すること，保安要員を配置すること（以上，監督過失），火災発生の際に迅速な連絡を可能とする体制をとること，防火戸・防火区画を設置すること（前掲最決平成 2・11・29，最決平成 5・11・25 刑集 47 巻 9 号 242 頁）。以上，管理過失等が挙げられている。また工場での事故の事案においては，作業に直接従事した者に対する，危険物の取扱い方法・手順，事故ある場合の上司への連絡，応急措置の方法等を周知徹底するといった安全教育の実施，これを実施するように上司に進言，意見具申すること，

第5章　主観的構成要件

手順を遵守した作業を行うよう指示，監督すること，手順に従わない作業を承認しないこと，未熟練技術員単独では作業しないよう周知，注意すること等の措置を怠ったことが注意義務違反とされている（前掲水戸地判平成15・3・3，前掲新潟地判昭和53・3・9，前掲最判昭和63・10・27）。また，無理な日程を含む作業計画の策定に過失があるとされた事例もある（札幌地判昭和61・2・13刑月18巻1＝2号68頁）。

5　結果的加重犯
(1) 意　　義

基本となる構成要件（基本犯）が実現された後に，さらに一定の結果が発生した場合について，加重処罰を定めた犯罪類型を結果的加重犯と呼ぶ。例えば，傷害致死罪（205条），遺棄致死罪（219条）等である。通常は，基本犯は故意犯であり，そこから生じた重い結果については過失しかない場合であるが，重い結果について故意がある場合も含むとされることもある（汽車転覆等致死罪・126条3項，強盗致死傷罪・240条）。

(2) 基本犯と加重的結果との間の関係

基本犯の行為と加重結果との間には相当因果関係がなければならないという点についてはほぼ意見の一致がみられる。下級審判例には相当因果関係が必要であるとしたものもある（東京高判昭和45・4・16高刑集23巻1号239頁）が，最高裁は，「因果関係」は必要であるとする（例えば，最判昭和46・6・17刑集25巻4号567頁）ものの，その基準については明言していない（大審院は条件関係で足りるとしていた。大判昭和3・4・6刑集7巻291頁）。しかし，現在では因果関係一般について相当因果関係説もしくは危険実現関係を必要とする立場を示すとも理解できる最高裁判例も多く，結果的加重犯についても同様に考えているものと推測することもできる。

学説にはさらに進んで，基本犯の行為と結果との間に密接な，ないし直接的な関係がなければならない，基本犯の構成要件が想定する典型的な危険の実現として結果が発生したことが必要である等とするものがある（例えば，井田・構造427頁）。しかし，判例は，強盗傷人罪は「強盗たる身分を有する者が強盗の実行中又はその機会においてその手段たる行為若しくはその他の行為に因り人

に傷害の結果を発生せしめるにより成立する」とする（最判昭和24・3・24刑集3巻3号376頁，最決昭和34・5・22刑集13巻5号801頁。多数の下級審判例が現在に至るまでこれに従っている）等，むしろ反対の方向を示している。乗用車の後部トランクに監禁されていた被害者が監禁行為者以外の者の著しい過失に起因する追突事故によって死亡した事例について逮捕監禁致死罪の成立を認めた判例もある（最決平成18・3・27刑集60巻3号382頁）。

(3) 重い結果に関する過失

基本犯が故意を要件とすることは当然であるが，重い結果について過失を要するとするのが圧倒的多数の学説である。しかし，判例は，重い結果が予見可能であることを要しないとした（最判昭和32・2・26刑集11巻2号906頁）。この態度は責任主義に反する。

もっとも，一部の学説（藤木200頁・238頁，西原（上）214頁）がいうように，過失の内容を客観的予見可能性と結果回避義務につきるとみて，かつ基本犯と重い結果との間に相当因果関係を必要とするときには，別途主観的予見可能性を要件としなくても，責任主義の要請を形式的にはみたしているともいえる。しかし，主観的予見可能性をおよそ要件としない過失犯を一般的に認めること自体，責任主義の観点からは大きな疑問にさらされる。

ただ，結果の加重犯の場合，故意の基本犯が行われたことが前提であるから，その実行行為と結果との間に少なくとも相当因果関係を要求するときは，その両要件がそろっているにもかかわらず主観的予見可能性が否定されるという場合がそれほど多いとは思われない。したがって，実践的なレベルにおいては，この争いは処罰範囲にそれほど大きな違いをもたらすものではないともいえよう。

(4) 結果的加重犯の未遂

結果的加重犯にも関わる未遂処罰規定としては刑法243条しかない。これが刑法240条の強盗致死罪をもカバーするとしたときに，そこにいう強盗致死の未遂とは何かをめぐっては，意見の対立がある。判例および多数説は，殺人の未遂のみを指すとし，反対説は強盗の未遂をも含むと理解する。ただし，これは，重い結果について故意ある場合も結果的加重犯と呼ぶことができるとする場合にのみ「結果的加重犯の未遂」の問題領域に位置づけられることになる。

強制わいせつ等致死傷罪（181条）は、基本犯である強制わいせつ等が未遂にとどまる場合でも致死傷結果を理由に加重処罰することを規定している。これ以外の結果的加重犯一般についても同様に、基本犯が未遂であっても加重規定を適用できるか、については議論はない。古い判例には、業務上堕胎致死傷について、堕胎の既遂未遂を問わないとしたものがある（大判大正13・4・28新聞2263号17頁）があるが、刑法183条がわざわざ基本犯の未遂を明示していることの反対解釈として、通常は基本犯が未遂にとどまる場合は、重い結果が発生しても加重犯規定の適用はないと理解する余地もある。

第4節　主観的超過要素

1　総説

　故意犯における認識の対象、過失犯における予見可能性の対象は、それぞれ対応する客観的構成要件要素である。故意、過失といった主観的犯罪成立要件は、客観的構成要件要素の行為者主観における鏡像であるといってもよい。刑法典には、例えば、通貨偽造罪（148条以下）における「行使の目的」のように、対応する客観的要件をもたない主観的犯罪成立要件も存在する。この場合、偽造通貨が行使されたという客観的要件はないので、主観的要件の方が1つ多い。そこで、こうした要件を「主観的超過要素」と呼ぶ。

　この主観的超過要素の法的性質をめぐっては、他の主観的要件と同様、違法要素とみるのか責任要素につきるとするのかにつき争いがあるが、その「超過」ゆえに議論は先鋭化することになる。故意、過失という対応する客観的要件をもつ要件については、客観的な行為の違法性の認識の前提ないしその可能性として責任要素と理解することは容易であるし、これらを主観的違法要素であるとする立場からも、故意、過失がそうした責任要素としての機能をも併せもつと理解することは可能である。しかし、主観的超過要素については、対応する客観的要件がないのであるから、単純に客観的に成立した不法の認識の手がかりであると理解することはできず、あくまでも責任要素であるとする立場は、主観的超過要素の実質的内容を変更することを余儀なくされるからである。

第4節　主観的超過要素

2　目的犯における目的
(1)　後の行為を目的とする目的犯
　通貨偽造罪は偽造しようとする通貨を将来行使する（流通におく）ことを目的としていたことを要件とするので，「後の行為を目的とする目的犯」と呼ばれる。原則として法益侵害説に立つ論者のなかにも，この場合には主観的違法要素を肯定する者が多い（とくに，佐伯千188頁，平野Ⅰ124頁，中96頁）。対応する客観的要素のない主観的要素は責任要素として説明することはできず，かつ，例えば教材作成目的や自己の技量を試す目的で精巧な偽貨を作成したとしても，貨幣の信用を害する危険性はないが，行使目的がある場合には当該作成行為自体が危険であるとする。
　この場合も，行使目的を客観化して，行使される可能性のある偽貨の作成と読みかえれば，主観的要素を考慮しなくても148条の合理的説明は可能だとする立場もある（中山240頁，内藤（上）217頁）。論者は，教材や芝居の小道具としての偽貨は客観的にも排除されうるとするが，これによれば，優秀な印刷職人の腕試しも，故意がないから処罰はされないが違法であることになる。したがって，これに対して正当防衛が可能である。そもそも，行使の危険性は，偽造行為の状況（方法，場所，規模等）だけでは決まらないであろう。違法判断の主観化がどうしても避けられるべきものだとすれば，このタイプの条項は，改正が必要だというしかないであろう。

(2)　結果を目的とする目的犯
　虚偽告訴罪（172条）は，他人をして刑事または懲戒の処分を受けさせる目的を要件とする。このようなタイプの目的犯を，「結果を目的とする目的犯」と呼ぶ。客観的事態の発生は必要なく，それを目指したことだけが要件となっている点が通常の故意犯とは異なり，行為者自身の行為を予定していない点で，上記の類型と異なる。
　このタイプの規定は，当該行為が有するべき危険性の種類を特定しただけの文言と読みかえることが可能である（平野Ⅰ125頁，中山240頁）。ただし，その危険性の種類の判定を純客観的になしうるか否かについては争いがありうる。

3 その他の主観的超過要素
(1) 傾向犯における主観的傾向

上記の他にも主観的超過要素として，例えば，強制猥褻罪においては性欲を満足させる意思が必要である等とされることがある。これは，同じ医師が性器を触る行為でもその意思によって違法か否かを分けなければならないという発想に基づく。しかし，強制猥褻罪には規定上に文言がなく，保護法益が被害者の性的自己決定権である以上，多数説に従って，この場合の違法性は行為者の意思には依存しないと考えるべきであろう。相手が医師ならば，通常は被害者の同意があるから自己決定権は侵害されてない。ただし，治療，診断以外の目的で性器に触れることについては同意していないと構成することもできるので，問題は見た目ほどは簡単ではない。錯誤が同意を否定する範囲の確定が重要となる。

外国国章損壊罪（92条）は「外国に対して侮辱を加える目的」を明文の要件とする。これも，主観的超過要素とする必要はない。客観的に侮辱的な態様による損壊等に限るとする趣旨だと理解して問題を生じない。そもそも侮辱的かどうかは被害者の主観に依存するものであって，加害者の主観は決定的ではない。

(2) 表現犯における心理的過程

偽証罪（169条）における「虚偽の陳述」とは何かをめぐって，記憶に反する事実を述べるという心理過程なのか，述べたことが客観的事実に反するという事情を指すのかという争いがある。

主観的違法要素否定論者は客観説に傾く。記憶に反する事実かどうかという問題は，たしかに確実な認定を期しがたいが，客観的事実に反する事実か否かは当該裁判が終結してみないとわからないし，行為者が故意に客観的事実に反することを述べたにもかかわらず当該裁判が到達した事実が本当に客観的事実かどうか，という問題もある。

記憶に反することが偽証罪における「虚偽」の内容をなすとしても，これは少なくとも通常の主観的超過要素とは異なる。記憶に反することが対応する客観的要件を欠くとは必ずしもいえない。客観的な陳述内容が記憶に反することの認識とは，客観的陳述内容の属性の認識にすぎないからである。

(3) 未遂犯における故意

　未遂犯も，行為者が結果発生を目指していた場合にしか成立せず，かつ結果発生を必要としない意味で，目的犯と同一構造をもち，未遂犯の故意も主観的超過要素であるとされることがある。しかし，目的犯と同一構造であるとしても，上記の結果を目的とする目的犯と同一なのであって，必ずしも主観に対応する客観面を欠く類型であるともいいきれない。未遂犯の成立要件である危険とは事前的にみた結果発生の可能性であるから，将来の結果を目指す故意は，現在の危険状態についての認識であるともいえるからである。とくに一部の見解のように，未遂犯の成立に危殆化結果が必要だとすると，故意はそれとほぼ完全に対応することになる。

第6章 正当化事由

第1節 総　説

　構成要件は違法類型であるから，行為が構成要件に該当することによって違法性が根拠づけられる。その違法性を阻却する特別の事情を，正当化事由または違法（性）阻却事由と呼ぶ。

1　正当化事由の種別
(1) 規定の有無
　法規上の正当化事由として，刑法上のもの（35条〜37条）と他の法律上のもの（第5節1(1)）がある。加えて，行為を正当化する事情は様々であり，これを完結的に規定するのは不可能であることから，明文なき超法規的正当化事由も認められる（被害者の同意，自救行為等。これらも35条による法規上の正当化事由と解して超法規的正当化事由の概念を不要とするのは，大塚379頁，大谷250頁・258頁，井田262頁）。これは処罰範囲を縮小するものであるから，罪刑法定主義には反しない（もっとも，内容の不適正な正当化事由の創設は許されない）。

(2) 利益衝突状況の有無
　正当化事由が適用されるのは，通常，構成要件該当行為を行って甲という利益を侵害することで乙という別の正当な利益を守る場合である。そこでは侵害利益（甲）と保全利益（乙）が衝突しており，甲の侵害は乙の保全を理由として正当化されるのである。この点で異質なのは被害者の同意であって，そこでは被害者が法益の保護を放棄しているために利益衝突が起こらない。同意は正当化事由か，それともすでに構成要件該当性を否定するものかが争われている所以である（第6節1(3)）。

(3) 緊急状況の有無

正当防衛，緊急避難のごとく，危険にさらされた法益を守るために他の法益を侵害する正当化事由を緊急行為という。法治国家では，実力行使は原則として国家にのみ許されており（国家の実力独占），国家による救助が得られない状況においてその例外をなすのが緊急行為なのである。

さらに，自らの法益が緊急状況におかれた者が心理的に追い詰められて行為に出た場合には，責任の阻却ないし減少も併せて認められることが多いであろう。正当防衛，緊急避難において，行為が過剰にわたった場合に刑が減免される理由の1つがここにある（第2節6(2)，第4節5(1)）。

2 正当化事由の役割と正当化の判断基準

違法二元論に立つ場合，構成要件の段階では刑法の行為規範としての側面が前面に現れるため，要件の存否は事前判断される（第3章第2節2(3)(b)）。これに対して正当化の段階では，前述（1(2)）のように利益衝突が生じていることを前提として，いずれの利益が保護さるべきかを決することが課題である。それゆえ，対立する双方の利益の立場に目を向けて，刑法規範の裁判規範性を重視した事後的客観的な基準による判断が原則とされるべきであろう（大谷248頁参照）。事前判断による（川端288頁）ならば，対立利益のそれぞれを守るために行われる2つの行為が共に正当化の要件を充足して適法と評価されうる結果，強者が弱者を力ずくで排除することを認めるに帰すからである（第2節3(1)(b)(ii)）。ただし，法令行為にみられるごとく，当該正当化事由の特質によって事前判断が許容される場面もある（第5節1(1)(b)）。

3 正当化の一般原理

(1) 総　説

正当化の原理は違法性の根拠づけに対応させて論じられている。すなわち，法益侵害説からは，結果反価値に匹敵する結果価値が実現されたがゆえに違法阻却を認める法益衡量説と利益衡量説が，違法二元論からは，結果反価値と行為反価値の双方の除去を問題にする目的説と社会的相当性説が主張されているのである。

(2) 法益衡量説・利益衡量説

　法益衡量説は，対立法益の持つ生命，身体，自由といった抽象的な価値のみを判断資料としてこれを比較し，侵害法益と同等またはより価値の大なる法益が守られる場合に正当化を認める。しかし，傷害の意図で襲いかかって来た者を殺した例（身体対生命の正当防衛）のようにより価値の高い法益を侵害しても適法とすべき場合や，患者の生命を救うために第三者から移植用の臓器を意に反して摘出する例（生命対身体の緊急避難）のようにより価値の高い法益を救っても違法とすべき場合等，法益の衡量だけで正当化を説明できない例は枚挙に暇がない。そこで法益衡量説は，財に切迫する危険の程度，侵害の量および範囲，救助の見込み等，法益の保護相当性に関わる事情を広く考慮する利益衡量説によって取って替わられた。これは優越的利益説とも呼ばれるが，違法とは行為ないし結果「反」価値という負の評価であるから，差引きしてゼロで保全利益の優越がなくとも正当化が認められている。

　利益衡量説の根拠は，より大きいもしくは同等の利益を保全するために他方を犠牲にすることによって社会全体の利益の総和を最大化し，もって社会の維持発展を図るという社会功利主義である（西田125頁）。しかし，各種の正当化事由の要件は法益の保護相当性に直接関連するものばかりではない。行為の相当性要件や法令行為における手続的要件を説明することは，利益衡量説の立場からは困難であろう。具体的な事案の解決においても，利益衡量説は困難に逢着する。例えば，先の臓器摘出の事例で行為の正当化を斥けるために，自らの身体や人格についての「自己決定の利益」を侵害利益に含める試みがあるが（内藤（中）421頁，山中531頁），臓器を意思に反して摘出し利用することを禁止するという観点をこのように衡量の一因子に貶めるのはこの観点を相対化することに他ならないから，その行為によって多くの生命が救われる等の理由で保全利益の重大性が認められるならば行為が正当化されかねないのである。加えて，このように抽象的な利益を衡量の俎上に乗せて他の利益と大小を比較することの非現実性も指摘できよう。

　なお，法益侵害説から出発する論者においてはさらに，主として被害者の同意を念頭において，侵害法益が個別事情ゆえに保護に値しない場合を「法益性の欠如」による正当化と位置づけ，これを利益優越と並ぶ正当化原理とするこ

とも多い（平野Ⅱ213頁，浅田177頁）。しかし，法益性がないならすでに構成要件該当性を欠くはずであるともいえよう（そう解するのは山口151頁，林181頁）。

(3) 目的説・社会的相当性説

行為が正当な目的達成のための相当な手段である時に正当化を行うのが目的説である。「目的」を利益保全，「手段」を利益侵害と捉えてこれらを衡量するなら（前田295頁，内田（中）67頁），利益衡量説と同じ主張に帰す。しかし，結果反価値の除去に加えて，「行為が国家的に承認された共同生活の目的達成のために適当な手段である」こと（木村亀252頁，阿部138頁）を要求するなら，利益衡量説とは一線を画する。このような目的説は，利益衡量説が正当化の判断資料に取り込むことを嫌う，法益に直接関係しない行為反価値的要素をも包摂するものである。

より具体的にみると，手段の相当性については以下のような観点が問われる。1つは行為の必要性ないし相対的必要最小限度性である。正当な目的達成のための全手段を比較し，侵害の程度が最も小さな行為のみが許される（第2節4(3)，第4節4(3)）。第2は目的と手段の関連性である。手段それ自体としてみれば適法といえても，目的との関連性を欠くがゆえに行為が違法とされることがある（適法な害悪の告知を手段に，それと無関係な事項を要求すれば強要罪〔223条〕が成立しうる）。さらに，目的が強く是認されるほど，重大な手段をとることが許される。例えば，生命を守るためなら相手方に対する比較的強い侵害も認められるのである（第2節4(4)(b)，第4節4(4)）。第3に，行為が法秩序の立場から許されない場合，正当化が拒絶される。(2)の臓器摘出事例がその一例であるが，このような法秩序の観点は利益衡量の因子ではないから，他の事情がいかなるものであろうとも正当化の可能性を絶対的に封じることができるのである（第4節4(5)。その他，第2節4(4)・5(1)(b)(i)，第4節4(7)）。目的については，客観的に正当な目的があればよいか，行為者の主観においても正当であるべきかについて議論がある（第2節4(5)，第4節4(6)，第5節1(1)(b)，第6節3，第6節7(2)(d)）。

なお，行為が「歴史的に形成された社会生活の秩序の枠内にある」場合（福田143頁），あるいは「結果の法益侵害性を含めて当該行為が個々の生活領域において日常性または通常性を有しているため，健全な社会通念によって許容さ

れる」場合（大谷249頁）に正当化を認める社会的相当性説は，目的説と同様に行為それ自体の持つ意味に着目しつつ，目的説よりも社会生活の実態や社会的感覚を重視するものである。

4　正当化の効果
　構成要件該当行為が正当化されれば犯罪は不成立となる。その限りでは，構成要件該当の違法行為に責任阻却事由が適用された場合と違いはないが，次のような，行為の正当化にのみ伴う効果がある。
　第1に，適法行為に対しては正当防衛ができない。正当防衛は不正の侵害を要件とするからである。他方，行為が違法でさえあれば責任なき者に対しても正当防衛は可能である（第2節3(3)）。第2に，制限従属形式を採用する場合，適法行為への共犯は成立しないが責任なき者の行為への共犯は成立する（第9章第4節2(4)）。第3に，正当化事情の錯誤があれば故意犯の成立を否定するのが多数説であるが（第3節2），責任阻却事情の錯誤であればなお故意犯とされる（第7章第5節）。

5　正当化事由・可罰的違法阻却事由・違法減少事由
　正当化事由は行為を完全に適法化する。これに対して，行為の違法性を減少させるにとどまり，なお違法性を残すのが可罰的違法阻却事由（第7節）と違法減少事由である。後二者は，可罰性を消滅させて犯罪の成立を否定するか否かで異なる。犯罪が成立する場合の違法減少の効果には，刑の免除（親族相盗〔244条〕等。ただし法的性質につき争いあり），刑の減免（過剰防衛，過剰避難，中止未遂。通説によればいずれも責任減少を伴う）の他，本来の構成要件該当性が否定されてその減軽類型の構成要件に該当すること（殺人罪に対する同意殺人罪〔202条〕）もある。

6　違法の統一性
(1)　総　　説
　法秩序は多様な法分野から構成されるが，その相互に矛盾があってはならない。1つの行為についての違法判断はあらゆる法領域にわたって統一的である。

ある法領域において禁止された行為は全法領域で違法であり，同じく許容されれば全法領域で適法となる。このような法秩序ないし違法の統一性を唱える違法一元論が支持されるべきである（林224頁，松宮106頁，浅田179頁，曽根93頁，伊東143頁。なお，違法一元論と前述の違法二元論は議論の平面を異にする）。

これに対して，違法は法領域ごとに異なり，法的観点を異にすれば1つの行為が同時に違法でも適法でもありうるという違法相対論も有力に主張されている（平野Ⅱ217頁，前田92頁，西田124頁，山口176頁）。それぞれの法は目的を異にし（民法は損害の公平な分配，刑法は犯罪予防），効果も多様なので（民法は損害賠償義務，刑法は刑罰），要件としての違法にも違いがあるというのである。

以下において，場面ごとに両説の相違を検証しておく。

(2) 刑法外の法領域において禁止された行為

かつて，いずれかの法領域で禁ぜられた行為は刑法上も違法とし，如何に違法性が軽微であってもそれを理由に処罰を否定する余地を認めない「厳格な違法一元論」が唱えられていた。しかし，1つの行為の法律効果が法領域ごとに異なることは，法秩序の統一性に背馳するものではない。そして謙抑主義（第1章第1節2(2)）からすると，違法な行為のすべてを犯罪とすべきではなく，刑罰を科すに値する程度の質と量をもつ可罰的違法性（第7節）を備えた行為のみが犯罪たりうるのである。このように，行為の禁止・許容は統一的に，法律効果は相対的に捉える「柔らかな違法一元論」に従うべきであろう。

他方，違法相対論によると，例えば民法上は違法でも刑法上は適法とされることがある。刑法では端的に処罰に値する違法性の有無を論じるので，可罰的違法性の概念を不要とするものといってよい。

(3) 刑法外の法領域において許容された行為

ここでは，違法一元論は刑法上も完全な正当化に至る。実質的にみても，他法によって正当化された行為を刑法上違法とするのは謙抑主義に反する。この趣旨は，刑法以外の法令を根拠とする正当化を定める刑法35条にもうかがわれる（第5節1(1)(a)）。

違法相対論のなかでは対立があり，一部の論者は，民事上は適法で刑事上は違法という事態を認めている。例えば，患者の意思に反して行った手術が成功した場合は不法行為ではないが傷害罪が成立するというのである（平野古稀

(上) 218 頁〔京藤哲久〕。また平野Ⅱ 218 頁)。さらに財産犯の領域では，民法上保護されない財産的利益の侵害について犯罪の成立を認める主張もある。これらに対しては，違法一元論からは勿論のこと，違法相対論の内部からも（山口 176 頁），謙抑主義を軽んずるものとの批判が強い。

(4) 違法の構成要件関連性

 1つの行為が甲罪と乙罪の構成要件に該当する場合に，甲罪についての違法評価は乙罪の違法性に影響を与えるか。例えば，医師免許をもたない者が患者の同意を得たうえで外科手術を行って成功した場合，医師法違反の罪が成立するならば傷害罪はどうか。また，殺傷に用いた凶器に関して銃刀法違反の罪が成立することで殺傷罪についての正当防衛の成否が左右されるか。これは，刑法の領域内において犯罪毎の違法の相対性を認めうるかの問題である。

 違法一元論内では争いがあり，1つの事実であっても異なった側面からとりあげられた結果，違法評価が分れることはありうると考えて甲罪違法，乙罪適法の結論を認めるものと（宮本 55 頁），違法の統一性を一貫すれば乙罪についても違法があり，可罰的違法性が阻却されるにとどまるという見解とがある（佐伯千 177 頁・222 頁，山中 428 頁）。違法相対論からは前者と同じ帰結がとられている（山口 177 頁）。

第2節　正当防衛

1　総　説

 刑法36条1項の正当防衛規定はいう。「急迫不正の侵害に対して，自己又は他人の権利を防衛するため，やむを得ずにした行為は，罰しない」。その典型例は次のような場合である。XはYに強盗の目的で殴りかかった。Yは足が速かったため逃げることもできたがあえてXに立ち向い，所携の杖で脳天を一撃して死亡させた。Yによるこの殺人ないし傷害致死は正当防衛として正当化されうる。相手方のXは「不正」の侵害者であるから，正当防衛においては「正対不正」の関係が認められることになる。

 このように正当防衛の権限は，攻撃から退避すれば法益を保全できる場合にもその場にとどまって反撃することや，保全法益（Yの身体と財産）に優越す

る法益（Xの生命）を侵害することも許されるという，相手方にとって峻厳なものである。これほどまでに強大な権限が，攻撃された法益の保全だけを理由に正当化されうるかをめぐって，2でみるような見解の対立がある。

　正当防衛の成立要件は，正当防衛状況（「自己又は他人の権利」に対する「急迫不正の侵害」）と正当防衛行為（「防衛するため，やむを得ずにした行為」）に分けられる。これらについては3，4で分説する。

2　正当化根拠
(1)　対立する個人的法益のみに着目する見解
　(a)　攻撃者の事情に着目する見解　　防衛に必要な限度で攻撃者の法益の法益性が欠如し（平野Ⅱ228頁，前田324頁，林187頁），あるいは法益の保護相当性が低減するため（山本輝之「優越利益の原理からの根拠づけと正当防衛の限界」刑法35巻2号〔1996〕208頁），被攻撃者の利益がこれに優越するとの見解が有力である。その根拠として考えられるのは，不正の侵害を攻撃者に帰責できるならばその法益を犠牲にしてよいということであろう（井田273頁）。しかし，かかる帰責性の要求は文言に反して攻撃者の有責性を正当防衛の要件とし，責任無能力者に対する正当防衛を制限することに帰すもの（井田273頁。結論同旨，内藤（中）330頁，山中491頁）であって妥当でない。

　(b)　被攻撃者の事情に着目する見解　　近時の有力説は，攻撃によって被攻撃者の生命，身体等のみならず，「現場に滞留する利益」という生命や身体に比肩する重要な利益も同時に危殆化されると考え，退避義務はこの利益を害するがゆえに認められず，この利益も加算されるがゆえに原則として保全利益の優越が認められると説く（橋爪71頁，山口117頁）。しかし，現場滞留利益は，退避という被攻撃者の行為を介して初めて侵害されるのであり，かかる間接的な侵害対象まで保全利益に数えるのは，その範囲を不当に拡大する嫌いがなくもない。さらに，名誉に対する攻撃のように退避が防衛の役に立たない場合には現場滞留利益の（重大な）侵害を否定して正当防衛の成立を制限する点（橋爪358頁）にも疑問が残る。

(2)　法確証原理
　以上の諸説のように対立両当事者の法益のみに着目して正当防衛権を根拠づ

けることが困難であるとすれば，正当防衛は法秩序そのものの防衛にも役立つという視点を導入すべきであろう。「不正」の侵害は「正」の秩序たる法秩序に対する侵害であり，これに屈することなく法が存立することを正当防衛によって確証するのである（「法（正）は不法（不正）に屈することを要せず」との標語で示される法確証原理）。不正の侵害から退避すれば正が不正に屈することになるので退避義務はない（例外として，4(4)）。厳格な法益衡量が要求されない点は，利益衡量説の立場から「法確証の利益」を保全利益に加算することによる優越利益の存在が理由とされることもあるが（内藤（中）330 頁，曾根 99 頁，浅田 219 頁），この「利益」を衡量の対象ならしむるべく量化することは不可能である（第 1 節 3(2)）。法確証という行為の目的が法によって強く是認されていることから正当化を導くべきであろう（大塚 380 頁）。ただし，法秩序の確証は反撃によって具体的な法益を保全することの副次的な効果であるから，正当防衛は法確証のみによって（団藤 232 頁・234 頁）ではなく，当該法益の保護とあいまって正当化されるのである。

3　正当防衛状況

(1)　侵　　害

侵害とは，法益に対して実害または危険を与えることをいう。

(a) 作為と不作為　　侵害は作為によると不作為によるとを問わない。ただし不作為の場合には，法律上の作為義務があることを要する。真正不作為犯（住居から退去しようとしない者〔130 条後段参照〕を屋外に引きずり出す暴行行為に正当防衛を認めたものとして，大阪高判昭和 29・4・20 高刑集 7 巻 3 号 422 頁。また盗犯 1 条 1 項 3 号後段参照），および，わが子に授乳しない親，他人を襲っている犬を制止しない飼主（大判昭和 12・11・6 裁判例 11 巻刑法 87 頁はそのような事案であったが，正当防衛の主張がなされなかったためか，緊急避難が認められるにとどまった）のような不真正不作為犯のごとく不作為が犯罪を構成する場合のみならず，労働法上不当な不作為（使用者が団体交渉に応じなかった最決昭和 57・5・26 刑集 36 巻 5 号 609 頁参照）においても侵害を認めえよう。

(b) 判断方法　(i) 侵害の存否は，攻撃者の主観も資料として判断される。後ろから他人の肩に手をかける行為が侵害と呼べるか否かは，それがなん

第6章　正当化事由

らかの犯罪的意思に基づくものか，友誼(ゆうぎ)に基づくものかによって分かれるのである。

　(ⅱ)　侵害の存否は事後的に判断される。すなわち，侵害が現実に存在しなければならず，存在しない侵害を誤信した場合は単なる誤想防衛（第3節2）である。例えば，XとYが路地ですれ違い様にぶつかった直後，懐の財布がないことに気付いたYがXにすられたと思い声をかけたところXが逃げ出したため，不審の念を強めたYはXを追いかけ力ずくで取り押さえたが，Xはならず者が因縁を付けてきたと信じて逃げただけであり，財布はYが自分の家に置き忘れていたような場合，Xによる侵害が存在しないためYの行為は正当防衛とはならない。

　このような通説に対しては，侵害の存否を行為時の行為者の立場におかれた一般人を基準に事前判断し，上のYの行為のように錯誤が回避不可能ないわゆる無過失の誤想防衛を正当防衛そのものと解する少数説も存する。行為者はこの例におけるように侵害の存否を確実には知りえないので，事後的にみて侵害が存在しなかったことを理由に正当防衛の成立が否定されるならば，現実に侵害があった場合にも市民は行為が違法とされることを恐れて防衛権限の行使を躊躇し，不正の侵害が助長される結果になることを懸念するのである（藤木172頁，川端385頁）。しかしこのように考えると，正当防衛を急迫不正の侵害と誤信することに合理的根拠がある限り，これに対抗する行為もまた正当防衛となって，正当防衛に対する正当防衛という事態が生じてしまう。先の例で，Xがわが身を守るためにYを殴った場合や，XがYに対して現実の攻撃を行い，Yが正当防衛として反撃したが，Xの攻撃の存在を認識しなかったことについて過失のないZがXを救助すべくYを殴ったような場合である。これは，それぞれXとY，YとZの双方に実力行使の権限を与え，結論において強者の権を認めるものであって，平和秩序たる法の立場からは容認できない。加えて法確証の観点からみれば，相対立する2つの防衛行為によってそれぞれ異なる2つの法が確証されることになり，法秩序が自己矛盾に陥る。このような不都合を避けるには，正当防衛状況を事後判断すべきなのである（曽根108頁）。

(2) 急　迫　性

　(a)　総　説　　正当防衛は法益を侵害から守るものであるから，侵害の終了後に行うことはできない。また，正当防衛権の過度の拡張を防ぐため，遠い将来の侵害に対する防衛も許されない。以上の趣旨をあらわすのが急迫性の要件であって，その意義は，「法益の侵害が現に存在しているか，または間近に押し迫っていること」である（最判昭和46・11・16刑集25巻8号996頁）。

　侵害を予期していても急迫性は否定されない（前掲最判昭和46・11・16）。しかし判例は，単なる予期を超えて，予期された侵害の機会を利用して相手を積極的に加害する意思がある場合には急迫性を否定する（最決昭和52・7・21刑集31巻4号747頁）。そのような処理に対しては，学説による反対が強い（5(2)）。

　急迫性は，侵害（(1)(b)(i)）と同様に，攻撃者の意思も考慮して判断される（曽根215頁参照）。とくに将来の侵害が切迫しているかは，実行の着手の判断（第8章第2節2）におけると同様，客観だけでは決しえないからである。例えば，殺人犯が眼前の被害者をただちに殺そうとしているのか否かによって，被害者の生命に対する侵害の急迫性の有無が分かれることになる。

　(b)　急迫性の時間的限界　　急迫性を肯定するためには，侵害が実行の着手の段階に達している必要はない（包丁を手にして約120メートル離れた飲食店内にいる者を殺しに行こうとする者を殺害した事案で侵害の急迫性を認めたものとして，名古屋高判昭和46・12・8刑月3巻12号1593頁）。しかし，予備の最終段階といえる程度の時間的近接性は必要であると思われる。時間的観点を無視して，現時点で阻止しておく必要があることのみから急迫性を認めるべきではなかろう。別れ際に今度どこかで会ったら即座に殺すと脅す者の決意が固く，いつどこで再会するかが不明であっても，その場での正当防衛はできない。さもなくば，正当防衛権の際限なき拡張を招く（緊急避難の成否につき，第4節3(2)）。ただし，仕掛銃，落し穴等，将来の侵害に自動的に反応して反撃を加える装置の設置は，その作用時に急迫性を認めうるので正当防衛とされる（防衛行為の必要性，相当性が否定されることはありうる。攻撃者が装置の危険性を認識していれば，被害者の危険引受け〔第6節6〕による犯罪不成立の可能性もあろう）。

　侵害は，必ずしもその犯罪としての既遂をもって終了するわけではない。と

くに継続犯，状態犯では，既遂後も侵害の実質的終了時までは急迫性が認められよう。前者の例としては，長期間犯人の家に監禁されている者が窓を破って逃げるような場合が，後者の例としては，財物の占有を取得した窃盗犯人（窃盗はこの時点で既遂に達する）にその場で暴行を加えて財物を取り返す場合がある（高松高判平成12・10・19判時1745号159頁はそのような事案で正当防衛を認めた）。侵害の終了後には，自救行為や（準）現行犯逮捕による正当化の可能性が残る。

殴り倒された攻撃者が再び起き上がって襲ってくるおそれのあったような，いったん中断した侵害が再開される可能性の存する場合，判例は先の侵害が継続していたと評価するが（最判平成9・6・16刑集51巻5号435頁），終了後の侵害につき急迫性を認めるものではないかが疑われる。むしろ再度来たるべき侵害の開始を認めうるかを問うのが妥当ではあるまいか。

(3) 不　　正

不正とは違法の意味である。適法行為に対する正当防衛は許されない（大判昭和8・9・27刑集12巻1654頁）。

「不正」の解釈が分かれるのは，結果不法はあるが行為不法はないために違法性の本質に関する違法二元論と法益侵害説で違法評価を異にする場面（(a)，(b)）や，違法の統一性についての対立が反映される場面（(c)）においてである。

　　(a) 対物防衛　動物その他の物に対する正当防衛は可能か。無主物であればこれを侵害する行為は原則として構成要件に該当しないので（特別法上の処罰規定として，動物愛護44条，鳥獣保護83条等），正当化が問題になるのは動物が他人の所有物であるためこれに対する反撃が動物傷害罪（261条）の構成要件に該当する場合である。そのうち，飼主が飼犬を他人にけしかけたような故意の場合には，動物に対する正当防衛が可能であることに異論はない。動物を侵害の道具とみることができるので，動物の挙動は背後者の行為と一体の不法をなすからである。

堅牢な犬小屋が地震で壊れたために犬が逃げ出して人を襲ったような，飼主が無過失の場合には，動物の挙動それ自体の評価が問われる。違法二元論ではこれを違法となしえないため，正当防衛の成立は否定される（違法二元論に立ちながら，36条1項の「不正」を評価規範違反すなわち結果不法と捉えることによって正

当防衛を認める異説として，大塚360頁・383頁，伊東161頁）。正当防衛の正当化根拠に遡って考えても，法確証原理からは，法主体ではない動物が法秩序を動揺させることはありえないので，それに対する峻厳な正当防衛を認めることは可能でも必要でもない。不正の侵害についての攻撃者の帰責性に着目する見解でも同様の結論に至る。しかし，動物に対する反撃は緊急避難の限度でしか許されない（福田155頁）のではなく，「他人の物から生じた急迫の危難を避けるためその物を損傷した場合」の損害賠償責任を否定する民法720条2項という，刑法37条よりも要件の緩やかな民法上の正当化事由の適用を受ける（井田280頁）。他方，違法状態を認める法益侵害説では動物による「不正の侵害」が肯定され，正当防衛が可能となる。

飼主に過失がある場合，飼主の故意に基づく場合と同列に論ずるのが学説の一般的な態度であるが，ここでの動物は道具といえず，背後者の不法との一体性が認められないため，飼主が無過失の場合と同様に扱うべきであろう。

(b) 無過失行為に対する正当防衛　過失を違法要素とする違法二元論の立場では，無過失行為は法秩序の要求する注意義務に合致した適法行為である。したがって，不注意なく走行する自動車に轢かれそうになった歩行者は，無過失の運転者に対して正当防衛をすることができない。他方，過失を専ら責任要素と解する法益侵害説に従う時，過失の存否は行為の違法性を左右しないので，無過失であっても法益を侵害，危殆化する行為に対しては――上の自動車運転行為に対しても――正当防衛が許されることになる。

(c) 可罰的違法性を欠く行為に対する正当防衛　「不正」は侵害の構成要件該当性，可罰的違法性を要求するものではないと一般的に解されている。例えば不可罰の過失器物損壊行為も違法ではあるから，これを正当防衛によって阻止することができる。違法一元論からは，およそ違法な行為に対しては法確証が必要との説明が可能である。他方，刑法上の違法性を可罰的違法性とみる違法相対論は，同じ結論をとるために，「不正」を同理論のいわゆる「違法」とは異なる一般的違法と解することになる（内藤（中）339頁，大塚383頁，大谷251頁・283頁，前田335頁）。

(4) 正当防衛の可能な法益

正当防衛による保護を受けるのは，刑法36条の文言によれば「自己又は他

人の権利」である。他人のための正当防衛を第三者防衛または緊急救助と呼ぶ。「権利」は法益の意味に解される（改正刑法草案14条1項は「法益」と規定する）。

　　(a)　個人的法益　　刑法上保護される生命，身体，自由，名誉，財産等であるとしからざる肖像権等であるとを問わず，すべての個人的法益は正当防衛による保護を受ける。国立博物館の所蔵品等，国家の「個人的法益」の侵害に対する正当防衛も可能である。

　被攻撃者は攻撃に対して同意していないが（していれば不正の侵害ではない）救助も欲していない場合に（例えば，人質を取って立てこもっている犯人を外部から射殺したが，人質はむしろ犯人の説得を望んでいた）第三者防衛をなしうるかについて，法確証という公の利益は個人の意思によって左右されないことからこれを肯定するものもあるが（川端354頁），正当防衛が個々の法益を保護する制度であるとの観点を捨て去らない限り，法益主体の意思に反する防衛権限を第三者に認めることはできず，否定説をとるべきことになろう（多数説）。ただし，生命（および身体）については，個人の処分権が認められない（第6節1(1)，同節4）ことから別異に解しうる（山中469頁）。

　超個人的法益に対する罪にあたる行為であっても，個人の法益への侵害を含むものに対しては，正当防衛が可能とされねばならない。例えば放火罪（108条以下）は，不特定多数人の生命，身体，財産という社会的法益に対する罪であるが，具体的な個人の生命等をも攻撃する。公務執行妨害罪（95条1項）では，公務の適正かつ円滑な遂行という国家的法益と共に当該公務員の身体の安全という個人的法益も保護法益である。よっていずれも正当防衛の対象となる。

　　(b)　超個人的法益　　これに対し，猥褻映画の上映（175条）を阻止する等，社会秩序の防衛につきるとみられる行為や，国家緊急救助，すなわち国家の存立を私人が防衛することの可否は争われている。法確証原理を強調する立場はこれを肯定し（団藤237頁，大塚387頁，大谷284頁。斎藤183頁は贈収賄行為に対する正当防衛を認める），最判昭和24・8・18刑集3巻9号1465頁も一般論として肯定説をとった。しかし，最高裁の事案がそうであったように，反体制的な活動を暴力的に排除するために正当防衛が秩序維持の名において政治的に濫用される危険があること，法確証の前提は個人的法益の保護であることから，否定説（内藤(中)340頁，浅田224頁，松宮141頁）に与すべきであろう。

もっとも，肯定説も同様の懸念からきわめて緊迫した例外的場合に限って国家緊急救助を認めており，上の最高裁もそのような場合にあたらないとして正当防衛の成立を否定した。よって，両説の結論の違いは大きなものではない。

4 正当防衛行為

(1) 概　　観

防衛行為はまず，不正の侵害者に向けられたものでなければならない。次に，防衛行為それ自体の属性として，反撃の下限である防衛行為の有効性と上限である防衛行為の必要性が要求される。さらに，防衛行為の相当性要件では，正当防衛状況全体に照らして行為の許容性が判断される。防衛の意思という主観的正当化要素の要否については厳しい対立がある。

刑法36条1項の規定に照らしてみれば，急迫不正の「侵害に対」するの文言が防衛行為の相手方に，「防衛するため」が防衛行為の有効性と防衛の意思に，「やむを得ずにした行為」が防衛行為の必要性と相当性に関わる。「やむを得ずにした行為」の要件を欠けば過剰防衛となるが，その他の要件は過剰防衛の成立要件でもあり，それらが欠如する場合には過剰防衛にすらならない。

防衛行為の相手方いかんは正当防衛と緊急避難の限界づけに関わるので緊急避難の項で後述することとし（第4節7），以下ではその他の要件について説明する。

(2) 防衛行為の有効性

防衛行為の有効性とは，行為が攻撃の防禦に向けられていることを意味する。作為による攻撃では法益侵害に向かう因果の進行を阻止し，不作為による攻撃では法益を救助する作為を物理的ないし心理的に強制することを要する。有効性を欠く防衛行為は，攻撃者を無意味に侵害するものであるため許されない。例えば，盗品を持って逃げ去る窃盗犯人の背後から侮辱的な言葉を浴びせる等である。

しかし，攻撃を完全に阻止する必要はなく，減弱ないし遅延させれば足りる。このように解しなければ，女性が強姦犯人に対して抵抗したが結局は力及ばなかった場合等，体力的に劣る者の正当防衛権が否定されることになりかねない。さらに，事後的にみて防禦に役立ったことまでは要求できない。さもなくば，

未遂段階にあって防衛効果発生前の防衛行為が有効性を欠いて違法となるため，あらゆる防衛行為を正当防衛によって阻止しうることになってしまう（山口125頁）。被害者を救助するために攻撃者に向けて発砲したが外れ，攻撃者は意に介さず攻撃を続行したような失敗した防衛行為にも，命中してより大なる侵害を与えれば正当防衛になることとの均衡から有効性を肯定すべきである（山口・探究72頁）。

(3) **防衛行為の必要性**

正当化の一般的な要件である相対的必要最小限度性（第1節3(3)）の正当防衛におけるあらわれが，防衛行為の必要性である。すなわち，有効な防衛手段が複数ある場合には，それぞれの防衛効果と攻撃者に対する侵害の大小を勘案して，有効性を失わない限りで侵害性が可及的に小さな防衛行為が選択されなければならない。例えば，威嚇射撃で十分な防衛ができる時に身体を狙って撃つ防衛行為は必要性を欠く。なお，有効な防衛手段が1つしかなければ，それは必然的に必要な防衛行為である。

防衛手段の選択肢には，第三者による救助も含まれる。退避は，攻撃者を侵害しない，最も軽微な方法であるが，不正の侵害からの退避義務はないので，防衛手段には数えられない。退避可能性の存在によって防衛行為の必要性は否定されないのである。

(4) **防衛行為の相当性**

(a) 総 説　防衛行為の相当性とは，防衛行為がその状況において法秩序の立場から正当といえることである。この定義によれば，本来は正当化に際して行為の相当性を問う見解（第1節3(3)）においてのみ要件となしうるはずであるが，防衛行為の相当性の中心問題である(b)の要件はどの立場からもほぼ異口同音に要求されている（相当性要件が問題になるその他の場合として，5(1)(b)(i)）。

(b) 攻撃行為と防衛行為の著しい不均衡の不存在　　(i) 防衛行為の必要性が防衛手段相互の比較の問題であったのに対し，ここでは攻撃行為と防衛行為が比較される。もっとも，両者の均衡は要求されておらず，防衛行為が著しく不均衡に重大である場合に正当防衛の成立が否定されるにすぎない。その限界を示すことは困難であるが，林檎を1個盗んで逃げようとする者を制止する

ために射殺するのは，たとえそれが林檎を守るために有効かつ必要な防衛手段であっても許されないことには概ね一致がある（傍論ではあるが，大判昭和3・6・19新聞2891号14頁参照）。たしかに，法益保護および「正は不正に屈しない」という正当防衛の正当化根拠からするとここで正当防衛の成立を斥ける理由はない（松宮143頁）が，行為の相当性という正当化の一般的要件による外在的制約として，正が不正に屈することが命じられるのである。なお，「やむを得ずにした行為」の文言の含意は防衛行為の必要性につきると考え，均衡性を防衛行為性の要件（山口131頁）や正当防衛の内在的制約の問題（山中489頁）として扱う見解もある。

　(ii)　攻撃と防衛の比較に際し，かつての判例は，行為態様を形式的に比較し，素手の攻撃に凶器で反撃すれば防衛行為の相当性を否定する「武器対等の原則」をとっていたといわれる。しかし，最判平成元・11・13刑集43巻10号823頁が，素手の攻撃者を包丁で脅迫した示凶器脅迫罪（暴力1条）の事案で，攻撃者は「年齢も若く体力にも優れ」ており，被告人は「防御的な行動に終始していた」点から防衛行為の相当性を認めたことにより，今日の判例は防衛行為の危険性と攻撃行為の危険性を実質的に衡量しているといってよい。学説でも，形式的な武器対等の原則を墨守（ぼくしゅ）するものはみられない。

　(iii)　威嚇射撃の弾が侵害者に当たって死に致らしめた等，相当な結果にとどまるはずの防衛行為から予想外に重大で相当性を欠く結果が発生した場合，結果の重大性を理由に過剰防衛とすれば正当防衛権の行使に対する不当な萎縮効果を生じる，との正当防衛規定の行為規範性から，防衛行為の相当性を肯定するのが学説の大勢である（林194頁，井田230頁・291頁）。最高裁も，「やむを得ずにした」とは，反撃行為が「権利を防衛する手段として必要最小限度のものであること，すなわち……防衛手段として相当性を有するものであることを意味するのであつて，反撃行為が右の限度を超えず，したがつて侵害に対する防衛手段として相当性を有する以上，その反撃行為により生じた結果がたまたま侵害されようとした法益より大であつても，その反撃行為が正当防衛行為でなくなるものではない」といういい回しを用いて，防衛行為の「相当性」を事前判断している（最判昭和44・12・4刑集23巻12号1573頁）。下級審には，駅のホームで酔払いから罵（ののし）られたり襟を摑（つか）まれたりした女性が，これを離そ

とその身体を突いたところ，男は線路上に転落し，電車とホームの間に身体を挟まれて死亡した，という事案で，死亡という重大な結果を理由に「相当性」を否定すべきではないと説き，事前にみた単に突く行為を基準として正当防衛の成立を肯定したものがある（千葉地判昭和62・9・17判時1256号3頁）。

なお，相当性の事前判断の基礎事情は，先の行為規範性から一般人の知りえた事情とされる（井田291頁。行為者の認識を基礎事情とした大阪地判平成3・4・24判タ763号284頁に対しては批判が強い）。

しかし，正当防衛権を保障するために事前判断説を採用するなら，正当防衛状況の判断についてもそう考えるべきであるが，その結論は一般的に採用されていないのであるから（3(1)(b)(ii)），通説の一貫性には疑問がある。また，事前判断説では正当防衛権同士の衝突が招来されてしまうとの懸念は，防衛行為の相当性についても妥当しよう。例えば，攻撃者XがYを殴打しようとYに近付いて来たので，背後に階段があることを知らないYがXを軽く突き飛ばそうとしたが，それはXの転落死という過剰な結果を招きうるものであったため，これを回避するために第三者ZがYを押し止めたとする。Yの行為を防衛行為としてみると，事前判断すれば相当なので，事前判断説によれば正当防衛になる。他方，Yの行為はXにとっては攻撃行為であり，正当防衛の前提状況を事後判断する通説に従えば，事後的には過剰ゆえに「不正」の侵害であって，Zの救助行為はこれに対する正当防衛となる。よって，YとZの正当防衛権が衝突するのである。このようにみれば，防衛行為の相当性も，急迫不正の侵害と同じく事後判断すべきであろう。千葉地裁の事案は，死亡の結果が発生した以上過剰といわざるをえないように思われる（浅田233頁）。そうすると，事前判断説よりも正当防衛の成立範囲が縮小されることになるが，防衛行為との間に因果関係がない結果や，構成要件的過失が問題となる場合に予見可能性のない結果は，構成要件段階ですでに排除されているので，事後判断説を採用したがゆえの不当な帰結はほとんど考えられない。また，正当化事情の錯誤による救済の可能性も残されていよう。例えば，相当性の範囲内にある傷害の認識しかなければ，死という過剰結果が発生しても傷害致死罪は成立せず，過失致死罪にとどまる等である。

逆に事前判断説は，過剰な結果をもたらす危険のある反撃行為から必要，相

当な結果しか発生しなかった場合に正当防衛の成立を否定せざるをえなくなる（攻撃者を約4メートル下の路上に転落させるという「一歩間違えば同人の死亡の結果すら発生しかねない危険な」防衛行為を行ったが傷害を負わせるにとどまった事案で過剰防衛を認めた，最判平成9・6・16刑集51巻5号435頁参照）。そこでは事後判断説よりも正当防衛権が縮小されるのである（事前的にも事後的にも過剰な場合にのみ防衛行為の相当性を否定するのは，林194頁）。

(5) **防衛の意思**

(a) 総説　正当防衛が成立するためには，防衛行為が主観的正当化要素たる防衛の意思に基づくことが必要か，必要とすればその内容いかん，につき争いがある。さらに必要説不要説共に，防衛の意思なき場合の処理についても帰一するところをみない。

必要説と不要説で結論が明確に分かれるのは，防衛行為者が正当防衛の客観的要件の一部または全部を認識しなかった偶然防衛の事例においてである（大阪地判昭和56・2・19判時1018号138頁参照）。例えば，XがYを自宅の2階の窓から射殺した際，YはXを殺すためにその家に仕掛けた爆弾の起爆装置をまさに押そうとしており，Xはそれを知らなかったような，侵害の認識を欠く場合が考えられる。

(b) **防衛の意思必要説**　必要説の根拠の1つとして，正当防衛の正当化根拠の観点から，専ら犯罪的意図に基づいてなされた防衛行為によっては法確証が達成されないと説かれる（大谷288頁）。しかし，不正の侵害を客観的に阻止することで法は確証されるともいいうるし，法確証という超個人的利益は防衛行為者個人の主観によっては左右されないとの批判も可能であろう。今1つの理由づけは，違法性の一般理論に遡り，違法二元論の立場から，刑法上の行為は客観と主観の両面から成り（大塚390頁），防衛の意思を主観的違法要素としての構成要件的故意の対応物として要求するものである（井田257頁，大谷288頁）。

必要説内部での偶然防衛の帰結につき，一説は，構成要件の段階と正当化の段階が表裏の関係にあるとの前提から，前者では結果反価値と行為反価値（故意）の双方によって故意既遂犯の違法が根拠づけられ，後者においては正当防衛の客観的要件の充足によって結果反価値が除去されるが，行為価値たる防衛

の意思の欠如のため行為反価値は除去されることなく残るとみる。これは未遂犯と同じ構造であるから，具体的危険説（**第8章第3節2(1)(c)**）に従うなら，一般人も正当防衛の成立要件が存在しないと誤信したであろう場合に未遂処罰が肯定されることになる（中136頁，井田・構造140頁）。他説は，構成要件該当結果（(a)の例ではYの死）の発生によって故意既遂犯の違法性がいったん根拠付けられたことを重視し，正当化の段階でこれを阻却するには結果価値と行為価値が共に存在しなければならないと考え，後者を欠く偶然防衛では既遂犯の成立を認める（福田158頁，大塚391頁，大谷289頁）。

必要説の内部には，防衛の認識で足りるか（野村225頁），その意図まで要するかの対立もある。防衛の意思によって除去されるべき行為反価値としての故意の内容に意思的要素を要求するか否かの立場の相違を反映するものと思われる。急迫不正の侵害を認識してこれに対応しようとする心理状態で足りるといいながら，明らかな犯罪的意図の場合には防衛の意思を否定する見解は（大塚390頁，大谷290頁），認識を超える心理的内容を要求しており，後者に分類して良かろう。両見解の結論の違いは，急迫不正の侵害を認識しつつ，防衛目的をもたず専ら犯罪的な意図で反撃する場合にあらわれることになるが，そのような事例が現実にあるのかには疑問もある。

必要説一般の問題は，偶然防衛という客観的に正しい行為が違法とされ，これを阻止する行為がかえって正当防衛になってしまうことである。(a)に挙げた例で，第三者ZがYを守るために，銃を構えたXを一瞬早く射殺することが正当化されてよいか，慎重な検討が必要であろう。

(c) **防衛の意思不要説**　違法性を専ら客観で決する法益侵害説（平野Ⅱ243頁，内藤（中）343頁，山口124頁，浅田227頁，西田159頁）からのみならず，違法二元論に立ちつつ行為反価値と結果反価値の一方が欠ければ違法性を阻却する立場（日高・基礎71頁・77頁）からも，不要説が主張されている。

不要説では，正当防衛の客観的要件を具備する限り，防衛の意思なき場合にも正当防衛の成立を認めることになる（内藤（中）344頁，浅田230頁）。しかしなかには，具体的危険説の考え方から，一般人にも正当防衛の客観的要件の存在を認識しえない状況であれば未遂犯とする者もいる（平野Ⅱ243頁，西田159頁）。これは行為を結果から独立した評価の対象とし，結果は適法であるが行

為は違法という事態を認めるもので，論者が依拠する法益侵害説の立場とは相容れないのではなかろうか。

　(d)　判　例　　判例上は，防衛の意思必要説が確立している。最高裁として初めてこの立場を明示した最判昭和46・11・16刑集25巻8号996頁は，「刑法36条の防衛行為は，防衛の意思をもつてなされることが必要であるが，相手の加害行為に対し憤激または逆上して反撃を加えたからといつて，ただちに防衛の意思を欠くものと解すべきではない」と判示した。さらにその後の最判昭和50・11・28刑集29巻10号983頁は，防衛の意思と攻撃の意思の併存を認めている。すなわち判例は，専ら攻撃意思しかない場合には防衛意思を否定する（その実例は多くない）という形で，認識を超えた意思的内容を要求しているのである。もっとも，そのような事案では正当防衛の客観的成立要件も欠けることが多かろうから，判例において防衛の意思の要件が果たしている役割は大きくないといえよう。

5　闘争状態における正当防衛

　不正の侵害を受けたことについて防衛行為者側に責められるべきなんらかの事情が存する時，完全な正当防衛権を認めることには疑問が生じうる。そのような場合として自招侵害と喧嘩の2つがある。自招侵害は先行行為としての自招行為の存在という客観面，喧嘩は侵害の予期という主観面を特徴とし，これらを兼ね備える事例もある。

　(1)　自 招 侵 害

　　(a)　総　説　　自らが招いた「急迫不正の侵害」を自招侵害という。旧刑法は，生命，身体を守るために攻撃者を殺傷する行為を正当防衛と認める314条の但書で，「不正ノ所為ニ因リ自ラ暴行ヲ招キタル者ハ此限ニ在ラス」と規定し，自招侵害に対する正当防衛を明文で制限していたが，現行刑法にはかかる特別規定がないため，その解決は解釈にゆだねられている。なお，侵害招致行為自体が急迫不正の侵害にあたり，これに対応した相手方の行為に正当防衛が成立すれば，これに対する正当防衛は無論許されない。

　自招侵害は，侵害招致者の主観によって三分されている。第1は，相手を怒らせて襲いかかってくるところを反撃しようと意図して侮辱したような意図的

第6章　正当化事由

挑発であり，判例上は見当たらない。第2は，招致行為および相手方の侵害について故意がある故意的招致である。裁判例には，X組組員が縄張り争いの相手であるY組の組員を傷害した2日後にY組からの殴り込みがあり，X組組員が襲撃者を殺害しようとした事案で，一連の経過はX側の行為に起因し，殴り込みは予定されたものであったとして正当防衛を否定したものがある（広島高判昭和30・11・14裁特2巻22号1165頁）。第3は，相手方の侵害の予見を欠く過失的ないし無過失的招致であって，自動車で走行中他の車輛を追い越したところ，その運転者が激昂して襲ってきたので暴行を加えて死亡させた事案で，正当防衛を認めた裁判例がある（福岡高判昭和63・11・30高刑速（昭63）183頁）。

意図的挑発においては正当防衛の成立を制限し，過失的および無過失的招致の場合に制限しない結論にはほぼ一致があるが，その理論構成や故意的招致の取扱いについては甲論乙駁の様相を呈している。以下では，自らの法益に対する侵害を招致した者自身が防衛行為を行うという，実務上主に取り扱われている場合を念頭において考えたい。

　　(b)　正当防衛権の制限　　(i)　とくに意図的挑発の場合に，侵害の急迫性（中133頁，荘子228頁。福岡高判昭和60・7・8刑月17巻7＝8号635頁），不正性（高山佳奈子「正当防衛論（下）」法教268号〔2003〕70頁。東京地判昭和63・4・5判タ668号223頁），「防衛するため」の行為（前田332頁），防衛の意思（団藤238頁）の要件を否定し，過剰防衛の成立も認めない諸見解がある。しかし，侵害の招致という侵害以前の事情をこれらの要件において考慮しうることが十分に根拠づけられているかは疑問である。この点で注目に値する近時の見解として，正当防衛を利益衝突状況の作出者の負担において衝突を解消する制度として構想し，防衛行為者が自己の先行行為によって合理的理由なく衝突状況を作出した場合には，侵害の具体的で高度の予期がありその者の正当な利益を害しない限りで衝突解消のために侵害回避義務を課し，その違反によって侵害の急迫性を否定するものがある（橋爪87頁・305頁。また，西田156頁）。しかし，不正の侵害から退避する義務はないという原則の例外をあまりにも広く認めることになりはしまいか。

意図的な挑発行為が行われた場合に正当防衛の成立を制限しうるとすれば，

第 2 節　正 当 防 衛

その理由は，かかる防衛行為は犯罪実現の一過程にすぎず，法を確証するものとはいえないところに求められよう（山中 488 頁，大谷 292 頁，内藤（中）336 頁，曽根 102 頁。権利濫用の禁止という一般条項を援用するのは大塚 385 頁）。その際，正当防衛の制限という不利益を防衛行為者に負わせるためには，自招行為の違法性も必要と解される。正当防衛の成立要件に関連づけていえば，防衛行為の相当性が欠けると考えることができよう。刑法 36 条 1 項の要件の充足を認めながら文言を超えて正当防衛の成立を拒否する（山中 488 頁，大谷 293 頁）のは，罪刑法定主義に抵触する懸念がある。

　その他，挑発者の法益は保護相当性が減少ないし消滅するとの前提から，攻撃行為との均衡という意味での防衛行為の相当性要件を厳格に解する主張もある（井田 288 頁。大阪高判平成 12・6・22 判タ 1067 号 276 頁）。

　なお，挑発者の予想を上回る重大な攻撃が行われた場合には，例外的に正当防衛の成立が認められている（大塚 385 頁，大谷 293 頁。大阪高判平成 7・3・31 判タ 887 号 259 頁）。

　(ⅱ)　最高裁は，被告人が X を殴って逃げたので，X が後を追って被告人を殴打し，被告人がさらに殴り返して X に傷害を負わせた事案について正当防衛の成立を斥けるにあたり，「被告人は，X から攻撃されるに先立ち，X に対して暴行を加えているのであって，X の攻撃は，被告人の暴行に触発された，その直後における近接した場所での一連，一体の事態ということができ，被告人は不正の行為により自ら侵害を招いたものといえるから，X の攻撃が被告人の前記暴行の程度を大きく超えるものでないなどの本件の事実関係のもとにおいては，被告人の本件傷害行為は，被告人において何らかの反撃行為に出ることが正当とされる状況における行為とはいえないというべきである」と説いた（最決平成 20・5・20 刑集 62 巻 6 号 1786 頁）。正当防衛を否定するために客観的な事情が列挙されており，次にみる喧嘩の事案とは異なる取り扱いがなされている。

　(ⅲ)　正当防衛の成立は肯定したうえで，招致行為がそれを介して法益侵害を惹起したことを理由に，招致行為の段階における故意に対応した犯罪の成立を肯定する「原因において違法な行為」の理論も唱えられている（山口 121 頁）。これに対しては，反撃行為が正当防衛として適法ならその結果も適法となるは

ずである，過失的招致の場合には過失犯の成立を認めることになると思われるがそれは過度の犯罪化である，等の問題点が指摘されている。

(2) 喧　　嘩

侵害が確実に予期されたにもかかわらず進んでその状況に身をおいた場合にも，正当防衛権を制限すべきではないかが争われている。いわゆる「喧嘩と正当防衛」の問題である。

(a) 積極的加害意思論　　判例は当初，「喧嘩両成敗」の法理を援用して，およそ喧嘩に正当防衛なしとの立場を示していたが（大判昭和7・1・25刑集11巻1頁），後には一般論として正当防衛の成立可能性を認め（最大判昭和23・7・7刑集2巻8号793頁），遂には正当防衛の成立を否定した原判決を破棄差し戻しするものもあらわれるに至った（最判昭和32・1・22刑集11巻1号31頁）。

喧嘩の事案で正当防衛を認めない場合に，判例は侵害の急迫性を否定している（その最初のものと目されるのは最判昭和30・10・25刑集9巻11号2295頁）。最決昭和52・7・21刑集31巻4号747頁は，「〔刑法36〕条が侵害の急迫性を要件としている趣旨から考えて，単に予期された侵害を避けなかったというにとどまらず，その機会を利用し積極的に相手に対して加害行為をする意思で侵害に臨んだときは，もはや侵害の急迫性の要件を充たさないものと解するのが相当である」と説いた。侵害の予期に基づく積極的加害意思があれば急迫性を否定する判例の立場がここに確立されたのである（これを支持するのは団藤235頁）。主観の問題であるにもかかわらず防衛の意思を否定する途（大谷282頁）を判例が採用しなかったのは，防衛の意思と攻撃の意思の併存を許す自らの態度（4⑸(d)）との矛盾を避けるためであろう。また，積極的加害意思は反撃に先立つ段階，防衛の意思は反撃を行う段階における主観という違いも指摘されている。

積極的加害意思の存在を理由として正当防衛の成立を否定する以上のような考え方には，かかる意思は侵害に臨もうとする際の心情にすぎず違法性とは無縁である，急迫性を否定すれば過剰防衛すら成立しなくなってしまう，等の批判が向けられている。

(b) 学　　説　　学説には，予期した侵害に対応しうる相対的に最も軽微な反撃手段を準備することなく，不必要に重大な反撃を加えたことをもって，防

衛行為の必要性を否定する見解がある（内藤（中）333頁・346頁）。例えば，予期された侵害は木の棒で十分な防禦ができるものであったが，手元には鉄の棒がある時，準備の暇があれば木の棒を準備すべきであり，鉄の棒で反撃すれば過剰防衛となる。自動反撃装置の設置が，予期される侵害に対して防衛行為の必要性，相当性の範囲内で許容されていること（3(2)(b)）とも整合する考え方であろう。その他には，相手を害する目的で侵害に進んで身をさらした行為者の法益の保護相当性を否定するものもある（井田277頁）。

6 過剰防衛
(1) 総　　説

刑法36条2項の「防衛の程度を超えた行為」が過剰防衛であり，刑が任意的に減免される。その典型は，同条1項の「やむを得ずにした行為」とはいえない行為，すなわち防衛行為の必要性または相当性を欠く，いわゆる質的過剰（強度の過剰ともいう）である。

(2) 刑の減免根拠

過剰防衛は正当化事由たる正当防衛の過剰であるから，刑が減免される根拠は主として違法面に求められよう。すなわち，過剰防衛にも，正当な利益を保全するために急迫不正の侵害に対して向けられた防衛行為としての性格は備わっているがゆえに，行き過ぎがあっても違法性の減少が常に認められるのである（違法減少一元説として，町野朔「誤想防衛・過剰防衛」警研50巻9号〔1979〕52頁）。しかし，違法減少のみが刑の減免根拠であるとすれば刑の免除は過剰の程度がごくわずかな場合に限られてしまい行為者にとって酷であること（法学講義206頁〔齊藤彰子〕）から，付随的に，緊急状況下における精神の動揺にかんがみて行為者を強く非難できないことによる責任減少を併せて考えるべきである（多数説である違法責任減少説。責任減少一元説として，平野Ⅱ245頁，西田165頁）。これにより，防衛の程度の逸脱が大きくとも責任減少のゆえに刑の免除される余地が生まれる（非難可能性が欠如すれば超法規的責任阻却が認められる）。

刑の減免の中心的な根拠である違法減少が否定されれば（第3節3(2)参照），刑の免除はなく，原則として減軽も認めがたいと解される。責任減少は，過剰な侵害を意図した場合に否定され，そこで刑の免除を認めるのは困難であろう。

第6章　正当化事由

(3) 量的過剰

　侵害の終了後に攻撃者を追撃した場合，反撃行為と追撃行為を併せて全体で1つの過剰防衛（量的過剰ないし時間的過剰と呼ぶ）を認むべきか。追撃時には急迫不正の侵害が存在しないため違法は減少しないが，侵害を向けられた防衛行為者の精神的動揺状況が侵害の終了後も続いている場合には責任減少状況の継続を認めうるため，過剰防衛の刑の減免根拠を専ら責任減少に求める立場からこのような形の過剰防衛を肯定するものがある（西田167頁。違法減少も認めた上で違法責任減少説の立場から同様に解するものとして，山口134頁。結論として肯定説をとるものが多数を占める）。しかし，本来は正当防衛とされるべき反撃行為の部分まで違法とするのは疑問である。とくに，攻撃者に発生した死傷結果の原因が反撃行為にあった場合に，重い罪の成立が認められてしまうことになるのは妥当でない。反撃行為と追撃行為を分け，前者は正当防衛であるが後者は（軽い罪についての）単なる違法行為と解すべきであろう。

　古い最高裁判例には，攻撃者を鉈で一撃して倒した後，甚だしい恐怖，驚愕のあまりさらに数回切り付けて殺害した事案で1つの殺人罪の過剰防衛を認めたものがあった（最判昭和34・2・5刑集13巻1号1頁）。しかし近時，反撃行為によって攻撃者が倒れて動かなくなったことを認識したにもかかわらず憤激のあまり追撃し，反撃行為が死因となって攻撃者が死亡した事案について，1個の傷害致死罪の過剰防衛を認めた第一審が控訴審で破棄され，最高裁も追撃行為の時点では防衛の意思が欠けていたことを主たる理由として，反撃行為を正当防衛と解しつつ追撃行為には過剰防衛の成立すら否定したが，罪名は傷害罪にとどめた（最決平成20・6・25刑集62巻6号1859頁）。

第3節　誤想防衛・誤想過剰防衛

1　正当化事情の錯誤

　正当化事由の客観的要件が存在しないにもかかわらずその存在を誤信した場合を正当化事情の錯誤と呼び，故意犯の成否が問題となる。さらに，かかる錯誤に際して，客観的要件が存在していたとすれば許されるであろう限度を超える行為が行われた場合の取扱いも難問である。本節2以下では，以上の問題を

とくに正当防衛について概説することとし，他の正当化事由の錯誤には該当する項目において簡単に触れるにとどめる（第4節6，第6節3）。

なお，承認されていない正当化事由の存在を誤信したり（御歳暮の名目であれば贈収賄行為は正当化されると考えた等），正当化事由の要件を誤って拡張したりした場合（侵害終了後の追撃も正当防衛になると思った等）は違法性の錯誤であり，通説的見解によれば故意が否定されることはない（第7章第3節2）。

2 誤想防衛

(1) 意　義

誤想防衛とは，急迫不正の侵害の存在を誤信してそれが存在すれば許されるであろう防衛行為を行った場合（①）をいう。この状況をより一般化すれば，正当防衛の客観的成立要件の一部または全部が欠けているにもかかわらず，行為者は構成要件該当事実と共に正当防衛にあたる事実を認識していたということであり，現実の急迫不正の侵害に対して過剰な反撃を行ったが，防衛行為を必要，相当ならしめる事情の存在を誤信した過剰防衛の一場合（②）や，急迫不正の侵害の存在を誤信して，それが存在すれば許されるであろう程度を超えて防衛行為を行い，それを必要，相当ならしめる事情の存在を誤信していた誤想過剰防衛の一場合（③）もそこに含まれる。それゆえ以下では，誤想防衛そのものではないこれらの場合も併せて故意犯の成否を検討することにする。

(2) 故意の成否

　(a) 厳格責任説　　誤想防衛者には構成要件該当事実の認識があるので（第2節3(1)(b)(ii)の例のYには暴行の構成要件的故意を認めうる），規範に直面しており，反対動機を形成する手がかりが与えられている（構成要件的故意の提訴機能）。ここからただちに故意犯処罰が根拠づけられる。正当防衛の事実を誤信した点は，誤って行為が許されていると信じた違法性の錯誤と評価され，錯誤が回避不可能な場合に違法性の意識の可能性の欠如を理由として故意犯の責任が阻却されるにとどまる。このように厳格責任説は主張して，①から③のいずれの型についても故意を肯定するのである（福田211頁，西原（下）469頁，大谷297頁・344頁。正当化の余地を認めるのは，川端431頁，野村237頁〔後述(3)〕）。

これに対しては，次のような批判が強い。たしかに，構成要件は違法類型で

第6章　正当化事由

あるから，これに該当する事実の認識があれば故意犯処罰はひとまず根拠づけられるが，誤想防衛者は正当防衛にあたる事実も認識している以上，結局のところ違法な事実の認識を有しない。厳格責任説は構成要件と正当化事由の違いを強調するが，両者とも行為の違法性に関わる点では軌を一にする。被害者の同意という犯罪成立阻却事由が犯罪の種類によって構成要件と違法性のいずれの段階に振り分けられるかを異にする（第6節1(3)）のもそのことを示す。よって，構成要件該当事実の錯誤におけると同様，正当化事情の錯誤においても錯誤の相当性を問うことなく故意犯の成立を否定せねばならない。通説はこのように論じて厳格責任説を斥けている。判例も，大審院，最高裁には誤想防衛の事案はみられないが，下級審では①，②の類型が散見され，いずれにおいても故意犯の成立が否定されている。

　(b)　故意を否定する見解　　(i)　通説によれば，①では故意が阻却され，過失犯の成立可能性のみが残る（誤想防衛が事実の錯誤であり，錯誤の相当性がなくとも故意が阻却されると明言した裁判例として，東京高判昭和59・11・22高刑集37巻3号414頁）。②でも，行為が防衛の程度を超えるという違法な事実についての認識が欠けるため，やはり故意が阻却されている。裁判例には，攻撃者の身体を単に押さえ付ける反撃行為が必要，相当であるのに，力余って頸部を圧迫して死に致らしめたが，窒息させるほど強い力が加わっているとは思っていなかった事案において故意を否定したものがある（盛岡地一関支判昭和36・3・15下刑集3巻3＝4号252頁，東京地判平成14・11・21判時1823号156頁）。過失が認められれば過失犯は成立するが，その場合にも刑法36条2項の適用は可能である。③でも故意が阻却され，過失犯ないし過失の誤想過剰防衛の余地が残るにとどまる。この類型に属する判例は見当たらない。

　(ii)　故意否定の結論を導く考え方の1つとして消極的構成要件要素論がある。この見解は，一般にいわれる構成要件を積極的構成要件要素，正当化事由を消極的構成要件要素と呼び，これらを併せた「不法」を構成要件に統合するため，正当化事由の不存在も構成要件要素として故意の認識対象となり，誤想防衛では構成要件的故意を阻却することができる。さらに，その錯誤が避けられなければ過失犯の構成要件該当性も否定するのである（中93頁・137頁，中古稀67頁〔葛原力三〕，井田350頁）。しかし通説は，違法性を根拠づける構成要件

該当性とこれを阻却する正当化事由を，体系上は別の段階に位置づけるべきものと考えてこれに批判的である（**第4章第1節1(3)**）。

　通説的な体系を採用したうえで，本書とは異なって故意を専ら責任要素とみる立場も，故意の認識対象については消極的構成要件要素論と同様に考えることになり，誤想防衛では故意阻却の結論を難なく導きうる（山口193頁，浅田324頁）。

　(iii)　通説的体系に従いつつ故意を構成要件段階に位置づける立場においては，正当化事情の錯誤によって正当化に先行する構成要件段階の判断が左右されることはありえないため，構成要件的故意を否定することはできない（責任故意を構成要件に類型化したうえで構成要件的故意を阻却する異見として，前田242頁）。そこで，故意を責任段階にも位置づけて責任故意を阻却することによって故意犯処罰を斥ける試みがある（「独自の錯誤説」と呼ばれる）。しかし，責任故意の阻却後，責任過失があれば過失犯の成立を認め（大塚472頁，曽根199頁），あるいは改めて構成要件に戻って過失を検討する（佐久間277頁）のは，故意犯と過失犯を構成要件で区別する前提に反しよう。

(3)　行為の正当化

　誤想防衛行為について，違法阻却の可能性を認める所説もある。

　第一説は，正当防衛状況の存否を事前判断し，錯誤が回避不可能な無過失の誤想防衛を正当防衛そのものと解する（**第2節3(1)(b)(ii)**）。錯誤に過失があれば正当防衛までは認められず，故意阻却の可否が問題となる（過失犯にするのは藤木173頁，厳格責任説の立場から故意犯の成立を認めるのは川端384頁）。

　第二説は，無過失の誤想防衛でも正当防衛の成立は否定するが，行為不法が存しないため違法状態にとどまるとして，違法二元論の立場から行為の正当化を認める（野村161頁，中森喜彦「錯誤論（3・完）」法教108号〔1989〕43頁，安田拓人「錯誤論（下）」法教274号〔2003〕93頁）。客観的注意義務をつくした態度は違法ではないとの立場を堅持する限り，これに従うべきことになろう。他方，錯誤が回避可能な場合には，違法性が残ることになる。その後の処理については，厳格責任説の立場から故意犯の成立を認める見解と（野村161頁），厳格責任説を批判して故意犯の成立に否定的な態度を示しながら，前述(2)(b)の(ii)，(iii)のいずれの構成による故意阻却にも満足せず，誤想防衛者には違法な事実を実

現する意思が欠けるため構成要件段階で認められた故意犯の行為反価値が否定されると考えることによって過失犯の成立にとどめる見解とがある（中森・前掲法教43頁，安田・前掲法教93頁）。

3　誤想過剰防衛
(1) 意　　義
　誤想過剰防衛とは，急迫不正の侵害の存在を誤信して反撃したが，誤信した侵害に対する防衛としては過剰であった場合をいう。前項でみたように，多数説によれば過剰事実の認識の有無により故意犯の成否が分れる。

　なお，誤想過剰防衛を過剰事実の認識がある場合に限定し，その認識がない場合を誤想防衛に配する分類や（井田385頁，西田169頁），存在する急迫不正の侵害に対して過剰な防衛行為をしたが過剰事実の認識を欠く場合も誤想過剰防衛と呼ぶ分類（前田392頁，山中501頁）も行われている。

(2) 刑の減免
　誤想過剰防衛における刑の減免の可能性について，誤想過剰防衛は誤想防衛に他ならず過剰防衛的な側面は認められないとの立場から，刑法36条2項の適用も準用も否定するものがある（大谷298頁）。しかし多くの見解は，過剰防衛的な性格を認めたうえで，過剰防衛の刑の減免根拠（第2節6(2)）に従って解決を図っている。すなわち，誤想過剰防衛では正当防衛状況が存在せず，客観的な違法性の阻却，減少が認められないため，違法減少説では刑の減免の余地がなくなるが（町野・前掲警研54頁），責任減少説からは，緊急状況の誤想によって過剰防衛におけると同様の精神の動揺が生じうるので刑法36条2項の適用ないし準用が可能とされているのである（平野Ⅱ245頁，西田169頁）。違法責任減少説では，違法減少に重きをおいて刑の免除は否定して減軽にとどめるものと（前田396頁），責任減少の側面を重視して免除の余地まで残すもの（内藤（中）379頁，大塚397頁）とがある。

(3) 判　　例
　誤想過剰防衛が取り扱われた判例は，いずれも過剰事実の認識があったと思われる事案に関するものであった。例えば最決昭和62・3・26刑集41巻2号182頁は，酩酊したA女を介抱していたB男がAに暴行を加えているものと

誤解した被告人が仲裁に入ったところ，Ｂが被告人に対する防禦の姿勢をとったのをみて今度は自分に殴りかかってくるものと誤信し，回し蹴りをＢの顔面付近に命中させて死亡させた行為につき，傷害致死罪の成立を認めたうえで刑法36条2項によって刑を減軽した原判断を正当としている（さらに最決昭和41・7・7刑集20巻6号554頁も参照）。

4　盗犯等防止法における正当防衛の特則

正当防衛の特則である盗犯等防止法1条にここで触れておく。その1項は，1号ないし3号にあたる場合の反撃行為を正当防衛と認めるが，刑法36条1項とは異なって「やむを得ずにした」の文言を欠くため，刑法よりも防衛行為の相当性を緩和したものと解するのが通説（平野Ⅱ241頁，内藤（中）395頁，浅田242頁，前田356頁，西田171頁），判例（最決平成6・6・30刑集48巻4号21頁）である。同条2項は，1項各号の場合に関わる誤想防衛について期待不可能による責任阻却を定めたものと解されるが（最決昭和42・5・26刑集21巻4号710頁），過剰防衛（内藤（中）401頁），誤想過剰防衛（浅田242頁）についても適用を認める見解もある。

第4節　緊急避難

1　総　説

(1)　通常の形態

刑法37条1項本文の緊急避難規定は次のようなものである。「自己又は他人の生命，身体，自由又は財産に対する現在の危難を避けるため，やむを得ずにした行為は，これによって生じた害が避けようとした害の程度を超えなかった場合に限り，罰しない」。緊急避難の典型は，危険にさらされている法益を保全するため，危険源でない無関係の第三者に危険を転嫁して，その法益を侵害ないし危殆化する場合である。例えば，猛犬に追われた者が他人の家に逃げ込む住居侵入行為は，自己の生命または身体を保全するための緊急避難にあたる。船が難破したため海に投げ出された者が，溺れそうになったため，他の乗組員が掴まって浮かんでいる1人の重量しか支え切れない板を奪う行為（カルネア

149

デスの板の事例)は、自己の生命を救うために他人の生命を犠牲にするものであり、緊急避難の成否が論じられる(かかる生命侵害の場合には特殊な考慮が必要なことにつき、4(5)(a))。侵害法益が保全法益を救助するための手段とされる、以上のような転嫁型の緊急避難を、攻撃的緊急避難と呼ぶこともある。

緊急避難の正当防衛との違いは、前提状況の不正性が要求されない点と、行為の相手方が正である点にある。後者の点にかんがみ、保全されるのも侵害されるのも正当な利益であるという意味で、「正対正」の関係が認められるともいわれている。そのため、「正対不正」の関係にある正当防衛のように法確証の考慮を容れる余地がなく、そもそも正当化事由であることについても一致をみていない。害の均衡と行為の補充性という、正当防衛より厳格な要件が課されているのもこの点に由来する。

(2) 特殊な形態

(a) 防禦的緊急避難　防禦的緊急避難とは、正当防衛状況——とくに不正の要件——を備えていない危険源に対する反撃をいう。例えば、旅客機を乗っ取った者が機体を高層建築物に激突させようとしたのでこれを撃墜して乗員乗客を殺害する行為がその一例である。乗員乗客は不正の侵害者ではないが(7(1))、建物に対する危険源をなす。危険源を侵害しても危険を転嫁したとはいえないことから、攻撃的緊急避難よりも正当化の要件が緩和されてよい(4(5)(a))。

(b) 危険共同体　複数の法益が同一の危険にさらされており、放置すればそのすべてが侵害されるが、一部を犠牲にすれば残りは保全される場合を危険共同体と呼ぶ。生命法益について問題となることが多い。現実の例として著名なミニョネット号事件においては、英国帆船ミニョネット号が航海中沈没し、乗組員4名が救命艇で脱出したが、1か月ほどで水も食糧もつきて死を待つばかりとなったので、1人が殺され、残りの3人がその血を啜り、肉を食べて生き延びた。3人の生命という法益を保全するために1人の生命を短縮したのであるから、その構造は緊急避難と同じである。いずれにせよ被害者の死を回避できなかったことは、行為の正当化にとっては意味をもたない。

(c) 同一人の法益の衝突　XがAのある法益を保全するためにAの別の法益を犠牲にするという、保全法益と侵害法益の主体が同一人である場合が

ある。そのなかでもとくに，被害者の法益に迫った危険を回避するために因果経過を修正してその危険を減少させ，その状況を改善する場合を，危険減少と呼ぶ。被害者の頭を目がけて飛んでいく石の向きをより危険の少ない足にそらす等，避けようとした結果と実現した結果が同種のものであれば，危険の創出，増加がないのですでに実行行為性が否定されよう（**第4章第3節3(3)**）。

これに対し，切迫する危険をより小さな別の危険によって代替した場合には，危険の転嫁が行われているので，一見緊急避難の様相を呈する。しかし，同一法益主体内の事柄であるから，その者の意思を尊重し，被害者の同意または推定的同意の検討を優先すべきではあるまいか。緊急避難の問題となしうるとすれば，同意を理由としては不処罰にできない場合であろう。例えば，出火した家の2階に乳児Aと2人で取り残されて退路を断たれたため，やむなくAを窓から庭の芝生に放り投げて傷害を負わせた等の，被害者に同意能力が欠けるような場合である。

2　法 的 性 質
(1)　法 規 定

刑法37条では，行為によって生じた害と避けようとした害の均衡が要件とされており，かかる観点は行為の違法性に関わる。また，他人のための緊急避難が被救助者の人的範囲を限定せずに認められているが（例えば，行路病者を発見した自動車運転者が，速度違反をしてこの者を病院へ運んだ場合にも緊急避難が成立しうる），親族等でない他人の緊急状況によって一般的に行為者の心理的圧迫が生じるとは考えがたいから，その場合の不処罰を責任阻却によって説明することはできない。この2点は，同条が正当化事由としての緊急避難を規定したものと解する，強い手がかりとなるのである。

民法に目を転ずると，720条1項において「他人の不法行為」に由来する危難を第三者に転嫁する行為についての損害賠償責任が否定されているので，この行為は民法上適法と考えられるから，違法を統一的に捉える限り，本条項も違法阻却説を補強するものといえる（井田300頁参照）。他方，自然現象，物，人の適法行為（なお，3(1)(a)）に由来する危難の転嫁は本条項の適用範囲外であるため，刑法上緊急避難が成立しても損害賠償責任が課されることになる

第6章　正当化事由

（大判大正3・10・2刑録20輯1764頁は，洪水による生命，財産等への危難を回避するために県の堤防を決壊させた行為〔119条〕につきこの結論を認めた）。この場合を民法上違法と解するならば，違法の統一性により刑法37条はせいぜい可罰的違法阻却事由にとどまる（曽根112頁，浅田246頁）。しかし，適法行為について一種の無過失賠償責任を認めたものと考えうるならば，この場合にも正当化を肯定しえよう（佐伯千209頁，西田131頁）。

他方，犯罪被害者等給付金支給法は，給付の原因たる「犯罪行為」から正当防衛行為を除外する一方で緊急避難行為を含めており（同法2条1項），ここでは緊急避難行為の適法性は自明の理とされていないことがうかがえる。

このように，法の立場は一義的に明らかではないが，概ね違法阻却説に親和的といえよう。

(2) 学　　説

(a) 責任阻却説　　不正の侵害に向けられ，法を確証する正当防衛と比べれば，正に対して危険を転嫁する緊急避難行為の目的の正当性は自ずと劣る。個人の尊重，自律を徹底するならば，自らに切迫した危険は，不正のものであれば反撃し，不正でなければ退避または受忍することによって自ら処理することが求められ，これを無関係の他人に転嫁することは許されない。こう考えれば，緊急避難は違法であり，せいぜい期待可能性の不存在による責任阻却事由にとどまる。このような責任阻却説がかつては有力であった。

(b) 違法阻却説　　しかし今日では，(1)でみた法状況に従い，違法阻却説が多数説を形成している。判例にも，保全法益が侵害法益に優越する事案で緊急避難が正当化事由であると明言したものがある（大判昭和12・11・6裁判例11巻刑法87頁）。

その思想的背景として有力なのが，社会功利主義である（第1節3(2)）。2つの法益のいずれかが失われざるをえない時，保全利益の保護相当性が侵害利益の保護相当性を下回らなければ行為を正当化しうると説かれる（平野Ⅱ229頁，前田360頁，西田130頁）。

これには，危険を転嫁される個人を人格として尊重せず社会全体のための単なる手段として扱うものではないかの疑問がある。論者は利益衡量説に依拠して結果反価値的要素のみを比較するため，無関係の者に危険を転嫁するという，

緊急避難に本質的な行為反価値的要素が見失われているのである。そのような負の側面を補いうる，緊急避難の持つ行為価値が示されねばならない。さもなくば，利益同価値の場合に正当化を認めることはできないであろう。

そのような行為価値は，対立当事者の自由保障に求めることができる。危険に遭遇した時に他者の援助を求めうるならば，自らに切迫するあらゆる危険を自らの手でのみ処理する必要がなくなるため，危険への対処に費されるはずであった資源を他の活動領域に振り向けることができ，さらなる人格発展の自由が保障される。被害者も，いつ自らが危険に遭遇するかもしれないため，危険にさらされた者のために自らの法益を犠牲にする連帯を拒むことは許されない。このように，個人の尊重を前提としても，社会が共同体として成り立つためには，社会の構成員が相互に扶助する連帯義務を課さざるをえないのである（松宮156頁）。

　(c) 二分説　　二分説の一は，対立利益の大小に着目し，保全利益が優越すれば違法阻却，同価値なら責任阻却とする（佐伯千206頁，内藤（中）420頁）。利益同価値の場合に違法阻却を認めない理由は，同価値の2つの法益に危険が切迫し，それぞれを救助するために2人が1つしかない救助手段（1(1)のカルネアデスの板等）を奪い合うような場面では，違法阻却説によるなら双方が緊急避難による正当化を主張できることになって強者の権を認めるに帰するとの懸念である（佐伯千207頁，内藤（中）408頁）。しかし，少なくとも一方の法益の保全が可能な状況でいずれを保全する行為も禁じ，両行為それぞれに対する正当防衛を認めることには疑問がありえよう。さらに，2つの緊急避難行為の衝突は，この二分説によっても生じうるのであり，このような事態は，緊急避難に緊急避難をもって対抗できるという前提を疑うことによって回避する余地がある。加えて，以下の二分説についてもいえることであるが，部分的にせよ責任阻却事由としての緊急避難を認めることは，前述のとおり刑法37条の文言上困難である。

　二分説にはこの他にも，緊急避難を原則として正当化事由と解しつつ，生命法益の至高性から生命を侵害する避難行為は常に違法とし（浅田254頁），さらに身体（の重要部分）も人格の根本的要素であり，生命に準じてそれ自体自己目的として扱われなくてはならないことから，身体の侵害についても同様に解

第6章　正当化事由

するものがある（木村亀269頁，山口139頁）。生命，身体の自己目的性は支持しうるが，これらの侵害の正当化を一律に否定するのは硬直にすぎる。違法とすべき場合には避難行為の相当性要件によって対処すればよい（4(4)(b)，(5)(b)）。

危険源が他人の不法行為か否かによる違法阻却事由と可罰的違法阻却事由の二分説については(1)で前述した。

3　緊急避難状況

「自己又は他人の生命，身体，自由又は財産に対する現在の危難」が緊急避難の前提状況である。

(1)　危　　　難

(a)　総　説　　危難の性質には，正当防衛におけるような「不正」の限定がないため，違法性の意義に関する法益侵害説と違法二元論の対立による違いは生じない。人の違法行為はもとより，自然現象（大判昭和8・11・30刑集12巻2160頁〔豪雨による稲苗水没の危険〕），動物による侵害（前掲大判昭和12・11・6。第2節3(1)(a)参照），疾病等の違法状態も争いなく含まれる。

もっとも人の適法行為については，その受忍を拒否して他人に適法に転嫁しうるとすれば法の評価矛盾ではないかが疑われる。少なくとも法律上受忍義務がある行為を免れるための緊急避難は否定すべきであろう。判例もそのように解しており，外国人が自国での処罰を免れるために日本に密入国する行為や（福岡高判昭和38・7・5下刑集5巻7＝8号647頁，神戸地判昭和45・12・19判タ260号273頁は，処罰は危難とはいえないと説いた），強制執行に抵抗する行為（大判昭和3・2・4刑集7巻47頁）についての先例がある。正当防衛を免れるための緊急避難も，正当防衛によって確証さるべき法秩序を否定することになるから認められない（反対，大谷283頁，井田304頁）。多数説（団藤246頁，大塚403頁，川端369頁）は緊急避難に対する（防禦的）緊急避難を認めるが，強者の権を招くものとの有力な異論がある（井田301頁。ただし304頁）。

危難の存否の判断は，正当防衛における侵害（第2節3(1)(b)(ii)）についてと同様，客観的に行われる。

(b)　業務上特別義務者の特則　　刑法37条2項は，同条1項の緊急避難および過剰避難の規定が「業務上特別の義務者」には適用されないと定める。

その性質上一定の危難を伴う業務については，それに携わる者の一身上の利益保全よりも業務の遂行が重視されており，その危難は自ら受忍すべきものであって他人に転嫁することが許されないのである。危難に陥った義務者を他人が救助する行為も緊急避難となしえないことになろう。義務者の例としては，警察官，自衛官，消防隊員，船長が考えられる。

義務は，危険な業務の遂行自体についてのものをいう（この点で疑問のある判例として，大判昭和7・3・7刑集11巻277頁）。したがって，業務の遂行過程外における行為については特則の適用がない。例えば，消防隊員が私人として現行犯逮捕する際，犯人から襲いかかられれば緊急避難が可能である。

特別義務者であっても，自己の生命の危険や身体の重大な危険を免れるために他人を犠牲にすることは許されよう。判例も，列車の運行中に乗務員がさらされる生命身体の危険を免れるための過剰避難を認めたことがある（最判昭和28・12・25刑集7巻13号2671頁）。

このように，この特則が適用される場面は極限されている。

(2) 現　在　性

危難の現在性とは，正当防衛における侵害の急迫性と同じく，「法益の侵害が間近に押し迫つたことすなわち法益侵害の危険が緊迫したこと」をいう（最判昭和24・8・18刑集3巻9号1465頁）。法益に対する危険な状態が継続しているがいつ侵害へと現実化するかは不明ないわゆる継続的危険についても，危険がただちに現実化するおそれがある限り，現在性を認めるのに支障はない。例えば，トンネルを列車が通過する際，「熱気の上昇有毒ガスの発生等により窒息呼吸困難火傷等を生じ生命身体に被害を受ける危険が常時存在していた」ような場合である（前掲最判昭和28・12・25。継続的危険について現在性を否定した例として，最判昭和35・2・4刑集14巻1号61頁）。

近時争われているのは，危険は時間的に切迫していないが法益を有効に保全するためには即時に避難すべき場合の取扱いである。人里離れた場所にある食堂で，客同士が閉店後にその店を襲撃する相談をしているのを立聞きした亭主が，機先(きせん)を制して睡眠薬入りの飲料をこの客に飲ませたような場合，侵害の急迫性が否定されるので正当防衛が成立しないため（第2節3(2)(b)），危難の現在性を肯定して（防禦的）緊急避難の成立可能性を認める所説がある（林210頁，

山口146頁)。しかし，正当防衛の受け皿とはならない攻撃的緊急避難について
もこの主張を一貫するのか，結論の妥当性以外の根拠があるか，との疑問が払
拭できない。

(3) 緊急避難の可能な法益

　正当防衛に関する刑法36条と異なり，同法37条は保全法益として生命，身
体，自由，財産を列挙しているが，これ以外の個人的法益（名誉等）のための
緊急避難も肯定されている。これは被告人にとって有利な，しかも内容の適正
な類推解釈であるから，罪刑法定主義には抵触しない（**第2章第2節1**）。
　他人のためにする緊急避難も可能である。しかし，保全法益主体の意思に反
する第三者避難，超個人的法益のための緊急避難は，正当防衛の場合と同じく
否定的に解すべきであろう（**第2節3(4)**）。

4　緊急避難行為

(1) 概　　観

　刑法37条1項本文の文言に即していえば，「危難を避けるため」が避難行為
の有効性および避難の意思に関わる。「やむを得ずにした」は避難行為の補充
性と相当性をあらわす。最大判昭和24・5・18刑集3巻6号772頁（集刑10
号231頁）が，この文言は「当該避難行為をする以外には他に方法がなく，か
かる行動に出たことが条理上肯定し得る場合を意味する」と説くのもこの趣旨
であろう。刑法36条1項と同一の文言であるが，以下でみるように内容は異
なる。「これによって生じた害が避けようとした害の程度を超えなかった場合」
は害の均衡を意味する。
　避難行為の有効性と避難の意思は緊急避難と過剰避難に共通の要件であるが，
害の均衡と避難行為の相当性は緊急避難のみの要件であり，その欠如の場合に
も過剰避難は成立する。避難行為の補充性が欠けた場合の処理については5で
みるような議論がある。

(2) 避難行為の有効性

　避難行為の有効性とは，避難行為が法益の保全に役立つことをいう。ただし，
防衛行為の有効性におけると同様，結果として避難の実を挙げる必要はないと
解される。

(3) 避難行為の補充性

　避難行為の補充性は，防衛行為の必要性に対応する要件で，有効な避難の手段が複数存在すれば，そのなかで最も軽微な方法をとるべきことを意味する（山口 143 頁，山中 525 頁）。危険から退避することによって法益を保全できるならそうすべきであって，その場合に危険を第三者に転嫁することは許されない。このような退避義務がある点において，防衛行為の必要性と異なる。ただ，危難を避ける唯一の手段たることを要求するのは（大塚 404 頁，大谷 304 頁，西田 136 頁，井田 305 頁），少なくとも文字どおりにとれば厳格に失しよう。A の身体または B の財物を害するという 2 つの避難方法があり，これらの有効性が同等であった場合にも，後者（のみ）は許されるからである。そして，A の身体を侵害することによって保全法益を守ることも事実上は可能であったが，規範的には B の財物を犠牲にするしか方法がなかったとみられるわけであるから，避難行為の補充性要件は，当該侵害法益を犠牲にしなければ保全法益を守れないという，対立法益の二者択一関係を意味する。この要件の存在によって初めて，本来は無関係であった侵害法益が保全法益に関係づけられ，法益衝突状況が生まれるのである（松宮 158 頁参照）。この点は，過剰避難の成立を論ずる際に重要である。詳細は，この要件を欠く場合の具体例と共に 5(2)で示す。

(4) 害の均衡

　(a) 総　説　　正当防衛における攻撃と防衛の衡量の要件（第 2 節 4(4)(b)）に対応する。正当防衛では規定上明示されていないため，防衛行為の相当性要件に配されることが多い。しかし，緊急避難では明文規定があるので，避難行為の相当性要件とは独立させて説明を加えることにする。

　文言上，正当防衛におけるよりも厳格に，「避けようとした害」（保全された利益）が「生じた害」（侵害された利益）に優越するかまたはこれと同等なることが要求されている。そこでは以下のような要素が衡量される。

　(b) 法益の価値　　法益の抽象的な価値が最も基本的な観点である。個人的法益については，生命，身体，自由，名誉，財産という序列を認めうる（222 条・223 条も参照）。

　1(1)のカルネアデスの板の事例，1(2)(b)のミニョネット号事件のような，生命を救うために無関係の第三者の生命を奪う行為における生命と生命の衡量を

生命法益の絶対性から許さず,程度を超えた過剰避難とする見解(刑法教科書242頁〔葛原力三〕),緊急避難の要件を充足するが違法とする見解(浅田254頁)もある。しかし,個々の生命を尊重すべきであるからこそそれぞれに等しい価値を認めるべきこと(佐伯仁志「緊急避難論」法教294号〔2005〕89頁),殺人の違法性の大小は被害者の数にもよること,義務の衝突において義務を衡量する際にはより多数の生命を救助する義務が優先されることから,生命の量的衡量は許容すべきであろう(平野Ⅱ244頁,前田361頁,西田134頁。ただし(5)(a))。

保全法益,侵害法益それぞれの主体が自らの法益について有する主観的価値は,少なくとも財産法益については意味をもつ(佐伯・前掲法教89頁)。また,保全法益の主体の主観は,被救助者の意思に反する第三者避難の否定という形でも消極的に考慮される。

　(c)　法益の侵害・危殆化の大小　　(i)　上にみた法益の序列にもかかわらず,小なる法益への重大な危難を避けるために大なる法益を軽微に侵害することは許されてよい。例えば価値の甚大な財物を持って逃走する窃盗犯人を追跡する際に第三者を突き飛ばし,その身体を軽微に侵害する行為は,害の均衡をみたす。

これと同じく,小なる法益への具体的な危険を避けるために大なる法益を抽象的に危殆化することも,場合によっては許されよう。生命に関わる緊急手術の必要な愛犬を病院に自動車で搬送するために速度違反をしたが,他の交通関与者を具体的に危殆化しなかったような場合である。

　(ii)　さらに,危険の判断基準が問題となる。侵害法益については,避難のために第三者を軽く突き飛ばしたところ重傷を負わせたような,事前判断なら均衡,事後判断なら不均衡の場合と,その逆の場合の取扱いにつき,事前判断説(内藤(中)314頁,井田・構造176頁)と事後判断説(伊東184頁,山口144頁)の対立がある。正当防衛(第2節4(4)(b))と同様に考えるのが一貫すること,文言が「生じた害」となっていることから,後者を支持しえよう。これに対応して,保全法益についても事後的にみて,現在の危険が実現していれば生じていたであろう法益侵害が衡量の俎上に乗せられることになる(山口147頁)。

(5)　**避難行為の相当性**

行為の際の事情に照らしてその避難行為が無理もないといえることが,避難

行為の相当性である（佐伯千 207 頁）。害の衡量，避難行為の補充性等の要件がみたされていても正当化を認めるのに抵抗が感ぜられる場合を排除する機能を有する。

　　(a)　生命・身体の侵害　　一身専属的法益のなかでもとくに重要な生命，身体は，常に自己目的として扱われるべきであり，他者を救助する手段に貶められてはならないから，法益に対する危険を無関係の第三者の生命，身体の犠牲の上に守ることは原則として許されない。したがって，生命対生命の緊急避難においては，前述のごとく害の均衡を肯定しうるとしても，避難行為の相当性を否定して違法とすべきであろう。カルネアデスの板事例（1(1)），ミニョネット号事件（1(2)(b)）もそのような結論になる。また，ただちに手術しないと死ぬ腎臓病患者に移植するために第三者からその意に反して腎臓を 1 個摘出する傷害行為も，同様に解される。他者の身体からなんらかの利益，効用を享受するのは，身体の自己目的性に反するのである（正当化の可能性を認める異見として，西田 134 頁，林 209 頁）。

　他方，迫り来る殺人者から逃げる際に第三者を突き飛ばす例のように，身体を障害物とみて排除するのは「利用」とはいえないため，なお適法たりうると解される。また，被害者の手段化が行われない防禦的緊急避難においても例外的に正当化を認めうると思われる。例えば，乗っ取られて数千人が現在する建物に突入しようとする旅客機を数百人の乗員乗客諸共撃墜するならば，殺人罪について緊急避難が成立するであろう（正当防衛の成否については 7(1)）。

　　(b)　強要緊急避難　　強要緊急避難とは，暴行，脅迫によって構成要件該当行為の実行を強制される場合をいう。例えば，X が銀行員 Y の幼子を人質に取り，子供の命を助けて欲しければ銀行の金庫から金を盗み出せと Y を脅迫して従わせた時，Y の窃盗行為は，子の生命に対する現在の危難や避難行為（有効性，補充性，害の均衡）の要件をみたしているため，緊急避難による違法阻却を認めるのが多数説である（山口 141 頁，西田 135 頁，大谷 304 頁）。その時，避難行為の相手方（銀行）は避難行為者（Y）に対して正当防衛ができず，高々緊急避難，または背後者（X）への正当防衛による対抗のみが可能となる。しかしここでは，通常の緊急避難と異なり，避難行為者は背後者の犯罪実現の手段とされ，その不法に加担しているのであるから，これに対しても背後者に

対すると同様に正当防衛権を認むべきである。この考え方は、攻撃者が無関係の第三者の財を攻撃手段として用いた場合に、この財に対する正当防衛が肯定されていること（7(1)）とも整合するといえよう。そもそも、犯罪実現のための緊急避難を認めるのは、相互扶助共同体としての社会の維持統合という緊急避難の制度目的にも反すると思われる。よって、ここでは避難行為の相当性を否定すべきである。処罰を斥けうるとすれば、期待可能性の不存在に基づく責任阻却による他ない。

かつての判例は、訴訟当事者に脅されてその者に有利な偽証をした場合（大判昭和9・9・14刑集13巻1257頁）や、共犯者に脅迫されて強盗の犯行に及んだ場合（最判昭和24・10・13刑集3巻10号1655頁）について、緊急避難も過剰避難も否定していた。しかし近時の下級審には、監禁された被告人が、被害者を殺せば身柄を解放してやるが命令に従わねば殺すと脅迫されて被害者を殺害した行為につき、現在の危難は身体の自由に対するものであったが生命侵害の可能性もあったことに着目して、殺害行為に出ることが「条理上肯定できないとまではいえない」と述べて避難行為の相当性を認めた例がある（東京地判平成8・6・26判時1578号39頁。法益の均衡を失していることから過剰避難とされた）。

(6) 避難の意思

緊急避難における主観的正当化要素としての避難の意思の要否については、防衛の意思におけると同様、必要説（大塚404頁、大谷305頁）と不要説（内藤（中）431頁、山口142頁、西田137頁、浅田251頁）の対立がある。両説の違いはとくに、旅館の客室の窓ガラスに投石してこれを割ったところ、ガス中毒死寸前であった宿泊客が救われたような偶然避難においてあらわれる。

偶然避難の実例は知られていないが、下級審の裁判例には、避難の意思必要説を前提に、憤激や苛立ちの感情が併存する場合にも避難の意思を肯定したものがある（東京地判平成9・12・12判時1632号152頁）。他方、妊娠中の中国人女性が中国から日本へ不法入国した行為について、中国の一部で行われていた強制中絶による胎児の生命および自己の身体の安全に対する現在の危難を避ける目的は認められるが、主たる目的は日本で稼働することにあったとして避難の意思を否定した例もある（広島高松江支判平成13・10・17判時1766号152頁）。判例は防衛の意思については攻撃意思との併存を認めており（第2節4(5)(d)）、後

(7) **自 招 危 難**

　　(a) **総　説**　　自ら招いた危難を免れるための緊急避難をそもそも，そしていかなる場合に制限，否定すべきかが争われている。

　危難招致者の主観に応じて，他人の家の中を覗くことを意図して犬を怒らせて自分を追い駆けさせ，逃げる口実でその住居に入り込んだような意図的招致，他人の部屋で自殺を企てて室内にガスを充満させたが，翻意して窓ガラスを割ったような，危難の発生について故意のあった故意的招致，同じく過失のあった過失的招致，そして無過失の招致を区別しうる。判例上みられるのは，自動車運転中の不注意によって他の交通関与者への危難を生ぜしめ，これを回避するために別の交通関与者を侵害した過失的招致の場合である。例えば，荷車の横を急速力で通り過ぎようとした自動車運転者が，荷車の背後から突然歩行者が現れた時に停止できず，これを避けようと進路を転換したところ別の歩行者と衝突して死亡せしめた事案がある（大判大正 13・12・12 刑集 3 巻 867 頁は業務上過失致死罪について緊急避難の成立を否定したが，その理論構成は明確でない）。

　さらに，危難招致者，保全法益主体，避難行為者の組み合わせによる分類も可能である。すなわち，①自らの法益に危難を招致した者が自ら避難を行う，三者が同一人である場合（例，自宅で失火し，逃げ場を失って隣家に逃げ込んだ），②自らに危難を招致した者を他人が救助する，危難招致者と保全法益主体が一致する場合（例，火の不始末から火事を出し，逃げ場を失った者を救うために，他者が第三者の消火器を使用した），③他者の危難を招致した者が第三者を犠牲にして救助を行う，危難招致者と避難行為者が一致する場合（例，殺意をもって他人の現在する家に放火した後翻意し，消火するために第三者の消火器を使用した），④他人によって危難を招致された者が自ら避難行為をする，保全法益主体と避難行為者が一致する場合（例，家に放火された者が逃げ場を失って隣家に逃げ込んだ），⑤他人によって危難を招致された者を第三者が救助する，三者が相異なる場合（例，家に放火された者を救うために他者が別の者の消火器を使用した）である。④と⑤は単に危険源が人の違法行為であったというにすぎず，ここで緊急避難を制限する理由はないから，自招危難として問題にすべきは①（自己避難）と②および③（第三者避難）である。

(b) 緊急避難の制限　　学説には，危難の自招性を一切考慮せずに緊急避難の成否を判断し，自招行為が犯罪にあたる限りでそれ自体として処罰するにとどめるものもあるが（浅田258頁），大方は自招性を理由にその一定の場合について緊急避難の成立を制限している。

まず，自招行為の客観的な違法性に着目し，当該犯罪の実行行為性を基礎づけるような危険で違法な行為によって惹起した危難を他人に転嫁する③の場合を違法とするものがある（林215頁）。そうすると，自損行為は原則として適法であるから，①，②の多くの場合に緊急避難を制限しえないことになり，とくに①で危難を意図的に招致した場合に不当な結論となろう。次に，自招の事実を利益衡量の一因子とし，自らに危険を招いた者の保全法益の保護相当性が減少すると考える立場は，緊急避難を①と②で制限し，③では制限しないことになる（井田307頁）。さらに，自招侵害におけると同様，事前の危難招致行為のみを問責対象とし，危難回避行為には緊急避難による正当化を認め，この適法行為を介して生ぜしめた法益侵害について事前の故意，過失に応じた犯罪の成立を認める「原因において違法な行為」の理論がここでも唱えられているが（山口148頁），適法な行為を介して結果を惹起する行為が違法であることの説明に窮するであろう。

他方で，危難招致者の主観に着目し，意図的ないし故意的招致における緊急避難は権利の濫用であって許されないという見解も伝統的に主張されていた（木村亀273頁）。強要緊急避難を違法と解する前提からすれば，少なくとも①，③における意図的招致の場合は，避難行為を犯罪実現のための手段と評することができるため，避難行為の相当性を否定すべきである。

(8)　**過失犯と緊急避難**

故意，過失を責任段階で初めて論ずる体系におけると異なり，構成要件的故意，構成要件的過失を考慮する本書のような体系では，行為の正当化を故意犯と過失犯で別異に解する可能性が生ずる。その際，構成要件的過失の認められた行為の正当化がありうるかが，とくに緊急避難について議論されている。危難の認識すらなかった偶然避難の場合と，危難を認識しつつ避難行為の際に構成要件該当結果を認識なく発生させた場合とがあり，裁判例には後者の類型が散見される。自招危難に関する裁判例の多くの他，例えば，自動車の運転中，

無謀運転の対向車との衝突を避けるために車体を左に寄せたところ，同一方向に進行中の他の車輌と接触し，その運転手を死傷させた事案について，通常の状況下であれば過失責任を免れないが，現在の危難を避けるためのやむことをえない行為であるとして緊急避難の成立を肯定したものと（大阪高判昭和45・5・1高刑集23巻2号367頁），過失を否定したものとがある（大阪高判昭和38・4・8判タ192号173頁等）。

学説には，構成要件的過失は緊急状況を度外視して抽象的，類型的に判断されるのに対し，緊急避難による正当化の判断は具体的，実質的であるから両判断は異なると解して，過失行為の緊急避難による正当化の余地を認めるものがある（山中528頁，川端332頁）。しかし，構成要件的過失は事態の緊急性も含んだ行為の具体的状況を基礎として判断されるため，緊急避難として許される行為はそもそも不注意ではないのですでに過失が否定されるはずであり，逆に構成要件段階で不注意とされた行為が正当化されることはありえないとも考えられる（藤木240頁）。緊急避難における害の均衡の要件は過失判断にとって意味をもつか，過失は行為時の事前判断であるが緊急避難の成立要件の存否の判断はどうか，等を考慮しつつ検討すべきであろう。

5 過剰避難

(1) 総　説

緊急避難「の程度を超えた行為」が過剰避難であり，刑法37条1項但書によって刑が任意的に減免される。その法的性質は，過剰防衛と同じく違法責任減少事由と解してよい（通説）。

過剰避難の典型は，価値の低い物を盗んだ窃盗犯人を追跡するために，進路に佇んでいた者を突き飛ばして重傷を負わせたような，害の均衡の欠如の場合である。さらに，緊急避難の成立要件を満たす行為に引き続いて避難行為の補充性を欠く行為が行われた事案において，全体で1つの過剰避難を認めた裁判例もある（東京高判昭和57・11・29刑月14巻11＝12号804頁）。

(2) 避難行為の補充性の欠如

通説は，避難行為の補充性が欠ける場合にも一律に過剰避難の成立を認める。産気づいた妻を自動車で病院に搬送する際，制限速度を守っても間に合ってい

たにもかかわらずこれを超過した等，およそ危険を転嫁する必要がなかった場合にも，避難行為による法益の維持によって違法性の減少を認めうることを理由にこの結論がとられるのであるが（アルマ71頁〔山口厚〕，伊東187頁），そこでは法益が危難を甘受するか，これを救うために他の法益を犠牲にするかの二者択一関係がないため，そもそも法益衝突が存しない。よって違法減少の前提を欠くので，過剰避難の成立を否定すべきであろう（大阪高判平成10・6・24高刑集51巻2号116頁。傍論ではあるが，前掲最判昭和35・2・4も参照）。もっとも，このような事例においても行為者の心理的切迫状況は肯定できることから，刑の減免根拠を専ら責任減少に求める立場からは過剰避難が認められている（西田143頁）。

他方，危険を他人に転嫁することは不可避であったがより軽微な転嫁手段が存在した場合，それが同一の法益に対する避難行為であれば，その法益と保全法益が衝突していることは否めないので，過剰避難の成立を認めることができる（最判昭和28・12・25刑集7巻13号2671頁も同趣旨）。さもなくば，害の均衡の欠如の場合でもより軽い侵害行為による避難（(1)の例ではより軽く突くこと）が可能であったとの理由で過剰避難の成立が否定されかねない。さらに，同一の法益主体のより小なる別の法益に対する避難行為が可能であった場合（例，身体ではなく財物を害すれば足りた）にも，いずれにせよ当該他人に連帯を要求しうる場面であったと考えて過剰避難とすることは可能であろう。

6　誤想避難・誤想過剰避難

(1)　誤想避難

緊急避難を正当化事由と解する時，緊急避難にあたる事実の存在を誤信した誤想避難は，誤想防衛と同じく正当化事情の錯誤であるから，錯誤の回避可能性にかかわらず故意を阻却するのが一般的見解である。

(2)　誤想過剰避難

現在の危難が存在しないのにすると誤信して避難行為をしたが，仮にその危難が現実に存在していたとしても避難行為としては過剰であった場合を誤想過剰避難という。誤想過剰防衛と同様，刑の減免の可否が問われる。

下級審には，やくざ風の2人組に連行されて暴行されると誤信して，護身用

の鋏(はさみ)を近くの理容店から窃取した事案で,退避や救助要請の余裕が客観的に存したため避難行為の補充性を否定し,その認識から故意を肯定しながら,退避等を被告人に期待するのは困難であったとの理由で「現在の危難の誤想に基づく……過剰避難」を認めたうえで,刑法37条1項但書により刑を減軽したものがある(大阪簡判昭和60・12・11判時1204号161頁)。

7 防衛行為による第三者侵害と正当防衛・緊急避難の成否

不正の侵害者に対して行われた反撃行為によって第三者の法益を侵害した場合,不正に対して正を確証する正当防衛が成立する余地はあるのか,それとも緊急避難を認めうるにとどまるのか,その可能性もないのかが,以下の類型ごとに論ぜられている。

(1) 攻撃手段として用いられた第三者の財の侵害

攻撃者が第三者の杖で殴りかかって来たのでこれを折った等,攻撃の手段として利用された第三者の所有物や身体を反撃によって損壊,傷害する行為には,正当防衛を肯定してよい(通説)。飼犬を他人にけしかけた場合(第2節3(3)(a))のごとく,攻撃手段たる財が背後の攻撃者と一体として不法をなすからである。第三者には通常は過失もないが,ここでは攻撃者による不正の侵害が厳然と存在するので,無過失行為に対する正当防衛を否定すべきこと(第2節3(3)(b))とは矛盾しない(なお,民法720条1項但書により,第三者から攻撃者に対する損害賠償請求は可能である)。ただし,正当防衛を認めるためには,第三者の財が攻撃の危険性を高めていたことも必要と解される。それゆえ,前述(1(2)(a),4(5)(a))した,乗っ取られて目標に突入しようとする旅客機を乗員乗客諸共撃墜する事例において,機体に対しては正当防衛が成立するが,乗員乗客に対しては防禦的緊急避難を認めうるにとどまる。

(2) 反撃手段として用いた第三者の財の侵害

鉄の棒で殴りかかられたので,傍らにあった第三者の杖で応戦したところ杖が折れた場合のように,不正の侵害に対して反撃するために使用した第三者の財を侵害した場合,急迫不正の侵害「に対」する反撃(36条1項)ではないので正当防衛ではなく,第三者を犠牲にして侵害を免れる緊急避難にあたる(前掲大阪簡判昭和60・12・11参照。攻撃者に対する暴行は正当防衛となる)。

(3) 攻撃手段でも反撃手段でもない第三者の財の侵害

(a) 総説　反撃すべく攻撃者に向けて発砲した弾が第三者に当たって死に致したような場合については、まず構成要件的故意の存否を検討すべきである。方法の錯誤の事例では、具体的符合説なら過失がある限りで過失致死罪となり、過失犯の正当化の問題となる（4(8)）。法定的符合説なら——少なくとも数故意犯説では——故意の符合が認められて殺人罪の構成要件該当性が肯定される（方法の錯誤の処理についての詳細は第5章第2節4(2)(b)(c)(d)参照）。

故意犯が成立する場合、防衛行為の要件を事前判断する立場（第2節4(4)(iii)）からは、行為の時点で防衛行為として正当であれば第三者に結果が発生しても正当防衛の成立を肯定する少数説が一貫している（川端348頁）。事前判断説に立ちながら、法確証は不正の侵害者に対する防衛結果についてのみ認められるとの理由でこれに反対する有力説は、整合性に疑問があろう。他方、事後判断説においては正当防衛の成立が否定され、危険を第三者の犠牲において免れたものとして緊急避難の成立可能性が検討されることになる。退避できず、第三者を侵害するのが唯一の有効な防衛手段である場合には、避難行為の補充性が肯定される。攻撃者が反撃からわが身を守るために盾にした第三者を反撃によって侵害したような例が考えられよう。退避が可能であれば緊急避難も成立せず、責任阻却による不処罰の余地が残る（内藤(中) 388頁、曽根110頁、山中478頁）。

なお、法定的符合説に立ちながら、行為者が認識していたのは正当防衛にあたる事実であるから故意が阻却されると主張するものもあるが（前田337頁・390頁）、法定的符合説が故意の符合を認めるのは第三者が攻撃者ではないと知りつつ狙って撃つ場合と同視するということであり、それにもかかわらず正当防衛の認識を肯定するのは無理であろう。

(b) 判例　X等に襲われているAを救助するためXに向けて自動車を急後退させてXの手に車体を衝突させると共に、誤ってAを轢死させた事案につき、Aに対する傷害致死罪を認めた原審を破棄して無罪とした裁判例がある（大阪高判平成14・9・4判タ1114号293頁）。Aは不正の侵害者ではないとの理由で正当防衛を否定し、行為が客観的に緊急行為性を欠き、しかも避難に向けられたとはいえないとの理由で緊急避難を斥けつつ、被告人が正当防衛

にあたる事実を認識していたことから「誤想防衛の一種」として構成要件的故意を否定した（過失も認めがたいとされた）。法定的符合説の数故意犯説を前提としながら，Aは救助すべき人であるから敵方であるXとは構成要件的評価において人として同価値でないため，故意は符合しないと断じたのである。しかし，「およそ人」であれば故意の符合を認める法定的符合説の出発点に反するものであろう。また，Aの救助という正当化段階で初めてあらわれる観点を構成要件段階で考慮するのは体系上疑問がある。緊急避難の成立を斥けた理由も明らかとはいえない。

　　(c)　防衛行為による超個人的法益の侵害　　不正の侵害者に向けられた反撃行為が超個人的法益に対する罪を構成する場合にも，正当防衛が成立する余地はなく，緊急避難による正当化の可能性のみが残る。暴力団の組事務所に監禁されて暴行を受けていた者が，脱出するために事務所に放火して焼損した事案に関する下級審裁判例も，専ら緊急避難の成否を論じている（前掲大阪高判平成10・6・24〔5(2)〕）。

第5節　正当行為・自救行為・義務の衝突

1　正当行為

(1)　法令行為

　　(a)　総説　　法令行為とは，法律，命令その他の成文法規により権利，義務として認められた行為をいう。刑法35条前段はその不処罰を定めるが，法の許容する行為が処罰されないことは，違法一元論（第1節6）の前提からは火をみるより明らかであるから，この規定は法秩序の統一性を宣言した規定（松宮99頁）としてのみ意味をもちえよう。

　　(b)　司法上の強制権限　　刑の執行（死刑につき11条，自由刑につき12条・13条），被疑者の逮捕（令状逮捕につき刑訴199条，緊急逮捕につき同法210条，現行犯逮捕につき同法213条），被告人の勾引（同法58条），勾留（同法60条1項），捜索（同法102条）として行われる公務員の職務行為は，殺人罪や逮捕監禁罪等の構成要件に該当しても正当化される。現行犯逮捕の権利は私人にも認められている。

第6章　正当化事由

　逮捕，勾留の要件として，犯罪の嫌疑が必要とされている（上記各規定を参照）。その判断は，通説の説くように事前的になされるべきであろう。文言上その趣旨がうかがわれること（佐伯千181頁），逮捕等は有罪無罪を決する刑事裁判の準備として行われるのであるから，その適法性が事後的な裁判における有罪無罪の結論に依拠するのは背理であること（小田直樹「現行犯逮捕の刑法的評価——違法の相対性に関する一考察」産法34巻3号〔2000〕46頁），被疑者を刑事手続の流れに乗せるという刑事司法上の重大な利益と比較すれば人身の自由の利益は一歩退くこと（山口107頁）による。よって，被逮捕者が事後的に無罪と判明した誤認逮捕も，行為時に法定の要件を備えていれば適法である（最決昭和41・4・14判時449号64頁参照）。

　現行犯逮捕に際しての有形力行使は，その際の状況からみて社会通念上逮捕のために必要かつ相当な範囲で許されている（最判昭和50・4・3刑集29巻4号132頁）。主観的正当化要素としての逮捕意思については，これを必要とする立場から，逮捕を行った私人が被逮捕者を司直に引き渡す意思を有さず，金員を恐喝できるかもしれないと考えていた事案でその存在を否定した裁判例がある（仙台高判昭和26・2・12判特22号6頁）。もっとも，逮捕の意思と憤激，報復感情の併存は認められており（東京高判平成10・3・11判時1660号155頁は，被告人が憤激していたことから正当行為を否定した原判決を破棄して無罪を言い渡した），防衛の意思に関する判例（第2節4(5)(d)）と同様の考え方が示されている。

　(c)　監護権・懲戒権　(i)　親権者（民818条）は，未成年の子に対する監護教育の権利と義務を負い，これを実現するために一定程度の有形力の行使を含む懲戒を行う権利を有する（民820条・822条，さらに民857条）。監護権をめぐって最近しばしば争われているのは，別居中の配偶者のもとで養育されている実子を連れ去る行為についての略取誘拐罪の成否である（最決平成15・3・18刑集57巻3号371頁，最決平成17・12・6刑集59巻10号1901頁はいずれも正当化を否定して略取罪の成立を認めた）。

　親権者の懲戒権について，行為がその限度を超えたとして違法とされた例がある（9歳の子の両手を縛って押入れに閉じ込めた事案に関する，東京高判昭和35・2・13下刑集2巻2号113頁）。

　(ii)　教師も一定の範囲で懲戒権を有する。学校教育法11条によれば，「校

長及び教員は……児童，生徒及び学生に懲戒を加えることができる。ただし，体罰を加えることはできない」。すなわち，懲戒としての暴行が体罰にあたらない場合は，法令による行為として正当化される（東京高判昭和56・4・1刑月13巻4＝5号341頁）。体罰にあたる行為は，明文で禁止されているので違法であるが，教師の服務上の心得を示す学校教育法の違反によってただちに処罰を根拠づけることはできないため（藤木187頁），可罰的違法性の阻却される余地は残る（その他，少年院8条，婦人補導11条参照）。

　(d)　労働争議行為　　(i)　労働争議行為とは，同盟罷業，怠業，作業所閉鎖その他，労働者がその主張を貫徹することを目的として行う行為をいう（労働関係調整7条参照）。暴行，脅迫，逮捕監禁，住居侵入，威力業務妨害等の構成要件に該当しても，労働者の団結権，団体交渉その他団体行動の権利を保障した憲法28条を根拠として，労組法1条2項本文を通じて刑法35条により正当化される。

　正当化の判断に際しては，「その行為が争議行為に際して行なわれたものであるという事実をも含めて，当該行為の具体的状況その他諸般の事情を考慮に入れ，それが法秩序全体の見地から許容されるべきものであるか否かを判定しなければならない」というのが判例の立場である（最大判昭和48・4・25刑集27巻3号418頁〔久留米駅事件〕）。学説では，目的の正当性と手段の相当性が考慮されるのが一般である（大塚414頁，大谷254頁，曽根119頁，山中555頁）。目的は客観的な要求事項と解され，労使対等の立場を促進することにより労働者の経済的地位を向上させることを主目的としていれば，政治的目的が付随していてもよい。手段については，「いかなる場合においても，暴力の行使は，労働組合の正当な行為と解釈されてはならない」（労組1条2項但書）と定められているが，この「暴力」は暴行罪における暴行よりも限定的に解されている。また，労組法上違法な暴行であっても可罰的違法性の阻却は可能である。

　(ii)　公務員等については，同盟罷業，怠業その他の争議行為が法令によって禁止または制限されている（国家公務員98条2項前段，地方公務員37条1項前段，独行等労17条1項，地公等労11条1項。争議行為の企て，共謀，そそのかし，あおりについての罰則として，国家公務員110条1項17号，地方公務員61条4号）。しかし，争議行為の一括禁止は憲法28条に違反する疑いがあり，ここでも労組

第6章　正当化事由

法1条2項を適用して行為を正当化する余地はないか，少なくとも可罰的違法性の阻却は認められるのではないかが，かつて判例上激しく争われていた（**第7節2**）。

(e)　その他　　賭博罪（185条），富籤罪（187条）の構成要件に該当する行為も，公営であれば許容されている（競馬5条，自転車競技8条，当せん金付証票4条1項）。行為自体がもつ，例えば勤労意欲を失わせる等の有害性は私人が行う場合と違いがないため，行為の正当化根拠は財政上または経済政策上の理由に求められている（自転車競技1条1項，当せん金付証票1条・4条1項参照）。

当然に正当化される行為についてその適法性を注意的に示すと共に，方法や範囲に技術的制限を加えるものとして，人工妊娠中絶（母体保護14条）や移植目的での死体からの臓器摘出（臓器移植6条）についての規律がある。

(2)　**正当業務行為**

(a)　総説　　刑法35条後段は，「正当な業務による行為は，罰しない」と規定する。「業務」を職業活動に限定し，その社会的役割ゆえに刑罰を免れる特権を認めるのは少数であり（松宮116頁），多くの見解は社会生活上継続，反復して行われる性格の事務であれば素人の活動も含める。正当化の根拠については，各業務において類型的に確立された行為準則の遵守に求めるもの（大谷257頁）と，正当化の一般原理に遡るもの（山口108頁，前田307頁）があり，後者は刑法35条後段の存在意義を疑問視することに行き着く。

(b)　弁護活動　　判例では，強盗殺人事件の弁護人が，真犯人は被害者の親族であると考えて，その旨の上告趣意補充書を提出すると共にその内容を新聞記者に説明し，さらには書物として出版した名誉毀損罪の事案で，「刑法35条の適用を受けるためには，その行為が弁護活動のために行われたものであるだけでは足りず，行為の具体的状況その他諸般の事情を考慮して，それが法秩序全体の見地から許容されるべきものと認められなければならないのであり，かつ，右の判断をするにあたつては，それが法令上の根拠をもつ職務活動であるかどうか，弁護目的の達成との間にどのような関連性をもつか，弁護を受ける刑事被告人自身がこれを行つた場合に刑法上の違法性阻却を認めるべきかどうかという諸点を考慮に入れるのが相当である」との一般論を述べ，当該行為はいずれの観点に照らしても正当化されないとしたものがある（最決昭和51・

3・23刑集30巻2号229頁)。

(c) 取材活動　最決昭和53・5・31刑集32巻3号457頁は，女性の外務事務官と肉体関係を持った後，依頼を拒みがたい心理に乗じて報道目的で秘密文書を持ち出させた新聞記者が，国家公務員による秘密漏示のそそのかしの罪（国家公務員111条）で起訴された事案に関する。最高裁は，報道の自由，取材の自由の憲法上の重要性を認めながら，「取材の手段・方法が贈賄，脅迫，強要等の一般の刑罰法令に触れる行為を伴う場合は勿論，その手段・方法が一般の刑罰法令に触れないものであつても，取材対象者の個人としての人格の尊厳を著しく蹂躙する等法秩序全体の精神に照らし社会観念上是認することのできない態様のものである場合にも，正当な取材活動の範囲を逸脱し違法性を帯びるものといわなければならない」と述べ，被告人の一連の行為を違法と断じた。（報道）目的と（取材）手段の両者に言及したのは目的説の判断方法を指向したものとみられるが，手段の不当性を独立して評価した点に関し，人格蹂躙は行為に対する倫理的評価にすぎないとか，これが違法性を根拠づけうるとしても当該犯罪の違法性とは異質である等の批判が強い。

2　自救行為

(1) 総　説

自救行為とは，自力で請求権の保全を図る行為をいう。一般的な規定はなく，刑法35条により，もしくは超法規的に正当化される（特殊な自救行為の明文規定として，民233条2項）。窃盗犯人から財物を奪い返すような，占有回復を目的とする場合をとくに占有自救と呼び，刑法238条にこれを許容する趣旨がうかがわれる。ただし，窃盗犯人には所有者との関係において法的保護に値する占有が否定される結果，取還行為がすでに窃盗罪の構成要件に該当しない可能性がある（財産犯の保護法益に関する刑法各論の議論を参照）。そのような考慮が働きえず，自救行為による正当化を援用して初めて不処罰となしうるのは，窃盗犯人を殴って，あるいはその住居に侵入して盗品を取り返した例のように，財産以外の法益を侵害した場合である。

(2) 正当化の根拠と要件

自救行為は，自己または他人の正当な利益に対する不正の侵害に向けられる

点で正当防衛と共通する。そこで正当化根拠も同じく，当該法益の保護と法確証ということになろう（山中545頁）。

　しかし，両者には看過しがたい異同もある。正当防衛は急迫の侵害に向けられるので，現存する適法な法状態の違法な変更を妨げて法的安定性を守るものといえ，実力行使を認める弊害は大きくない。これに対して自救行為は，侵害の終了後に行われるため，違法といえども事実として存在する法状態を実力で変更しており，かえって法的安定性を害するという否定的側面をも持つのである。この点にかんがみ，行為の必要性，相当性の要件が正当防衛よりも厳格に解されている。

　前提要件としての緊急性については，法律上正式な手続をふんで国家機関の救助を待つならば権利回復が不可能になるか著しく困難になることが一般に要求されているが，占有自救では占有を事実上侵奪された者になお占有の継続が認められる限り（民201条3項参照），より広く自救行為を許すものがある（内藤（中）461頁，浅田264頁）。

(3) 判　　例

　大審院は，直接の明文規定を欠く自救行為をおよそ認めないという峻厳な態度をとっていた（大判昭和16・5・12刑集20巻246頁，大判昭和17・10・12新聞4807号10頁）。最高裁も依然自救行為による正当化を具体的な事案について認めるには至っていないが，「自救行為とは一定の権利を有するものが，これを保全するため官憲の手を待つに遑なく自ら直ちに必要の限度において適当なる行為をすること，例えば盗犯の現場において被害者が贓物を取還すが如きをいうのである」と，自救行為の成立要件を具体例と共に示したものや（前掲最大判昭和24・5・18），自救行為が正当化事由であると明言するもの（最決昭和46・7・30刑集25巻5号756頁）も存する。さらに下級審には，現実に自救行為の名のもとに行為の正当化を認めた例がある。隣家から境界線を超えて自らの土地へはみ出していた庇を切り取った事案や（岐阜地判昭和44・11・26刑月1巻11号1075頁），自己所有の店舗の賃貸人が賃借人に無断で店舗の占有を奪ったので，賃借人がその4日後に占有を回復した占有自救の事案（福岡高判昭和45・2・14高刑集23巻1号156頁）であった。

3　義務の衝突

　義務の衝突とは，同一人に対して複数の法律上の義務が同時に課され，その内のある義務を履行するためには他の義務を怠らざるをえない場合をいう。犯罪の成否が問題になるのは，少なくとも一方が刑法上の作為義務であってこれを怠った不作為犯の場合である。

(1) 作為義務と作為義務の衝突

　(a) 義務に大小がある場合　義務の大小の基準は，法益や侵害の重大性等である。自分の2人の子供ABが病気になり，放置すればAは死に，Bは死なないが後遺症が残るならば，Aを救助する義務がBを救助する義務に優先する。そこで，どちらにも効く薬が1つだけある時，これをAに与えてその生命を救ったとすれば，Bの病状を悪化させる不作為の傷害行為は適法である。その理論構成につき，より低いBの救助義務の存在と違反を認めるならば構成要件該当性を肯定したうえで義務の衡量により正当化され（内藤（中）643頁），その義務はそもそも存在しないと考えるならば構成要件該当性が否定される。逆にBを救ってAを死なせるのは，いずれの見解からも違法である（内藤（中）647頁，大谷278頁，曽根208頁）。

　(b) 両義務が同等の場合　ここでは怠った義務についても構成要件該当性を認めたうえで正当化するのが一般的な見解であるが（山中543頁），その義務の履行可能性がなかったことから不作為犯の実行行為性を否定し，構成要件不該当とする見解もある（浅田263頁）。

(2) 義務緊急避難

　緊急避難行為者に保全法益を救助すべき作為義務がある場合，作為義務と不作為義務の衝突という観を呈する。これを義務緊急避難と呼ぶ。急病のわが子を病院へ搬送するために第三者の車を勝手に使用したような，作為義務を履行して第三者に危険を転嫁した場合には，通常の緊急避難とみて正当化が認められてよい（内藤（中）638頁，山中540頁，浅田261頁）。逆に不作為にとどまるなら，危険の転嫁がないので緊急避難ではない（曽根208頁）。それでは，この例で子を見殺しにすれば違法となるのか。第三者の法益を侵害する作為が正当化されることからただちに作為義務までは導けないようにも思われる。

(3) 論理的義務衝突

両義務を共に履行しえないのが事実上の理由に基づく，具体的状況下で初めて起こる通常の義務衝突とは異なり，法規に定められた義務同士が当初から抽象的に衝突している場合が論理的義務衝突である。そこでは，法規の解釈によって義務の優劣が一義的に定まる。例えば，医師には秘密漏示罪（134条）により業務上知りえた秘密の保持義務が課されており，これは証言義務に優先するが（刑訴149条，民訴197条1項2号），届出義務には劣後することがある（麻薬58条の2第1項。罰則は71条）。

第6節　被害者の同意

1　総　説
(1) 被害者の自己決定権の尊重とその限界

本節では，被害者による法益放棄の意思を不処罰根拠の少なくとも1つとする，被害者の同意（1～4）とこれに類似の正当化事由（5以下）について説明する。

個人主義のもとでは，法益主体が法益を自らの意思によって処分する自由が原則として保障されているため，自損行為は適法である。このような自己決定は，他人の手を介して自己の法益を処分することにも及ぶので，法益主体の同意に基づいて他人がその法益を侵害する行為も適法となる。例えば，所有権者には所有物を損壊する自由がある以上，所有権者の同意を得てその所有物を損壊することも許されねばならない。このように，被害者の同意に基づく行為の不処罰根拠を専ら被害者の自己決定権に求め，同意によって法益の保護相当性が失われると考えるのが一般的な見解である（平野Ⅱ213頁，大谷260頁，井田318頁，山口150頁以下。法益の価値を自己決定権と切り離して両者を衡量する異説として，曽根125頁）。

もっとも，自己決定権の行使が刑法上無制限に許容されて，有効な同意に基づく行為が一律に不可罰となるわけではない。生命については，自殺関与罪および同意殺人罪（202条）によって法益処分権が明文で制限されており（ただし，安楽死，尊厳死については正当化を認める見解も有力である），そもそも自殺が適法

かも争われている。生命（および身体）に対する危険犯である遺棄罪（217条以下）において，被害者の同意に正当化の効力があるかにも議論がある（これらの詳細は，各罪の解釈問題として刑法各論の教科書にゆだねる。身体の処分権限については4で後述する）。このような自己決定権の制限は，2，3で挙げる要件の充足のみをもってしては行為を正当化せず，行為の相当性等があいまって初めて正当化を認める社会的相当性説や目的説の考え方（福田179頁，大塚419頁，伊東198頁）のあらわれともいえる。

(2) 超個人的法益に対する罪と同意

国家・社会的法益に対する罪について，法益の主体である国家，社会が侵害に同意することは事実上不可能なので，同意によって犯罪が不成立になることは通常考えがたい。ただし，保護法益に個人的法益を含む罪においては，その部分が同意により不可罰となり，より軽い犯罪の成立のみが認められることもある。例えば，非現住建造物等放火罪（109条1項）や建造物等以外放火罪（110条1項）において所有者が放火に同意すれば，それぞれ自己所有非現住建造物等放火罪（109条2項），自己所有建造物等以外放火罪（110条2項）が成立するにとどまるのである。

(3) 同意の体系的地位

被害者の有効な同意がある場合，同意による刑の減軽類型の規定があればその構成要件に該当する（同意殺人罪，同意堕胎罪〔213条〕）。

それ以外の犯罪では，同意によって法益の保護価値が失われて法益侵害性がなくなると考え，一律に構成要件該当性を否定する考え方が有力である（山口151頁，林160頁。自己決定権を法益に含めたうえでそのように解するのは山中203頁）。反対説は，この結論を，監禁罪等の自由に対する罪，窃盗罪等の財産犯のごとく，被害者の意思に反して行われることを構成要件上予定した犯罪についてのみ認め，身体に対する罪（暴行罪〔208条〕，傷害罪〔204条〕）においては，同意があっても構成要件該当性を肯定したうえで違法性を阻却する。傷害罪等の成否を判断する際，有効な同意の存否以外に行為による客観的な利益保全も考慮するなら（4，7），それは正当化の段階でのみ可能であるから，反対説を支持しえよう（井田・構造193頁）。もっとも，構成要件不該当か正当化かという位置づけの違いは，同意の存在を誤信した場合において，構成要件該当事実の錯

誤と正当化事情の錯誤とで取扱いを異にする見解を採用する時に意味をもつにとどまる（本節3．第3節2）。

2 同意の有効要件
(1) 同意能力
有効な同意をなしうるのは，同意に基づく行為により自己に具体的に及ぶ不利益について理解する能力を備えた者である。必要な同意能力は事案ごとに異なるであろう。判例では，「未タ自殺ノ何タルカヲ理解スルノ能力ヲ有」しない5歳11か月の幼児（大判昭和9・8・27刑集13巻1086頁），「通常の意思能力もなく，自殺の何たるかを理解しない」重度の精神病者（最決昭和27・2・21刑集6巻2号275頁）について死への同意能力が否定され，殺人罪の成立が認められた。

強制わいせつ罪（176条），強姦罪（177条）において，行為が13歳未満の者に対して行われる場合に暴行脅迫の要件が不要とされているのは，そのような被害者が一般的に性的に未成熟と考えられることから同意無能力を擬制したものであり，反証は許されない（浅田201頁）。

(2) 同意の対象
結果犯においては，構成要件該当結果，すなわち侵害犯なら侵害結果，危険犯なら危殆化結果についての同意が必要である。さらに，被害者が行為態様を限定して同意した場合，それと異なる方法によって結果が実現されれば同意が否定されることもあろう（下腹部を刃物で突き刺してもらうという殺害方法に固執していた大阪高判平成10・7・16判時1647号156頁の被害者を例えば毒殺したような場合）。なお，とくに過失結果犯につき，結果発生の危険への同意しかなかった場合の正当化の可否が，危険の引受けの名のもとに議論されている（後述6）。

挙動犯では当該行為への同意を要する。判例には，土間への立ち入りについてのみ同意があった場合に座敷に上がり込んだ者に住居侵入罪の成立を認めた例がある（最判昭和27・5・2刑集6巻5号721頁）。

特定の行為者による侵害についてのみ同意した場合，その他の者による侵害が違法とされることもあろう。例えば，AがXへの贈物として買っておいた物をXがそれと知りながら盗めば不可罰とされえようが，X以外の者の行為

についてはそうではない。

(3) 同意の心理的内容

同意は法益侵害の認識で足りるか，意思的要素も必要か。その程度はいかなるものであるべきか。相手が殴りかかってくるのを知覚しても同意したことにはならないから，認識では足りないことは明らかである。他方，安楽死において死それ自体を望んでいない者にも死についての有効な同意を認めうる場合はあるから，積極的意欲までは要求できないであろう。下級審には，被虐的嗜好の顕著な被害者の依頼に応じて刃物で下腹部を突き刺して殺害した事案で，「死の結果に結びつくことを認識している場合には，たとえ死の結果を望んでいなくても，真意に基づく殺害の嘱託と解する妨げとはならない」と判示して死の有効な同意を認め，意思面に重点をおかなかったものが存する（前掲大阪高判平成 10・7・16）。

(4) 同意の存在時期

実行行為と結果発生までの間に時間的間隔がある時，同意はどの時点で存在しなければならないか。①行為時の同意が結果発生前に撤回された場合（例，自殺するために毒入り飲料を用意してもらい，飲み干した後で翻意した）と，②行為時には同意がなく，その後結果発生時までに同意がなされた場合（例，殺人犯人から毒入り飲料を渡されてそれとは知らずに飲み干し，その後に犯人の意図を知ってこれを受け入れた）に問題となる（いずれの例でも飲用の時点で実行の着手が認められるものとする）。

行為時を基準とする見解（大塚 420 頁，内藤（中）591 頁，曽根 126 頁，浅田 206 頁，伊東 201 頁，西田 176 頁）によれば，①は正当化され，②は違法となる（強姦罪等の結合犯なら未遂にとどまることもある）。しかし，被害者による法益の放棄が不処罰根拠であるから，そのような意思が結果発生の時点で現実に存在していることが不可欠ではなかろうか（山口 156 頁，佐伯仁志「被害者の同意とその周辺(1)」法教 295 号〔2005〕111 頁）。そうすると①では行為は違法であり，同意の存在を誤信しているので正当化事情の錯誤が認められる。②の結果は適法であるが，最後まで同意がなされず違法な結果が発生する危険が行為時にあれば未遂となる。ただし，行為への同意に意味が認められる場合（(2)参照）には，行為時にも同意が必要であろう。

なお，行為ごとではなく事前に包括的になされた同意も有効である。これを包括的同意という。百貨店に客が立ち入ることへの同意がこれにあたる。他方，結果発生後の同意は実体法上の効果を有さず，親告罪において告訴の放棄としての意味を持ちうるにすぎない。

(5) 同意の表示

同意の意思を表示する方法は，明示的であると黙示的であるとを問わない。

黙示の意思表示も存在しない時，法的安全性を強調して同意を認めない意思表示必要説（意思表示説）がある（山中207頁）。これには，証明と実体法上の要件を混同するものとの批判がある。自己決定による法益保護の放棄があれば足りると解し，意思表示は不要（意思方向説）とすべきであろう（内藤（中）594頁，山口157頁，大谷263頁）。同意の意思表示後にこれを内心でのみ撤回すれば同意は無効となり，行為者の救済は正当化事情の錯誤の法理による。

(6) 同意の任意性

同意は自由意思に基づいてなされることが必要である。この点に疑いの生じるのが，以下の瑕疵ある意思に基づく同意の場合である。

　(a) 脅迫に基づく同意　被害者が心理的に強制されてした同意には，任意性が否定されることがある。その際，強制力の淵源を考える必要がある。死苦を免れるための安楽死への同意は有効でありえても，それと同等の苦痛を伴う拷問をして得た殺害への同意は無効である。警察による追及を恐れて死を決意することには任意性を認めえても，そのような追及を仮構して心理的に追い詰めて死を決意させることは異なる（福岡高宮崎支判平成元・3・24高刑集42巻2号103頁参照）。意思決定が自由か否かは，被害者の主観のみに従って判断すべきではないのである。

意思抑圧の程度につき，被害者の首筋に包丁を突き付けて一緒に死ぬことを迫り，被害者が真青な顔で震えながら首を縦に振ったのをみて殺害した事案で，同意の任意性を否定して殺人罪の成立を認めた裁判例がある（大阪地判昭和56・3・19判タ453号172頁。ただし傍論）。

　(b) 欺罔に基づく同意　(i) 行為者に騙されて錯誤に陥り，これに基づいて行った同意は有効か。一説は，被害者の主観を有効性の判断基準とし，騙されなければしなかったであろう同意を無効とする。法益の処分にあたっては

法益主体が一定の条件を付与しうること，被害者にとって重大な錯誤なら行為者との関係で被害者の法益の保護相当性は失われないこと，脅迫に基づく同意は法益侵害の事実を正しく認識しながら意思形成過程にのみ瑕疵がある場合にも無効とされることが理由として挙げられている（井田・構造199頁以下）。最判昭和33・11・21刑集12巻15号3519頁も，一緒に死んでやると欺かれて心中に同意した事案について，「被害者は被告人の欺罔の結果被告人の追死を予期して死を決意したものであり，その決意は真意に添わない重大な瑕疵ある意思であることが明らかである」と判示して殺人罪の成立を認めた。

　しかし，脅迫はそれ自体で犯罪を構成することや，強要罪の手段として掲げられていることにかんがみれば，法は脅迫の違法性を欺罔の違法性よりも重大視していると思われるので，(a)でみたように脅迫による同意において被害者に働きかける力の客観的な性質と程度が問われる以上，欺罔による同意においてはなおさらしかるべきではあるまいか。本人にとって重大でさえあればあらゆる条件についての錯誤を考慮するなら，信心深い患者に大安と偽って仏滅の日に手術する同意を得たような場合にすら同意を無効にしてしまいかねない。

　(ⅱ)　そこで，基準を客観化して錯誤による同意をより広く有効とする法益関係的錯誤説が通説化した。当該構成要件によって保護される法益の存否，価値，侵害の量や範囲についての錯誤の場合（例，高価な壺を偽物と騙して，持ち主に損壊を同意させた）には同意を無効とするが，法益侵害の見返りとして約束された反対給付についての錯誤（例，上の例で壺の対価を払うと騙して損壊に同意させた）や付随事情に関する錯誤（前掲最判昭和33・11・21の偽装心中の例）では，法益侵害について正しい認識があるので同意は有効とされる。同意とは自己の法益の処分であるから，当該法益侵害に同意している以上，法益の保護相当性または法益侵害性が失われると考えるのである。そこには，錯誤が他の法益に関する場合にまで同意を無効として処罰すると，当該構成要件で保護されていない法益の侵害を当該構成要件で捕捉するか，騙されないという意思の自由一般を保護することになってしまい不当との考慮もある（佐伯・前掲法教295号116頁，西田178頁，浅田208頁）。

　この見解に対しては，法益関係的錯誤がなくとも同意を無効とすべき場合があるとの批判が向けられている。第1は，わが子の失明を防ぐために角膜の移

植が必要と騙されて自分の片方の眼球の摘出に同意した親のような，いわゆる利他的目的の実現についての錯誤である。ここでは親は自らの法益の侵害について正しく認識しているため，錯誤は法益関係的ではない。子の視力の完全性という法益との関係における自己の法益の相対的価値についての錯誤をいうなら（西田179頁，山中215頁），前掲最判昭和33・11・21（偽装心中事例）の事案でも被害者は被告人が一緒に死んでくれれば自分の生命の価値は減少すると思っていたので法益関係的錯誤が認められることになろう。これを不可とするなら，角膜を提供しなければ子を失明させると脅した場合と同様に意思抑圧を理由として同意を無効とする解決が考えられる（佐伯仁志「被害者の同意とその周辺(2)」法教296号〔2005〕84頁）。しかし，親子等の緊密な人的関係や緊急性がない場合には心理的強制が認められないため，この解決も満足いくものではない。

　第2は，危難の存在を誤信してこれを避けるために法益を犠牲にした，緊急避難（類似）状況に関する錯誤である。自分の飼犬が逃げ出して人を襲っていると電話で騙されて犬を殺すことに同意したが，犬は実は大人しく檻のなかにいたような場合，犬を殺すこと自体については錯誤がなく，仮装された危難が他人に向けられたものであれば心理的強制状況も認められないので，法益関係的錯誤説によるなら同意は有効となるのではないか。これに対しては，現実にその状況が存在すれば被害者は侵害を受忍すべきであり，その点についての誤信はなお法益関係的といえると反論されているが（山口159頁，西田179頁，また山中215頁），緊急状況ゆえに犬の法益としての価値が減少することを前提とするもので疑問がある。

3　同意の認識

　被害者の同意による不処罰を導くための行為者側の要件として，同意の認識という主観的正当化要素が必要かが，正当防衛その他の正当化事由におけると同じく問題とされている。同意の表示不要説に立つならば，同意を認識することは要求できないであろう（内藤（中）595頁）。

　客観的に存在する同意を認識しなかった場合の処理についても，偶然防衛（第2節4(5)）と同様の対立がある。認識必要説は，既遂説と，違法二元論に

立ち結果不法は欠落するが行為不法は残ることから未遂とする説（井田・構造203頁）に分かれる。認識不要説には，同意の効力を認めて犯罪の不成立ないし減軽類型にあたる犯罪の成立を認めるものと（内藤（中）595頁，大谷264頁），同意が存在せず違法な結果が発生する危険性があれば未遂犯の成立を認めるものがある（平野Ⅱ250頁，西田177頁，林161頁）。

逆に，同意がないのにあると思った場合は構成要件該当事実ないし正当化事情の錯誤である。前者では一致して，後者でも通説によれば故意が阻却される。

4　身体に関する自己決定権の制約

(1)　総　　説

被害者の自己決定を担保する2の諸要件および行為者側の3の要件が備わってもなお，同意に基づく行為を適法とすべきではないのではないかが，身体に対する罪について争われている。そこでは，自殺関与罪，同意殺人罪に関する刑法202条のような特別規定がないので，自傷行為に他人が関与する行為は適法行為への共犯として不可罰となるが，同意に基づく傷害の取扱いについては活発な議論がある（暴行についても同様であるが，以下では傷害にのみ言及する）。そのなかでも，本人の生命や健康の維持という有用な目的をもつ治療行為は7でとりあげることにし，ここではその他の無意味な傷害行為に関する身体法益の処分可能性について考える。

自己決定権の尊重を一貫する見解は，有効な同意に基づく傷害をすべて不可罰とする（前田318頁，浅田206頁）。しかし多数説は，身体についての自己決定権を制限し，同意傷害の一定の場合について刑法204条による可罰性を肯定している。その場合，同意殺人罪との均衡上，同罪の刑の上限は超えられないと解すべきであろう。問題は，被害者の法益放棄意思以外の事情が，可罰性を拡張する方向でどの範囲において考慮できるかである。

(2)　同意傷害の可罰性の根拠と基準

(a)　総合判断説　　伝統的な学説は，社会的相当性説あるいは目的説の立場から，傷害の重大性の他に，同意を得た目的，傷害行為の態様を総合的に考慮して，行為が相当性を欠く場合に同意傷害を違法としてきた（福田179頁，大塚419頁・421頁）。すなわち，治療行為等目的の公共性が非常に強い場合に

第 6 章 正当化事由

はある程度重大な傷害も正当化されるが，目的が違法である場合，その程度が軽微なら例外的に適法とされることはあるものの，重大な違法目的の場合は常に違法とされる。そうすると，無意味な傷害行為は原則として違法となろう。

これは判例の立場でもあるとみられる。論者が支持する最決昭和55・11・13刑集34巻6号396頁は，入院給付金を騙取する目的で共謀した共犯者に同意のうえで軽微な傷害を負わせた事案につき，「被害者が身体傷害を承諾したばあいに傷害罪が成立するか否かは，単に承諾が存在するという事実だけでなく，右承諾を得た動機，目的，身体傷害の手段，方法，損傷の部位，程度など諸般の事情を照らし合せて決すべきものである」として，同意も含めた所掲の諸要素を総合して違法性を判断すべきことを説き，「右承諾は，保険金を騙取するという違法な目的に利用するために得られた違法なもの」であるから傷害罪が成立すると判示した。同意に基づくやくざの指詰めに関する下級審裁判例も，行為の危険性に触れつつその反良俗性を強調して傷害罪の成立を肯定している（仙台地石巻支判昭和62・2・18判時1249号145頁）。

たしかに目的説，社会的相当性説からは，正当化に際して行為の目的，相当性も考慮すべきであるとしても（第1節3(3)），他の構成要件に関わる事情まで勘案することには慎重でなければならないともいえよう。前掲最決昭和55・11・13には，詐欺目的という，傷害罪規定によって保護されるべき身体法益と合理的な関連性をもたない事情によって同罪の成立を認めた点について，疑問が向けられている。

(b) 傷害の程度に着目する見解　近時は，刑法202条にあらわれた生命保護の重要性を根拠に，死の危険がある同意傷害を処罰する見解が有力である（大谷261頁，西田174頁，山口163頁）。房事に際して相手女性の同意を得て首を締め，誤って死に致らしめた事案についての古い下級審裁判例には，死の危険に言及して暴行を違法とし，傷害致死罪を認めたものがあり（大阪高判昭和40・6・7下刑集7巻6号1166頁），この立場に立っていたようにも見受けられる（暴行について同意による違法阻却を認めて過失致死罪にとどめた例として，大阪高判昭和29・7・14裁特1巻4号133頁）。

もっともこの考え方では，傷害罪の故意として死の危険の認識が要求されることになり，これが同意殺人罪の未必の故意と異ならないとすれば，同意傷害

第6節　被害者の同意

と同意殺人未遂の処罰範囲が重なるため，不処罰説と同じ主張に帰するようにも思われる（浅田 206 頁参照）。これでは被害者の保護が不十分と考え，生命への危険がなくとも，自己決定，自己実現の基盤を失わせる身体の重要な部位や機能に回復不可能な損傷を与える傷害（精神を異常ならしめる脳外科手術，四肢の切断等）には可罰性を認める見解も支持を増やしている（山中 206 頁，内藤（中）588 頁，井田 322 頁）。もっともこの立場によれば，他人に移植するために臓器を摘出するような社会的に有用な行為までも，傷害の回復不可能性を理由に処罰されかねない（本人のためにする行為ではないので治療行為ともいえない）。この結論を避けるためには，行為によってもたらされる利益という形で，行為の目的も考慮する必要があろう。

5　推定的同意
(1)　総　　説

推定的同意とは，被害者は現実には同意していないが，もしその状況を認識すれば同意したであろう場合をいう。被害者がおよそ同意の意思を形成していない場合の他，同意の表示を必要とする立場では内心の同意はあるが表示なき場合にも問題になる（後者は表示不要説なら現実の同意が認められる）。

推定的同意に基づく行為を一定の場合に適法とするのが通説である（責任阻却にとどめるのは浅田 212 頁）。その体系的地位は，推定的同意によって法益が保護に値しなくなるとみる構成要件不該当説（林 166 頁）と，法益主体は現実に法益の保護を放棄していないので法益侵害は存在するとみる違法阻却説（山中 570 頁，前田 319 頁）に分かれる。

推定的同意による行為は，行為によって守られる利益の主体が誰かによって，被害者の法益同士が衝突している場合における被害者の利益のための行為（例，近所の留守宅から出火したので，貴重品を搬出するため勝手に侵入した）と，行為者または第三者のための行為（例，急用があったので友人の自動車を無断借用した。そのような事案で推定的同意を否定したものとして，札幌高判昭和 51・10・12 判時 861 号 129 頁）の 2 つの類型に分けることができる。前者と緊急避難の関係については前述した（第 4 節 1 (2)(c)）。後者も，被害者を犠牲にして他の者の法益を保全する点で緊急避難に類似するが，現在の危難が要求されない点は異なる。な

第6章　正当化事由

お，法益侵害が僅少であれば可罰的違法性が否定されることもある（自動車借用の例のような領得罪においては，不法領得の意思が欠けることも考えられる。刑法各論の教科書を参照）。

(2) **不処罰根拠**

推定的同意に基づく行為の不処罰は，一説によれば現実の同意と同じく，被害者の自己決定権の尊重に根拠が求められる（林167頁，内藤（中）618頁，曽根127頁）。そこでは本人の価値観が推定的同意の有無の基準とされる。他説は，法益を現実に放棄していないのに法益侵害を正当化するのであるから，行為の客観的な正当性が必要と考える（団藤222頁，大谷265頁，前田319頁）。その時，法益放棄の有無については被害者ではなく合理的な者の客観的判断が基準とさるべきであろう。また，推定的同意に基づく行為の不処罰を被害者のための行為に限定したうえで，他人の危難に際して利他的行動を促進するという社会的利益を援用するものもある（佐伯・前掲法教296号89頁）。

(3) **要　　件**

まず，現実の同意が得られないことを要する。同意の推定は誤ったものでありうるので，可能な限り被害者の現実の意思を確認し，その自己決定権を尊重せねばならないからである。また，自己決定権を不処罰根拠とするなら，同意能力も備わっていなければならないであろう。

推定的同意の存否の判断は，同意類似の正当化事由と捉えるなら本人の現実の意思が基準となり，事後的に明らかになった事情を基礎に，法益主体が行為時に同意していたであろう場合にのみ正当化することになる（山口169頁，山中575頁，西田181頁）。(1)の住居侵入の例で，被害者が他人に家に上がり込まれることを忌み嫌う人物であることが事後的に判明すれば，その事情を行為時には何人も知りえなかったとしても行為は違法であり，行為者の誤解は錯誤の問題として扱われることになる。これに対し，行為の正当化によって利他的行動を促進しようとする立場からは，本人の意思との不一致による負担を行為者に負わせることによってその種の行動を萎縮すべきではないので，行為時に被害者が同意するであろう高度の蓋然性があればよいと説かれている（佐伯・前掲法教296号89頁）。

第6節　被害者の同意

6　危険の引受け
(1)　総　　説
　危険の引受けとは，被害者が構成要件該当結果の発生する危険を認識しながら，危険が現実化することはあるまいと思ってこれに身をさらしたところ，結果が生じてしまった場合をいう（そのうち，被害者が正犯的である場合を自己危殆化への関与，行為者が正犯的である場合を同意による他者危殆化と呼ぶこともある）。
　被害者の同意との異同は次の点にある。結果犯において被害者の同意に基づく不処罰の結論を導くためには結果についての同意が必要であるから，侵害犯では単なる危険の引受けでは足りない（2(2)）。もっとも，同意の心理的内容の要件を緩和して結果発生の可能性の認識で十分とすれば，危険への同意を侵害結果への同意と同視しうることになるが（林175頁），同意に意思的要素も要求するならば（2(3)），危険の引受け事例では通常これが欠けているので，やはり被害者の同意とは同日の談ではない。したがって，危険の引受けに不処罰の効果を認めるためには，被害者の同意におけるよりも厳格な要件が課されてよいであろう。
　なお，殺人の場合，被害者が死の結果まで引き受けていても同意殺人罪で処罰されるのであるから，死の危険の引受けにとどまるならば当然に可罰的と考えられる。これと異なり，過失致死の場合には可罰性を否定する余地が認められている（前田367頁，林176頁）。

(2)　不処罰根拠
　危険引受けに基づく行為の処罰が否定される理由としては，危険の引受けのもとで惹起された結果は第一次的に被害者の答責領域に属するので，行為者は構成要件不該当の自損行為への（過失）共犯ゆえに不可罰であるというもの（争点79頁〔塩谷毅〕），被害者が意識的に自らを危険にさらしたことを理由に危険の実現，客観的帰属を否定するもの（山中402頁），被害者の自己決定権には自己の利益を危険にさらす自由も含まれるので，行為時における法益の刑法的保護が否定される結果，その危険が実現しても行為不法が欠けるため過失結果犯は成立しないというもの（井田342頁）がある。
　しかし，先にみた被害者の同意との違いから，危険を引き受けたことのみによって不処罰とするのは困難であろう。行為のもつ社会的有用性等の客観的な

185

第6章　正当化事由

正当性が要求されてしかるべきではあるまいか（佐伯・前掲法教296号91頁）。千葉地判平成7・12・13判時1565号144頁も，ダートトライアルという，専用の非舗装路面を自動車で走行する競技の初心者であった被告人が，7年程度の競技経験をもつ被害者を同乗させて公認の競争路面で走行練習中，操縦の自由を失って防護柵に激突，転覆し，被害者を死亡させた事案で行為を正当化するに際し，同競技には自動車の乗員の生命，身体に重大な侵害の生じる危険が内在しており，被害者はこれを引き受けたうえで同乗していたことに加えて，同競技が社会的に定着しており，他の運動競技と比べて格段に危険性が高いともいえないので社会的相当性を欠くものではないことを，理由として掲げている。

なお，過失犯の場合，予見可能性等の過失犯の成立要件が否定されることによって不処罰となることは当然ありうる。

7　治療行為

(1)　総　　説

治療行為とは，患者の生命，健康を維持，回復するために（医学的適応性），医学上一般に承認されている方法によって（医術的正当性），その身体を侵襲する行為をいい，正当化事由の1つである。外科手術をもってその典型とする。

通常の同意傷害と異なるのは，侵害される利益よりも客観的に大きな生命や身体の利益の実現が目指されている点である。不義理を仕出かした仲間に頼まれて指を詰めてやるやくざの行為と，毒が全身に回るのを防ぐために蛇に嚙まれた患者の指を切断する医師の行為とを対比してみると違いが明らかになろう。

(2)　要　　件

(a)　総　説　　治療行為の正当化要件として，医学的適応性，医術的正当性，患者の同意の3つを課すのが一般的である。前二者は治療行為の客観的有用性を担保する，通常の同意傷害では求められない要件である（山口164頁。これらの要件を治療行為でも不要とし，同意のみによって正当化するのは，前田309頁）。その反面，同意傷害より要件が緩和される点もある。同意傷害では違法となりうる重大な傷害も許されねばならず，推定的同意の余地も広く認められてよい。

(b) 医学的適応性・医術的正当性　それぞれの意義は(1)に述べたとおりである。美容整形手術や性転換手術は，通常，克服すべき疾患が存在しないため，医学的適応性が否定され，行為の正当化は同意によってのみ可能である。豊胸手術に際して患者を死に致らしめた事案に関する裁判例（東京高判平成9・8・4高刑集50巻2号130頁）も，治療行為に言及することなく被害者の同意による正当化の可否を論じた。性同一性障害はその例外をなすものであろう。また，移植のための臓器摘出等，専ら他人のためになされる場合には医学的適応性が認められないので，その正当化は被害者の同意を根拠とする。

(c) 患者の同意　前述のごとく，治療行為ではその客観的優越利益性ゆえに，これなき通常の同意傷害におけるよりも同意の要件を緩和することができる。

(i) まず，通常の同意傷害とは逆に，患者が拒絶をするであろう明確な根拠なき限り，原則として推定的同意を認めえよう。現実の同意を得られなかったことも厳格には要求できまい。有効な同意を得るためには病気や手術の効果の詳細を術前に説明すべきであるが，それによって患者に心理的負担を与え，かえって病状が悪化することもあるからである（内藤（中）533頁）。患者に意識がなく生命，身体に重大な危険のある緊急状態においては，なおさら現実の同意を要求できない。

さらに進んで，医学的適応性，医術的正当性があれば，患者の同意なき「専断的治療行為」も社会通念上傷害とはいえず，意思決定という法益を侵害するにすぎないとして，傷害罪の構成要件該当性を否定する主張もある（大谷267頁，荘子290頁）。しかし，生理的機能障害という傷害の定義にあたることは否定できないのであるから，傷害罪の構成要件に該当し，患者の自己決定権を害する以上は原則として違法と考えるべきであろう（大塚423頁，山中563頁，前田309頁）。

(ii) 患者が年少，精神障害，意識障害等のゆえに同意能力を欠く場合には，法定代理人による同意を認めるのが一般的であるが，代理人の同意権は患者の利益となる限りでしか認められないのであるから，そもそも行為の正当性を客観的な患者の利益の視点から判断すべきではあるまいか。両親が宗教上の理由に基づき，子にとって必要な手術を拒否するような場合，その拒絶は親権濫用

のゆえに無効とすることができ（民834条参照），医師が治療を強行して快癒すればその行為は正当化されてよい（**第4節1(2)(c)**）。

(d) その他の要件　医師の資格については，医学的知識，能力を有しない無資格者の行為が一般的に危険であることからその必要性をいうのは（大塚424頁参照），医師法の無免許医業罪の違法性と傷害罪の違法性を混同している嫌いもあり（平野Ⅱ219頁，内藤（中）532頁），不要説（大谷267頁）が妥当であろう。

主観的正当化要素としての治療目的については，必要説（大塚424頁）と不要説（内藤（中）531頁，山中562頁）の対立がある。

第7節　可罰的違法阻却事由

1　総説

可罰的違法性，すなわち刑罰を科すに値する質と量を備えた違法性は，立法と解釈の両場面で問題となり，後者においてその阻却が論じられる。

立法の場面についてまずみておくと，行為の性質上刑罰に馴染まないために刑事規制の対象外とされている，違法性の質を欠く場合としては，売春のように制裁の予定されていない違法行為と，債務不履行のように損害賠償等の制裁を伴う違法行為が存する。法益侵害の量が絶対的に軽微なため刑罰をもって対処すべきでないと考えられている，違法性の量を欠く場合の例としては，不可罰の未遂，予備を挙げることができよう。

2　可罰的違法性の阻却

解釈の場面においては，処罰すべきものとして構成要件に類型化された行為が行われたかにみえても，法益侵害の絶対的軽微性ゆえに構成要件不該当とされることがある。他方，法益侵害の量それ自体は軽微ではないが，別の利益が保全される等による行為の積極面を勘案すれば可罰性を否定しうる相対的軽微型もある。それぞれについて判例の変遷を簡単に跡付けておく。

かつては，可罰的違法性の不存在を理由とする無罪判決が散見された。絶対的軽微型については，煙草耕作者が政府に納入すべき葉煙草の一厘（1,000分

の1円）相当分を自ら消費した煙草専売法違反事件（一厘事件）が著名である。大審院は，法律は社会を基礎としており，なんら社会に影響を与えない微細な悪は不問に付すべしとの理由で無罪を言い渡した（大判明治43・10・11刑録16輯1620頁）。財産犯については，客体の価値を問うことなく犯罪の成立を認める判断も示されたが（最判昭和25・8・29刑集4巻9号1585頁），他方で価値の僅少な客体について窃盗（既遂）の成立を否定した下級審裁判例もみられ，明示的ではないものの可罰的違法性の考慮に基づくものといえよう（古いちり紙13枚につき東京高判昭和45・4・6判タ255号235頁，確定後の外れ馬券1枚につき札幌簡判昭和51・12・6刑月8巻11＝12号525頁）。相対的軽微型については，公務員に禁止されている労働争議行為（**第5節1(1)(d)(ii)**）に関し，公務員の労働基本権に配慮したうえで，可罰的違法性の不存在に基づく無罪判決が最高裁において相次いで出された（公共企業体等職員に関する最大判昭和41・10・26刑集20巻8号901頁〔東京中郵事件〕，公務員に関する最大判昭和44・4・2刑集23巻5号305頁〔都教組事件〕）。

しかし，公務員の争議行為の事案に関する最大判昭和48・4・25刑集27巻4号547頁（全農林事件）の有罪判決によって最高裁は方向転換し，可罰的違法性論から距離をおくに至ったと評される。絶対的軽微型についても，加入電話の回線に取り付けるとその回線に対する発信側の通話料金が徴収されなくなる機器（マジックホン）を自らの電話回線に取り付けたが，1回通話を試みただけで取り外した場合にも，有線電気通信妨害罪，偽計業務妨害罪の成立を肯定した判例や（最決昭和61・6・24刑集40巻4号292頁），寺院の賽銭箱から2円を盗んだ行為について窃盗罪で有罪としたものがある（神戸地判平成18・3・14法セ622号118頁）。

第7章 責任阻却事由

第1節 総　　説

1　責任主義

　責任は，わが国では，古来，仏教における業(カルマ)，神道における罪による穢れと密接に関わるもので，救済，祓えによる清めといった形で贖われるものであったようであり，ヨーロッパ諸国では，キリスト教的な神に対する責任と分かちがたく結びついたものであった。これに対し，刑法における責任は，刑罰の本質により規定された意味合いのものである。すなわち，刑罰は，法的な非難を含んだ制裁であるから，刑法における責任は非難そのものを指し，そうした非難を成り立たせるための前提要件が，責任要素として議論されるのである。

　責任主義は，刑罰目的との対抗関係において，最も重要な意義をもつ。刑罰制度は，法的な非難を含んだ害悪を科すものであるから，それを科すためには，当該行為者の側に，そうした害悪を負わされてもやむをえないような主観的事情が備わっていなければならない。なぜなら，責任がない行為者を，犯罪予防の手段として犠牲にすることは，正義の要請に反するのであり，当該行為者に，刑罰という重大な侵害を加えてよいだけの，当該個人の内部に存在する事情，すなわち，責任があって初めて，また，その限度においてのみ，刑罰を科すことが正当化されるのだからである。

　責任主義の意義は，伝統的な理解によれば，故意・過失および責任能力がある行為者にしか責任が認められないとするものであり，犯罪論の第3段目の責任の要件によって担保される事柄であった。他方，今日では，行為反価値論の立場から，故意・過失は専ら(主観的)違法要素であって責任要素ではないと

する見解も有力である（川端 166 頁，井田 154 頁など）。こうした見解からは，責任主義の要請は犯罪論の第 3 段目の責任の要件のみに関わるものではなく，故意・過失があって行為・結果が行為者への主観へと帰属されることは，依然として責任主義のもとに位置づけられるべき事柄である。

2 責任の内容

(1) 想定される人間像・意思自由の問題

(a) 非決定論　刑罰は，法的な非難であるが，責任非難は，当該行為者にとって当該犯行に出ない可能性（他行為可能性）があったことを前提としている。

伝統的な非決定論は，人間の意思自由を認め，他行為可能性を根拠にした責任非難を肯定する。もっとも，人間の意思決定は，完全に自由なものではありえないため，人間は様々な決定要素に制約されているが，その限られた範囲においては主体的に自由な意思決定を行うことができるのだとする，やわらかな非決定論が支配的となっている（団藤 12 頁，西原（下）439 頁，大谷 39 頁，西田 17 頁など）。この考え方は，回顧的な非難を基礎とした（相対的）応報刑論と表裏一体の関係にある。

(b) 決定論　他方，決定論は，本来，人間の行動は素質や環境といった決定要素に規定されていると考えるものであるが，なんらかの意味で他行為可能性が認められなければ責任非難を加えることはできない。そこで，行為が因果の法則に従うという意味での決定論は認めつつも，意味や規範心理といった人格の層により決定された場合には自由が認められるとし（やわらかな決定論），違法行為を生み出した不十分な性格を変えさせるべく，将来に向かって展望的に行為者を非難し，将来の犯罪を予防するべきだと考える見解も有力である（平野 I 20 頁，平野・基礎 19 頁）。

しかし，責任非難というものは，本来的に回顧的なものであり，将来の行動を変えさせるための働きかけを非難と呼ぶのはそぐわないのではないかと思われる。また，この見解は，「どのような原因によってそうなったのであれ，人は現在の人格に対して責任を負う」とし，その人格を変えさせるための非難をなすべきだとするのだから，結局は，犯罪は人格と環境によって決定されてお

り，刑罰はそのような犯行に出た危険な人格を改善するために科すのだとする新派の社会的責任論に行き着くことにならざるをえないであろう。

　(c) 意思自由を基礎づける様々な試み　　人間に意思自由が存在するかという問題は，なお解決をみない哲学的問題であるが，意思自由が否定されるならば，特別予防論に基づく制裁制度を構築するほかはなくなる。そして，それと比べれば，意思自由を肯定し，法的非難としての責任・刑罰を構想する方が，行為者にとって有利なのだから，意思自由・他行為可能性は「フィクション」であってもよい（中164頁，井田358頁）。また，現行日本国憲法は，人格の自律的発展の権利などを認めており，このことは人間の自由・他行為可能性を前提としなければおよそ無意味である以上，憲法がこれを承認しているとみるのが合理的だとすれば，下位法である刑法の解釈においては，そのことを前提とすれば足りるとも考えられよう（内藤（上）112頁，内藤（下Ⅰ）784頁）。さらに，人々の感覚的レベルにおいて，人間がもつ自由と責任の意識を指摘し，非決定論は，一般の確信に支えられている分だけ決定論よりも科学性を備えているという指摘も有力である（大谷39頁など）。

(2) **非難の対象**

　(a) 個別行為責任論と人格責任論　　責任非難の対象は，当該行為者の主観的事情のうちのどの部分なのか，当該個別行為への意思決定，規範を尊重しない心的態度，それまでの行状や人格形成のあり方といったもののいずれを非難の対象とするかが問題となる。

　多くの見解は，個別行為責任論をとり，当該具体的な犯行に出るという意思決定に対する責任を問おうとしている。これに対し，有力な見解は，人格形成に関する責任をも問おうとする（人格責任論）。これは，もともと，常習犯の重い処罰を説明する必要性から出てきたものである。常習犯は，犯行を反復するうちに規範意識が鈍磨し，犯行を思いとどまる可能性が次第に減少していくはずなので，当該個別行為への意思決定に関する責任を論じる個別行為責任論では，軽い責任しか問えなくなる。そこで，行為の背後にある人格形成における人格態度にまで非難を加えようとするのである（団藤260頁）。しかし，この見解に対しては，有責に形成された人格とそうでない人格を区別し，前者についてだけ責任を問うことは困難なのではないか（なお浅田273頁），人格形成に関

する責任を問うことは，問題となる構成要件の不法を超えたものに対する責任を問うことになり，行為主義さらには罪刑法定主義に反するおそれがあるのではないか（井田357頁注6），などの批判が強く，学説上支持は広がっていない。

(b) **責任の事実的基礎**　古典的な心理的責任論においては，心理的事実としての故意・過失が責任の内容だとされ，不法が行為者の主観へと反映され，主観的に帰属されることが重視されていた。

これに対し，規範的責任論においては，責任とは非難可能性という評価だと捉えられるため，心理的事実が軽視され，「責任は他人の頭の中にある」（ローゼンフェルト）ことになってしまうという指摘がみられる。

しかし，規範的責任論の立場からも，実際の動機形成過程を対象として，規範意識に従った動機形成がありえたことを非難するのだから，責任非難の事実的基礎が失われているという批判はあたらないであろう。また，故意・過失が認められることにより，（客観的）不法が行為者への主観へと帰属されるということの意義は，規範的責任論の立場からも同様に重視されているのであり，それが犯罪論の第3段目の責任論において論じられていないことが問題だとは思われない。

(3) **非難の主体・基準**

責任非難は，どのような立場からなされるのか。かつて，道義的責任論は，国家が倫理・道徳を体現した立場から道徳的非難を加えるのだと考えていたが，これに対しては，国家が特定の道徳的・倫理的立場を強制し，それに従わなかったことへの非難を含めて処罰するのは妥当ではないのではないか，多様な価値観の共存を認める憲法のもとでは，国家はあくまでも構成要件に該当する違法な行為に及んだことについて法の立場からの非難を加えるにとどめるべきではないか，という批判が強い。こうして，現在支配的である法的責任論は，より世俗的な形で，法的な立場からの非難を行うにとどめるのが妥当だと考えている（内藤（下Ⅰ）743頁，西田192頁など）。

ここには，国家が一定のイデオロギーを倫理・道徳として強制した時代への反省が含まれているほか，価値多元主義の時代において一定の価値秩序を国家・法が体現することが困難であることなども，その背景にあるであろう。

(4) 責任と積極的一般予防論

伝統的な意味における責任は，(1)～(3)で述べたような内容をもつ。これに対し，最近では，積極的一般予防の考え方でもって責任を説明しようとする見解も有力である。すなわち，刑罰は，刑法に違反した者に対し，法的に誠実な市民になってもらうべく訓練を施し，もって，規範秩序を維持するためのものであり（積極的一般予防論），責任の内容は，一般標準人であればそなえていたであろう法的誠実さを欠いていたため，当該犯行に出てしまったこと，そのため，法的に誠実な市民へと当該行為者を訓練する必要があることである（わが国では堀内85頁など）。

こうした立場からも，(1)～(3)で述べたような責任が認められないときに刑罰を科したのでは，国民の側からの法に対する信頼が失われ，規範が妥当している状態の安定につながらないと考えられているので，結論的な違いはあまり大きくないが，例えば，責任能力論を例にとると，人格異常者・神経症者の行為の場合には，伝統的見解からは，他行為可能性に問題があれば刑法39条を適用すべきことになるのに対し，積極的一般予防論に基づく責任論からは，予防の必要性があるとして，同条の適用を排除すべきことになりうる。しかし，こうした結論は不当であり，当該犯行を思いとどまる可能性がなければ，法的な非難としての刑罰を科すことは許されてはならないであろう。

3 責任の判断と責任要素

(1) 阻却事由としての責任の判断

法秩序は，成人であれば，重度の精神障害など特段の事情がない限り，その構成員が，法規範に従い，犯罪行為に出ないことを前提として成り立っており，その意味では，一般標準的な人の他行為可能性は法秩序が成り立つための当然の前提である（山中582頁）。それゆえ，責任の判断は，行為者に責任を問うことができない例外的な事情の有無を検討するという形で，すなわち，阻却事由の判断という形で行われる。

このことを，構成要件が違法類型であるのみならず責任類型でもあり，責任を推定する機能をもつことでもって説明する見解もみられるが，妥当でない。構成要件該当性と違法性の関係をみると，構成要件とは違法行為を類型化した

ものだから，人殺しは原則として違法であり，正当防衛など特段の事情がある場合にのみその違法性が阻却される。しかし，人殺しが原則として有責であるのは，大多数の人は精神的に健常だからなのであって，そのことは構成要件該当性判断によって推定されているわけではない。責任判断が阻却事由の判断になるのは，法秩序が自由で答責的な人間を前提としているからなのである。

(2) 責任要素

責任要素としては，伝統的な見解によれば，故意・過失，責任能力，違法性の意識（の可能性），適法行為の期待可能性が問題となるが，故意・過失を主観的違法要素として構成要件要素とみる見解からは，故意・過失は責任要素ではないことになる。

もっとも，構成要件的過失を一般人の可能性を基準に考える見解からは，責任論において当該行為者の可能性を基準とした過失（責任過失）を論じる必要があると考えられている（大塚226頁・454頁）。しかし，構成要件的過失を，専ら一般人を基準にして論じることができるかには疑問があるほか，当該行為者の個人的可能性は，責任過失を要件とすることによってしか考慮されえないわけではないように思われる（井田216頁）。

そこで，以下では，責任能力，違法性の意識（の可能性），適法行為の期待可能性をとりあげることにする。

第2節 責任能力

1 心神喪失と心神耗弱

(1) 責任能力の法的規定

(a) 刑法39条の規定　責任能力の制度は，精神の障害により認識・制御能力が失われ，あるいは，減弱した行為者を捉えるものである。刑法は，一定の年齢まで成長した人間には，原則として責任能力が備わっていることを前提としている。そのため，刑法は，責任能力に例外的に問題が生じている場合につき規定をおいている。それが刑法39条であり，1項では，「心神喪失者の行為」を不可罰とすること，2項では「心神耗弱者の行為」につき刑を必要的に減軽することが，それぞれ規定されている。

心神喪失・心神耗弱の意義は，規定からは必ずしも明らかではないが，わが国の判例（大判昭和6・12・3刑集10巻682頁）・通説は，心神喪失とは，精神の障害により，自らの行為の違法性を認識する能力，もしくは，その認識に従って自らの行為を制御する（思いとどまる）能力の，少なくともいずれか一方がないこと，心神耗弱とは，そうした能力の少なくともいずれか一方が著しく減少していることだと解釈している。

(b) 責任能力の規定方法　責任能力の規定の仕方には，様々なものがある。その1つは，生物学的方法であり，その典型は，当該犯行が精神障害の所産（product）であった場合には不可罰だとする，ダラム（Durham）ルールである。わが国でも，責任能力制度が精神病者を刑罰から医療へと振り分ける機能をもつこと，当該犯行時点での認識・制御能力を裁判で判断することは難しいことなどから，こうした方法に理解を示す見解もある（町野朔「責任能力制度の問題」書研41号〔1995〕17頁）。しかし，心神耗弱（限定責任能力）の規定をもつ現行刑法の解釈としては，生物学的方法はとりえない。心神喪失者と心神耗弱者はいずれも精神障害者であるが，その程度が異なるのであり，その判断は，認識・制御能力の程度によらざるをえないのである。また，この方法によれば，刑罰を科すかどうか，科すとしてそれを減軽するかという法的な判断が，精神医学者の見解にゆだねられることにならざるをえない点も問題であろう。

もう1つは，心理学的方法であり，認識・制御能力の有無・程度だけを判断基準とするものであり，責任能力の内容を端的に表現するものとして合理性が認められる。もっとも，この方法によると，法的判断が不安定になるのではないか，また，責任能力制度が本来念頭においていた内因性の病気などの場合を超えて，性格の欠陥など刑罰による対応が予定されている場合についても免責される余地が出てくるのではないかといった批判が強く，立法例もあまりないほか，学説上もほとんど支持されていない。

こうして，わが国の判例・通説は，刑法39条の解釈として，諸外国の立法例と同じく，精神の障害に基づく認識・制御能力の喪失・減弱のみを捉える，混合的方法を採用しているのである。

(2) 精神の障害

(a) 医学的病気概念と法律的病気概念　心神喪失・心神耗弱が認められ

るためには、認識・制御能力の障害が「精神の障害」に基づいて生じたのでなければならない。すなわち、精神の障害は刑法39条の適用に関する篩（ふるい）の役割を果たし、これが認められなければ同条の適用はありえないことになる。

古くは、精神の障害は、精神医学的な病気と同じもので、精神の障害が脳の器質的変化に基づいているかそうであると推定される場合を意味し、統合失調症（精神分裂病）、双極性気分障害（躁うつ病）、飲酒酩酊・急性アルコール中毒などがそれに該当するものと考えられてきた（医学的病気概念）。精神の障害が生物学的要素と呼ばれてきたのは、こうした事情を指すものである。また、わが国の下級審には、「正常人が……自我ないし人格の統制機能を失つて、短絡的に衝動行為に出たとしても、それだけで責任能力が排除されまたは限定されるものではない」としたものがある（札幌地判昭和47・7・11刑月4巻7号1303頁）。

これに対し、多くの見解は、精神医学的に病気・病的といえないような、正常人に生じる情動状態や異常人格・性格的偏りについても、ごく例外的な場合にではあるが、刑法39条の適用を認めるべきだと考えている（林美とくに106頁）。ドイツ刑法20条と異なり、わが国の刑法39条は精神の障害を制限的に列挙しているわけではないのであり、同じように認識・制御能力を低下させるものであれば、それが精神医学的な意味で病気ではなくても、同じように扱うのが妥当であろう。それゆえ、認識・制御能力を少なくとも著しく減少させうる状態であれば、それを精神の障害から排除すべき十分な理由はない。精神の障害は、刑法の立場から39条の適用範囲を画するための、法律的病気概念であり、医学上の病気概念と必ずしも一致する必要はないのである。

　(b)　精神の障害の情報価値　　法律的病気概念によるときは、刑法39条の適用範囲を制限する役割はあまり大きくないが、病気の種類ごとに認識・制御能力の有無・程度を類型的かつ安定的に判断することを可能にするための基盤を提供するという意義は依然として認められる。

わが国の判例では、精神の障害の類型ごとに、概ね判断基準が確立されており、例えば、統合失調症であれば、病気が重い場合、あるいは、妄想などの病的症状に犯行が直接支配されていた場合には、心神喪失であるが、それ以外はほぼ心神耗弱とされ、飲酒酩酊であれば、病的酩酊は心神喪失、複雑酩酊は心

神耗弱，単純酩酊は完全責任能力とされ，精神遅滞であれば，軽度の障害だけでは 39 条の適用は認められていない（詳しくは大コメ(3) 374 頁〔島田仁郎＝島田聡一郎〕参照）。

(c) 心神喪失者等医療観察法における精神障害との関係　「心神喪失等の状態で重大な他害行為を行った者の医療及び観察等に関する法律」が成立・施行されたことにより，刑法 39 条は同法による強制入院・通院治療の前提要件ともなった。この法律を視野に入れれば，刑法 39 条の「精神の障害」を，医療観察法による強制入院などが必要な精神病者に限定し，治療に適さない場合は刑罰により対応すべきだという見解もありえよう。しかし，刑法 39 条は，責任主義の要請を体現した規定でもあるから，一時的な精神障害の場合，あるいは，再び同様の行為に出るおそれがない場合など，同法による強制入院などが行われない場合であっても，責任が認められない場合にはやはり適用されなければならない。それゆえ，刑法 39 条の「精神の障害」を医療観察法と関連づけて解釈することにより，刑罰か（強制）医療かという択一関係を漏れの生じない形で想定することは困難であろう。

(3) 認識能力・制御能力

(a) 認識能力・制御能力の判断　第 2 段階では，認識・制御能力の有無・程度が判断される。認識能力は，これから自らがまさになそうとしている行為の違法性を認識する能力であり，制御能力は，これから自らがまさになそうとしている行為を，それが違法だという認識に従って思いとどまる能力である。これらの能力の少なくともいずれか一方が認められなければ，責任無能力・心神喪失であり，著しく減少していれば，限定責任能力・心神耗弱である。

制御能力の判断にはとりわけ困難が伴うが，責任能力の要件が，当該犯行を思いとどまりえたことを理由とした責任非難を担保するものである以上，その判断を回避することは許されない。下級審の裁判例には，統合失調者による殺人の事案につき，「本件犯行当時の被告人の是非弁別能力は著しく減弱していたし，その行動制御能力は完全に失われていたものと疑うべき合理的な理由があるから……本件犯行は心神喪失者の行為といわざるを得ない」とし，認識能力と制御能力を区別して判断し，制御能力だけが失われていたと認定したものがある（名古屋高判平成 13・9・19 判時 1765 号 149 頁）。学説では，制御能力（を

含めた責任能力一般）の判断構造の解明を試み，制御主体と制御可能性の判断を分離したうえで，前者については，精神の障害により行動の制御に関わる人格的能力がどれだけ損なわれていたかを判断し，それが完全に損なわれていた場合にはただちに心神喪失を認めるべきである。また，後者については，前者において，制御主体が完全に損なわれていなかったことを前提として，残されたすべての意思力を動員したとき，当該犯行へと駆り立てる衝動の抑制を期待しえたかを判断し，それが不可能であれば心神喪失，著しく困難であれば心神耗弱を認めるべきであるとする見解が有力に主張されている（とくに安田第4章）。

　(b)　部分的責任能力　　こうした認識・制御能力が，同一の精神状態で行われた同じ時期の複数の行為につき異なることがありうるか，例えば，軽度の精神遅滞者につき，詐欺につき完全責任能力を認めながら，強姦致傷・窃盗につき心神耗弱を認めるという判断（福島地判昭和34・3・14下刑集1巻3号661頁），あるいは，覚せい剤精神病者（中毒者）につき，同じ時期に実行された放火未遂ないしは建造物侵入・器物損壊につき心神喪失を認めながら，覚せい剤自己使用につき完全責任能力を認めるという判断（大阪地判平成11・1・12判タ1025号295頁）が成り立つか，すなわち，部分的責任能力を認めうるかは，争いのある問題である。

　従来は，責任能力を責任判断の前提とみる見解からは，これが否定的に解されるのに対し，責任能力を責任要素とみる見解からは，これが肯定的に解される傾向にあった。否定的見解の背景には，人格の統一性を強調し，精神の障害が人格全体に及ぼす影響を重視する見方がある（大谷326頁など）のに対し，肯定的見解の背景には，責任能力を具体的行為との関わりで，認識・制御能力の程度に重点をおいて判断すべきだとする見方がある（団藤284頁など）といえよう。

　(4)　限定責任能力

　心神耗弱者の刑は，必要的に減軽される（39条2項）。これは，責任主義の観点からは妥当な行き方であるが，他方で，危険性の高い行為者につき，単純に刑を減軽するだけで，その危険性に対する措置を講じないという法制度は，比較法的にみてきわめて異例である。

　心神耗弱が認められるためには，責任無能力・心神喪失が認められない場合

であって，認識・制御能力の少なくともいずれか一方が「著しく」減少していたのでなければならない（限定責任能力）。「著しく」でなければならないのは，限定責任能力とされる範囲を広げすぎないようにするためであり，とくに，精神病質・人格障害者の行為につき簡単に心神耗弱を認めることがないようにするためである（大谷327頁）。

(5) 法的判断としての責任能力判断

こうした責任能力の判断は，刑罰を科すか，科すとして減軽するかという法的判断，さらには，殺人など一定の罪の場合には，心神喪失者等医療観察法による強制入院・通院治療の対象（者）の選択という法的判断でもあるから，最終的判断は裁判官の責任においてなされなければならない。

伝統的な見解は，精神の障害については精神医学者が，認識・制御能力については裁判官が，それぞれ判断するべきだと考えられていたが，最高裁は，「被告人の精神状態が刑法39条にいう心神喪失又は心神耗弱に該当するかどうかは法律判断であって専ら裁判所に委ねられるべき問題であることはもとより」，精神の障害についても「究極的には裁判所の評価に委ねられるべき問題である」としている（最決昭和58・9・13判時1100号156頁）。もっとも，精神の障害の有無・程度は，きわめて専門的な判断であり，そもそも裁判所が鑑定によらないのでは十分な判断ができないと認めたからこそ鑑定を実施しているのである以上，十分に合理的な理由もないのに鑑定の結果を採用しないのは妥当でないであろう。近時，最高裁も，昭和58年決定を前提としつつも，「生物学的要素である精神障害の有無及び程度並びにこれが心理学的要素に与えた影響の有無及び程度については，その診断が臨床精神医学の本分であることにかんがみれば，専門家たる精神医学者の意見が鑑定等として証拠となっている場合には，鑑定人の公正さや能力に疑いが生じたり，鑑定の前提条件に問題があったりするなど，これを採用し得ない合理的な事情が認められるのでない限り，その意見を十分に尊重して認定すべきものというべきである」と判示しており（最判平成20・4・25刑集62巻5号1559頁），妥当と思われる。

また，最高裁は，心神喪失・心神耗弱にあたるかどうかは，「被告人の犯行当時の病状，犯行前の生活状態，犯行の動機・態様等を総合して」判断すべきだとしてきた（最決昭和59・7・3刑集38巻8号2783頁）が，前掲の最高裁平成

20年判決は、昭和59年決定を前提としつつも、裁判所が病的な症状であるにもかかわらず正常にみえる部分を重視して責任能力を認めることに対して批判的態度をとっており、この点でも妥当な方向を示しているものと思われる。

2　刑事未成年
(1) 刑法41条の規定

刑法41条は、14歳未満の者を、一律に責任無能力とし、処罰しないこととしている。誰でも人殺しや泥棒の違法性はかなり幼い頃から認識していようが、幼少者は精神の発達がまだ完全ではなく、特殊な精神状態に陥ることがあるため、とくに制御能力に問題があることが多い。また、こうした幼少者に刑罰を科すのは、刑事政策的に妥当でないという配慮も、こうした取扱いの基礎となっている。

(2) 少年法の規定

少年法は、さらに、20歳未満の者に対して、①刑事処分が許されるのは、死刑・懲役・禁錮にあたる罪の事件に限られる（少年20条）、②行為のときに18歳未満であった場合には、死刑を科すことができず、無期刑になる（同法51条）などの特例を設けている。

3　原因において自由な行為
(1) 同時存在の原則

責任能力が、これからまさになそうとする行為の違法性を認識し、それを思いとどまる能力だとすれば、それは、まさに当該行為に出るかどうかの時点で備わっていなければならない。これを（実行）行為と責任能力の同時存在の原則という。

それでは、飲酒や覚せい剤注射などの原因行為により、責任能力が排除され・低下した状態を自らもたらし、その状態で構成要件該当違法な行為（結果行為）を実行した行為者は、どのように扱われるべきだろうか。そうした結果行為が構成要件該当行為だとすれば、それに出るかどうかの時点ではすでに責任能力が排除され・減少しているから、同時存在の原則により、刑法39条が適用されるというのが論理的である。

しかし，とりわけ，責任能力が排除され，低下した状態を意図的に招いた場合には，こうした結論は法感情に反する。例えば，スペイン刑法20条は，後の犯行を意図ないし予見して意図的に招かれた一時的精神障害によっては責任は阻却されないとしているが，わが国の刑法は，こうした規定をおいていない。そこで，原因行為の時点では（原因において）自由であったことを理由にして同条の適用を排除しようとするのが，原因において自由な行為の理論である。もっとも，ここでは，犯罪論の例外が認められてよいかが問題なのではなく，通常の犯罪論と整合的な形で原因において自由な行為を処罰できるかが問題であることに注意が必要である。

わが国における学説の議論は，従来，実行行為をどこに求めるかを対立軸として行われてきたが，最近では実行行為概念そのものに争いがあることから，以下では，問責対象となる構成要件該当行為・正犯行為がどこに求められているかに着目し，主要な学説の整理・分類を試みることにする（争点・3版84頁以下〔安田拓人〕も参照）。

(2) 原因行為説──間接正犯類似説

伝統的な見解は，原因行為を実行行為と捉え，責任のない他者を道具として利用して犯罪を実現する間接正犯と同様に，責任能力のない自らを道具として犯罪を実現するものとみる（団藤161頁，福田194頁など）。この見解によれば，自らを責任無能力状態に陥れる行為・原因行為が実行行為と捉えられるので，実行行為と責任能力の同時存在の原則は維持されることになる。そして，この見解によれば，実行行為が原因行為であることから，着手も原因行為時に認められるほか，主観的要件として，自らを責任無能力状態に陥れる意思が要求されることになる。

もっとも，この見解に対しては，古くから，①原因行為に実行行為が認められるとすれば，酒を飲んだだけで（眠ってしまっても）殺人未遂罪が成立するのは早すぎる，②自らを限定責任能力状態に陥れたにすぎない場合には，自らを道具にしたといいがたいため，より非難可能性が低いとはいえないにもかかわらず，原因において自由な行為の理論を適用できず，刑を必要的に減軽せざるをえないのは不都合である，などの批判が強い。

(3) **結果行為説**

　以上のような伝統的見解に対し，有力な見解は，構成要件的特徴をみたす行為こそが実行行為だという正犯論における自らの主張に忠実に，結果行為を実行行為と捉えたうえで，実行行為と責任能力が同時存在していないにもかかわらず，刑法39条の適用が排除されるべき理由を探求しようとしている。

　そのなかで多数を占めるのは，責任能力ある状態での意思が実現されたことを根拠にする見解である（西原（下）458頁，大谷331頁，川端413頁など）。この見解によれば，責任能力ある状態での自由な意思決定に基づく原因行為があり，その意思決定の実現として結果行為が行われた場合には，結果行為は責任能力ある状態での意思決定の実現過程だとみうるので，完全な責任を問うことは可能だということになる。この見解によれば，着手は，原則どおり結果行為に求められることになり，主観的要件としても，原因行為時における結果に関する故意・過失のほかは特別な要件は不要であるが，結果行為時に原因行為時の故意・過失が連続して認められなければならない。また，限定責任能力状態において結果行為が行われた場合にも，理論の適用が可能となる。

　もっとも，この見解に対しては，責任能力の制御能力の側面を軽視しているという批判が強い。まさに当該行為に出ようとするときに制御しえないことが，事前の自由な意思決定があることによって補われうるとすることに関する論証がなお不十分だということであろう。

(4) **併　用　説**

　(a) **原因行為説の適用**　原因行為説と結果行為説は，そのいずれか一方の選択を迫られるべきものではない。間接正犯を典型として，複数の行為があるときに第1の行為に結果を帰属することが一般に承認されている以上，ここでもそれとパラレルに考えることは，どのような立場からも可能なのであり，それが不可能である場合には，さらに，結果行為を実行行為と捉え，事前責任を考慮して刑法39条の適用が排除されてよいかが問われるべきなのである。

　こうみれば，まず検討されるべきなのは，原因行為に正犯性が認められるかという点である。ここで正犯性の基礎を行為支配説に求めるならば，原因行為の時点で故意が認められ，原因行為から構成要件該当事実実現までの過程の支配が認められる，おそらくきわめて例外的な事案において，刑法39条の適用

を排除することは可能であろう。少なくとも，結果行為時に行為能力が失われた場合や重い意識障害のため行為支配が観念できないような場合には，争いなくこうした処理が認められよう。原因行為説に対して向けられている，未遂の成立時期に関する批判については，事象の手放しをまって未遂を認めれば，その批判の意義は大幅に減殺されるであろう。

　しかし，こうした原因行為説を適用して解決しうる事案は，裁判例にはあらわれていない。そもそも，意図的に自らの責任能力を低下させ，その状態で犯罪を実現しようなどという計画を立てる者はまず考えられないし，また，事前に責任能力が低下した状態で犯行に出る事態が予測されていたとしても，そうした故意の認定は通常困難だからである。さらに，心神喪失状態である他者を利用するだけでただちに間接正犯が成立するわけではない以上，原因行為説により可罰性を肯定しうる範囲は狭いものとなるのである（山口255頁）。

　(b) 結果行為説の適用　　こうみれば，結果行為説による処理が，問題解決の中心となる。従来の見解は，原因行為時の自由な意思決定の実現を要求するため，故意犯での処罰のためには原因行為時に故意が必要だと考えている。また，最近では，非難の対象となる実行行為の遂行との間に直接的関連性があり事前的非難が可能であれば足りるとし，責任非難を行う原因行為時に責任能力，故意，違法性の意識の可能性といった責任要素がすべて現実に備わっていることが必要だとする見解が有力に主張されている（山口257頁）。しかし，このような見解では，実行行為と責任非難の同時存在の原則が無視されているのであり，結果行為時の完全な責任の存在を論証する必要があるように思われる。

　この点を考慮した見解として，違法性の錯誤に関する責任説の考え方をこの問題の解決にも援用する試みがみられる。責任説によれば，行為の時点で違法性の錯誤が回避できなくても，事前の調査などにより錯誤を回避しえたのであれば，故意犯での処罰が認められる。これと同様に，責任能力が失われた状態が事前の努力によって回避しえたのであれば，そうした状態において実行された，事前に予見しえた種類の故意の犯行については，当該故意犯による処罰を認めることが可能となるのである（回避可能性説。安田拓人「回避しえた責任無能力状態における故意の犯行について（2・完）」論叢142巻2号〔1997〕32頁）。なお，スイス刑法19条4項は，「行為者が責任無能力ないし責任能力減少を回避しえ，

こうした状態で実行された行為を予見しえた場合」には，責任能力の規定は適用されないものとしており，回避可能性説を明文化している。

　　(c)　判例の状況　　判例の立場は，結果行為説のうち原因行為時の自由な意思決定の実現を根拠とする見解ともっとも整合的であろう。そして，酒酔い運転，覚せい剤使用のように，事前の故意の実現を認めやすい事案では，問題なく刑法39条の適用が排除されている。例えば，最決昭和43・2・27刑集22巻2号67頁は，飲酒して限定責任能力状態に陥り，その状態で自動車を運転したという事案について，飲酒の際に酒酔い運転の意思が認められる場合には，刑法39条2項を適用するべきではないとし，大阪高判昭和56・9・30高刑集34巻3号385頁は，覚せい剤による急性中毒症にアルコールによる病的酩酊が付加した限定責任能力状態で覚せい剤を使用したという事案について，所為が当初の使用意思がそのまま実現したものである以上は，刑法39条を適用するべきではないとしている。

　これに対し，結果行為が故意の殺人であるにもかかわらず，原因行為時に暴行の故意だけを認め，傷害致死罪による完全な処罰を認めた例として，名古屋高判昭和31・4・19高刑集9巻5号411頁があり，薬物注射によって生じた妄想のもとで暴行を行い被害者を死なせたが，暴行を行ったときには責任無能力状態であったという事案について，薬物注射をすれば幻覚妄想を生じ，あるいは他人に暴行を加えることがあるかもしれないことを予想しながらあえてこれを容認して注射を行ったことを理由に，暴行の故意を認め，もって傷害致死罪による完全な処罰を認めている。また，最判昭和26・1・17刑集5巻1号20頁は，多量に飲酒すれば病的酩酊の状態に陥り，他人に害悪を及ぼす危険のある素質をもつ被告人が，飲食店で飲酒して女性店員を殴打したところを被害者に止めに入られて憤激し，この者を殺意をもって刺し殺したという事案につき，過失致死罪を認めている。

　他方，回避可能性説の立場からは，こうした場合には結果行為が殺意をもって実行されている以上，殺人罪の完全な責任を問えるかが問題となる。いずれの事案においても，責任無能力状態が回避しえたことは問題なく認められるから，事前の段階で後の犯行が予見できた限りで刑法39条の適用は排除されてよいであろう。

4　実行行為途中からの責任能力の低下
(1)　問題の所在——判例の状況

　実行行為を開始した時点では責任能力に問題はなかったが，飲酒酩酊や情動の影響により実行行為途中から責任能力が低下した場合にも，責任能力低下後の行為・結果について刑法39条の適用を認めるべきかが問題となる。こうした場合には，3でみた場合と異なり，実行行為開始時に完全な責任能力が備わっていた場合には，当該行為に出たことに関する責任は完全に問いうる。それゆえ，残る問題は，責任能力低下後の行為・結果を，そうした完全な責任能力ある状態でなされた意思決定あるいは行為に帰属することが，どのような要件のもとで可能かにある。

　裁判例をみると，リーディングケースである東京高判昭和54・5・15判時937号123頁は，被告人が，殺人の実行行為の途中で，興奮により情動性朦朧状態による限定責任能力状態に陥り，その状態で被害者を確定的故意をもって殺害したという事案につき，①責任能力がある状態で重大な加害行為が行われていること，②責任能力低下後の行為が，責任能力ある時点での殺意の継続発展であり，同じ態様の加害行為の反復継続であること，③被告人が実行途中で陥った情動性朦朧状態が，被告人自らが招いたものであることを指摘し，刑法39条2項の適用を排除している。

　さらに最近では，長崎地判平成4・1・14判時1415号142頁が，責任能力低下の前後で同じ態様の行為が反復・継続されたのではない事案，すなわち，被告人が，当初，被害者の頭部・腹部を手拳で殴打したが，腹立ち紛れに焼酎を飲んで酩酊の度を深め，さらに数回にわたり頭部・顔面などを殴打し，背部などを足蹴りにする暴行を加えたうえ，押し倒し，さらに，被害者の背部・臀部などを足で踏みつけ，肩たたき棒で滅多打ちにするなどの暴行を加え，死亡させたという事案につき，「本件は，同一の機会に同一の意思の発動にでたもので，実行行為は継続的あるいは断続的に行われたものであるところ，被告人は，心神耗弱下において犯行を開始したのではなく，犯行開始時において責任能力に問題はなかったが，犯行を開始した後に更に自ら飲酒を継続したために，その実行行為の途中において複雑酩酊となり心神耗弱の状態に陥ったにすぎない」から「刑法39条2項を適用すべきではない」としている。

(2) 学説の状況

(a) 原因において自由な行為の理論適用の要否　　学説では，こうした問題状況を「1つの実行行為」の途中からの能力低下だと捉える見解（①）と，構成要件実現に至る「複数の実行行為」の途中からの能力低下だと捉える見解（②）がある。②の見解からは，責任能力低下後の行為は新たに開始されるのであり，その行為に及ぶ時点で責任能力が低下している以上，刑法39条の適用を排除するには原因において自由な行為の理論が適用されるべきことになるのに対し，①の見解からは，実行行為の開始時の責任能力に問題がない以上，それに問題がある場合を扱う，原因において自由な行為の理論の適用は必要ではないことになる。

しかし，これは，仮象問題であろう（最前線168頁〔佐伯仁志〕）。すなわち，②の見解の多くは，実行開始時の正犯性には問題がないことから，後は通常の場合と同様に，結果のそれに帰属できるかを検討すれば足りるとする一方で，①の見解も，行為が一個であることを前提として，責任能力低下後の行為・結果を責任能力ある状態での実行行為に帰属しうるかを問題としていることからすれば，原因において自由な行為の理論を適用するかどうかの対立は，問題解決にとっての意義をもっていないのである。

(b) 既遂故意の要否　　もっとも，②の見解の一部は，既遂犯が成立するのはその行為でもって結果を発生させるという意思（既遂故意）でなされた行為により結果が惹起された場合に限られるとする理解をとっており，実行開始時にそうした既遂故意が認められなければ，既遂犯につき完全な責任は問えないとする（林美月子「実行行為途中からの責任無能力」神奈28巻1号〔1993〕297頁・301頁以下）。

これについては「早すぎた構成要件実現」と共通の問題であるので，詳しくは5章2節4(2)(e)ならびに8章2節2(2)(b)を参照されたいが，結論的には，こうした既遂故意は必要ない。未遂犯は既遂犯と異なる構成要件的行為を予定するものではないし，原則として不可罰の予備と主要な犯罪について広く処罰される未遂との間には刑法上明確で重要な差があるが，それ以降の段階については例外的な存在である中止の場合を除いて，刑法上の扱いを分ける根拠となる規定もないのだから，構成要件実現の意思をもって，そうした決定的段階であ

る着手に及んだことにより完全な行為反価値（ないし故意責任）は実現されており，後は，能力低下後の行為・結果が能力低下前の行為に帰属できるかだけを問題とすれば足りよう。

(c) 結果帰属の要件　こうして最終的に残るのは，実行行為が完全な責任能力ある状態で開始された場合に，どのような要件のもとで，その後の行為・結果を帰属することが可能かという問題である。学説上は，「実行行為の一体性・一個性」を重視し，「責任能力の低下後に行為者に新たな認識が生じ別の行為が行われたと見るべきでないのであれば，行為は全体として一個」だとする見解（中山古稀(3) 225 頁以下〔中森喜彦〕），ほぼ同様の立場から，「その意思決定の射程範囲」が重要だとし，「時間的場所的接着性をも考慮に入れた上での実行行為の一体性・一個性がその射程範囲を明示する上で重要」だとする見解（西原古稀(2) 261 頁〔中空壽雅〕）などが主張されている。こうした「実行行為の一体性・一個性」の基準がみたされ，相当因果関係が認められれば，責任能力低下後の行為・結果は，低下前の行為に帰属可能であろう。

第3節　違法性の意識の可能性

1　違法性の錯誤の意義

(1) 総　　説

　責任非難は，当該行為者に違法性の意識の可能性およびその認識に従って行為を思いとどまる可能性があったことが前提となる。責任能力がある行為者には，自らの行為の違法性を認識する可能性が一般的・抽象的には存在するが，具体的事案において，行為者が自らの行為が適法であると誤信し，違法性の錯誤に陥る場合，あるいは，法令を事前に調べなかったため，自らの行為の違法性を知らない場合（違法性の不知）がありうる。こうした場合（両者をまとめて以下では広い意味で違法性の錯誤と呼ぶ）の取扱いは，故意と違法性の意識（の可能性）の関係をどうみるか，また，故意犯の重い処罰が何によって基礎づけられているとみるかにより，多岐に分かれている。

　どのような行為者が違法性の錯誤に陥るのかは，一方では，故意にどれだけの認識内容を求めるかにより，他方では，ここでいう「違法性」の意義をどの

ように考えるかにより，大きく異なってくる。前者については第 5 章第 2 節 2 でみたので，以下では後者についてのみ扱う。

(2) 違法性の錯誤にいう「違法性」の意義

(a) 道徳違反性・倫理違反性の認識と全法秩序違反性の認識　　かつては，道義的責任論の立場から，自らの行為が道義・倫理に反していることを認識していれば足りるとする見解も有力であったが，道義的責任論が退潮し，法的責任論が支配的となった今日では，支持者は限られている（大塚 444 頁など）。

そこで現在多くの見解は，自らの行為が全法秩序に反することの認識があれば足りると考えている（大谷 341 頁，山中 657 頁）。

(b) 刑法違反性・可罰的刑法違反性の認識　　これに対し，最近では，刑法により処罰できるかが問題である以上，①自らの行為が刑法に違反していることの認識が必要だとする見解が多数を占めつつあり，さらには，②自らの行為が刑法に反して処罰されることの認識がない行為者には，刑罰を科すことはできないとする見解もみられる（先駆的見解として町野朔「『違法性』の認識について」上法 24 巻 3 号〔1981〕218 頁以下）。

このうち②の見解によれば，例えば，判例が行為者の不利益に変更された場合に，自らの行為が刑法に反することを認識しながら，行為当時の判例に従えば不可罰となることを信頼した者，あるいは，行為当時，事実上警察による取締りが行われていなかったことを信頼した者について，違法性の意識がなかったとして救済を図りうるところ（後者につき東京高判昭和 51・6・1 高刑集 29 巻 2 号 301 頁〔最判昭和 53・6・29 刑集 32 巻 4 号 967 頁〔羽田空港ビルデモ事件〕の原判決〕参照），さらには，法定刑の重さに関する錯誤に陥っていた行為者をも救済しうるところ（仙台高秋田支判昭和 30・1・27 刑集 11 巻 10 号 2671 頁〔最判昭和 32・10・18 刑集 11 巻 10 号 2663 頁〔関根橋事件〕の原判決〕参照）に，実際的意義があるとされている。しかし，自らの行為が刑法に違反することまで認識している行為者の責任内容が，そうした優遇に値するかには疑問があろう。

もう 1 つの①の見解は，刑罰による動機づけ可能性という意味での自由を保障しようとするものであるが，これを一貫すれば，刑罰という制裁の有無のみならず，その程度をも考慮せざるをえないであろうから，②の見解と同様，法定刑の錯誤まで違法性の錯誤とすべきことになろう。ところが，それでは，罪

を犯す自由を保障するに等しく，結論の妥当性が確保できないため，これには慎重な姿勢がとられている（山口249頁）。

しかし，①②の見解は，いずれも，法に違反して行動する自由を保障しようとするもので，そもそも疑問の余地が大きいほか，法秩序は統一的なものであり，ある法領域で違法な行為は他の法領域でも違法なのだと考える立場からは，①の見解が成り立つ余地はそもそもないように思われる。

2 違法性の錯誤の取扱い
(1) 問題の状況・判例の状況

違法性の錯誤に陥った行為者の取扱いについて，刑法38条3項は，違法性の錯誤が故意の存否に影響しないこと，情状によりその刑を減軽しうることを定めている。

判例は，いまだ，違法性の意識（の可能性）を責任の要件だとはしておらず，行為者が自らの行為の違法性を認識しえなくても，責任は阻却されないとしている。もっとも，最高裁も，昭和50年代からは，違法性の意識の可能性不要説を明言しなくなっている。さらに，最決昭和62・7・16刑集41巻5号237頁（百円札模造サービス券事件）は，違法性の錯誤につき相当の理由がある場合にはあたらないとした原判決の判断を是認しており，違法性の意識の可能性不要説であれば不要な判示であることから，判例変更の可能性を示唆したものとも理解されうる。また，最判平成8・11・18刑集50巻10号745頁（岩教祖事件）の河合裁判官の補足意見は，判例の不利益変更の問題につき，違法性の意識の可能性必要説へと判例を変更したうえで，故意を否定することにより被告人を救済すべきだとしており，注目に値する。さらに，下級審では，違法性の錯誤に相当の理由がある場合には故意が阻却されるとして無罪判決を下したものも多い（名古屋高判昭和25・10・24判特13号107頁，仙台高判昭和27・9・20判特22号172頁，大阪高判昭和31・11・28裁特3巻24号1198頁，東京高判昭和44・9・17高刑集22巻4号595頁〔黒い雪事件〕，東京高判昭和55・9・26高刑集33巻5号359頁〔石油やみカルテル事件〕）。これらの判例の立場は，理論的には，次の(2)でみる制限故意説を前提としたものであろうと思われる。

211

(2) 学説の状況

　(a) 総　説　　学説上は，少なくとも自らの行為の違法性を認識しえたことが責任非難の要件として不可欠だとする限りでは，見解の一致がみられる。他方，これを具体的にどう処理するかに関しては，学説は多岐に分かれている。これらは，①故意犯の責任が認められるためには違法性を現に意識している必要があるのか，その可能性で足りるのか，②違法性の意識（の可能性）は故意の要素か，故意とは別個の責任要素か，③刑法38条3項但書をどのように説明するか，すなわち，そこでは「法律を知らなかった」ことによる減軽可能性が認められているが，そこでいう「法律」とは何なのか，をめぐる争いである。

　(b) 現実の違法性の意識必要説――厳格故意説　　このうち，厳格故意説は，①違法性を現に認識していることが必要だとし，②それがなければ故意が阻却されるとする。この見解によれば，違法性を現に認識していることが「故意犯と過失犯を分ける分水嶺」であり，悪いことを悪いと思ってやったかどうかにより，責任の重さは全く違うということになる（小野154頁，最近でも斎藤103頁，浅田298頁・326頁など）。

　しかし，軽率に自らの行為が違法でないと誤信しただけで故意が阻却され，故意犯で処罰できなくなるほか，とりわけ行政刑罰法規などの分野で，法に無関心で自らの行為に関する法規制を積極的に調べなかった者が有利になるのは，結論的に不当である。

　また，厳格故意説は，③刑法38条3項但書にいう「法律」は「条文」のことだと解釈している。しかし，違法性の意識がありながら，条文を知らなかっただけの行為者を有利に扱う理由は全くないであろう。

　(c) 違法性の意識の可能性必要説Ⅰ――制限故意説　　こうして，多数の見解は，①違法性を現に認識しているかどうかは責任の量的な違いをもたらすだけであり，違法性の意識が可能であれば，故意犯での処罰も可能だと考えている。それゆえ，③同項但書にいう「法律」は「違法性」のことだと解されることになる。

　このうち，制限故意説は，②違法性の意識の可能性を故意の要素だとし，それがなければ故意が阻却されるとする（団藤316頁，佐久間261頁など）。この見解は，刑法38条1項の解釈として展開されているため，次の(d)でみる責任説

に比べ、条文上の根拠をもちうるところにメリットがある。しかし、故意は認識があるという意味で（も）あるのに、違法性の認識の「可能性」というのは、認識がないということであり、過失的なものにすぎないから、それを故意だとすることには無理がある。また、構成要件該当事実に関する現実の認識と違法性に関する（過失的である）認識の可能性を、1個の故意へとまとめることには無理があろう。

(d) 違法性の意識の可能性必要説Ⅱ——責任説　こうみれば、①③については制限故意説と同様に解したうえで、②違法性の意識の可能性を、故意とは別個の、過失犯にも共通する責任要素だとする、責任説の立場が妥当であろう。これによれば、違法性の意識の可能性がない場合には、条文上の根拠としてはやや苦しいが、刑法38条3項但書の延長線上において、超法規的に責任が阻却されることになる。

わが国では、故意を（専ら）責任要素とする見解がなお根強く、これによれば、故意と違法性の意識の可能性は責任要素として並存することになる（山口185頁、248頁など）。

これに対し、故意を違法要素だとみる見解によれば、故意は行為支配に関わる要素で主観的違法要素としての構成要件要素であるのに対し、違法性の意識（の可能性）は責任非難の要件であり、機能的・体系的に異なる位置づけを与えられる（井田362頁など）。

3　違法性の錯誤の回避可能性

(1)　総　　説

違法性の錯誤が回避不可能であった場合、すなわち、違法性の意識の可能性がなかった場合には、制限故意説によれば故意が阻却されることにより、また、責任説によれば責任が阻却されることにより、それぞれ不可罰となる。

違法性の錯誤が回避可能であった、すなわち、違法性の意識が可能であったと認められるためには、①法を調べたり公的機関に照会したりするなど、法の不知や錯誤を解消して違法性の認識を得るための手段を講じるよう促す「契機」が認められ、さらに、②そうした調査・照会などの回避手段を講じていれば、違法性の認識に到達しえたであろうという「因果関係」が認められること

が必要である。

①の「契機」の要件は，責任説の立場からは，違法性の意識の可能性が故意犯・過失犯に共通する責任要素であることからして，過失犯にも妥当するものでなければならない。それゆえ，契機としては，当該犯行をその種類において予見可能であったことで足りると思われる。また，行為者がとくに法律により規制された活動を行おうとしている場合には，調査や照会は当該活動を開始する前になされなければならないから，そうした事前の段階で契機が認められればよい。こうした事前の契機で足りるとすれば，故意については実行の時点，違法性の意識の可能性については実行以前の時点と，責任非難の分裂を認めることになるという批判もなされている（山口250頁）が，事前の段階で要求されているのは調査などの契機とそれに基づく調査努力などだけであり，違法性の意識の可能性はあくまで実行の時点で認められるのであるから，この批判は妥当でない。

②の「因果関係」の要件がおかれるのは，そうした調査努力などを仮に行ったとしても違法性の認識を獲得しえなかったであろう場合に，努力を怠ったことを理由に責任阻却を認めないのは不当だからである。すなわち，調査などをしていれば違法性を認識しえたであろうという関係が認められるからこそ，責任が肯定されるのである。

もっとも，こうした扱いは，行為者が違法性の錯誤に陥っていることが前提であり，違法性を現に認識している行為者について，たまたま行為当時に所轄官庁が誤った回答マニュアルを作っており，仮に当該官庁に照会していれば誤った公式回答が得られたであろうというだけの理由で，責任阻却を認める必要はないと思われる。

(2) 期待されるべき調査と信頼が許される情報（源）

　　(a) 総説　調査などの契機が認められる場合，どれだけの調査をすれば足りるのか，どのような情報を信頼すれば錯誤に相当な理由があったとされるのかは，結局は，規範的責任の基礎にある期待可能性の観点によって規制されることになる。それゆえ，錯誤の回避可能性は，規範の遵守を求める国家の側の事情と行為者側の事情を個々の事案ごとに具体的に衡量しつつ，当該情報を疑いさらに調査することが法の立場からみて期待可能であったかにより，判

断されることになろう。

　以下では，情報源の信頼性からみた行為者の信頼の要保護性が高いと思われる情報（源）から順に説明を行う。

　(b)　所轄官庁の公式見解　　当該法律の運用につき権限・責任ある所轄官庁の公式見解を信頼した場合には，錯誤に相当の理由が認められることには争いはない。違法性の錯誤に相当の理由があるとして無罪判決を下した下級審判例の事案の多くは，こうした場合に関するものであり，酒税法につき村役場・税務署の回答に従った場合（前掲名古屋高判昭和25・10・24），医療法につき保健所長の指示に従った場合（広島高岡山支判昭和32・8・20裁特4巻18号456頁），独禁法につき通産省の行政指導と公正取引委員会の容認があった場合（前掲東京高判昭和55・9・26）などにつき相当の理由が認められている。そうした公式見解を疑い，さらに正しい法を探求することは期待されえないし，またされるべきでもないのである。もっとも，どの公務員の回答・判断であれば信頼に値するのかの判断は微妙であり，例えば，前掲最決昭和62・7・16（百円札模造サービス券事件）の事案における「警察署防犯係長」の見解であれば，情報源の信頼性からみた行為者の信頼の要保護性は，相当の理由を認めるには足りないとも考えられる（山中662頁）。また，ずさんな回答や，自らに有利な回答を引き出すため必要な情報を十分に提供せず得た回答を信じたのでは足りないのは当然である（福岡高宮崎支判昭和34・9・11下刑集1巻9号1900頁，大阪高判昭和63・9・20判タ696号225頁）。

　(c)　判　例　　確立した判例を信頼した場合にも，錯誤には相当の理由があったとされるべきである。裁判所は法令の有権的解釈を行う国家機関であり，その判断を疑って正しい法的見解を探求することは行為者には期待不可能だからである。なお，前掲最決平成8・11・18の河合裁判官の補足意見は，「判例を信頼し，それゆえに自己の行為が適法であると信じたことに相当な理由のある者」につき故意を阻却する余地があるとしており，これと同様の理解に立つものと解される。

　他方，判例が確立しているとはいえない場合，例えば，最高裁判例がなく，高裁レベルで見解の対立がみられるような場合には，自らの行為が違法であることにつき疑いを解消しえないこともありうる。このような場合には，法状態

が不明確であるリスクを行為者の側に負わせるのは妥当でないことをも考慮すれば，期待可能性の観点から，錯誤が回避不可能であったとすることも考えられよう。

　　(d)　弁護士その他私人の見解　　単なる私人の見解を信頼したとしても，違法性の錯誤に相当の理由があったとされないのは当然である。下級審には，「被告人らに対し医師法に違反しない旨説明したという『πウェーブ』の輸入販売元側の担当者は単なる私人にすぎず，被告人らは厚生省等の関係機関に問い合わせをしなかったこと」などから，相当の理由がなかったとした例（東京地判平成 14・10・30 判時 1816 号 164 頁）がある。

　争いがあるのは，弁護士や法律学の教授などの見解を信頼したにとどまる場合である。こうした場合には，情報源の信頼性からみた信頼の要保護性は，あまり高くないうえ，規範の遵守を求める国家の側からみれば，当該法令の解釈・運用について法的権限・責任をもっていない者の見解によって，当該法令の妥当範囲が狭められてしまう結果となるのは妥当でない（平野Ⅱ 269 頁など）ことは確かである。

　他方，弁護士などに問い合わせる努力をしたという行為者側の事情も考慮されるべきである。学説上も，「法律の知識に乏しい人が弁護士会へ照会して得た回答に従った場合」など，やむをえない場合について，責任を否定すべきだとする見解（大谷 352 頁），公的機関に準ずるもの，とくに一般国民に法規制に関する情報を与える存在として承認され，そのような社会的機能を果たしているもの（弁護士など）の判断を信頼した場合には，責任を否定すべきだとする見解（井田 379 頁）も有力である。

　ここでは，錯誤の回避可能性が期待可能性の観点によって規制されていることをふまえ，以上の事情に加え，国家の側が法を周知するための努力をどれだけ行っていたのか，行為者の側で所轄官庁への問い合わせなどより適切な手段をとることがどれだけ困難であったのかなどの事情をも考慮して，それでもなお違法性の認識に到達することが法の立場から期待可能であったかにより，相当の理由の有無が判断されるべきであろう。

第4節　適法行為の期待可能性

1　総　　説
(1)　期待可能性の意義
　適法行為の期待可能性とは，当該行為者に対し当該犯行を思いとどまることが法の立場からみて期待可能であったということである。狭義の期待（不）可能性は，当該行為（者）をとりまく外部的事情を考慮すれば，当該犯行を思いとどまる可能性がなかったという意味において，第3の責任阻却事由として位置づけられている。

　もっとも，期待可能性は，より大きな枠組みのもとにも位置づけられる。すなわち，規範的責任論の基本的な考え方は，当該行為者が当該犯行を思いとどまることが期待可能であったのにそうしなかったことを非難するというものであり，その責任概念の要には（広義の）期待可能性の考え方があるのである。第3節において違法性の意識の可能性の判断に際して期待可能性の観点が考慮されたのは，その具体的なあらわれである。

(2)　期待可能性の機能
　(a)　責任阻却事由・責任減少事由　　狭義の期待可能性は，その不存在が責任阻却事由として，その減少が責任減少事由として位置づけられる。

　これには，盗犯防止法1条2項のように，明文の規定をおいて不処罰を認めている場合，また，明文の規定の解釈として，期待可能性の減少が問題となる場合がある。後者の例としては，刑法36条2項の過剰防衛，37条1項但書の過剰避難が挙げられる。こうした場合には，「恐怖，驚愕，興奮又は狼狽」（盗犯1条2項）といった心理状態のために，法的に許される限度内で，冷静に侵害・危難を排除・回避することが期待しがたいため，責任の減少が認められるのである。

　さらに，明文の規定がなくても期待可能性がないとして責任阻却を認めうるかが問題となるが，わが国の通説は，義務の合理的限定を図る際に期待可能性の考え方をいれやすい，過失犯や不作為犯の場合に限らず，故意作為犯の場合も含めて，期待可能性の不存在が超法規的責任阻却事由として機能することを

第7章　責任阻却事由

認めている。強制による行為（強要緊急避難）や積極的安楽死などについて違法性阻却を認めない見解からは、期待可能性がないことを理由に責任阻却が認められることになる。また、マインドコントロールのように、犯行そのものは精神の変調に基づいてなされる場合でも、それが外部からの働きかけによるものと考えられる場合には、刑法39条は適用されず、期待可能性の観点のもとで考慮されるにとどまる。

　判例上は、大審院・最高裁を通じて、適法行為が期待不可能であることを理由にして無罪判決を下した例はなく、期待可能性の減少を考慮して、原審の禁錮刑（6か月）を罰金刑（300円）に減じた例（大判昭和8・11・21刑集12号2072頁〔第五柏島丸事件〕）が知られているのみである。その理由としては、戦後の一時期を除き、わが国の社会的・経済的な安定により、法を侵さなければ生存が危ぶまれるような状況がほとんど考えられないこと、労働争議の関係では可罰的違法性論による被告人の救済が図られえたこと、などが実際的理由として挙げられうる（刑法基本講座(3)284頁〔中森喜彦〕など）。また、秩序維持の観点からは、期待可能性不存在による無罪判決には、違法性阻却による無罪判決とは異なり、「やってはいけない」という判断は前提とされているものの、責任の判断も客観性をもちうる以上、それが一般人の意識において、「処罰されないならそこまではやってよいだろう」という形で受け止められ、その分だけ法秩序が弱体化してしまうことに懸念がもたれているという側面もあろう。さらに、生命や身体の侵害など不法が大きい場合には、被害者側に相当の落ち度があるなど、宥恕すべき特段の事情がない限り、責任阻却まで認めることは困難であろう。

　(b)　構成要件・法定刑の限定・緩和　　期待可能性の考え方は、責任論においてのみならず、構成要件段階でも意義をもつ。例えば、証拠隠滅罪（104条）は、一般に、期待可能性の減少を考慮して、自己の刑事事件に関する場合を構成要件の枠外においているものと解されている。また、自己堕胎罪（212条）や単純逃走罪（97条）の法定刑が軽い理由は、解釈上、期待可能性の減少に求められている。もっとも、こうした場合は、理論的には、期待可能性の不存在・減少が類型的判断に基づいて擬制されているのであり、責任論において責任阻却事由・減少事由として、個別具体的な判断が求められる場合に比べて、

相当程度緩やかに判断されているものと理解されよう。

　(c)　**規制原理としての期待可能性**　過失犯や不作為犯（の不法）を論じる際には，義務の履行要求を期待可能な範囲に合理的に限定するために，期待可能性の観点が「規制原理」（ヘンケル）として機能することもある。例えば，最判昭和33・7・10刑集12巻11号2471頁は，失業保険料不納付罪に問われた被告人について，被告会社からの本店からの送金が遅れていたこと，工場長たる被告人の自由裁量を許される手元資金もなかったことなどを指摘し，「現実に納付しうる状態」がなかったとして構成要件該当性を否定しているが，これは，期待可能性の観点が，真正不作為犯の作為義務の範囲を合理的に画する役割を果たした例とみるべきであろう（木村静子「失業保険料の不納付と期待可能性」『刑法の判例（第2版）〔ジュリスト増刊　基本判例解説シリーズ2〕』〔有斐閣，1973〕89頁）。

2　期待可能性の判断基準（期待可能性の標準）
(1)　行為者標準説

　期待可能性がどのような基準により判断されるべきかについては，従来，行為者標準説・平均人標準説・国家標準説の対立があるとされてきた。

　行為者標準説（団藤329頁，大塚460頁など）は，行為者本人が当該犯行を思いとどまることができたかに着目して期待可能性を判断するべきだとする。これは，責任判断が，本来，当該行為者の能力・可能性を前提に成り立つものであり，期待可能性の判断「対象」が当該行為者の能力・可能性でなければならないことを示す限りでは妥当である。

　しかし，行為者本人が判断「基準」であることはありえない。当該行為者が当該行為に出たのは，何らかの必然性があったからであり，行為者の事情の「すべてを理解することはすべてを許すことである」という周知の批判が妥当することになる。当該行為者を非難するためには，行為者に有利な事情と不利な事情を区別し，後者を考慮外におくことが必要であり，それには，行為者以外のところに基準が存在している必要があるのである。

(2)　平均人標準説

　そこで，わが国の多数説は，平均人標準説をとり（西原（下）481頁，川端447

頁，前田374頁など），この基準を平均人に求め，平均人が行為者の立場にあったならば当該行為を思いとどまりえたかにより，期待可能性の有無を判断しようとする。また，下級審にも，これと同様の判断を示したものがみられる（東京高判昭和23・10・16高刑集1巻追録18頁）。

しかし，他人（平均人）に可能であったからという理由で当該行為者の責任を基礎づけることには無理があろう。また，平均人というのは，決して，わが国の統計的平均人ではありえない。わが国の平均的ドライバーが数十キロオーバーして走っていたとしても，そのような平均人を当該行為者の立場に置き換え，速度違反罪の責任を否定するといった判断は成り立ちえないであろう。そうだとすれば，ここでいう平均人は，法の立場からみて望ましい人，法遵守志向的心的態度の持ち主でなければならない。

(3) 国家標準説

そうだとすれば，国家が当該行為者にどこまで期待しうるかを考え，国家・法規範の立場から当該犯行を思いとどまることを期待できれば責任が認められるとする，国家標準説の立場が妥当であろう。たしかに，この見解に対しては，「問いをもって問いに答えている」という批判が強いが，期待可能性の判断は，期待する国家と期待される行為者との間の緊張関係を考慮して行われるものであり，行為（者）を取り巻く外部的状況のいかんにより国家の期待・要求には違いがあり，ひいては，責任の有無・程度にも違いが出てくることを述べる限りでは，正しい認識を含んでいる（刑法基本講座(3)282頁〔中森喜彦〕，先駆的見解として佐伯千・思想330頁）。

第5節　責任阻却事情の錯誤

1　総　説

責任要素の中心は，非難可能性判断の基礎となる，行為者の主観的な心理状態であるから，それに関する錯誤は，本来起こりえない。例えば，自らが精神の障害のために制御できない状態にあると誤信しても，その錯誤には何の意味もない。

しかし，心理状態に影響を及ぼすような外部的事情に関する錯誤は考えられ

る。違法性の意識の可能性に関し、官庁の許可がないのにあったと誤信した場合（最判平成元・7・18刑集43巻7号752頁参照），期待可能性に関し，まだ極限的な強制状態に陥っていないのに陥っていると誤信した場合（最決昭和62・3・26刑集41巻2号182頁参照）などが，これにあたる。こうした場合には，行為者は，心理的には，本当にそうした外部的事情が存在した場合と同じ影響を受けている。そのため，こうした錯誤がどのように扱われるべきかが問題となる。

2 心理状態に影響を及ぼす外部的事情に関する錯誤
(1) 違法性の意識の可能性

まず，官庁の許可がないのにあったと誤信したため違法性の錯誤に陥った場合をみると，違法性の意識の可能性があれば足りるとする多数説からは，錯誤を回避しえたのかが決定的であり，そうした錯誤はそれだけでは結論には影響せず，錯誤の回避可能性の判断材料の1つとして考慮されるにとどまる。

これに対し，厳格故意説からは，こうした場合にもただちに故意が阻却されるが，この結論は不当であろう。

(2) 期待可能性

期待可能性を排除すべき外部的事情がないのにあると誤信した場合にも，そのことにより心理的な影響を受けていなければ，責任阻却・減少はおよそ問題となりえない。誤想過剰防衛に際して冷静に相手を殺害した場合などが，これにあたる。

問題は，心理的な影響を受けている場合であるが，多数の見解は，そうした錯誤の回避を期待しえた場合には，適法行為の期待可能性も認められると考えている。すなわち，この場合にも，期待可能性を排除すべき外部的事情を誤信して心理的な影響を受けたことが，ただちに結論に影響を及ぼすわけではなく，期待可能性の判断材料の1つとして考慮されるにとどまるのである。

3 客観的責任要素とされる場合

第4節1(2)(b)でみたような事情は，かつては，客観的責任要素と呼ばれていた。例えば，刑法105条の親族相隠の場合には，犯人を匿うなどした者が犯

人の親族であった場合には，刑が免除される可能性があるが，ここでは，行為者が心理的にせっぱ詰まっていたかどうかには関係なく，同条の適用が認められる。

　それゆえ，こうした期待可能性の不存在・減少が類型的判断に基づいて擬制されるべき事情は，一種の構成要件要素であり，その存在を誤信した場合，例えば，親族でない者を親族だと誤信して自宅に匿った場合には，105条によって修正された103条の罪を犯す意思で103条の罪を犯したことになるから，刑法38条2項により，103条のほか105条の適用が認められるべきである（前田・各論543頁，大谷・各論581頁）。

第8章 未遂犯

第1節 総　　説

1　意　　義
(1)　既遂犯と未遂犯

　各則の刑罰規定は，当然のことながら，そこに示される客観的構成要件がすべて充足されることを適用の前提とする（既遂犯）。もっとも，総則には，重大な犯罪について，一部の客観的構成要件が充足されない場合であっても可罰的とする条文がおかれている。すなわち，刑法43条本文は「犯罪の実行に着手してこれを遂げなかった者は，その刑を減軽することができる」，44条は「未遂を罰する場合は，各本条で定める」と規定する。これを「未遂犯」と呼ぶ。未遂犯は，既遂犯の客観的構成要件に修正を加え，処罰範囲を拡張するものであり，既遂構成要件の修正形式あるいは刑罰拡張事由と呼ばれる。

　未遂犯では，既遂犯の刑からの減軽が可能である（任意的減軽）。ただし，既遂とならんで未遂の処罰が規定されていて両者に同一の刑が科されている場合（例えば，盗犯2～4条），未遂を理由とする減軽は排除され，また，後述する中止犯の余地もないと解される。

(2)　処罰範囲拡張の内容

　未遂犯における処罰の拡張は，細かくは「時間」および「危険の程度」の2つの点で生じている。

　このうち時間的拡張とは，「犯罪の実行に着手」する時点まで刑罰の介入が早期化することを指す。ある法益を刑罰を用いて保護しようとする際，既遂犯の形式でも処罰時期は様々に異なりうる。法益の侵害を要求する（実害犯）と最も遅く，その危険の発生で足る（具体的危険犯）とすると早まるが，最も早

第 8 章　未　遂　犯

いのは抽象的危険犯である。そこでは，法益に対する危険が通常は発生すると考えられる「実行行為」が行われた段階，場合により，そのような行為と併せて法益の侵害またはその危険とは異なる「結果」が発生するに至った段階で，犯罪が成立する。例えば，現住建造物等放火罪（108条）は，「放火」（実行行為）して現住建造物等が「焼損」（結果発生）すれば，公共の安全が侵害あるいは現実に危殆化されなくても適用できる。しかし，抽象的危険犯のもとでも，条文に書かれた実行行為が完了しないことには（場合により併せて結果も発生しないことには），その成立は認められない。放火の意図で他人の住居にガソリンを撒布し，マッチでまさに火を点けようとする行為を刑罰により捕捉することは，同罪の未遂罪（112条）をもって初めて可能になるのである。時間的拡張の詳細は**第2節**で扱う。

　次に，処罰範囲を「危険の程度」において拡張するとは，法益を侵害する可能性の程度をより低いもので十分とすることを意味する。既遂犯のうち，法益侵害の可能性の観点で最も緩やかにその成立を認めるのも抽象的危険犯であり，前述のように，法益の侵害もその危険の発生も不要とされ，法益に対する一般的な危険をもつ実行行為（場合により併せて結果の発生）が要件とされるにすぎない。しかし，法益侵害に向けられたある程度の危険の存在は前提とされている。ところが，ガソリンを撒いてマッチで火を点けようとしたという先の放火の例を少し変えて，マッチが湿っていて点火しなかった場合，あるいは，行為者が取り違えてガソリンではなく水の入ったバケツを手にして撒布した場合となると，「一般的な」危険だとはいえ，法益危殆化の程度がかなり低いことを認めざるをえない。しかし，それでもなお，現住建造物等放火の未遂罪が適用される余地は残るのである。もっとも，相当に低い程度にとどまるそのような危険について，可罰的なものと不可罰のものとをどのように限界づけるかは難しい問題である。詳細は**第3節**で扱う。

(3)　未遂犯の処罰根拠

　未遂犯が不完全な犯罪実現であるにもかかわらず，なぜ処罰されるのか。この問題を考える前に留意を要するのは，未遂犯は立法技術上の形式的概念である点である。例えば，傷害罪の未遂（刑法典では不可罰。暴力1条ノ2第2項参照）の一部が暴行罪や遺棄罪として独立の犯罪（既遂犯）となっているように，

既遂犯との相違は相対的なものにすぎない。いいかえれば，処罰根拠といった実質論にとって重要なのは，法益が侵害されなかった場合でも処罰される理由は何かであり，犯罪の形式が（危険犯としての）既遂犯か（既遂犯を前提とする）未遂犯かはそれほど大きな意味をもたないと思われる。以下では，実害犯の未遂を念頭において，処罰根拠をめぐる考え方を説明する。

　この点をめぐり，戦前から戦後にかけては，行為者の悪しき意思ないしは危険な性格が外部的行為にあらわれた点に処罰根拠を求める主観的未遂論と，法益の客観的危殆化をもって未遂処罰を基礎づける客観的未遂論とが鋭い対立を続けていた。しかし，やがて前説の背後にある主観主義の考え方が支持を失っていったことから，現在では客観的未遂論が定説といってよい状況にある。今日における争点は，客観的未遂論の内部で「客観的危険」をどのように解するかに移っている。

　客観的未遂論における伝統的な理解は，未遂犯は，抽象的危険犯であり，法益に対する危険を発生させると一般的に考えられる行為を捉える犯罪とする。未遂犯の処罰根拠は「行為の危険性」に求められたのである。他方，近時の有力説は，不法に関する結果反価値一元論を背景に，未遂犯にも「結果としての危険」の発生を要求し，これをもって処罰根拠とする主張を展開している。そこでは未遂犯は具体的危険犯となる。

　上記(2)の叙述から明らかなように，本書は基本的に前者の伝統的見解を支持している。近時の有力説に対しては，具体的危険犯や抽象的危険犯にも未遂犯が規定されていることから「結果としての危険」が量的に様々に規定されることになるが，そのような差異化された判断は現実に可能なのか，抽象的危険犯の未遂で要求される程度の危険でも刑罰による介入にとって十分だと考えるならば，実害犯の未遂についても同様に解すべきではないか，いずれにせよ，そのような危険の存否は「法益侵害がありえないとはいえない」といった形で消極的にしか判断をなしえず，はたして「結果としての危険」が発生したというに相応しい事態なのか，といった疑問が向けられるのであり，未遂犯における「客観的危険」が消極的にしか判断されない低い程度のものだとすれば，行為のもつ法益に対する一般的危険性に着目する見解はなお維持されてよいと考えられるからである。

もっとも，伝統的見解にも未解決の問題が残されている。それは，「行為の危険性」の内実が必ずしも明らかでないことである。先に，放火の意図で他人の住居にガソリンを撒布したものの，マッチが湿っていて点火しなかった例を挙げた。このようなケースにも現住建造物等放火の未遂罪を適用しようとする場合，「ガソリン撒布後にその場でマッチを擦る行為」は危険だからと説明されることになろう。しかし，「湿っていて点火しないマッチ」をいくら擦っても点火しないとすれば，単に「行為が危険だから」という以上の説明が求められるのである。この点をめぐっては，「行為の危険性」の内実は「社会が抱いている，法益は保護されているとの安全感に対して生じた動揺」として社会心理学的に再構成する見解（印象説）も提案されている（塩見淳「実行の着手について（3・完）」論叢121巻6号〔1987〕11頁）。

2 予備罪・陰謀罪

(1) 予 備 罪

(a) 意　義　刑法典には，実行に着手していない，すなわち，未遂が成立する以前の段階でも刑罰の介入を許容する規定が各則に存在する。その1つが予備罪であり（78条〔内乱予備罪〕，88条〔外患誘致及び外患援助予備罪〕，93条〔私戦予備罪〕，113条〔放火予備罪〕，153条〔通貨偽造等準備罪〕，163条の4〔支払用カード電磁的記録不正作出準備罪〕，201条〔殺人予備罪〕，228条の3〔身の代金目的略取等予備罪〕，237条〔強盗予備罪〕），犯罪実行のための準備行為を捉える犯罪類型である。

予備罪は，未遂犯のように既遂犯の客観的構成要件に対する修正という形式ではなく，独立の犯罪として規定されるものの，既遂犯を前提としてその処罰範囲を拡張する点で未遂犯と共通の性格をもつ（ただし，私戦予備罪では私戦行為は不可罰）。特色としては，将来における犯罪の実行を目的とする目的犯の形態をとること，および，行為態様が「予備」として包括的に規定されることが挙げられる。後者の点で，偽造公文書の「行使」（158条1項）を目的とした公文書の「偽造」という特定の予備的行為態様を捉える公文書偽造罪（155条1項）などから区別されることになる。

目的とされる犯罪が実行段階に至れば未遂罪が成立し（ただし，私戦予備・陰

謀は除く），予備罪，さらに後述する陰謀罪はこれに吸収される。

　(b) 解　釈　　予備罪の解釈問題の1つは「予備」の範囲の画定である。予備は包括的な概念であり，文字どおりに捉えれば，包丁を研ぐといった日常的行為でも，ある人を殺害する準備として行われた場合，殺人予備罪にあたることになりかねない。しかし，それは市民生活への刑罰の過度の干渉と考えられよう。かくして，判例には，実行に移る可能性の高いもの，あるいは，実行に近接した段階に至ったものに予備罪の適用を制限する傾向が認められる（例えば，三無事件に関する東京地判昭和39・5・30下刑集6巻5＝6号694頁）。ただし，集団的な遂行形態においては，すでに法益の危殆化が生じているとして実行段階から相当に隔たった行為に予備罪の成立を認めるもの（サリン生成プラント建設の関与者に関する一連の下級審判例を参照。例えば，東京地判平成8・3・22判時1568号35頁）もみられる。予備段階での法益に対する危険は本来的に相当に低いのであり，法益危殆化は予備罪の成立範囲を画する基準とはなりにくいであろう。実行段階への接近に着目する前者の制限的な適用が支持される。なお，将来の犯罪実行は「目的」の内容として主観的に要求されるところから，「予備」と「実行」の関係は行為者の計画上近接していれば十分と解される。

　争点として，さらに，目的とされる犯罪を自ら実行する意思を有せず，この意思を有する他人のために予備段階でのみ関与するいわゆる他人予備に予備罪を適用できるか否かがある。判例には，殺人予備罪の共同正犯を肯定したもの（最決昭和37・11・8刑集16巻11号1522頁。殺人予備の幇助とした第一審判決を破棄して共同正犯を認定した名古屋高判昭和36・11・27高刑集14巻9号635頁に対する上告を棄却）があるのに対して，学説では，自ら犯す目的を要求し，予備罪一般について，あるいは，一部の予備罪（通貨偽造等準備罪や内乱予備罪・外患予備罪が挙げられる）を独立予備罪として除外したうえで残りについて，予備罪の成立を否定する消極説が有力である。少なくとも，「他人」が目的とされる犯罪を実行したとすれば，他人予備を行った者がその犯罪の幇助犯と評価される場合にまで，予備罪の（共同）正犯を認めることには疑問があろう。加えて，そのような場合にあたるかどうかという仮定的判断が必ずしも明確には行えないとすれば，他人予備は予備罪の幇助とすべきように思われる。その可罰性については，予備罪の共犯の項（**第9章第6節2**）を参照。

(2) 陰　謀　罪

　実行に着手する以前にまで処罰時期を早期化する犯罪類型として，各則にはさらに陰謀罪がおかれている（内乱陰謀 78 条，外患誘致及び外患援助陰謀 88 条，私戦陰謀 93 条）。陰謀とは，一般に，2 人以上の間に成立したところの予備の程度に達しない犯罪実行の合意と解されている。そこでは，陰謀罪が，予備罪よりもさらに処罰範囲を拡張すること，その実質が犯行の合意という主観的なものであることが示されている。

　もっとも，犯行の合意もまた犯罪実現に向けての準備だとすれば，予備罪との相違は明らかとはいえないし，合意を処罰するのは刑罰の思想・内心への不介入という原則と抵触しないかとの疑義も残る。そこで，単なる合意ではなく犯罪の実行につながりうる明白な危険性をもったものに限る（福田大塚古稀（上）417 頁〔板倉宏〕），あるいは，予備は物的準備を，陰謀は心理的準備を指す，などの見解も有力である。他方，陰謀を予備から質的に区別する説明は困難だとして，予備の一形態で，予備を他人と共同で行うものが陰謀だとする理解も古くから唱えられている（鈴木古稀（上）504 頁〔塩見淳〕参照）。

第 2 節　実行の着手

1　意　　義

　未遂犯による時間的な処罰拡張における課題は，「犯罪の実行に着手」（43 条本文）するとはどの時点を指すのかを明らかにすることであり，細かくは，判断のための資料の範囲——着手の有無を判断する際に行為者の主観的事情をどこまで考慮できるか——と，基準の設定——実行が始まったといえるかどうかはどのような基準に基づいて判断されるか——が論点となる。

2　判 断 資 料

(1) 故　　意

　行為者の主観的事情のうちで，まず（事実）故意は資料に入れられるか。この点をめぐっては，故意はあくまで責任の要素であり，客観的な危険の存否に行為者の主観が影響を与えることはないとして，故意の考慮を全面的に否認す

る見解も主張される。しかし，例えば，甲が拳銃を発射し，弾丸が乙から30cm離れたところを通過したケースにおいて，甲に成立する犯罪が殺人未遂罪なのか，加重傷害未遂罪（暴力1条ノ2第2項）なのか，強要罪あるいは脅迫罪なのかは，甲の有する故意を知らずしては確定できないというべきであろう。

そこで，故意を責任の要素としながらも，罪名を確定する限度ないしは必要な範囲で故意を考慮する修正説（曽根215頁，前田143頁）のほか，より実質的に，未遂犯における故意は主観的違法要素とする見解（平野Ⅱ314頁。佐伯千299頁注1参照），あるいは，故意とは異なる（法益侵害惹起行為を行おうとする）行為意思は資料に含まれるとする見解（山口271頁）も唱えられている。しかし，違法とは関係をもたない故意を未遂犯の違法性を確定する資料とするのは一貫しないであろう。また，同一の故意が未遂犯と既遂犯とでなぜ体系上の位置を異にするのか，（法益侵害に向けられた）行為意思が（事実）故意とどのように異なるのかといった疑問が向けられるように思われる。

これに対して，故意を違法段階に位置づける立場では，着手の判断資料に故意を含めるのが理論的に一貫する。故意が考慮される理由は，その存在により法益侵害の危険が高まる点に求められている。

(2) **行為者計画**

(a) 故意に加えて行為者が犯行に際して抱いていた計画も判断資料に入れるべきか。積極説に立つと着手時期は相対化する。例えば，住居に放火するためにガソリンを撒布したうえライターに着火する行為は，通常は現住建造物等放火罪（108条）の実行の着手といえよう。しかし，焼身自殺する前に最期のタバコを一服吸うとの計画を考慮する場合は，消極に解され，ライターの火がガソリンに引火して住居を焼損しても，重失火罪（117条の2）と放火予備罪（113条）の成立にとどまることになる。

行為者計画の考慮は，故意の考慮すら否定する学説のもとでは受け容れられないものの，例外的に故意ないしは行為意思を判断資料に入れる論者においては積極的に解されることがある（佐伯千317頁，山口216頁）。さらに，（事実）故意を違法構成要件に位置づけたうえで行為者計画の考慮も明示的に承認する見解は多い。行為のもつ危険性・意味は，故意のみならず行為者の具体的な考えを知ることなくしては確定できないであろうから，積極説が支持される。

第8章 未 遂 犯

　判例も，殺意をもってクロロホルムを嗅がせ，これにより被害者が死亡した事案において，クロロホルムにより意識を失わせた（第1行為）後に，この被害者を自動車に乗せ，車ごと海中に転落させて（第2行為）殺害するとの行為者計画を認定して着手の有無を論じた最高裁決定（最決平成16・3・22刑集58巻3号187頁）などがあり，積極説に立つとみられる。ただし，上記の焼身自殺を企てた例で示したように，行為者計画の考慮により最期のタバコを一服吸う行為（第1行為）に故意犯の着手を否定し，過失犯の成立にとどめるところまで，判例が徹底するかどうかは明らかでない（横浜地判昭和58・7・20判時1108号138頁参照）。

　(b)　行為者計画はあくまで着手時期を判断する際に考慮される。着手後に，計画より早期に構成要件が実現されたからといって，因果経過について錯誤があったにすぎず，——結果の客観的帰属が可能な限り——既遂は否定されないとするのが通説的な理解である。上記の最高裁決定も，被害者が第2行為の前の時点で死亡していたとしても「殺人の故意に欠けるところはな」いとして，殺人既遂の罪責を肯定している。現実の因果経過を故意の対象としつつ，認識されたそれと構成要件的に符合するから故意は阻却されないとの考え方によっているとみられる。

　これに対しては，近時，行為者が既遂結果惹起のためにさらに行為（第2行為）が必要と考えていたとの主観的事情を重視し，その点の錯誤は既遂の故意を阻却する（松宮239頁），あるいは，未遂犯とは区別された既遂犯の構成要件該当行為（第2行為）が行われていない（林幹人「早過ぎた結果の発生」判時1869号〔2004〕6頁。山口216頁参照）などの構成により，既遂を否定する見解も一部で唱えられている。しかし，細部に至るまで制御された自己の行為から結果が生じた場合しか既遂責任を問えないとするのは，現実に即しない過剰な要求であろう。実行の着手により，行為者は犯行を既遂に至らせるに十分な危険を創出していると考える以上，結果にその危険が帰属可能に実現し，全体に故意が及んでいるといえるのであれば，故意既遂犯としての処罰に十分と解される（鈴木古稀（上）191頁〔中森喜彦〕参照）。

3 判断基準
(1) 行為基準

客観的未遂論のもとでは、着手の判断基準は法益に対する客観的危険に着目して立てられ、伝統的には、危険の程度を直接にではなく、行為の進展の度合いをもって間接的に判断する方法がとられていた。すなわち、法益の危殆化は犯罪を準備する段階から生じているが、行為が侵害に切迫した時点で一層高まるといえる。この時点以降の行為――実行行為――に未遂犯の成立を肯定するのである。これは、「実行」の着手を要件として掲げる刑法43条にも忠実な解釈といえる。

この立場においては、条文において動詞として規定される行為が出発点となる。最も明快な理解は、日常用語例に従って把握されたそのような行為(形式的な意味での構成要件該当行為)自体の開始をもって実行の着手を認めるものであるが(形式的客観説。団藤355頁および同頁注4参照)、この基準を厳格に貫けば、他人の家に侵入し、現金を盗もうと探し始めても、「窃取する」行為の一部を始めたとはいえず、窃盗未遂が不成立とはならないかとの疑義が生じよう。そこで、多数は一定の拡張を容認する(実質的客観説)。すなわち、形式的な意味での構成要件該当行為に密接する行為(藤木257頁)、あるいは、構成要件実現に至る現実的危険性を含む行為(大塚165頁、大谷370頁)の開始まで未遂犯の成立を早期化する見解、さらに詳細に、構成要件行為の直前に位置する行為、具体的には、機能的にみて構成要件行為に至る経過が自動的である行為、または、構成要件行為に時間的に近接する行為の開始に原則として着手を肯定しながら、被害者領域――事実的かつ相当強固に被害者が排他的に支配する、保護される客体を囲む領域――が存在する場合には、直前に位置する行為はその領域への介入を伴うことが必要だとする見解(直前行為基準説。塩見・前掲論叢18頁)が主張されている。着手の判断が実質化される点で不明確さを増すものの、刑法43条の文言の枠内にとどまりつつ帰結の妥当性を確保する点から支持される。

(2) 危殆化基準

もっとも、近時は、客観的未遂論に一層忠実に、法益の危殆化を基準とすべきだとの見解が多数を占めつつある。未遂犯の処罰根拠を「結果としての危

険」の発生に求める有力説では，それは論理的帰結といえるが，「行為の危険性」に着目する立場でも少なからぬ論者が同様の基準を採用している（川端459頁，野村331頁。なお斎藤215頁参照）。

　たしかに，危殆化基準は未遂犯の処罰根拠という実質論と直接に結びつくけれども，危険の存否・危殆化の有無の判断が不安定である点にも留意を要する。法益侵害を促進する事情と抑制する事情をそれぞれどのようにとりあげて衡量するかについて，必ずしも一般化された方法があるわけではない。そのうえ，抽象的危険犯にも未遂があることを考慮すれば，未遂犯における危険の程度は相当に低くしか設定できず，不安定性は一層増大するといえる。そこでは実質論は後退せざるをえないであろう。立法者が形式的に「実行」の着手をもって未遂犯が成立するとした理由もそこに求められる。「実行の着手」を「危険」という実質概念に読みかえる危殆化基準は支持できないと解される。

　もっとも，この見解の内部では，着手の有無は「行為」に着目しつつ，未遂犯の成立にはさらに「危険結果」の発生を要求する構成——両基準の併用——も唱えられている（曽根213頁・217頁，山中713頁）。しかし，危険の発生が未遂犯としての処罰の条件となることの条文上の根拠，および，危険結果とは別に実行行為の開始が要求されることの理論上の根拠は明らかでない。実際的にみても，未遂犯における危険が低い程度のものにとどまるとすれば，危殆化基準を持ち出す意味はないように思われる。行為基準のもとでも，危険がおよそ否定される場合には不能犯として不可罰となるからである（第3節参照）。

(3)　判例の検討

　判例における判断基準は，犯罪類型によって相違がみられ，一般的に述べることは難しい。以下では，実行行為が法益侵害ないし結果の惹起につきている類型と一定の手段が法定されている類型とに分けて説明する。

　(a)　実行行為が法益侵害ないし結果の惹起を内容とする単純な構造をもつ典型的な犯罪として，窃盗罪，放火罪，殺人罪が挙げられる。

　窃盗罪のうち，住居・店舗に侵入する形態では，侵入するだけでは足りず，侵入後，「他人ノ財物ニ対スル事実上ノ支配ヲ犯スニ付密接ナル行為」が必要とされており（大判昭和9・10・19刑集13巻1473頁），実質的客観説によるとみられる。もっとも，「密接」の判断は微妙であり，上記判例では，「金品物色ノ

為箪笥ニ近寄リタル」行為に着手が認められているが，最高裁決定には，窃盗目的で電気店内に侵入後，「なるべく金を盗みたいので……煙草売場の方に行きかけた」事実に窃盗の着手を認めたものがある（最決昭和40・3・9刑集19巻2号69頁）。倉庫に侵入する形態や車上荒しでは，施錠を毀した，ないしは，開けようとした時点ですでに窃盗未遂が肯定されている（大阪高判昭和62・12・16判タ662号241頁）。倉庫や車が機能的に上述した「箪笥」などと同視できるならば，開錠する行為は密接行為となろう。スリについても，同様に「事実上ノ支配ヲ侵スニ付キ密接セル程度」に達することで着手が認められ（大判大正6・10・11刑録23輯1078頁），具体的には，ポケットに指先を入れなくても外側に触れる程度で十分とされる（広島高判昭和28・10・5高刑集6巻9号1261頁）。

　放火罪では「放火」，すなわち，目的物の焼損に向けられた点火行為が原則的に基準とされている。「導火材料ニ点火シ其燃焼作用ヲ継続シ得ヘキ状態ニ措」けば十分であり，目的物に燃え移ることまでは要しない（大判大正3・10・13刑録20輯1848頁）。他方，放火を意図してライターを手にしながらガスを漏出させても，それだけでは放火（・殺人）の予備にとどまる（大阪高判昭和57・6・29判時1051号159頁）。ただし，注意を要するのは，ガスやガソリンといった可燃性の高い物質を漏出・撒布したケースにおいて，行為者の予想しなかった火元から着火して焼損に至ると，すでに客観的に危険が生じていたとして着手を肯定し，結論的に既遂を認めるいくつかの下級審判決（前掲横浜地判昭和58・7・20など）がみられる点である。しかし，焼損結果が発生した以上，危殆化もあったはずで，すでに実行を開始していたことになるというのでは，着手の有無による犯罪成否の限界づけは意味を失うと思われる。

　殺人罪では，被害者を待ち伏せ，あるいは，殺害すべくその所在を探す段階は予備にとどまり，さらに，凶器を携えて被害者のいる住居等に侵入してもなお未遂は成立しない（大判明治44・12・25刑録17輯2328頁，大阪地判昭和44・11・6判タ247号322頁）とされる。その判断は厳格といえる。もっとも，前述したクロロホルムを用いた殺人事件（2(2)(a)）に関する最高裁決定（前掲最決平成16・3・22）は，「第1行為は第2行為を確実かつ容易に行うために必要不可欠なものであったといえること，第1行為に成功した場合，それ以降の殺害計画を遂行する上で障害となるような特段の事情が存しなかったと認められるこ

とや，第1行為と第2行為との間の時間的場所的近接性などに照らすと，第1行為は第2行為に密接な行為であり，実行犯3名が第1行為を開始した時点で既に殺人に至る客観的な危険性が明らかに認められるから，その時点において殺人罪の実行の着手があったものと解するのが相当」と判示している。実質的客観説の基準により，着手時期の早期化を認めたものと捉えることができよう（被害者を約10時間後に車で搬出して殺害する計画のもと，まず殴打により気絶させる行為に（強盗）殺人の着手を否定したものとして大阪地判昭和57・4・6判タ477号221頁。殺人未遂を認めたが微妙なものとして名古屋地判昭和44・6・25判時589号95頁）。

(b) 強盗罪や詐欺罪を典型とする一定の手段が法定されている犯罪では，手段行為の開始に着手を求めるのが判例の基本的態度（強盗罪につき最判昭和23・6・26刑集2巻7号748頁，詐欺罪につき大判昭和7・6・15刑集11巻859頁）であり，通説もこれを支持する。手段行為は本来の実行行為と密接な関係にあり，直前に位置すると通常いえるであろうから，原則としては妥当といえよう。しかし，判例が，加重逃走罪（98条）に関して，「拘禁場又は械具の損壊によるものについては，逃走の手段としての損壊が開始されたときに」着手が認められるとして，脱出が到底不可能な程度の穴しか開けられなかったケースでも同罪の未遂を肯定したこと（最判昭和54・12・25刑集33巻7号1105頁）には疑問が残る。逃走という本来の実行行為に遂行上特段の障害なく至るか，時間的に近接しているかが実質的に検討されるべきように思われるからである。

以上とは異なる判断が示されるのは強姦罪である。判例では，被害者を共犯者と共にダンプカーの助手席に引きずり込んだ後，約5.8km離れた工事現場に移動して，運転席内で姦淫した事案について，「被告人が同女をダンプカーの運転席に引きずり込もうとした段階においてすでに強姦に至る客観的な危険性が明らかに認められるから，その時点において強姦行為の着手があつたと解するのが相当」と判示する（最決昭和45・7・28刑集24巻7号585頁）など，危殆化を基準に求める傾向が認められる。実質的客観説では，性的自由に対する危険だけではなく，手段たる暴行・脅迫が，姦淫場所を予定したうえで行われるなど，姦淫行為と密接な関係にあることが要求されることになろう（大阪地判昭和45・6・11判タ259号319頁参照）。

4 特殊な遂行形態における着手時期

特殊な形態で犯罪が遂行される場合，具体的には，間接正犯，離隔犯，不作為犯における着手時期について，以下でとりあげる。

(1) 間 接 正 犯

間接正犯における着手時期をめぐっては，伝統的には，背後者の利用行為の開始にこれを認める見解（利用行為説。団藤355頁注5，福田226頁，野村338頁）が通説であった。被利用者は規範的にみれば「道具」であるから，通常の道具を使用した場合とパラレルに扱えばよいと考えられたのである。しかし，利用行為の段階で未遂処罰が可能になるのはやはり早すぎるとの問題があり，近時は，①危殆化基準を適用して（平野Ⅱ319頁，大谷372頁。さらに曽根240頁，山中723頁参照），②利用者と被利用者の行為を全体的に観察して（藤木279頁），あるいは，③背後者は被利用者の行為との関係ではこれを阻止しない不作為犯と構成して（大塚169頁注16，西原（下）367頁），事案ごとに着手を認定する見解（個別化説）が多数を占める。

判例は利用行為説には立たないとみられるものの，詳細は明らかでない。覚せい剤譲受の未遂に関して，譲渡人が譲受人の面前で情を知らないタクシー運転手に覚せい剤を取りに行かせたところ，運転手が受け取った時点で警察官の取調を受けたとの事案で，「覚せい剤の占有を，譲渡人より譲受人に対して，現実に移転しようとする行動の段階に到達」しており，「覚せい剤譲渡の実行若しくはこれと密接する行為に着手した」として積極に解した判例（名古屋高金沢支判昭和31・10・16裁特3巻22号1067頁）は②説のようにも読める。書物をケースから引き出すと爆発する仕掛けを施した爆発物を被害者宅車庫内においた事案で，被害者が引き出そうとする「行為に着手した段階において」，爆発物を人に使用せしめたる罪（爆発1条）および殺人未遂罪に当たるとした判例（大阪高判昭和49・6・21高刑集27巻3号267頁）も同様である。他方，殺意をもって毒入りジュースを農道の道端に置き，これを拾って飲んだ者が死亡した事案で「ジュースが拾得飲用される直前に普通殺人について実行の着手があ」るとした判例（宇都宮地判昭和40・12・9下刑集7巻12号2189頁）は①説によるものと解される。

学説で主張される諸見解のうち，①説には，危殆化基準に向けられた批判が

妥当しよう。さらに，②説には，なぜ利用者と被利用者を一体として扱いうるのかが明らかでない，③説には，犯罪を実現しようとしている背後者に犯罪阻止義務を認めるのは背理であるとの批判が向けられ，いずれも支持しがたい。この点，実質的客観説，とりわけ直前行為基準のもとでは，機能的または時間的にみて道具による（客観的な）構成要件該当行為の直前に位置するとみられる，背後者の利用行為が着目されるものの，それと併せて利用行為が被害者領域に作用を及ぼしたことが要求される。後者の要件を通して未遂の成立時期を適切に画することが可能なように思われる。

原因において自由な行為にあたるケースに関しては，結果行為を実行行為とする把握のもとでは，着手時期に関する原則的な立場が反映されるだけで特別の問題はない。原因行為時に着手を認める立場では，上記の間接正犯と同様に処理されることになろう。

(2) 離 隔 犯

行為と結果発生が場所的ないし時間的に離れている遂行形態を離隔犯という。10時間後に爆発する時限爆弾設置のように機械を使う場合のほか，郵便配達など機械化された（人の）システムを利用する場合も含まれる。学説では，間接正犯と同様に，利用行為に着手を認める見解（利用行為説）と個別に法益侵害ないし結果発生の危険が発生した時点に着目する見解（個別化説）が主張されている。

判例は，いずれかの立場というよりも，被害者領域への到達に着目しているように思われる。すなわち，虚偽告訴を内容とする文書を郵便に付した（大判明治43・6・23刑録16輯1276頁），あるいは，詐欺の手段たる内容虚偽の電信を認めて郵便局に差し出した（大判大正3・6・20刑録20輯1289頁）というだけでは各犯罪の着手を認めない一方で，恐喝文書を「郵便ニ付シテ到達セシメタル」時点（大判大正5・8・28刑録22輯1332頁），殺人を意図して毒薬を混入した砂糖を郵送し，被害者が「之ヲ受領シタル時」（大判大正7・11・16刑録24輯1352頁），懐炉灰を用いた時限発火装置に点火して放火予定場所に設置した時点（東京高判昭和58・8・23刑月15巻7＝8号357頁）に各犯罪の未遂が成立するとされている。

離隔犯は機械やシステムという文字どおり「道具」を利用する形態であるた

め，間接正犯におけるよりも利用行為説をとりやすいともいえる（間接正犯において個別化説によりつつ，離隔犯では利用行為に「実行の着手があるといえる場合もある」と指摘するのは平野Ⅱ320頁）。しかし，利用行為の段階で未遂犯を認めるのは，例えば，犯罪の手段たる郵便物が不着に終わったケースなどを考えると早すぎるように感じられる。やはり，ここでも，間接正犯におけると同様に，実質的客観説のうちの直前行為基準に立って，背後者の利用行為が被害者領域に作用を及ぼした時点で着手を認めるのが妥当と思われる。判例が被害者領域への到達に着目するのも同趣旨と考えられる。

(3) 不作為犯

犯罪が不作為により遂行される場合，危殆化基準は一貫して適用され，法益侵害・結果発生の危険をもって着手が肯定される。他方，行為の外形に着目する行為基準は，なすべき作為を「行わない」という不作為犯には妥当しえず，これに代えて作為義務違反の時点が着目されることになる。もっとも，法益侵害・結果発生の危険が存在することは作為義務の前提であり，とりわけ，川で自分の子供が溺れているといった刻一刻危険が増大している状況では，即時に作為（救助）に出る義務があると考えられるから，両説に大きな差異はないともいえる。

しかし，自分の赤ん坊にミルクを与えるといった，時間的に幅をもって課せられる作為義務もあり，その場合，義務の成立時点と，当該義務を履行してももはや結果回避ができないという意味での終了時点とのどちらを基準とするかが問題となる。この点は，法益侵害・結果発生の危険の程度がその間に有意に増大していない以上，刑法の介入は終了時点まで控えられる，より精確には，義務履行が可能な最後の時点に切迫した不作為に着手を認めることになると解される（反対，大塚173頁。義務に反する不作為が開始された時に着手があるとする）。なお，「切迫」とは時間的なものに限られず，「最後の時点」までに義務を履行することができなくなるような行為に出る場合，──例えば，ミルクを与えるべき親が赤ん坊を置き去りにして旅行に出かける──も含まれよう。そのような場合も，未遂犯の処罰根拠たる法益に対する一般的な危険ないし法益の安全感に対する動揺が生じたと考えられるからである。

判例の立場は明らかでない。下級審には，自動車の運転を誤って重傷を負わ

せた通行人を犯跡隠蔽のために別の場所に運び，未必的な殺意をもって置去りにした事案で，着手時期を「客観的にみてことさらその義務を放棄したと認められる時点」としたうえで，具体的には「被害者を車外にひきずりおろした時点」に実行の開始，「同人を放棄して逃走したと認められる時点」に実行の終了がそれぞれ認められるとしたものがある（浦和地判昭和45・10・22刑月2巻10号1107頁）。義務履行が可能な最後の時点を意識しつつ，履行不能が明確化した時点をもって着手を認定する立場と解される。

第3節　不　能　犯

1　意　　義
(1)　行為の一般的危険性

不能犯とは，行為者が意図した構成要件を実現することが不可能な行為遂行をいう。未遂犯は既遂犯の実行行為を「危険の程度」においても拡張するけれども，あくまで法益に対する一般的危険性が肯認される限度においてである。そのような危険性すら認められない場合は，未遂犯としての処罰も排除される。実行の着手が認められそうな行為の危険性について，——消極的にではあるが——ここで実質的に検討されるのである。ただし，近時では，実行の着手を法益の危殆化をもって判断する見解が有力化しており（第2節3(2)），この立場では，実行の着手と不能犯は区別されず，一体的に判断される。

(2)　構成要件欠缺（欠如）論

不能犯と密接な関連をもつ議論として構成要件欠缺論がある。結果と因果関係を除く構成要件の諸要素——客体，手段，主体および行為状況——のすべてないし一部について，客観的に存在しなければ未遂犯としても不可罰とする考え方で，例えば，客体の欠缺を不可罰とする立場では，スリをしようと被害者の上着のポケットに手を入れたところ空っぽであった場合，窃盗未遂罪は成立しないとされる。

戦前から有力で，戦後も支持がみられる理論である（団藤165頁）。しかし，構成要件の各要素は等価値であって，ある要素については客観的な存在を要求するといった差異的取扱いの根拠が薄弱だとの批判もまた古くから向けられて

きている。後述するように（2(2)(c)），行為者に主体要件が欠けるケースを一律に不可罰とする際の説明として構成要件欠缺論は援用しやすい面があり，また，犯罪実現の発展的・動的過程を実質的に吟味する不能犯に対置させ，未遂犯の成立範囲を静的・形式的判断により限定するものとして同理論を再評価する動きもみられるものの（内田（上）395頁），例えば，上記のスリの事例で窃盗未遂が不成立となる理由が「客体が欠けているから」というのでは，問いをもって問いに答えたに等しく，支持は難しいと思われる。

(3) 幻 覚 犯

幻覚犯とは，客観的に犯罪にならない行為を行い，行われた事実を主観的に正しく認識しながら，しかし，自己の行為が可罰的であると誤って評価している場合をいう。例えば，姦通を行った者が刑法典に存在する姦通罪を犯したと思い込んでいる，20歳の者を営利等の目的をもつことなく誘拐した者が，20歳は未成年者拐取罪（224条）にいわゆる「未成年者」にあたると解釈している，などである。

幻覚犯も不能犯と同様，不可罰である。その理由は，処罰規定（姦通罪や20歳以上の者を営利等の目的なく拐取する罪）が存在せず，行為者による誤った可罰性評価は考慮されないからだと説明される。しかし，行為者の認識した事実が犯罪にならない点が重視されるべきだと思われる。このような立場では，客観的には犯罪にあたる行為を行った場合，例えば，20歳の「未成年者」を誘拐したと思っていたところ，被拐取者の年齢が実際は17歳であった場合でも，幻覚犯と解しうることになる。幻覚犯は犯罪事実の認識を欠いて故意犯が否定される一類型と位置づけられるのである。

幻覚犯ではないとされる場合，すなわち，主観的に（事実）故意が肯定される場合，行為の客観面において，構成要件実現の危険が存在するか否かにより未遂犯と不能犯とが区別される。

■ 2　危険性の判断

(1) そ の 方 法

(a)　不能犯の成否は法益に対する危険の有無の判断にほかならない。危険の判断方法に関しては，基礎となる資料の範囲をどのように画するか，および，

第 8 章　未　遂　犯

誰を判断者とするかが争点となる。

　不能犯の議論は，未遂犯に法益侵害の危険が必要であること，すなわち，客観的未遂論を前提とする。もっとも，主観的未遂論のもとでも不能犯は承認されており，その判断方法として，行為者自身が認識した（誤信したものを含む）全事情を基礎にして，行為に法益侵害の危険がないと一般人が判断する場合を不能犯とする抽象的危険説が唱えられた。判断基準を法益侵害の危険に求めることで不能犯の余地が作り出されたのである。しかし，客観的未遂論とのそのような妥協が許容できるものかは疑問の余地があり，また，主観主義・主観的未遂論の退潮に伴って同説への支持も失われていった。抽象的危険説は現在では学説史的意義をとどめるものといってよいであろう。

　(b)　古い客観説　　客観的未遂論のもと，行為の危険性を判断する基準として戦前の大審院から昭和 30 年くらいまでの間，判例で伝統的にとられたのは，行為の際の個別事情をあまり考慮せず，抽象的なレベルで構成要件の実現が絶対に不可能だったか，それとも，たまたまそのとき失敗したという相対的な不可能にすぎなかったかを判断し，前者の場合を不能犯とする古い客観説（絶対不能・相対不能区別説）であった。病弱の被害者に殺意をもって硫黄を投与する行為を「殺害ノ結果ヲ惹起スルコト絶対ニ不能」だとして殺人としては不能犯であり傷害罪にとどまるとした大審院判決（大判大正 6・9・10 刑録 23 輯 999 頁）や，殺意をもって被害者の静脈に空気を注射したが，致死量（2 つの鑑定ではそれぞれ 70cc 以上と 300cc 内外とされた）にみたない 30～40cc 程度であった事案について，「被注射者の身体的条件その他の事情の如何」では死亡しえたとして殺人未遂を肯定した最高裁判決（最判昭和 37・3・23 刑集 16 巻 3 号 305 頁）などがその例である。

　未遂犯の成立には構成要件実現の一般的危険性が必要であり，かつ，それで十分だとしても，危険性判断の対象は個々の実行行為である以上，個別事情を広汎に捨象して行う判断はやはり適切とはいえないであろう。実際的にみても，本説は判断基礎の抽象化の基準を示さなかったため，犯罪を失敗に終わらせた事情を判断資料に入れるか（絶対不能），入れないか（相対不能）が恣意的に決められてしまうとの難点も有していた。古い客観説はやがて支持を失っていくことになった。

(c) 具体的危険説　　学説において多数の支持を得たのは具体的危険説である（新しい客観説）。行為者がとくに認識していた客観的事情および行為者の立場にある一般人なら認識しえたであろう事情を基礎にして，そのような一般人が構成要件は実現不可能と判断する場合を不能犯とする。この考え方には，さらに，行為者のとくに認識していた事情を判断基礎に入れない（平野Ⅱ325頁），あるいは，判断者を科学的一般人に求める（井田・構造274頁）といった修正も主張されている。

　判例においても，昭和30年頃からこの立場への移行がみられる。別の者の銃撃により倒れた者にとどめを加えるべく日本刀で突き刺した行為につき，被害者が行為の直前に死亡していたとしても，「一般人も亦当時その死亡を知り得なかつたであろう」として殺人未遂を肯定した下級審判決（広島高判昭和36・7・10高刑集14巻5号310頁）はよく知られている。さらに，導火線を雷管に固定させるのに接着剤を用いたところ，本体の火薬が湿るなどして爆発しなかった場合に爆発物使用罪（爆発1条）が成立するかが争われた事案で，爆弾の欠陥は「基本的構造上のものではなく，単に爆発物の本体に付属する使用上の装置の欠陥にとどま」り，「法的評価の面からみれば，導火線に点火して投げつけるという方法により爆発を惹起する高度の危険性を有する」として積極に解した最高裁判決（最判昭和51・3・16刑集30巻2号146頁）も具体的危険説に立つとみられる。爆発物を使用する行為の危険性を「法的」に評価するとは，一般人の判断によることと同義と解されるからである。

　具体的危険説は，行為時の個別事情を判断資料としながら，その限界を一般人の認識（行為者自身の特別な認識は含める）に求めるとの構造をもち，実行行為の一般的危険性を判断する方法として基本的に妥当なものと思われる。ただし，基準とされる「一般人」は犯罪遂行の形態に応じてある程度，個別化される必要はあろう（東京地判昭和47・11・7刑月4巻11号1817頁参照。拾得した一般線引小切手により支払請求を行った事案で，同小切手により支払を受けられる「支払人の取引先」であることの偽装がなかったとして詐欺未遂を否定）。

(d) 客観的危険説　　近時の学説では，客観的に存在するすべての事情に基づく危険判断を主張する客観的危険説も有力化している。個別事情を完全に考慮するとは現実に結果危険が生じていることを意味するから，未遂犯を具体

的危険犯と解する立場を不能犯の側面から眺めたものが客観的危険説といえる。もっとも，客観的危険説といえども，文字どおりすべての事情を判断資料とすることは困難である。犯罪が失敗に終わった原因は後から詳しく調べればほとんどの場合に判明する。ここで，失敗の原因を含む全事情を判断資料とすれば，結果発生は常に不可能となるし，いくらその主張に忠実でも，科学的に原因を説明できない場合にのみ未遂犯を肯定することが実際上妥当ともいえないからである。この点をめぐっては，判断基準を科学的一般人の危険感に求める見解（曽根219頁。山中737頁参照）や，既遂に至りえたであろう事情を科学的に明らかにし，この仮定的事情を一般人が存在しえたと考えるかを基準とする見解（山口276頁）などが唱えられている。

本説の判例への影響は今のところ明らかではない。しかし，未遂犯を具体的危険犯とする理解を批判する際に示した理由（第1節1(3)）により，客観的危険説は支持できないように思われる。

(2) 類型ごとの整理

視点を変え，構成要件の実現に至らなかった原因に着目して不能犯をめぐる議論を整理しておく。

(a) 客体の不能　客体の不能とは，犯行が失敗に終わった原因が行為客体の状態にある場合をいう。人を刺し殺したつもりが，被害者はその直前に死亡していた（前掲広島高判昭和36・7・10），スリをしようとしたがポケットは空だった（福岡高判昭和29・5・14判特26号85頁）などの例が挙げられる。

判断は，古い客観説であれば，行為客体の状態がたまたまそうであったにすぎないかどうかという形で行われる。空ポケットの事案で福岡高判が「たまたま被害者が犯人の目ざした個所に金員を入れていなかつたからといい，これを以て窃盗の不能犯と論ずべきではな」いと判示しているのがそれにあたる。具体的危険説であれば，一般人が行為客体は構成要件実現の可能な状態にあると誤信するか否かが基準となる。上記の広島高判がこの立場であることは前述した。

客観的危険説のうち，判断基準を科学的一般人に求めるものの判断基礎となる事情の主観化を認めない見解では，客体の不能は原則として不能犯となる。ただし，被害者がスリの狙ったポケットとは別のポケットに金員をもっている

場合などは窃盗未遂を認める（曽根222頁）。他方，仮定された事情の一般的存在可能性に着目する見解は，行為客体が存在したと一般人は認識できるかといった判断を行うため，具体的危険説と帰結を等しくしそうである。しかし，「具体的な被害法益に対する『現実的な』危険の発生を要求するという限定的基準」が併用されており（山口276頁），被害者がおよそ金員を所持していない場合などは窃盗はやはり不能犯だとしている。

　(b)　手段の不能　　手段の不能とは，犯行に用いられた手段に欠陥があった場合をいう。致死量に足らない毒を投与した（前掲最判昭和37・3・23），射殺しようとしたが拳銃に弾丸が入っていなかった（福岡高判昭和28・11・10判特26号58頁），触媒の量が足りなかったために覚せい剤の製造ができなかった（最決昭和35・10・18刑集14巻12号1559頁），爆発物に構造上の欠陥があったために爆発しなかった（前掲最判昭和51・3・16），等々の例が挙げられる。

　古い客観説によれば，用いられた手段の危険性が抽象的に判断される。上記の昭和37年最判のほか，覚せい剤の製造に失敗した事案で製造罪未遂を肯定した昭和35年最決も同様と解される。「工程中において使用せる或る種の薬品の量……を2倍量ないし3倍量用うれば」との一般的な仮定のもとで，覚せい剤が製造されえたことを理由としているからである。

　具体的危険説では，手段の欠陥に一般人が気づくかどうかがポイントとなる。空ピストルで射殺を試みた事案で「警察官が勤務中，右腰に着装している拳銃には，常時たまが装てんされているべきものであることは一般社会に認められている」と判示する福岡高判は本説に立つものとみられる。ただし，前述のように，犯罪遂行の形態によっては基準とされる「一般人」がある程度，個別化される必要はあると解される。

　客観的危険説のうち，判断基準を科学的一般人に認める見解では，専門家でも判断が分かれるような場合のみ未遂犯が肯定され，上記の空ピストルの事案（曽根223頁はこれを不能犯とする）など，事実を前提とすれば法則性の判断が容易な場合は不能犯となる。他方，仮定された事情の一般的存在可能性に着目する見解は，結局のところ，手段の欠陥に一般人が気がつくかどうかを問うようにも思われる。具体的危険説との異同は必ずしも明らかではない。

　(c)　主体の不能　　主体の不能とは，行為者に必要とされる身分が欠ける

ために構成要件を実現できない場合をいう。選任手続に瑕疵があって会社の取締役でない者による会社への背信的行為が特別背任未遂罪（会社960条・962条）を成立させるかどうかなどが問題となりうる。

具体的危険説によれば，一般人が取締役と誤信する限り，積極に解されよう。しかし，一律不可罰とする処理が学説上支配的である（未遂犯の成立の余地を認める異説として山中744頁）。そのような処理を導く理論構成としては，構成要件欠缺論を援用して主体の欠缺がある，違法でない事態を違法と評価する幻覚犯である，特別背任未遂罪としての可罰的違法性が欠けるなど，様々なものがある。しかし，構成要件欠缺論は前述のように支持できないし，取締役との誤認が荒唐無稽とはいえない事案を幻覚犯として処理できるかは疑わしい。また，可罰的違法性の欠如との主張が不可罰という結論に対する支持の表明以上に説明を行っているともいえないであろう。

客観的危険説からは，取締役でない者は特別背任罪を犯しえないから，常に不能犯であると説かれることも多い。しかし，取締役でないとの事情が，製造された爆発物に欠陥があって爆発しないとの事情とは異なって常に判断資料に入るとされる理由は明らかでない。主体の不能を一律不可罰とする処理の根拠づけにはなお未解明の部分が残されている（塩見淳「主体の不能について（2・完）」論叢130巻6号〔1992〕24頁参照）。

第4節　中　止　犯

1　意　義

(1)　中止未遂と障害未遂

未遂犯のうち「自己の意思により犯罪を中止した」場合については，刑の必要的減軽または任意的免除という特別の効果が認められている（43条但書）。講学上，このような形態は中止犯あるいは中止未遂と呼ばれ，外部からの障害のために犯罪を実現できなかった障害未遂から概念的に区別されている。

中止未遂にあたる場合，中止前に発生した事実につき別罪が成立するか，例えば，殺人について中止未遂が認められる場合に，すでに負わせた傷害について傷害罪が成立するかをめぐっては，発生した事実が重要であれば刑の減軽を

もって対処できることから不成立とするのが通説である。中止犯として刑が免除されても，別に予備罪が成立するかについても，判例（大判大正 5・5・4 刑録 22 輯 685 頁）・通説は消極に解している。

(2) **予備罪への準用**

中止犯は未遂犯の成立を前提としており，予備・陰謀罪では中止犯の余地がないように思われる。けれども，予備・陰謀が未遂犯のさらに前段階にあたること，実行段階に入って中止すれば減免が受けられることとの均衡などを根拠に，予備・陰謀後，任意に着手に至らなかったケースにつき刑法 43 条但書の準用（ないし適用）を認めるのが通説である。これに対して，判例は消極説に立つ（前掲大判大正 5・5・4）。

通説においては，減軽の対象となる刑罰をめぐって予備罪の法定刑とする説と，予備罪の刑は既遂罪の刑をすでに減軽したものであるとして既遂罪の法定刑とする説ないし刑の免除のみを認める説が対立している。

(3) **減免根拠**

(a) **刑事政策説** 中止犯においてなぜ必要的減免という特殊な効果が認められるか。この点をめぐっては，大きく刑事政策説と法律説という 2 つの考え方がある。前者は，違法・責任を中核とする犯罪論体系を超えた「政策」に減免根拠を求めるところからその名が由来する。「政策」の内容として，伝統的には，犯罪者に「後戻りのための黄金の橋」をかけるものとする理解が有力に唱えられたほか，刑罰目的における一般予防もしくは特別予防または両者の効果に着目する見解が主張されている。

しかし，伝統的な理解には，「黄金の橋」の存在を知っている犯罪者にしか妥当せず，「政策」の前提が十分にみたされていないとの批判が古くから向けられてきた。また，包括的に刑罰目的を援用する見解に対しては，違法・責任も刑罰を基礎づける要素なのであって，犯罪論体系内での説明が本当に不可能なのかを慎重に検討する必要性を指摘できるように思われる。

現在，減免の根拠づけを刑事政策のみに求める見解は少数にとどまり，違法ないし責任の減少・消滅に着目する法律説が基本的に多数を占める。ただし，犯罪（未遂犯）がいったん成立している以上，刑の免除の効果を違法や責任の減少・消滅だけで説明するには困難があること，中止犯規定が犯罪完成の阻止

という政策を含んでいる点は否定できないことなどから，法律説と併せて刑事政策説も援用されることが多い（併合説）。

　　(b)　責任減少説と違法減少説　　法律説のうち，責任減少説は，行為者による任意の中止にその責任の減少・消滅が認められる点に減免根拠を求め，違法減少説は，主観的違法要素たる故意の放棄により，あるいは，危険を減少・消滅させる中止行為により違法性が減少・消滅すると説明する。

　違法減少説に対しては，故意を違法要素とすることに対する批判がみられるほか，制限従属性説のもと，中止しようとしなかった他の共犯にも中止の効果が連帯的に作用することに疑問が向けられている。加えて，中止犯の要件の1つである任意性（「自己の意思により」）を導きえない難点も挙げられるように思われる。故意の放棄や犯罪続行の中止などは外部的障害によっても生じるからである。「任意の」中止に限るとすれば，違法減少の援用だけでは足りないと解される。

　他方，責任減少説にも批判が向けられる。行為者の内面である責任にのみ着目するのであれば，中止犯が未遂を前提とする点の説明が困難となること，さらに，中止犯のもう1つの要件である中止行為（「犯罪を中止した」）に危険の客観的な減少・消滅を要求できなくなることなどが指摘される。犯罪結果の不発生や危険減少・消滅といった客観面での要請をみたそうとすれば，違法減少をも顧慮せざるをえないように思われる。

　　(c)　違法・責任減少説　　「中止行為」と「任意性」という中止犯の要件を適切に基礎づける減免根拠を構成しようとすれば，違法と責任の両者の減少・消滅に着目することになろう。

　刑事政策説から法律説に向けられた批判――すでに成立した未遂犯の違法も責任も事後の行為によって減少も消滅もしない――については，先行する未遂行為から一応切り離して中止行為自体の構造を考えるのであれば，そこに違法・責任の減少・消滅を認めることは可能と解される。もっとも，最終的に問われるのは未遂犯としての評価であり，その際に後続の中止行為がとくに考慮されること，および，刑の免除の効果まで認められることの根拠は政策判断に求めざるをえない。しかし，例えば，未遂を罰する旨の規定がなければ未遂犯は処罰できないとしても（44条），未遂犯の処罰根拠に刑事政策的考慮までは

挙げないのが通常であろう。中止犯というカテゴリーを承認し，これに必要的減免の効果を与えるという一般的な立法判断自体を減免根拠として掲げるには及ばないように思われる。

　実行行為から切り離された事後の中止行為に着目する構成は，中止に出なかった他の共犯者にまで中止犯が成立してしまうとの違法減少説に向けられた批判にも対応できると考えられる。中止犯の恩典にあずかれるのは，（違法を減少させる）中止行為に関与した者に限られるからである（この点につき，清水一成「中止未遂における『自己ノ意思ニ因リ』の意義」上法29巻2＝3号〔1986〕237頁参照）。

2　中止行為

(1)　既遂に至る可能性

　中止犯の要件たる中止行為を認定する前提として，未遂犯が先行して成立し，かつ，中止行為の段階まで既遂に至る可能性が存続していなければならない。先行する行為が不能犯であれば，それだけで犯罪は不成立となる。また，犯罪が失敗に終わったことが確定した後に，その「中止」という事態は考えられないからである（さらに既遂後も中止犯は成立しない。名古屋高金沢支判昭和26・2・12判特30号32頁）。

　既遂に至る可能性は客観的に確定される。この点をめぐっては，近時，欠効未遂ないし失効未遂という議論がみられる。客観的には既遂の可能性は残るものの，客体の質・量が行為者の期待に反する場合，および，行為者がとくに必要と考えた行為状況がみたされない場合，要するに行為者のもつ目的の不達成が確定したケースにおいて，任意性以前にすでに中止行為が否定されると主張されている（園田寿「『欠効未遂』について」関法32巻3＝5号〔1982〕78頁）。しかし，既遂可能性の判断資料に行為者の動機・目的まで含めることには疑問が残り，そのような主観的・心理的な面からの遂行可能性は任意性で考慮する多数説のほうが妥当と思われる。有力説は支持を得られていない状況にある。

(2)　中止行為の態様

　(a)　作為と不作為　中止行為の態様として，それまでの行為を止めるという不作為で足るか，結果発生の阻止に向けた作為が必要かをどのように判断

第8章　未　遂　犯

するかという問題は，従来，実行行為が終わっていない場合（着手未遂・着手中止）と実行行為が終わっている場合（終了未遂・実行中止）とに分け，着手未遂では不作為，終了未遂では作為とされてきた。さらに，実行行為の終了時期を画定する基準としては，行為者の当初計画した実行行為の完了に着目する主観説，それだけで結果惹起が可能な行為の終了とする客観説，自然的にみて一体の関係にある行為を全体として実行行為とする自然的一体説などの諸見解が唱えられていた。

　しかし，このような判断枠組では，実行行為の終了が認められると，結果発生の可能性がいまだなくとも，結果回避のための作為が考えられないために中止犯が排除され，逆に，終了が認められない限り，結果発生の可能性がすでに生じていても，単なる不作為で中止犯となるとの不都合が生じる。しかも，中止行為の態様が問題であるならば，実行行為の終了を媒介させる迂遠な手続をふまなくても，中止が論じられる時点での結果発生の可能性に端的に着目すればよいといえる（平野・諸問題（上）149頁）。かくして，近時では，中止の時点において，因果の進行にゆだねれば結果発生に至る状態にある場合は作為が必要，行為の続行が必要かつ（客観的に）可能な場合は不作為で十分とする見解が通説化している。

　判例も同様の立場とみてよいであろう。殺意をもって日本刀で1回斬りつけた後に止めた事案において，被害者に「出血多量による死の危険があったと……認めるに足りる証拠はな」く，被害者を「殺害するため更に次の攻撃を加えようとすれば容易にこれをなしえた」として不作為による中止を肯定した下級審判決（東京高判昭和51・7・14判時834号106頁）がその例として挙げられる。

　判例・通説の枠組は基本的に支持される。ただし，因果の進行にゆだねれば結果発生に至るか否かはあまり厳格に判断されるべきではないであろう。上記の東京高判の事案では，最初の一撃で「右肩部の長さ約22センチメートルの切創で，その傷の深さは骨に達しない程度のもの」が負わされている。それが瀕死の重傷でなかったとしても，中止行為の態様としては，被害者に病院での治療を受けさせるといった作為（上記事案でも，被害者は病院に運ばれている）が要求されるべきように思われる。

(b) 構成要件実現の危険の減少・消滅　　中止行為は先行する未遂行為による構成要件実現の危険を減少・消滅させるものでなければならない。危険の減少・消滅は，不能犯の判断を裏返した形で行われると考えられる。具体的危険説においては，行為者がとくに認識していた客観的事情および一般人なら認識したであろう事情を基礎にして構成要件実現の危険が減少・消滅すると一般人により判断される場合に，中止行為が認められる。例えば，一般人も実弾入りと誤信するピストルで射殺しようとして，引き金を引きかけて止める不作為は中止行為と評価される。他方，客観的危険説によれば，既発の危険結果の客観的な減少・消滅が要求されることになる。

(c) 第三者の協力を得た場合　　中止行為が第三者の協力を得て行われても，中止犯の成立は排除されない。判例においても，「結果発生ニ付テノ防止ハ必スシモ犯人単独ニテ之ニ当ルノ要ナキコト勿論ナリト雖其ノ自ラ之ニ当ラサル場合ハ少クトモ犯人自身之カ防止ニ当リタルト同視スルニ足ルヘキ程度ノ努力ヲ払フノ要アルモノトス」（大判昭和12・6・25刑集16巻998頁。放火罪に関する）とされている。

「犯人自身之カ防止ニ当リタルト同視スルニ足ルヘキ程度ノ努力」とは何かについて，明解な基準を掲げることは困難であるものの，一般的には，けがの治療のように専門知識・技術を要する場合，行為者が被害者を医師（専門家）のもとに運ぶ程度で足りる（救急車を呼び，到着まで傷口を押さえる等の行為に中止犯を肯定したものとして福岡高判昭和61・3・6高刑集39巻1号1頁，名古屋高判平成2・7・17判タ739号243頁）とみられるのに対して，焼損に至る前の消火のように通常人でも可能な行為の場合は，原則として自らも消火活動に参加する必要がある（中止犯の肯定例として和歌山地判昭和38・7・22下刑集5巻7＝8号756頁）と解される。

「同視スルニ足ルヘキ程度ノ努力」をめぐっては，既遂の阻止に向けてとるべき客観的な行為態様という意味を超え，これを（結果防止努力の）「真摯性」の要件として責任減少（前田167頁）ないし主観的な違法減少（福田236頁）と結びつける学説も有力である。判例にも，重傷を負わせた被害者を病院に運んだものの，被害者に口止めをしたり凶器を捨てたりして自己の殺人未遂を隠蔽しようとしたこと，医師に対して手術・治療費等の負担を約束しなかったこと

などの事情を指摘して、「被告人が真摯な努力をしたものと認めるに足りない」と判示したもの（大阪高判昭和44・10・17判タ244号290頁）がある。しかし、後述する中止の認識（中止故意）を超えて主観的要件を加重する根拠は明らかでない。近時は、真摯性を不要とする見解（内藤（下Ⅱ）1311頁、大谷394頁）がむしろ有力化している。

(3) 未遂に終わったこととの因果関係

中止行為が既遂犯の不成立に因果関係をもつことを要するかをめぐっては、現行法上中止犯が未遂の場合に限られているところから必要と解するのが判例（大判昭和4・9・17刑集8巻446頁）・多数説である。

ただし、学説には微妙な差異が認められる。責任減少説では、因果関係を不要とする理解がむしろ一般的であるものの、既遂に至っても中止犯規定の類推適用ないし準用を認める見解は少数にとどまる。他方、違法減少説のもとでも、必要説のほか、因果関係が欠けても、結果発生が当初より不能であったケース、これに加えて、第三者の行為により結果が発生しなかったケースにおいて必要的減免を承認する見解が一部で唱えられている。

(4) 中止故意

中止犯の要件としては、さらに中止事実の認識——犯罪とパラレルに表現すれば中止故意——が挙げられる。具体的には、既遂に至る可能性の存続および自己の不作為または作為による危険減少・消滅の認識である。したがって、行為者の不作為により危険が客観的に減少しているとしても、行為の続行が不可能である、あるいは、結果発生は因果の進行にゆだねれば十分であると誤信していたのであれば（例えば、自分の行為を阻止する者が来たと誤信して、あるいは、このままで火は家屋に燃え移って焼損に至ると誤信して現場から立ち去ったケース）、中止犯は成立しない。作為により危険が減少している場合も同様で、行為者が危険を増加させると誤信していれば（例えば、焼損に至らせるつもりでガソリンと誤信して水を火に注いだケース）、やはり中止したことにはならない。

中止故意が中止行為の主観面と後述する任意性とのいずれに位置づけられるかについて、伝統的には、行為者の主観が関わることから後者と考えられてきたとみられる。しかし、犯罪（あるいは未遂犯の）故意を主観的違法要素とする立場では中止故意も中止行為の主観的要件と解することになろう。

3 任意性

(1) 責任減少に関わる要素

　任意性の内容については，中止故意を抱くことと理解する立場も有力である（野村359頁，山口・探究232頁）。しかし，そのような理解に対しては，外部的障害を認識して行為を断念した場合，例えば，発覚を恐れて犯行を止めた場合，中止故意は認められるけれども，なお任意の中止だとは主張できないのではないかとの疑問が向けられる。中止故意を前提として，それが「任意」であるか否かがここで問われているのである。いいかえれば，任意性は，犯罪の事実認識としての故意ではなく，責任の本質たる適法行為の期待可能性を裏返したもの（詳しくは(2)(c)参照）と性格づけられ，この意味で責任減少に関わる要素と解される。

　なお，任意性の前提となる犯意の放棄の有無は個別に遂行される犯罪ごとに判断され，将来にわたる終局的な放棄までは要求されないとするのが多数説である。

(2) 判断基準

　(a) 任意性の判断基準をめぐって，学説は，行為者の中止動機に着目する立場と行為者の認識事情を基礎にした犯罪の続行可能性を問う立場とに分けることができると思われる。これに対して，判例では両基準が適宜用いられており，その考え方を明確に示すことは難しい（判例の分析につき，塩見淳「中止の任意性」判タ702号〔1989〕75頁参照）。

　判例が中止動機に着目する場合は，その倫理性が重視されてきた。すなわち，被害者に対する憐憫の情や愛情の念（福岡高判昭和35・7・20下刑集2巻7＝8号994頁，名古屋高判平成2・1・25判タ739号243頁），自己の行為に対する反省悔悟（福岡高判昭和29・5・29判特26号93頁，東京地判昭和40・4・28下刑集7巻4号766頁，名古屋高判平成19・2・16判タ1247号342頁）などの事情がある場合に任意性が肯定される。このような厳格な態度は，犯罪の続行可能性を問題とする際でも同様で，逮捕・発覚に対するおそれ（大判昭和12・9・21刑集16巻1303頁，東京地判昭和43・11・6下刑集10巻11号1113頁），被害者の流血に対する驚愕（大判昭和12・3・6刑集16巻272頁，最判昭和24・7・9刑集3巻8号1174頁，最決昭和32・9・10刑集11巻9号2202頁）などの事情のもとでは任意性

第8章 未 遂 犯

が否定されてきた。もっとも，驚愕等の事情があってもなお続行可能性を認定し，倫理的色彩を帯びた動機も指摘しながら中止犯とする判決（宮崎地都城支判昭和59・1・25判タ525号302頁，福岡高判昭和61・3・6高刑集39巻1号1頁），さらに近時は，中止動機に触れることなく任意性を認める判決（東京地判平成8・3・28判時1596号125頁，大阪地判平成9・6・18判時1610号155頁）も下級審のレベルで出てきている。

　(b)　中止動機　中止動機に着目する学説においても，伝統的にその倫理性が基準とされてきた。行為者が悔い改めて中止する場合を典型としつつ，より緩やかに，被害者に対する同情や憐憫といった動機も排除されない，すなわち，「広義の後悔」があれば，中止犯を肯定してよいとされたのである（限定主観説。佐伯千322頁）。他方，近時は，刑法の脱倫理化が学説の趨勢であるところから，広義にせよ「後悔」という倫理的基準は妥当でないとして，既遂の危険性を除去することに向けられた自発的意思に基づいたか（内田（中）394頁），あるいは，犯罪者らしからぬ不合理な動機から止めたのか（現代講座(5)369頁〔山中敬一〕）といった基準が提案されている。

　しかし，犯罪を実行する際の動機は量刑事情とはなりえても，犯罪の成否自体には影響しないのが通常である。そうだとすれば，必要的減免という恩典を与えるための要件であるとはいえ，特別の動機を要求するのはいささか過剰ではないかとの疑問が残るところであろう。

　(c)　犯罪の続行可能性　犯罪の続行可能性を問う立場は，適法行為の期待可能性の観点から説明される（内藤（下Ⅱ）1292頁）。構成要件の実現を目指して実行に着手し，しかも実現が可能だと認識しているにもかかわらず中止するのは，期待困難な状況下であえて中止行為（適法行為）を選択したという意味で責任の減少・消滅を肯定できるからである。なお，ここでの犯罪の続行可能性は，中止を行為者に期待することが困難かどうかという主観的・心理的な判断であり，中止行為の前提としての既遂に至る可能性とはそれが客観的・物理的なものである点で区別される。

　犯罪継続の可能性の標準を誰に求めるかをめぐっては，行為者標準説（福田233頁，内藤（下Ⅱ）1292頁）と一般人標準説（川端479頁。中止動機も考慮するものとして前田162頁）との対立がある。行為者標準説は，問題は行為者がやれる

と思ったか否かであり，一般人ならやれると思うかではない点を根拠とする。これに対しては，一般人標準説から，行為者について判断するのに行為者を「標準」とすることなどできないはずで，現に止めている以上，中止犯は常に否定されてしまうとの反論がある。

　犯罪の続行可能性の要件が犯罪成立要件における期待可能性のいわば裏返されたものとする理解からは，任意性の標準が行為者か一般人かの対立は，期待可能性の標準が行為者か国家・平均人かとパラレルに捉えられ，少なくとも，両者における帰結の一致は要請されると解される。ここで行為者自身を基準とはしえないとの指摘が説得力をもつとすれば，任意性は一般人を標準とすべきこととなろう。

第9章 共　　犯

第1節 総　　説

1 複数関与者帰責の諸制度
(1) 広義の共犯

　犯罪に複数人が関与する場合，各人にどのように帰責するかを定めるルールは多岐に分かれる。その総体が共犯である。この複数人が関与する場合の総称をとくに「広義の共犯」という。対立概念は「単独犯」である。広義の共犯には明文上特別の規定があるものと解釈上認められるものとがある。前者としては，刑法60条〜65条にかけて規定されている任意的共犯と各則上の必要的共犯があり，後者としては間接正犯がある。間接正犯とは各本条の犯罪を他人を道具として間接的に行う場合であるが，明文の根拠規定としては当該の個別処罰規定しかない。

(2) 任意的共犯と必要的共犯

　犯罪が成立するのに，例えば賄賂罪における贈賄側と収賄側のように必ず2名以上の関与が必要な場合を必要的共犯と呼ぶ。当該犯罪類型自体が共犯（複数犯）規定としても機能している場合であるともいえる。そのこととの対比において，単独犯を原則とする各犯罪が複数人の関与によって行われる場合で，原則としてすべての犯罪類型について想定できるものを任意的共犯と呼ぶ。総則に規定されている，共同正犯（60条），教唆犯（61条），従犯（幇助犯・62条）という関与形式がその典型である。また，この意味では間接正犯も任意的共犯の一種である。

　賄賂罪（197条以下）では，賄賂を供与する者がいなければ収受することはできず，約束するにも相手方が必要である。猥褻文書等販売罪（175条）でも受

第9章 共　　犯

領し，買い受ける者がいなければ，頒布し販売することはできない。賄賂罪には贈賄側も収賄側も処罰する明文規定があるが，175条は，買い手の側について触れるところがない。

賄賂罪におけるように両方を処罰する規定がある場合には，これに加えて任意的共犯規定が適用されることはない。形式的には，賄賂の申込みをする者は収賄の教唆を，賄賂の要求をする者は贈賄の教唆をそれぞれ犯すものともいえるが，それぞれ贈賄罪，収賄罪で処罰され，教唆犯規定の適用はない。

必要的共犯の明文で処罰する規定がない側の関与者を任意的共犯として処罰することが可能か否かは1つの論点を構成する。ただし，これは，当該規定が一方関与者をカバーしていない理由はなにか，という各必要的共犯規定の解釈に依存する各論的な問題である。

2　正犯と共犯

複数の犯罪関与者のなかには，単独犯と同様の中心的な責任を負う者とそれ以外のより軽い付随的な責任を負うにすぎない者がある。前者には，共同正犯（60条）および間接正犯が属し，後者に該るのは教唆犯（61条），従犯（62条）である。前者を正犯，後者を共犯と呼ぶ用語例も一般的で，上述の「広義の共犯」と区別する場合にはとくに「狭義の共犯」という。広義の「共犯」は「複数犯」を意味し，対立概念は「単独犯」，狭義の「共犯」とは非正犯的関与という意味で，対立概念は当然ながら「正犯」である。

正犯とこの意味での共犯との間の刑事責任の程度の違いは，実定法上は「すべて正犯とする」（60条），「正犯の刑を科する」（61条），「正犯を幇助した者」（62条）という文言に表れている。狭義の共犯は正犯者の存在を前提とするのである。また，従犯については明文で正犯に比して法定刑が軽くなることが規定されている（63条）。

古くは，一部であっても構成要件的行為を直接行った者のみが正犯（限縮的正犯概念，形式客観説）であって，その他の関与形式はすべて狭義の共犯（教唆もしくは幇助犯）とされていたが，現在では実質的に重要な役割を分担した者はすべて正犯（間接正犯，共同正犯）とする考え方（実質客観説）が主流となっている。この考え方は，たとえ犯罪に他人を介して間接的に関与したにすぎない

場合であっても，背後で糸を引く黒幕的存在等，実質的には「主」犯と評価すべき場合がある（共謀共同正犯，間接正犯）という発想に基づいている。そこにいう，実質的に重要な役割の中身は，「行為支配」であるとされることも多いが，判例には，行為者が自らの犯罪として，あるいは自らの利益のために行う意思であったこと，といった主観説的メルクマールを（も）考慮するものが多い。

　この形式客観説から実質客観説（ないし行為支配説）への移行は，具体的には，間接正犯および共謀共同正犯という関与形式の承認，すなわち，自ら直接には実行行為を行わない者の「正犯」への組み入れに伴って生じた正犯概念の拡張である。もちろん，この正犯概念のもとでも，実行行為（の一部）を直接，自らの手で行う者が正犯であることには変わりはない。この点で，「正犯意思」をもって行為した者を正犯として，自らの手で実行行為を行わない者を正犯でありうるとするのみならず，自らの手で実行行為を行う者が正犯性を否定される余地をも認める主観説とは異なる。

第2節　共同正犯

1　共同正犯の基本的成立要件

(1)　**客観的要件**

　(a)　**因果性（＝共同性）**　　刑法60条にいう「二人以上共同して」とは，まず客観的に，犯罪構成要件の実現，とくに結果犯における結果について複数の関与者の行為がいずれも因果関係を有することをいう。全関与者が1個の構成要件の実現に寄与している場合も，各関与者が複数種類あるいは複数個の構成要件を実現するにつき，その一部分を共通にしている場合もありうる。前者の例としては，1人を殺害するに際して複数人が同時にないし連続的に発砲するといった場合，あるいは，AがXを脅迫して反抗を抑圧している間にBがX宅から財物を奪取するといった場合を，後者の例としては，Aが強姦の目的でXの反抗を抑圧している間にBが財物を奪取するといった場合を挙げることができる。

　また，その因果関係の始点となる行為は，それ自体，実行行為の一部をなす

ものであっても（実行共同正犯。上記の例はすべてこれにあたる），その発案・計画，指示，指令といった「共謀」概念（後述）に包括される態度であってもよい（共謀共同正犯）。

「犯罪を実行した」という文言は，全関与者が実行行為の少なくとも一部を分担したか，全関与者のうちの誰かが単独もしくは複数で実行行為全体を分担したことを意味する。以上２つの要件は，まとめて「共同実行の事実」と呼ばれることもある。

(b) 寄与の重要性（＝正犯性）　かつては，全関与者が実行行為の少なくとも一部を自らの手で行うことが共同正犯の要件と考えられていたが，共謀共同正犯の存在を前提とする現在の法状態においてこの要件は必須ではなくなっている。しかしながら，実行行為の一部と評価できる行為を行った者は原則として共同正犯者であるという点は変更されてはいない。つまり，実行行為の一部を行ったことは共同正犯の客観的要件としては，必要条件ではなくなったが，なお十分条件ではあるということである。

この要件は，ある関与者が共同正犯となるためには，それが欠ければ構成要件（実行行為）が成り立たなくなる程度の（条件関係に立つ）必須の寄与をしている（＝実行行為の一部を行った）必要がある，という意味をも有する。実行共同正犯ないし共謀共同正犯と従犯とを，あるいは共謀共同正犯と教唆犯とを区別する際に「重要な役割」を果たしたか否かを基準とする，判例によってのみならず学説によっても比較的広く承認されている考え方は，この「必須の寄与」という観点を若干緩めつつ共謀共同正犯にまで敷衍したものであるといえる。現在では，共謀共同正犯の正犯性を根拠づける客観的要件として，この「重要な役割」が追加されているといってもよい。

(2) 主観的要件

(a) 意思の連絡（共同実行の意思）　共同正犯の「主観的」要件として，意思の連絡（共同実行の意思）が必要であるとされることがある。例えば，暴行・脅迫により被害者の抵抗を抑圧した者が，他の関与者による財物奪取を認識していなければ，財物奪取者の側は，暴行・脅迫者の行為になんらの影響も与えておらず，暴行脅迫が行われていることを認識していても強盗の責を負ういわれはない。その意味で他の関与者による一部実行の認識が必要な場合はあ

る。しかし，この場合において，逆に財物奪取者が暴行・脅迫者の同時的存在すら知らなかったとしても，暴行・脅迫者の行為は財物奪取者の行為を客観的に著しく容易にしているので，暴行・脅迫者の行為と財物奪取との間には因果関係がある。したがって，暴行・脅迫者に他の者が財物奪取を行っていることの認識さえあれば，強盗の責任を負わせるに十分な理由がある。

つまり，ここにいう「意思の連絡」とは，他の関与者の行為に対する因果的影響が相手方の認識を通じてしか考えられない場合「でも」共同正犯となる，という趣旨にすぎない。意思自体が決定的なわけでも，それが必須の条件であるわけでもない。その意味で，「意思の連絡」は純粋に主観的な「要件」ではなく，共同性＝因果性を認定する際の客観的な補助事情にすぎない。共同正犯には心理的因果性を媒介として成り立つ場合があると表現してもよい。

この意味での「意思の連絡」は各共同正犯者の故意の問題とは区別されなければならない。反抗抑圧担当者が財物奪取行為を認識していなければ，因果性はあっても，その点について故意責任を問うことができないのは当然である。共同性の認識がなければ全体について故意犯の共同正犯が成立することはありえない。他方，後述の「共謀」とは，ほぼこの意思連絡のみをもって各関与者が互いの，あるいは一部の直接実行担当者の行為に因果性を及ぼしている場合である，ということができる。

　　(b)　「相互に利用し合い補充し合う」意思　　さらに進んで客観的な「相互に利用し合い補充し合う関係」とその意思が必要であるとされることもある。一方の関与者Ａが他方の関与者Ｂの行為を補充し，促進する関係がなければ，ＡがＢの行ったことについてまで帰責される根拠はない，という点ではこの命題は上述の因果性をいうにとどまり，それ自体，誤りではない。しかし，例えば，財物奪取を担当したＢがＡによる反抗抑圧行為を「利用した」ことはＡの行為の結果をＢに帰責する理由とはならない。因果性の方向が逆である。Ｂに反抗抑圧行為についてまで責任を問うためには，なんらかの形でこれを「促進した」，いいかえれば「利用した」のではなく「利用させてやった」関係が必要なのである。

　　(c)　他の関与者の行為についての認識　　他人の住宅から財物の運び出しを行う者と暴行，脅迫によって被害者の抵抗を抑圧する者とが強盗罪の共同正

犯となるためには，財物奪取を担当する者は，他の者が反抗抑圧行為を行っていることを認識していなければならず，暴行，脅迫を担当する者は，他の者が財物を運び出していることを認識していなければならない。この限度では，異論はない。いかに心理的，物理的因果性が及ぶといっても認識のない事項について故意責任を問われることはないのである。例えば，ザイル一本で断崖にぶら下がっている人物に対する殺人の故意を認定するためにはザイル切断の認識だけでは足りないのと同じである。ここで「そのザイルの下には人がぶら下がっている」という認識に相当するのが，他の関与者の行為についての認識である。

しかし，これに加えて，各関与者が共通の故意を有していること，つまり全関与者について成立する罪名が共通である必要はない（行為共同説）。この点については，伝統的に有力な反対説（犯罪共同説）があるが，後述する。

(3) 共　　謀

「共謀」に参加しただけの者でも共同正犯たりうるとするのが判例の態度である。伝統的に要件とされてきた実行行為の一部担当という寄与に代替しうるものであるから，この「共謀」要件は，実務上，後述の正犯性の根拠とほぼ同視されているフシがある。そこで，正犯性，すなわち犯罪実現につき重要な役割を果たしたことを示すという観点において，少なくとも一般論としては，具体的で明確な認定を要するとされ，被告人の認識や動機といった主観的事情のみならず，関与者グループ内での地位や，寄与といった客観的な事情も含めて判断されている。

最高裁判例には，被告人の果たした役割を具体的に指摘して「謀議を遂げた」と認めたものある（最決昭和57・7・16刑集36巻6号695頁）。また，下級審判例ではあるが，「単なる意思の連絡または共同犯行の認識があるだけでは足りず，特定の犯罪を志向する共同者の意思が指示，命令，提案等によって他の共同者に具体的に明らかにされ，他の共同者が右指示，命令，提案等を了承，賛同するなど，各自の意思が特定の犯罪を行なうことを目的とした1個の共同意思と認められるまでに一体化するに至っていることを要する」（東京高判昭和52・6・30判時886号104頁）としたものもある。

共謀共同正犯の1つの典型と目される「背後の黒幕」による操縦・支配型に

おいては，共謀自体も，事前の指示・指令をもって認められることになる（東京高判昭和49・7・31高刑集27巻4号328頁，東京地判昭和55・1・30判時989号8頁）。他方，各関与者が対等に分業する分担型の共謀共同正犯においては，事前に一定の場所に会して，犯行の時間，場所，手段等について協議，合意するという，まさに「共謀」の通俗的イメージに合致する場合のみならず，現場での共謀（最判昭和23・12・14刑集2巻13号1751頁）や順次共謀（最大判昭和33・5・28刑集12巻8号1718頁。上下関係がある場合に順次共謀を認めたものとして東京地判昭和41・7・21判時462号62頁）といった形態も判例に現れる。

さらに，黙示的共謀というものも古くから認められている（最判昭和23・11・30集刑5号525頁）。最近では，暴力団の組長について，組員の行動が個別的指示を待たず組長の意を汲んでなされることにつき組長，組員双方に共通の認識があったことを理由に，組員が組長警護の際に拳銃を所持していたことに関する黙示的共謀を認めた例もある（最決平成15・5・1刑集57巻5号507頁。類似の事案において，そのような「暴力団の行動原理」は存在しなかったとして組長につき所持の共謀共同正犯を否定したものとして大阪地判平成13・3・14判時1746号159頁がある）。他方で，謀議の席に出入りして発言などしていても謀議に加わっていなければ幇助にとどまるとした例もある（大阪地判昭和43・1・19判タ221号235頁）。

2　共同正犯の正犯性
(1)　「すべて正犯とする」の意味

刑法60条は，その法律効果を「すべて正犯とする」と表現する。これは，実行行為の一部しか行わず，あるいは共謀にしか参加していない者も，すべての構成要件要素を単独で実現する単独正犯と同等に取り扱うという意味である。つまり，共同正犯者とされた各関与者は，自ら直接には実現していない事情についても帰責される。

このような制度が設けられた実践的理由の1つは，複数関与者がある場合の因果関係の証明負担の軽減にあると考えられる。例えば，複数人が投石によって1人の被害者を死亡させたが，致命傷を与えた石が誰の投げたものかが証明できない場合であっても，共同して実行したことさえ証明できれば，全関与者

はその共同関係（含心理的因果関係）を媒介として他の全関与者が生ぜしめた事情について因果関係を有することになる。共犯関係にない同時複数行為者の各行為と傷害結果との間の因果関係に関する挙証責任の転換を規定するとされる刑法207条が60条の参照を指示していると解されるのも、そのような趣旨においてである。

(2) 正犯性の理論的根拠

　発生した結果と他の関与者の行為ないし心理を通じて間接的に因果関係に立つという点では、教唆犯、従犯も共通である。しかし、これらは正犯の存在を前提とし、それとは区別される。そこで、共同正犯が、これら狭義の共犯とは区別され、少なくとも従犯よりは重い法定刑を規定されている理由、すなわち正犯性の理論的根拠が求められなければならない。

　　(a) 一部実行全部責任　　伝統的な説明は、共同正犯とは一部実行、一部精神的幇助および一部物理的幇助の合算であるとする。つまり、各共同正犯者は、共同正犯関係すなわち相互依存協力関係に基づいて、他人の分担した実行行為の一部にも物理的・心理的に因果的影響（促進的影響＝幇助）を及ぼしており、かつ自ら分担した実行行為の一部によっても犯罪実現に寄与している。これらを合わせれば、全構成要件要素を自ら直接実現した場合と同等の刑事責任を根拠づけることができる、というのである。

　　(b) 共謀共同正犯をも視野に入れた説明　　実行行為の一部を担当した関与者については、このような説明は一応妥当するが、共謀共同正犯に関しては、これでは少なくとも不十分である。さらに、一部でも実行という要素があるからこそ正犯性を肯定できるという観点から、共謀共同正犯という法形象を認めること自体に反対する考え方も根強い。しかし、判例は、大審院以来、複数人が共謀したうえその一部が実行行為に出た場合、実行行為に出ない者も共同正犯とする態度を維持してきた。その当否はおくとしても、これが「現行法」上のルールであることを否定することはもはや困難である。

　共謀共同正犯が必要とされる理由は、一部実行を要件としている限り、計画、指示、命令を行うだけで実行に参加しない背後の大物、黒幕的存在を正犯として捕捉できない、という点にあるとされる。もちろん、そうした場合も、教唆犯、従犯で処罰でき、教唆犯の刑は正犯のそれと同じであるから、個別事例に

おいて，背後者を実行者より重く処罰することも可能である。しかし，「正犯」という名称は「主犯」であるとの評価を担っており，それを表明することが必要である，とされるのである。そのような評価をも視野に入れた，共同正犯の正犯性の説明が試みられることになる。

　(c)　共同意思主体説　　共犯現象を超個人的な社会心理的存在としての「共同意思主体」による犯罪行為であるとみる考え方である。異心別体である個々の関与者が共謀を遂げることによって同心一体の「共同意思主体」を形成し，その一部の個人が実行行為を行うことによって実現した犯罪は，その共同意思主体の行為であると認識される。刑法60条（以下の共犯規定）はこの旨を規定したものであるとする。共同意思主体の構成員である限り，直接には実行を分担しない者も共同意思主体の行為全体について責任を問われる，とするのである。

　この見解は，しかし，共同意思主体の行為であり，その責任であるものをその個別構成員の責任に分解，分配する原理と基準とを説明できない。共同正犯として実現された犯罪を共同意思主体といういわば「1人の人」の行いであると考えるにもかかわらず，各構成員がそれぞれ正犯とされる，つまり1人で全犯罪事実を実現したのと同様に扱われるのは何故かという問いを超克することができないのである。この点で，一般に個人責任の原則に反するものとして斥けられている。

　(d)　間接正犯類似説，行為支配説　　共同正犯の各関与者は，相互に相手を道具として利用し合うことによって自らの犯罪を実現する間接正犯類似の関係に立つがゆえに，それぞれが正犯性を有する（藤木284頁），という考え方も比較的多くの判例のなかにみられるとされる（最大判昭和33・5・28刑集12巻8号1718頁等）。類似のものとして，実行を担当しない背後者が実行担当者に比して優越的な地位に立つ，前者が後者の意思・行動を支配する（平場155頁・158頁），あるいは背後者の行為支配が実行担当者のそれにまさること（団藤401頁注32・大塚307頁は，この場合を「優越支配共同正犯」と呼ぶ）を根拠に背後者の正犯性を認める見解もある。これは，間接正犯類似説の「道具」という警喩表現を「行為支配」というやや理論的にみえる要因に置き換えたものにすぎない。いずれの見解も，親分と子分といった，一定の社会関係において命令

者が圧倒的な優越的地位に立っている場合（いわゆる支配型）を念頭においた理屈である。

　この見解は，対等な分担型共謀共同正犯の説明には向かないだけではなく，直接実行者が正犯とはならないため背後者が正犯となる場合である間接正犯の考え方を全関与者が正犯となる共同正犯に適用しようとした点にその致命的欠陥を有する。相互に道具として利用し合い，「支配」し合うというのは概念矛盾である。支配という概念は排他性を含意する。複数の実行担当者による共同支配というものは想定できるが，直接実行担当者の背後にいる者が「支配」しているとすれば，実行担当者をコントロールすることを通じてでしかありえないのであるから，実行担当者は事象を「支配」していないはずであり，そうだとすれば間接正犯にすぎない。直接行為者は直接的事象支配を有し，かつ背後者も実行者の意思に対して影響力を行使していて，背後者の寄与も実行者の支配と量的に同等であるか優越する，と考えるのだとすれば，それはむしろ「支配」概念を用いることなしに説明されるべき事情であろう。

　(e)　心理的因果性説　　一部実行全部責任の根拠が心理的因果性にあるなら，共謀という強い心理的因果性を根拠として，一部実行をしない者に結果を正犯として帰責することは可能だとする見解もある。

　しかし，一部実行全部責任の根拠は心理的因果性にのみあるわけではない。心理的因果性しかなければ，それは教唆・幇助にすぎない。また，判例によれば上記の程度の内容しかもたない共謀が一部実行の欠如を補填して正犯性を根拠づけるほど強力な心理的因果性を有するとは考えられない。

　(f)　「重要な役割」説　　最近有力に唱えられているのが，「犯罪の実現にとって実行の分担に匹敵し，または，これに準じるような重要な役割を果たしたと認められる場合」は正犯である（西田328頁），あるいは構成要件実現にとっての重要な因果的寄与があれば正犯である（山口323頁）とする見解である。これは，対等・分担型の共謀共同正犯の正犯性をも根拠づけることを意識した説明であるといえよう（「行為支配」の語を構成要件事実の『主』であることと理解する類似の見解として，福田大塚古希（下）457頁〔平良木登規男〕）。

　一部実行による直接的因果的寄与，そして間接的心理的影響，心理的因果性等の合算に等しい寄与が他の形でなされていれば，正犯としてよいはずである，

という論理には一定の説得力がある。しかしながら，この見解は，その重要な役割について形式的客観的に明確な基準を見いだすのが困難であるという難点を有する。この見解によれば，実行行為を基準として，実行行為のない場合にそれに比肩しうる寄与を求めるという方法をとらざるをえない。しかし，何がいかなる場合に，「実行行為に準じる」のかをトートロジーに陥ることなしに根拠づけるのはきわめて困難である。

　一部の見解は，いわばチームとして犯行の場合においては，例えば，被害者を挟み撃ちにする際の非直接攻撃者側，あるいは現場で司令塔的な役割を果たす者など「全実行行為に対する同時的・機能的行為支配」を有する場合に限って正犯性を認める（山中877頁）。あるいは，実行着手以降については，現場での指示，命令的関与も共同正犯であるとする見解（橋本179頁）もあるが，これらは，直接実行行為との時間的・空間的アナロジーによって「重要な役割」の限界を画そうとするものであるとも評価できる。しかし，これらの見解では，判例が認めている共謀共同正犯の幅広いバリエーションをカバーする説明を付することはできない。

　結局，共謀共同正犯の正犯性について明確にその限界を画することもできるほどの，十分な根拠づけは現在までに発案されておらず，現在のところ実行共同正犯に準じる「重要な役割」という評価的基準で満足しておく他はない。しかし，実は実行共同正犯の正犯性の根拠づけ自体がそれほど盤石なものとはいえないのである。だからこそその拡張たる共謀共同正犯の根拠づけも困難に逢着するという側面もある。そもそも，共謀共同正犯（間接正犯）も含めて説明するためには正犯としての帰属要件の見直しも必要となる。共謀だけで「許されない危険」の創出があったといえるのか，共同正犯の場合だけ帰属要件を変更するのかという問題である。

3　共同正犯の共犯性（複数犯性）

(1)　罪名の異なる共同正犯

　各共同正犯者は各人の故意の及ぶ限度でしか故意責任を問われない。この点については判例学説とも一致していることは上述した（第5章第2節4(3)．共犯と錯誤）。例えば，傷害を共謀したところ，共同正犯者の一部（実行担当者）が

第9章　共　　犯

被害者を故意に殺害してしまったという場合，殺意のあった者は殺人罪の責を負うが，死の結果を予見していなかった者はせいぜい傷害致死罪の責を負うにすぎない。この場合に，どの限度で「共同正犯」と呼ぶかについてはなお争いがある。

　刑法38条2項があるので，殺意のない者を殺人罪の刑で処断することはできないが，共同正犯としては全員の罪名が殺人罪でなければならない，とする考え方もありうるが，現在では主張されていない。上記のような例ではおよそ共同正犯としないか，逆に，故意のない者についても殺人罪の成立だけは認める（罪名と刑の分離を認める）かしか選択肢がなくなるからである。そこで，かつての通説的見解は，各犯罪が同質的で重なり合う限度で，つまりこの例では，傷害致死罪の限度で全員が共同正犯となり，殺意のあった者については別途殺人の単独正犯が成立するとする（最決平成17・7・4刑集59巻6号403頁，最決昭和54・4・13刑集33巻3号179頁〔大塚285頁・福田297頁注6〕殺意のある者は単独でも殺人の共同正犯だとするものに前田421頁がある。以上を犯罪共同説と呼ぶ。これをさらに完全犯罪共同説，部分的犯罪共同説等に細分する用語例もあるが，論者によって同一名称が別バリエーションに用いられる等してむしろ理解を妨げると思われるので，ここでは用いない）。現在優勢なのは，各関与者が共同関係を通じて結果について因果性を有する（結果を客観的に帰属される）ことを前提として，各関与者の罪名は，各人の故意に従って決まるとする考え方（行為共同説）である。

　後2者の見解は，各関与者個人の罪責に関する限り結論的にほとんど変わるところはない。上例では，殺意をもって行為した者は殺人罪の，そうでない者は傷害致死罪の責を負う。また，重なり合う限度で共同正犯を認める見解においてもすでに，共通の故意という要件（「罪名従属性」と呼ばれることもある）は相対化されている。共同正犯が成立するについて全関与者が共通の故意を有する必要はないという点については一致がみられるのである。

(2)　共犯の基本的理解と行為共同説・犯罪共同説

　　(a)　数人数罪と数人一罪　　しかし，以上の各見解は，その共同正犯および狭義の共犯の基本的な理解において対立する。犯罪共同説は，共同正犯とは，1個かつ同一の犯罪を複数人がそれぞれいわばその構成部分をもちよって完成させる場合（数人一罪）と考える。行為共同説は，各関与者がそれぞれ自らの

犯罪の構成要素を部分的に他人の行為を通じて実現する場合をいう（数人数罪）と考えるのである。1個の犯罪の成り立ち方という視点から複数人の共同という形態を共犯現象とみるか，個々人の刑事責任の認定にあたって他人の行為を媒介とする部分も考慮する場合を共犯制度と考えるのかの対立である。いずれの考え方も，教唆犯，従犯（狭義の共犯）にも妥当するものとされている。

　(b)　共犯の従属性　　犯罪共同説は，「共犯の従属性」要件の淵源でもある。犯罪共同説は，刑法60条・61条1項がそれぞれ「共同して犯罪を実行した」，「犯罪を実行させた」という文言を含んでいることから，共犯は一般に，1個の犯罪の完成を前提としていると理解する。そのことから，実行行為が行われたことが共犯処罰の要件となり（実行従属性），共同正犯の場合も正犯＋教唆犯，従犯の場合も全関与者に成立するのは同一の犯罪でなければならない，全関与者が原則として共通の故意を有していなければならないという要請（罪名従属性）が導かれることになる。さらに，「犯罪」の共同である以上，教唆犯，従犯の成立には正犯者が（共謀共同正犯の場合，実行担当者が）単独で少なくとも構成要件該当行為を行っていなければならない（要素従属性。最小限従属形式，制限従属形式）ことになるとされる。

　他方，行為共同説を徹底すれば，すべての共犯現象をいわば同時犯とみて，他の関与者の犯罪構成要素に「従属する」ことはないとすることになる。本説は，共同正犯にせよ，教唆犯，従犯にせよ，それぞれの形式において他の関与者の行為ないし心理を通じて犯罪実現に因果性を有していることが各人の客観的構成要件該当行為であると考える。他の関与者の行為とその結果も自らの行為の因果的作用の延長ないし媒介と考えられる限度で帰属されるのであって，それが当の他人（正犯者）にとってどのような意味を有するか（構成要件該当的であるか否か等）は共犯者の罪責に影響しない。この立場からは，罪名も各関与者が自ら創出した（とみなされる）客観的因果的な事態に対する主観的対応のありかた（故意か過失か，どこまで認識しているか）によって，他の関与者の罪名とは関係なく定まるのは当然である。

　個人責任の原則という観点からは，明らかに行為共同説の方が優れている。共犯といっても各関与者の罪責が他人の罪責（ないしその一部）に左右されるいわれはない。従来，従属性の観念によって説明されてきた事項はすべて別の観

点に解消可能である（詳しくは関係箇所で後述）。そもそも従属性の観点を徹底することは不可能であり、判例・通説もこれをなしえてはいない。例えば、上述のように、罪名従属性の要請を徹底すれば、共同正犯とできる範囲が著しく狭くなるか、あるいは逆に刑法38条2項に矛盾する結論に至らざるをえない。いわゆる要素従属性も事例群によっては、最小限にまで縮小されている。

4 共同正犯の諸問題

(1) 承継的共同正犯

(a) 問題の所在　承継的共同正犯とは、ある関与者が実行行為の一部を開始した後に他の者が共同実行の意思をもって参加する場合、後行者（承継者）も共同正犯者であるとする場合である。とくに問題となるのは、例えば、先行者によって暴行・脅迫が加えられ被害者の犯行が抑圧された後に後行者が共同意思を生じて財物を奪取するような場合、あるいは、先行者がすでに強盗の意思で被害者を殺してしまっていた場合、後行者に強盗ないし強盗致死の責を負わせることができるか否かである。

共同正犯が、他の関与者の行為の作用についても因果性があることを根拠として全体につき正犯としての責任を問われる場合であるとする以上、共同意思をもって加功する以前のできごとを帰責されることはない。ある行為が過去に向かって原因を設定することができない（過去の事象の原因ではありえない）のは自明である。上例の場合、後行関与者は窃盗罪ないし占有離脱物横領罪の責しか負わされるべきではない。

しかし、強盗罪のように、反抗抑圧と財物奪取という2つの行為があって初めて1個の構成要件が成り立ちうる場合、後行者は、その一部を惹起し、ひいては「強盗罪を因果的に完成させた」とみる余地も生じる。あるいは、詐欺罪において、先行者が錯誤に陥れた被害者から、後行者が財物の交付のみを受けたという場合、後行者は明らかに詐欺罪の重要部分を因果的に構成しているにもかかわらず、欺罔行為に対して因果性がないという理由で全く無罪となってしまうことに抵抗を感じる者もある。そこで、このように部分的には因果性がないところに共同正犯を認めることの根拠づけが試みられることになる。

(b) 根拠づけの諸相　この問題をめぐっては、①犯罪共同説に依拠する

見解，②先行者の行為の了解，認識あるいは積極的利用関係を根拠とする説の他に，③犯罪共同説から，共同された犯罪が不可分一体をなす場合に限って共同正犯を認め，致死，致傷結果については承継を否定する中間説，④積極的利用関係があっても致死，致傷罪の共同正犯は否定する中間説がある。現在では，全面肯定説はむしろ少なく，いずれかの中間説および全面否定説が有力な論者によって主張されている。判例としては，最高裁判例はないものの，概ね承継的共同正犯を肯定する傾向にあるといえる。判例の論拠のバリエーションも学説のそれとほぼ対応しているといってよい（否定論に立つとみられる裁判例として，浦和地判平成4・3・9判タ796号236頁他がある）。

　共犯とは数人が「1個の」犯罪を共同するものだとする犯罪共同説によれば，各共同正犯者の罪名は1個かつ同一でなければならない。共同正犯者の1人が強盗傷人罪の責を負う以上，他の者も，たとえ傷害結果がすでに生じてからの加功であったとしても，強盗傷人罪となる（従犯について大判昭和13・11・18刑集17巻839頁，近い立場に立つ裁判例として，札幌高判昭和28・6・30高刑集6巻7号859頁）。

　犯罪共同説の依拠するこの「数人一罪」モデルは共犯の1つの現象形態にすぎず，因果性のないところに帰責を認める実質的根拠たりえない，と考える論者は，後行者が先行者の行為を認識・認容し，あるいは積極的に利用したという事情を根拠とする（藤木291頁，大谷423頁，福田269頁，前田447頁。東京地判昭和40・8・10判タ181号192頁，名古屋高判昭和50・7・1判時806号108頁，積極的利用意思を要件としながら具体的事案についてはこれを否定したものとして，大阪高判昭和62・7・10高刑集40巻3号720頁）。後行者の関与後にも先行者の行為が効果を持ち続けている場合には後行者は全体について共同正犯であるとするバリエーションもある（平野Ⅱ383頁，内田Ⅰ300頁注2）。これは，他人の行為の「認識・利用」を因果性に代わる一般的帰責原理として採用することを意味する。正犯性の一般的根拠ないし判定基準として，「自らの犯罪として行ったか否か」を少なくとも1つの要素として考慮する判例の立場とは親和性のある考え方ではある。しかし，いわゆる因果的共犯論とは相容れない。

　いずれの立場によるにせよ，承継的共同正犯を肯定すると，因果的惹起のないところに帰責が認められる部分があることになる。そこで，惹起が帰責の根

拠であることが明確な致死・致傷結果に限っては承継を認めないバリエーションが主張される（学説上は，致死，致傷結果についてまで承継を認めるものは少ない。判例としては，前掲大阪高判昭和62・7・10）。しかし，先行者の行為の認識，利用を理由に承継的共同正犯を認める立場においては，致傷，致死結果のみが除かれるべき理論的根拠は明らかではない。強盗についていえば，後行者が利用したのは反抗抑圧状態だけであって死傷結果ではないとするのであろうが，両者を分離することはできないであろう。

他方，犯罪共同説からの中間説は，例えば強盗致死傷罪は強盗＋傷害ないし殺人（過失致死）に分離することができるが，「結合犯」である強盗は安易に暴行・脅迫＋窃盗に分解されるべきではないという理由を挙げる（大塚295頁，大谷424頁，福田271頁注7）。この立場に対しては強盗が分解されるべきでないなら，強盗致死傷罪の極端に重い法定刑も本罪における結合性ゆえのとくに重い不法内容を表しており，本罪もまた分解されるべきではないのではないか，という批判がありうる。

(2) 片面的共同正犯

AがX宅に窃盗目的で立ち入ったのを知ったBは，Aが物色し，財物を得て退出するまでの間，共同実行の意思をもってAの知らぬ間にXにナイフを突きつけてXの抵抗を抑圧していた，といった場合，Bを強盗の共同正犯とすることができるか否かが，いわゆる片面的共同正犯の成否の問題である。

Bは財物の奪取をきわめて容易にしている，つまり因果的に大きな寄与をしているし，その点についても故意はある。また自ら直接反抗抑圧行為を行っているので，Bが強盗の責を負うべきことは明らかである。しかし，これを「共同正犯」と呼ぶためにはAの側もBの行動を知っていなければならないか，について意見が対立する。

行為共同説の立場からは，片面的共同正犯を否定する理由はない。この立場においては，各関与者の罪責が自身の客観的因果的寄与と故意の範囲に従って決まるのは当然として，共同正犯とは，ある関与者の責任に他の関与者が直接実行した部分も加算する（帰属する）ための制度にすぎないからである。したがって，Bは，共同正犯として強盗の責を負い，Aは窃盗の単独正犯となる。Bは，自ら直接，反抗抑圧行為を行い，かつそれによってAによる財物奪取

を促進したことを理由に，財物奪取結果をも60条により共同正犯として帰責され，かつその全体について故意を有するからである。他方，Aは，Bの反抗抑圧行為にBの心理を通じて因果的影響を与えてはいるが，その点について認識がないので，強盗の責は負わない。この立場によれば，60条の「共同」要件は，一方関与者の側からみた，一部実行（ないし重要な役割）＋一部幇助で足りることになる。

他方，犯罪共同説（罪名従属性説）的発想からは，少なくとも共同正犯と「呼ぶ」ことは否定する方に傾く（前田411頁，内藤古稀143頁〔町野朔〕，曽根278頁）。2人以上の関与者の罪名が異なる場合，原則として「1個かつ同一の犯罪を共同した」とはいいがたいし，「共同」とは各関与者一体となった行動，相互的な協力を含意するので，一方的加功にすぎない場合に「犯罪の実行を共同した」とはいえない，ということであろう。共同正犯の成立には「相互に利用し合い，補充し合う」意思が必要であるからであるとされることもある。片面的幇助ならば認めるという見解が多い（大谷428頁，前田411頁，佐久間364頁。判例も，大判大正14・1・22刑集3巻921頁，東京地判昭和63・7・27判時1300号153頁）のもこのような発想が片面的共同正犯否定の背後にあることを示している。

しかし，この立場によるときも，処罰範囲は共同正犯もありうるとする立場とほとんど異ならないと思われる。結論として上例のBを強盗の正犯ではないとするわけにはいかず，また，Aを強盗とすることもやはりできないとすれば，上例では強盗と窃盗がそれぞれ同時犯として成立するとするしかないからである。片面的幇助は認められるので，窃盗の幇助であるとする立場はありうるが，反抗抑圧という重大な寄与を行った者を幇助にとどめるのは通常の正犯性基準とはかけ離れた結論である。しかもこれは強盗の実行行為の一部をなす行為である。そもそも，60条の「共同」が相互的意思連絡を含意するという前提には根拠がない。

(3) 過失犯の共同正犯

共同正犯は過失犯についても，共同注意義務の共同違反があれば，認められる。下級審判例には2人以上の者による共同危険作業に際してそれぞれが対等の協力関係にある場合，共同の注意義務を負い，その注意義務を怠ったまま共

同行為を行ったことによって結果が発生した場合には過失犯の共同正犯が成立するとしたものがある（名古屋高判昭和 61・9・30 高刑集 39 巻 4 号 371 頁，東京地判平成 4・1・23 判時 1419 号 133 頁）。また，最高裁にも 2 人以上の者の共同行為についてそれぞれに過失犯の成立を認めた例がある（最判昭和 28・1・23 刑集 7 巻 1 号 30 頁）。学説の大勢もこのような要件をほぼ受け入れている。

　かつては，そもそも過失犯の共同正犯というものはありえないとされていた。過失について相互的な意思連絡を想定することはできず，過失が結果予見義務違反という純粋に内心的な犯罪要素だとすると，これを共同することはありえないとされたのである。しかし，その後，過失犯にも結果回避（危険減殺）措置をとらない危険行為（これを結果回避義務違反と呼ぶか許されない危険創出と呼ぶかは別として）という実行行為を想定できることが一致して認められるようになった。このことと対応して，共同義務の共同違反すなわち過失の実行行為の共同を要件として過失の共同正犯も一般に認められるようになったのである。

　ただし，「共同義務の共同違反」がなくても各関与者の責任を問いうる事例は多い。前掲の各判例が扱ったのは，共同作業者のうちの誰か 1 人が注意して危険減殺措置をとっていれば結果は発生しなかった，いわば過失同時犯の事案である。そこでは，作業は共同されているし，注意義務の内容は「共通」かもしれないが，義務違反が「共同」されているとはいいがたい。しかも，どの関与者の過失を取り除いて考えても結果は発生しないわけであるから，各関与者の過失と結果との間に因果関係を認めることは容易である。また，監督過失を認めて処理できる事案も多い。そこで過失の共同正犯という構成は不要である，ないしは最小限に限定すべきであるとする見解も有力に主張されている（西原（下）385 頁，西田 360 頁，前田 453 頁，井田・構造 373 頁，井田 476 頁）。

　しかし，複数関与者全員に過失責任を問うべき場合はそれらの事案につきるわけではない。各関与者に過失があったのは確実だが誰の不注意が結果を惹起したのかが不明な場合には，共同義務の共同違反が認められる必要がある。例えば，崖の上から材木を投げ落とす作業を 2 人以上の者が行った際に崖下を通行した者が落下してきた材木の直撃を受けて死亡したが，誰が投げ落とした材木が命中したのかは判明しなかった，といった場合，各関与者の誰も通行者の有無に注意を払っていなかったとすると，誰の不注意を取り除いて考えても結

果が発生した可能性が残り，過失と結果との因果関係を証明することができない。したがって，過失同時犯としての処罰は不可能となる。この場合に，自分が投げ落とすときだけではなく，他の共同作業者が投げ落とすときにも崖下の通行者の有無に注意を払う義務がある，あるいは崖下を通行する者がいないように交通を遮断する要員をおいて作業する義務がある，すなわち共同義務があるとすれば，過失の共同正犯として各関与者を処罰することが可能となる。

　もちろん，他人の行為についても注意すべき義務も個人の注意義務に他ならないから，やはりこの場合も過失同時犯であるといえなくもない。しかし，直接惹起ではない部分について，特段の監督者的地位があったわけでもないのに，責任を問うためには，刑法60条を経由した説明の方が説得力があるといえよう。そして，その場合には，とくに行為共同説の立場からは，「共同義務の共同違反」は必ずしも必要ではないことになろう。単独の個人的注意義務違反に加えて，他の関与者の心理を媒介として因果関係があれば足りるからである。

(4)　**結果的加重犯の共同正犯**

　結果的加重犯においても，重い結果については過失犯であるから過失の共同正犯と共通の問題が生じる。そして同じ要件のもとに重い結果について共同正犯の成立を認めることができる。結果的加重犯の場合，故意の基本犯についても共同正犯が成立していなければ，重い結果についての過失の共同正犯にしかならないが，基本犯について共同正犯が成立している以上，重い結果を回避すべき共同の注意義務違反があったことを認定することは容易である場合が多いであろう。

　ただし，犯罪共同説の立場からは，共同者の一方が殺意を有しており他方が傷害故意しか有していない場合に，一方を殺人罪，他方を傷害致死の共同正犯とすることには無理がある。この場合には重い結果について共同の注意義務違反があるとはいえないからである。もちろん，義務の共同を要件としない場合はこの限りではない。

第9章 共　　犯

第3節　間接正犯

1　総　　説

　他人を道具として利用することによって，自ら直接実行するのと価値的に同等の態様で，犯罪を実現する正犯を間接正犯と呼ぶ。典型的には，幼児（刑事未成年者）や責任無能力者など，思いどおりに行動してくれる他人に対して構成要件該当行為を行うよう指示，誘致し，仕向ける場合である。今日の学説は一般に，かなり広く間接正犯を認めるが，直接実行行為を行わない背後者を広く共謀共同正犯として正犯の領域に取り込むわが国の実務のもとでは，間接正犯の果たす役割は相対的に小さい。

　間接正犯の正犯性については，様々な根拠づけの試みがなされているが，最大公約数的にいえば，直接行為者が背後者の道具にすぎず，背後者が行為支配を有する，すなわち，犯罪が実現するか否かが事実的または規範的に背後者の手に握られている場合に（握られているがゆえに），背後者の行為にすでに実行行為性があり，したがって正犯性が認められる，と定式化することができる。もちろん，細かくいえば，直接行為者の道具性のみをいうもの，背後者の行為の実行行為性のみをいうもの，背後者による直接行為者の事実的コントロールという意味での「行為支配」概念を用いるもの，あるいは，規範障害が無い（遡及禁止が働かない）という意味での規範的「行為支配」をいうものなどに分かれるが，結局は，ほぼ同じことを主張しているものと理解してよく，事例群ごとにそうした諸点への相対的なアクセントの分配が異なるにすぎない。

2　間接正犯の事例類型

(1)　責任無能力者を利用する場合

　間接正犯の原初的事例類型が，責任無能力者利用の場合である。他人に「犯罪」を決意させ実行させるのが教唆犯であり，「犯罪」とは構成要件該当，違法，有責な行為だとする（いわゆる極端従属形式）と，責任無能力者に犯罪を実行させた場合は，正犯者の行為は「犯罪」ではないがゆえに，背後者は教唆犯たりえないことになる。そこで明らかに当罰的な背後者を無罪としないために

案出されたのが間接正犯である。

　今日では，責任無能力者に対する教唆も教唆犯たりうることが一般に認められているものの，責任無能力者を利用する場合には，なお背後者に正犯性を認めることができる場合があるとされる。この事例群において背後者の利用・誘致行為に正犯性が認められる根拠は，直接行為者が是非弁別能力ないし行動制御能力を有しないがゆえに，背後者の思惑どおりに動くという点に求められる。

　(a)　事実的コントロール　　責任無能力者を利用する背後者のすべてが間接正犯となるとされているわけではない。とくに，刑事未成年者を利用する場合，10歳程度の未成年者であれば，ある程度の是非弁別能力も，行動制御能力もあるから，背後者がただちに間接正犯となるわけではないとされている。判例には，12歳の少女に義父が反復して窃盗を命じた事例において，義父が暴行などにより少女の意思を抑圧し自己の意のままに従わせていたという事情をとりあげて，少女がたとえ「是非善悪の判断能力を有する者であったとしても」義父の間接正犯性を肯定できるとしたものがある（最決昭和58・9・21刑集37巻7号1070頁）。また，同じく12歳の長男に強盗を指示した母親について，直接行為者に是非弁別能力があり，かつ母親の指示命令は意思を抑圧するほどのものではなかったという理由で，間接正犯ではなく共謀共同正犯を認めた判例もある（最決平成13・10・25刑集55巻6号519頁）。ここには，背後者による直接行為者に対する事実的コントロールを重視する考え方が示されている。これを「行為支配」と呼ぶこともある。

　この考え方によれば，心神喪失者の行為を利用する場合も，それだけで間接正犯となるわけではないことになるはずである。心神喪失者の行為を他人がコントロールすることは，一般的にいえば，むしろ責任能力ある者に一定の行動を指示する場合よりも困難だからである。ただ，判例のように，道具性≒行為支配というものを事実的に理解しようとすれば，どの程度のコントロールが必要かという点について，明確な限界線を引くのは容易ではない。

　(b)　規範的支配　　他方，規範による命令・禁止に従って犯罪実現の有無を左右できることを「行為支配」と理解する考え方もある。これによるときは，責任無能力者利用の場合，直接行為者は規範に従って自らの行動を決することができないがゆえに，規範は，違法行為の実現の阻止を背後者に期待する。つ

まり，規範は一義的には背後者に向けられ，背後者が規範に従いさえすれば犯罪は実現しないという意味で犯罪の実現の有無を規範的にその手に握っている（＝行為支配を有する）のは背後者である。したがって，背後者が正犯となる。こうした状況を，規範の命令に従って犯罪実現を避止する者が介在しないという意味で，背後者にとって「規範障害がない」，直接行為者が「規範障害とならない」と表現することもある。「遡及禁止」を正犯性の規範的な基準の1つとする考え方も同旨である（山口68頁）。

なお，同意無能力者，すなわち当該事項について理解力，判断能力を有しない者に自損行為を教唆する場合（大判昭和8・4・19刑集12巻471頁）も，直接行為者に「自由」がない，という意味においてほぼ同じ事例構造を有する。自らが放棄することになる法益の重大性などを理解していないがゆえに，教唆者の意に従う可能性が高い，あるいは規範が法益放棄の判断の帰結をその者に帰責しないがゆえに，背後者が責を負う，と説明することになる。

(2) 強　　制

他人の身体を物理的強制によって動かす場合は，動かした者が正犯であるというのは明らかである。この場合，「道具」は比喩表現ではないし，「間接」正犯というまでもない。問題は，脅迫などの心理的強制の場合も道具とみなしうるかである。

基本的には意思の抑圧が必要だとされている。例えば，背後からピストルを突きつけて犯罪行為を行うことを要求するような場合は，間接正犯とされることとなろう。完全に意思が抑圧されている場合，すなわち期待可能性が全くない場合には，責任無能力と同等の扱いとなり，行為支配を規範的に考える立場（規範障害説）によれば間接正犯となる。事実的コントロールを要求する立場からも，「完全な意思抑圧」の定義にもよるが，背後者の正犯性を肯定することになろう。判例が暴行・脅迫により執拗に精神的圧迫を加えて自傷ないし自殺的行為をうながした場合について，圧迫を加えた者の（間接）正犯性を認めている（最決平成16・1・20刑集58巻1号1頁，鹿児島地判昭和59・5・31刑月16巻5＝6号437頁）のも，基本的な考え方は同じである。

しかし，いわれたとおりにしない可能性がわずかでもあれば背後者は正犯ではないのか，といえば，必ずしもそうではないと考えられている。上記の12

歳の少女を利用した事例に関する判例は，刑事未成年者であるという事情と，意思抑圧行為とを併せ考慮して間接正犯を認めている。これは，未成年で大人に抵抗するのは心理的に難しいという事情と意思抑圧行為の強度との相関関係で判断したものと理解できるが，少なくとも当該事案において直接行為者は必ずしも絶対的強制というほどの意思抑圧下にあったわけではない。また，12歳の長男を利用した事案においては，意思抑圧には至らない程度の影響力の行使であっても，背後者に共謀共同正犯としての正犯性は認められているのであるから，こと「正犯性の有無」一般に関しては，意思抑圧は実務上決定的な基準とはされていない。

コントロールがさらに弱い場合，例えば，暴力団組織やカルト集団などにおけるように，制度的あるいは組織的な心理的圧迫があるにすぎない場合は，間接正犯ではなく共謀共同正犯とされるのが通常である。

(3) **故意なき道具**

以上は，背後者が直接行為者に故意の構成要件該当行為を行うことを要求する場合であるが，過失行為ないし無過失の行為を利用する場合についても間接正犯は広く認められている。

(a) 無過失行為の利用　　毒殺目的で毒物混入食品を郵送するといった場合について，利用者（この場合は発送者）のみが正犯であることについては異論はないし，これに類比できる，例えば，毒物入り食品をレストランのウェイトレスや，ファストフード店のアルバイト店員を通じて客に供させる場合も同様である。このように，いわば制度的なルーティンワークに就いている人々を利用する場合は，回転寿司のコンベアに毒わさび入りにぎり寿司をおく場合と変わるところはない。いずれの場合も，直接の搬送者は，無過失であって彼らによって法益侵害に向かう因果経過が遮断されることは規範的に期待できないし，ルーティンワークとなっている限度において背後者の思惑どおりにことが運ぶ確率は，ピストルなどの道具を使う場合よりも高いとさえいえる。

毒物入りの食品を被害者に供して毒物を摂取させる場合も，被害者の行動を利用した間接正犯であるともいえる。毒入りであることを秘している限度で，被害者が摂食をやめる確率は低いし，注意すれば気づくような態様であったとしても，被害者には過失による自損行為を思いとどまることは規範的に期待さ

277

第9章　共　犯

れていない。

　(b)　過失行為の利用　　過失行為を利用する場合については争いがある。よく挙げられる講壇設例としては，医師が情を知らない看護師に毒薬を治療薬として交付し，患者に服用させるよう指示して，患者を毒殺させる，というものがある。この場合，看護師の行動は必ずしも制度的に自動化されているわけではないので，事実的な道具性，医師によるコントロールは，ウェイトレスを利用する場合と比較すると弱い（前田431頁は同等であるとする）。そこで，医師の正犯性を根拠づけるために，看護師は情を知らない，つまり故意を有しないので規範の問題に直面せず，反対動機が形成されないから，なんの障害もなくいわれたとおりの行動をとる，という説明が追加されることもある。

　しかし，看護師は専門職であるから，薬剤についても知識はあり，医師の指示どおりに毒薬をそれと知らずに服用させた場合，少なくとも過失はある。過失というのは注意すれば気がついたということであるから，看護師は医師にとって規範的な障害であり，規範的な意味においても道具のように行動するとはいえないであろう（中235頁）。

　そうした問題点があるにもかかわらず，この事例群を間接正犯だとする見解が優勢である一因となっているのは，正犯なき教唆犯および過失犯に対する教唆犯を認めることに対する抵抗感である。この場合に，看護師が無過失＝不可罰であるとすると，正犯が構成要件該当行為すら行っていないのに背後の医師を「人を教唆して犯罪を実行させた」者とするわけにはいかず，看護師に過失がある場合，直接行為者が業務上過失致死罪であるからといって背後の医師を業務上過失致死罪の教唆とすると，医師の当罰性を適切に反映せず，逆に正犯が過失犯なのに教唆犯である医師だけが故意の殺人罪だとすることも，教唆犯が正犯に「従属」すべきものである以上，受容できないとされるのである（前田432頁）。ここには，間接正犯という法形象が，教唆犯の要件をみたさないが当罰的である者を処罰するための弥縫策であるという事情が非常によく表れている。

　(c)　錯誤の利用　　いわゆる抽象的事実の錯誤を利用する場合も，問題構造は同じである。例えば，堕胎薬と偽って致死毒を被害者に服用させるよう命じる，あるいは人形と偽って人を射殺させるといった場合である。この場合に

は，背後者に直接行為者に対する事実的コントロールはさらに弱いうえ，直接行為者も故意正犯となるので，背後者が事実的に行為「支配」を有するとはいいにくい。そこで，この事例群においても間接正犯を認める立場は，「最終結果を実質的に支配しているのは誰か」という点が正犯性にとって重要である（前田432頁）として，規範的支配の観点を強調する（山口71頁）。しかしながら，直接行為者が故意犯である場合についてまで，構成要件実現の回避が規範的に直接行為者には期待されていない，というのは無理というものであろう。

いわゆる具体的行為意味の錯誤の事例，例えば，本物の高価な美術品を模造品だと偽って毀損させる，あるいは仇敵と偽って無関係の者を殺害させるといった場合についても間接正犯を肯定すべし，という議論もあるが，この場合に背後者の正犯性を根拠づけるのはさらに困難である。

(4) 適法行為の利用

適法行為を利用する場合も間接正犯であるとされることがある。例えば，Xが，AにBを殺すように教唆する一方で，Bには，Aが襲撃を計画している旨告げて防衛用に銃を携帯し，危なくなったら射殺するよう指示しておいたところ，後日AがBに襲いかかった際にBがAを正当防衛において射殺した，あるいは，XがBを殺す意思で，断崖絶壁のほとりでBのとなりに立っていたAにむけてコブラを投げつけ，Aがこれを避けるためにBをつきとばし，Bが転落死した，といった事例である。

教唆犯が成立するためには，正犯者が構成要件該当，違法な行為を行っていれば足り，正犯者が有責に行為したことは必要ないとするのが現在の通説（いわゆる制限従属形式）であるが，こうした事例においては，正犯者の行為が正当防衛ないし緊急避難によって正当化されるとすると，やはり，教唆犯の成立要件が欠けるとせざるをえない。だからといって，背後者を不可罰とするわけにもいかない。これが，こうした事例においても間接正犯を認めようとする実践的動機である。

(a) 事実的コントロール　しかし，これらの事例において背後者が直接行為者を事実的に道具としてコントロールしていると考えることは困難である。直接行為者がどのように反応するかについて偶然性が高すぎて，背後者の行為に実行行為性を認めることができない，とする学説もある。

第9章 共　　犯

そこで，背後者の正犯性を根拠づけるためには，規範的な行為支配ないし規範障害の観念に依拠せざるをえない。適法行為を行おうとする者は，規範に直面しないので，規範障害ではなく，構成要件実現の有無は，規範的には背後者の手に握られている，とするのである。この事例群においては，こうした根拠づけが過失利用の場合よりは説得力をもつと思われるが，学説の大勢は，事実的コントロールの弱さにかんがみて，この事例群においては間接正犯を肯定することを断念する。

　(b)　最小限従属形式　　いわゆる制限従属形式を捨てて，教唆犯の成立には，正犯者が構成要件該当行為さえ行っておれば足り，その行為が違法でもあることは必要ない（最小限従属形式），と考えれば，このような事例群においても教唆犯を認めることができる。学説の一部はこの方途を採用する。この考え方は，正当化事由には共犯者にまで連帯的に作用することのない，人的な条件に依存するものがあることを前提とする。判例も，共謀共同正犯の事例においてではあるが，直接行為者について認められた過剰防衛の効果は背後者には及ばない場合があるとしたことがある（最決平成4・6・5刑集46巻4号245頁）。

　また，上記，正当防衛利用の事例においては，当初の急迫不正の侵害行為についての教唆をもって教唆犯の成立を認めることができるし，緊急避難利用の事例においては，コブラの投げつけがBに対する直接攻撃でもあると考えれば，それぞれXを処罰することは容易である。一般的な形で表現すれば，正当化事由，とくに緊急行為の要件をみたす行為を利用する者は当該緊急状態の作出になんらかの形で関わっているからこそ当罰的であると感じられるのであるから，その点についての責任を問題にすれば足りるのである。この事例群において無理に間接正犯を認める必要はないと思われる。

　(5)　故意ある道具

　直接行為者の行為に構成要件該当性すら欠ける場合には，背後者を教唆犯とすることはおよそできない，すなわち「正犯なき共犯はありえない」とされている。そこで，例えば，行使目的をもって通貨偽造を教唆したが，教唆を受けた者は偽造した通貨が行使されることを知らなかったという場合（目的なき故意ある道具），あるいは，公務員が情を知っている非公務員を使って賄賂を収受する場合（身分なき故意ある道具），背後者を処罰するためには間接正犯とする

しかないとされてきた（例えば井田・構造309頁）。

　これらの事例群においても，規範は直接行為者には向けられていないため，形式的，規範的な意味においては，背後者が構成要件の実現を支配している。しかし，直接行為者が事実的な意味において道具と同様に背後者のコントロールに服しているとはいえない。そのことから，これらの場合，率直に不可罰とする見解，また，教唆犯（あるいは共謀共同正犯）の成立を認めて処罰の間隙を埋めようとする見解も少数ながらある。

　教唆犯といえども法益侵害結果を惹起したことを理由に処罰されるのであるとすれば，客観的には通貨偽造ないし収賄にあたる事態が他人の意思決定を媒介として惹起されており，背後者にはその点の故意も，身分ないし目的も備わっている場合に，それぞれの罪の教唆犯の成立を否定すべき理由は，61条の「犯罪を実行させた」という形式的文言にしか求められない。しかし，この文言を厳格に形式的な意味で理解するのであれば，責任無能力者や適法行為の利用の場合にはおよそ教唆犯も共同正犯も成立しえないことになる。違法，有責でない行為は「犯罪」ではないからである。したがって，正犯なき教唆犯を否定するのに，それほど説得的な理由があるというわけではない。

　なお，収賄罪に限っていえば，結論的には非公務員の背後にいる公務員を正犯とすることはそれほど困難ではない。賄賂の授受は，物質的な利益の空間的移転が無くても成立しうるからである。賄賂とは，公務と対価関係にある利益の供与をいうから，背後に公務員自身がいることを贈賄者が理解し，原則として公務員を名宛人として供与していなければならない。したがって，賄賂の要求，約束を非公務員が媒介していたとしても，結局は，公務員自身がその名義において賄賂を要求，約束したことになる。また，金銭の場合，最終的には公務員自身の懐に入らなければ収受したとはいえないから，金銭の物理的授受は非公務員が媒介したとしても，その金銭がなんらかの形でその公務員に帰属した時点で公務員自身が直接収受したと認めることになる（山口72頁）。収受自体が非公務員名義で行われる場合には，公務員は，第三者供賄罪（197条の2）の直接正犯である。

(6)　故意ある幇助道具

　判例は，会社の代表取締役が，使用人をして，その運転するトラックで米を

不法に運搬させた行為は，食糧管理法違反の実行正犯である，としたことがある（最判昭和25・7・6刑集4巻7号1178頁）。その理由は，正犯意思が運転手にはなく，取締役にあるという点に求められた。これは正犯性の一般基準を「正犯意思」にのみ求める主観説による場合にしか不可能な結論であり，学説の大勢は，これを間接正犯とすることは拒否する（山口72頁）。しかし，類似の事案において，共謀共同正犯としての正犯性は肯定される場合もあろう。

(7) まとめ

以上要するに，構成要件該当性（身分，目的，故意，過失）が欠けるか，違法性がないか（適法行為の利用），責任が欠ける（刑事未成年，責任無能力者の利用，意思抑圧）行為を直接行為者に行わせた背後者は，間接正犯とされることが多い。そこで，「道具」あるいは「支配」と呼ばれている事情は，その最小限においては背後者の直接行為者に対する意思ないし認識における優越を意味するにすぎないが，これを，強要（意思）支配ないし錯誤（認識）支配があると表現することもある。

第4節 教 唆 犯

1 総 説

「人を教唆して犯罪を実行させた者」を教唆犯と呼ぶ。教唆犯には正犯と同じ法定刑が適用されることになる（61条1項）が，拘留または科料のみを法定刑とする罪については原則として処罰されない（64条）ので，その当罰性は正犯よりは一段低いものと理解されている。62条2項は「従犯を教唆した者には，従犯の刑を科する」とする。この場合をとくに「従犯の教唆」と呼ぶ。

かつて教唆犯は，犯罪の発起者と目され，その点で，直接実行者と比較しても当罰性においてそれほど劣るわけではないと考えられていた。この発想が，「正犯の刑を科する」という61条1項の法律効果にも反映されているといえる。従犯の教唆の刑が従犯のそれにそろえられているのも，発起者と実行者の同等性の観点によるものと考えられる。また，今日では犯罪の実行を提案し，指示し，命令する者は，犯罪の実現にとって決定的に重要な役割を果たした者として，共謀共同正犯とされることが多いのも同様の考え方の延長線上にある

と思われる。そして，この共謀共同正犯の領域に取り込まれてしまった部分が非常に多いがゆえに，現在の刑法実務において教唆犯の有する意義はきわめて限局されたものとなる。

そもそも最近では，教唆犯は，無免許運転や各種所持罪などの自手犯的性格の犯罪や，犯人蔵匿を教唆する犯人自身の事例などにおいて，発起者として重要な役割は果たしているものの，形式要件としては正犯たりえないとみえる者の「当罰的」行為を拾う受け皿としてしか機能していないといっても過言ではない（例えば，犯人隠避教唆の例として最決平成元・5・1刑集43巻5号405頁等が，道路交通法上の無免許運転罪などについて最決昭和46・9・28刑集25巻6号798頁等がある）。しかし，いわゆるスワット事件（最決平成15・5・1刑集57巻5号507頁）にみられるように拳銃所持の共謀共同正犯まで認められる今日では，この領域も，もはや教唆犯のためにリザーブされているとはいえない。

2 成立要件

教唆犯の成立要件は，教唆行為すなわち，他人に犯罪実行の決意を生成させること，被教唆者が行為支配を有していること，被教唆者＝正犯者が構成要件該当（かつ違法な）行為に着手すること，およびそれらの諸点についての故意である。

(1) 教唆行為＝犯罪決意の惹起

被教唆者が教唆行為以前にはいまだ犯罪を決意していないこと，ならびに，当該教唆行為が原因となって決意したこと（因果関係）が必要である。被教唆者が教唆の内容を全然聞いていなかったが，独自の決意によってたまたま同種の犯罪の実行に及んだ，といった場合，教唆犯は成立しない。また，正犯者がすでに決意している場合に，当該の犯罪行為を行うよう指示，勧奨などする行為は精神的幇助である。

教唆行為は，被教唆者に一定の犯罪を実行する意思を生じさせるに適した行為であれば，その形態は問わない。黙示でもよい。漠然と「犯罪をしてこいよ」と伝えるだけでは足りないが，具体的行為の日時，場所，方法などを具体的に指示する必要はない。不作為による教唆は実際上ありえない。他人が自発的に犯罪決意を生じるのを阻止すべき作為義務などというものは想定できない

からである。積極的に働きかけて犯罪意思を生じさせる必要がある。黙認はすでに意思が生じていることを前提とするから，教唆ではない。

間接正犯の要件の裏返しとして，被教唆者は規範障害である，すなわち規範の命令に従って犯罪をやめる可能性を有する者である必要がある。あるいは，被教唆者が犯罪の成否をその手に握っている（行為支配）者でなければならない。被教唆者が教唆されたことを認識している必要はない。

過失の惹起は教唆ではないとするのが多数説である。教唆とは単なる決意ではなく犯罪故意の惹起を意味する，というのである。根拠はない。過失とて，犯罪的意思であるし，不注意に何事かを行う決意というものは想定できる。正犯者と教唆者の罪名が同一でなければならない，という要請も61条の文言からは読みとれない。過失正犯に対する故意の教唆犯という事態も，正犯は過失致死，教唆者は殺人の教唆という事態も文言上は排除されていない。

(2) 正犯者の実行の着手

正犯者がそのようにして形成された決意に従って実行に着手していなければならない。被教唆者が予備段階にとどまった場合は，教唆者は不可罰である。61条の「犯罪を実行させた」という文言が形式的根拠である。その実質的根拠は，教唆犯は正犯と同等に処罰されるのであるから，その処罰開始時点もやはり同等に法益侵害ないし犯罪実現が切迫した時点でなければならない，という点に求めることができる。このような説明の背後には，教唆犯の処罰根拠は正犯と同様法益侵害結果の因果的惹起にあるという考え方（惹起説）がある。

従犯の教唆の場合にも，従犯者が幇助した正犯者が実行に着手したことが要件とされる。その根拠は，従犯と同等の当罰性と幇助行為の無限定性ゆえの実行従属性にある。

不可罰となるのは，他人に犯罪の決意をさせるべく働きかけたが決意させるに至らなかった場合および決意はさせたが被教唆者が実行には着手しなかった場合である。これらの事例群を「教唆の未遂」と呼び，他人に犯罪の決意をさせるべく働きかけたが既遂には至らないと考えていたという「未遂の教唆」と呼ばれる事例群と区別する。被教唆者が未遂処罰規定のある犯罪の実行に着手したがこれを遂げなかった場合は，教唆者も可罰的である。

(3) 教唆故意

　教唆犯は故意犯である。61条には38条1項にいう「特別の規定」がないから過失による教唆は処罰されない。そもそも，正犯者が特定の犯罪を実行する決意を抱くという事態を他人が過失的に（予見可能な形でかつ義務違反的に）惹起することは事実上ほとんどありえない。教唆犯の故意としては，教唆行為自体に関する故意（正犯者に犯罪決意を形成させるという点に関する認識・予見）と，正犯者が行う構成要件該当行為についての故意とが必要である。教唆犯には「二重の故意」が必要である，と表現されることもある。

　既述のように，直接行為者の過失を背後者が故意に惹起する場合は，教唆犯ではなく，間接正犯であるとするのが通説である。この意味で，教唆犯は故意犯に対する故意的関与である。ついでながら，他人の過失を過失的に惹起した場合は，監督過失の直接単独正犯または過失の共同正犯となるとされるのが通常であるが，遡及禁止が働く場合には直近過失のみが処罰されるべきであるとする見解もある。

　正犯者の行為が既遂に至ることを予見していたことが必要で，未遂に終わるであろうとの認識しかない場合（いわゆる，未遂の教唆，ないしアジャン・プロヴォカトゥールの事例）には，教唆犯は成立しないとする見解が優勢である（詳しくは，本節5）。

　正犯者が教唆者の認識した範囲を超えて過剰な犯罪を行った場合，例えば窃盗を教唆したところ強盗を行った，という場合，教唆犯はその故意の限度（故意と客観的事実とが重なり合う限度）で責任を負う。つまり，窃盗の教唆となる（第5章第2節4(3)）。

(4) 制限従属形式

　教唆犯の成立には，これらの他に，正犯者の行為が構成要件該当，違法であったことを要するとするのが通説である。およそ構成要件にも該当しない行為を行わせたところで「犯罪を実行させた」とはいえないし，違法な正犯の行為を惹起していない以上，教唆者の行為も違法とはいえないからであるという。他方，責任は本来個人的な事情に依存するので，正犯者が有責に行為したか否かは教唆者の罪責に影響しないとされる。このような，教唆犯の可罰性は正犯者の行為の構成要件該当性と違法性には「従属する」が，責任には依存しない

という要件の立て方を制限従属形式と呼ぶ。ただし，この要件をみたさない場合，教唆犯は不成立であるが，単純に不可罰となるとされるわけではなく，たいていの場合，間接正犯として処罰されることになる，という点には注意が必要である。

上述のように（本章第3節），正当化事由には，個人的条件に依存する要件もある（防衛の意思など）ので，正犯者にとっては正当化事由のある行為も，教唆者にとっても正当とは限らない。そこで，教唆犯の成立には，正犯者が構成要件該当行為さえ行っていれば足りるとする見解もある（最小限従属形式。西田372頁）。

さらに，教唆犯の成立には，直接行為者の行為を惹起したことも含めて，教唆犯の各構成要件要素が教唆の立場からみてそろっていれば足りるはずであるから，正犯の行為の構成要件該当性にさえ「従属する」と考える必要はないという異論もある（中255頁）。この立場によるときは，直接行為者が故意に行為していようが，過失であろうが（つまり正犯者の罪名にかかわらず），教唆者が直接行為者の行為によって法益侵害が惹起されることについて故意を有してさえいれば，故意犯の教唆犯が成立することになる。

3 共謀共同正犯および間接正犯との区別

他人に犯罪を指示，命令，提案するなどしてその決意を生じさせる事例群の一部は，共謀共同正犯とされ，さらに別の一部は間接正犯とされる。それらを除いた部分が教唆犯となる。

間接正犯との区別は，被教唆者が道具にすぎないか否か，規範障害か否か，いいかえれば，教唆者が事実的ないし規範的な意味において犯罪実現をその手中に収めているか，すなわち行為支配を有しているか否かによってなされることになる。

共謀共同正犯との区別はやや困難である。判例は主観説的な含みももたせつつも，重要な役割を果たす者が正犯であるとする。教唆者は犯罪の発起者であり，このことは，それ自体かなり重要な，決定的ともいえる寄与でもある。したがって，上述のように判例が教唆の事例の多くを共謀共同正犯であるとするのは，一貫した態度であるともいえる。しかし，他方，どのような場合に教唆

犯として重要ではない寄与をしたことになるのかは明らかではない。身分などの形式的要件を欠くがゆえに正犯たりえない場合は，その1つの例であろう。あるいは間接教唆において最初の発案者よりも2番目の教唆者の方が実行者に対してより強い影響力を有していたといった場合，あるいは純粋に発案し決意させただけで，被教唆者に対するそれ以上の影響力をおよそ行使せず，またその後，具体的に実行に移すについては何事も行っていないといった場合は教唆とされることになろう。

4　間接教唆，再間接教唆

61条2項は，教唆者を教唆した者も教唆者と同じ扱いとすることを定めている。これを間接教唆と呼ぶ。同じく決意の惹起，正犯者の実行が必要である。教唆故意の要件も同じである。

教唆者を教唆した者を教唆した場合を再間接教唆と呼ぶが，この場合の可罰性については争いがある。判例は，教唆者を教唆した者は教唆者なのだから，これを教唆した者も「教唆者を教唆した者」にあたるという形式論理によって，再間接教唆の可罰性を認める。

学説には，「教唆という犯罪行為を実行させることも教唆」であるという理由で再間接教唆も教唆であるとするものがある（前田456頁）。しかし，この理由では，間接教唆，つまり教唆の教唆が「人を教唆して犯罪を実行させた」にあたってしまうので，61条2項の規定すら不要であることになる。加えて，実行行為性は正犯性の少なくとも1つの根拠だとされており，正犯でない教唆犯は実行行為を行う者ではないことになるはずである。実行行為を直接行わなくても「それと同視できる」場合は（間接）正犯だとしても，他人に犯罪行為を行うように働きかける場合のうち間接正犯でないものが教唆犯なのであるから，「教唆という犯罪行為」は「それと同視」することすらできない。

61条1項の「実行」を正犯性の根拠をなす「実行行為」と理解すれば，61条2項は，実行行為を行わせた場合でなくても教唆とされる例外的場面を規定しているのであるから，さらにその例外を認める根拠はない。形式論理によって例外の例外を認めるときは，無限連鎖的に教唆を認めることになるであろう。実質的に考えても法益の危殆化，あるいは犯罪の実現に至るまで3人以上の規

範障害を経由しなければならない再間接教唆は，犯罪実現に至るまでの不確実性が大きすぎ，これを処罰するときは処罰の開始時期を過度に早期化することになる。学説の大勢は，この結論を採用するものと思われる。

5　未遂の教唆
(1)　問題と学説の対立状況

他人に犯罪の決意をさせるべく働きかけたが，既遂には至らないと考えていた事例群を「未遂の教唆」と呼び，その可罰性については争いがある。

この場合も可罰的であるとする立場の1つは，教唆犯の構成要件は，「犯罪を実行させる」までであるから，客観的に正犯者が実行に着手しており，実行の着手までの故意があれば，教唆犯の成立を認めることができるとする。これに対しては，法益侵害発生の故意がないにもかかわらず，故意犯としての処罰を認めるとすれば，教唆犯の処罰根拠を法益侵害の惹起にではなく，他人を犯罪に陥れることに求める責任共犯論に依拠していることになる，との批判が提起される。

未遂犯は，法益侵害の危険の惹起を処罰根拠とし，正犯者はそのような危険を惹起しており，かつ教唆者には，結果発生の危険を惹起するところまでの故意はあるのだから，未遂犯の教唆として処罰することができる，とする見解もある。しかし，法益侵害故意と法益侵害の危険故意とを区別することは困難である。法益侵害の危険の認識とはとりもなおさず結果発生の予見のことだからである。

この事例群において教唆犯の成立はないとする立場は，教唆者が法益侵害は発生しない，あるいは正犯者の犯行を中途で確実に阻止しうると考えている以上，危険の認識すらなく，およそ教唆犯の故意を認めることができないと考える。共犯の処罰根拠を法益侵害の惹起に求める惹起説を前提とする限り，このような結論に至るべきことはほぼ自明であるといってもよいであろう。

ただ，この事例群を厳密に記述すると，実際には問題はほとんど存在しないとさえいえる。被教唆者が未遂としてであれ可罰的な行為を行い，教唆者がそれを行わせることを意図している場合，教唆者は被教唆者の可罰性を根拠づける事情，すなわち法益侵害の危険性を認識している。このときに教唆者に故意

責任を問えない理由はないのである。絶対に結果は発生しないと行為者がいかに念じていても，客観的にみて危険があり，そのような危険を裏づける事実を行為者が認識している場合には，少なくとも未必の故意はあるといえる。逆に結果故意が問題なく否定されうる事例においては，客観的危険性もなく実行者も不可罰ということになるであろう。

(2) アジャン・プロヴォカトゥール

この事例群の具体例としてよく挙げられるのは，おとり捜査の事例である。例えば，警察官がある人物を逮捕するために，この者に犯罪を行うようそそのかし，実行に着手した段階でこれを逮捕する，という場合である。この種の事例は，アジャン・プロヴォカトゥール（挑発する警察官）と呼ばれることもある。逮捕が目的であるから，実際に犯罪が完遂されては不都合なので，教唆する警察官は犯罪が完遂されないように十分な手を打ってから教唆するので，警察官には，既遂に至らせる故意がない，というのが前提である。

しかし，この場合，犯罪を行わせることがむしろ目的なのであるから，不能犯はおろか未遂でも都合がわるい場合がある。未遂処罰規定がない犯罪については既遂に至らせなければ逮捕することもできない。その場合は，警察官には既遂に至らせる故意もある。未遂犯処罰規定がある場合でも，警察官には少なくとも未遂にはなりうるという認識，つまり法益侵害の危険性の認識はある。既遂に至ることの認識・予見，あるいは結果犯においては構成要件的結果発生の認識・予見とは，行為の時点では，そうした危険性の認識である。したがって，教唆者の責任を問うのになんの問題もない，ともいえる。さらに，実際におとり捜査の手法が使われる場面である麻薬所持，交付などの挙動犯については未遂の教唆という事例群がそもそも想定しにくい。せいぜい，薬物の輸入罪ぐらいであろうか。だとすれば，教唆犯の要件を欠くという形で捜査機関の行動を不可罰にするという構成には無理がある。せいぜい，正当化事由の存在を理由とすることができるだけであろう。

純粋に架空の例としても，客観的危険性は肯定されるが，教唆者には結果を発生させる故意がないと確実にいえる事例を想定するのは実は困難である。例えば，防刃胴衣や防弾チョッキを着せた被害者に対して刃物や銃での攻撃を教唆する場合，被害者が実際に怪我をしたり，死亡したりする万が一の可能性ぐ

第9章 共　　犯

らいはわきまえているはずである。だとすれば，教唆者の故意として十分である。教唆者不可罰の可能性がある事例にするためには，厳密には教唆者が結果の発生が全くありえないと信じていること（未必の故意が排除されること）が必要である。そうすると極端にいえば，客体の不能の教唆（空ベッド射撃の教唆，防弾ガラスの向こうの被害者射殺教唆）ぐらいしかありえない。そのような場合には，直接行為者が可罰的とされるのであれば，それと同じ理由をもって教唆者も可罰的とできるであろうし，直接行為者が不可罰であるならば，教唆者も不可罰となるであろう。

第5節　従　　犯

1　成立要件
(1) 幇助行為
　正犯を幇助した者が従犯である（62条）。従犯の行為は幇助行為である。幇助行為とは実行行為にあたらない，かつ実行行為を容易にする行為をいう。実行行為に不可欠な構成要素となる行為は実行行為の一部であるから，それを行った者は共同正犯となる。幇助行為の形態に限定はない。犯罪場所の提供，武器の供与などの有形的幇助（物理的幇助）でも，激励，犯罪意思の強化といった無形的幇助（精神的幇助）でもよい。ただし，正犯の構成要件該当行為ないし法益侵害の惹起を容易にし，促進，強化し，もしくは侵害結果を拡大するものでなければならない。

　促進関係さえあれば，促進される側（正犯）がそれを認識している必要はない。片面的幇助も可罰的である（大判大正14・1・22刑集3巻921頁）。促進したか否かは正犯者が幇助者の存在を知っていたか否かに影響されないからである。ただし，先行者が「生じさせた結果・状態の拡大に寄与する行為」を後行者が行った場合（横浜地判昭和56・7・17判時1011号142頁）に限られるべきであろう。不作為による幇助も可能であるが，この場合，後述するように（本章第6節3）正犯・共犯の区別は困難となる。

　幇助は事実上，間接的でもよい。教唆犯とは異なり規定はないが，正犯者との間にもう1人別の幇助者が介在していても従犯は成立する場合がある。なぜ

なら，教唆犯の場合とは異なり，間接幇助とみえる場合でも，正犯による犯罪実現を促進している以上，実際上は幇助そのものといえる場合があるからである。具体的にいえば，殺人の手段としてピストルを入手して手渡す場合，直接交付しようと間に人を介在させようと，そのピストルが殺人を容易にしたという点では変わらない（最決昭和44・7・17刑集23巻8号1061頁）。

幇助犯という犯罪行為を幇助した者はやはり従犯である（前田461頁）とされることもあるが，間接教唆の場合はともかく，従犯においてはこの形式論理は通用しない。61条は「犯罪を実行させた者」を教唆としているが，62条は，「正犯を幇助した者」を，従犯としているからである。また，間接教唆の規定（61条2項），従犯の教唆の規定（62条2項）がわざわざおかれていることにかんがみれば，形式解釈としては，従犯の従犯は処罰されない，という答の方がむしろ説得的であると思われる。

(2) 正犯者の実行の着手

従犯も正犯者の実行の着手を待って処罰される。従犯処罰が正犯の実行の着手を条件とするのは，幇助がその定義上，および共同正犯との区別の観点からも，単独では決定的な法益侵害性を有しない行為だからである。ただし，正犯者が予備にとどまり，かつ予備罪処罰規定がある場合には，予備の幇助，予備の共同正犯の問題となる（本章第6節4）。62条の「正犯を幇助した者」という文言から，予備の幇助の可罰性は当然には排除されない。可罰的予備も正犯であることには違いがないからである。

(3) 幇助行為の時点

幇助行為自体が行われる時点は，実行行為の開始前でも以後でもよい。事前の幇助は，少なくとも実行の着手の時点までは効果，作用を維持するものでなければならない。実行行為開始後に促進的寄与をなすことは可能であるから，いわゆる承継的従犯もありうる。ただし，罪名に関しては共同正犯の場合と同じ問題がある。被害者死亡後の財物奪取幇助行為につき強盗殺人の承継的従犯を認めた判例がある（大判昭和13・11・18刑集17巻839頁）が，少なくとも殺人まで含めることについては学説上賛成論はない。

実行行為終了後の従犯＝事後従犯はありえないとされる。幇助とは正犯の「行為」を促進するものであり，行為が終了している以上，それを容易にし促

進することはできないからである。しかし，幇助の処罰根拠が法益侵害の（促進的）惹起にあるとすれば，行為終了後法益侵害発生までの間の促進的寄与を従犯とする余地もある。すでに終了した行為を精神的幇助により促進することはできないが，例えば，放火後・焼損前の少量のガソリン追加，重傷を負った被害者の傷口を広げて死期をごくわずかに早めるといった行為も，可罰的幇助だとすることはできる。もちろん，正犯者の行為がなければ結果が発生しなかったといえる場合に限られる。また，寄与が非常に大きければ同時犯ないし共同正犯とすることもできるが，それがなければ結果がおよそ不発生にとどまるというほどの寄与でない場合，すなわち促進的寄与の場合には，選択肢は，不可罰とするか，従犯とするかしかない。

(4) 幇助故意

従犯の故意要件はほとんどの点で，教唆犯のそれと共通である。過失による幇助は処罰されない。幇助行為自体に関する故意と正犯者の実行行為についての故意という「二重の故意」が必要である。正犯者が既遂に至ることの予見が必要であって，未遂に終わることが確実であるとの認識を抱いている場合は従犯は成立しない。正犯者が従犯者の予見を超える過剰な行為を行った場合，従犯者はその故意の限度で責任を負う（第5章第2節4(3)）。

2 幇助の因果関係

(1) 促進的因果関係

従犯の処罰根拠も，法益侵害との因果性にあることはほぼ一致して認められている。しかし，法益侵害惹起に不可欠なほどの，つまりそれを取り除いて考えると結果が発生するとはいえなくなるような重大な寄与はもはや共同正犯における一部実行にあたるとされるので，幇助の因果性を判定する場合，通常の条件関係の公式は適用できないという問題が生じる。

一般には，促進的因果関係があれば足りる，とされている。また，その促進的因果関係とは，幇助行為がなかったと仮定したときに，結果の具体的態様が現に生じたものとは法的に重要な程度に変更されるであろうという関係が成り立つことをいう，という理解も定着しつつあるといってよい（平野Ⅱ 381，大越 172頁，山中 921頁，井田・構造 386頁）。いいかえれば，幇助行為による結果発

生態様の法秩序にとっての不利益変更が幇助の因果性（条件関係）である。もちろん，条件関係以外にも通常の因果関係の要件（例えば相当性）が必要であることはいうまでもない。

　従犯の修正構成要件は正犯者の実行の着手までしか含まないから，幇助の因果関係としては，結果の促進までは不要で，実行の着手を促進していれば足りる，とする異論もある（大塚325頁注11，川端575頁，福田287頁注2）。未遂犯の従犯についてはそういわざるをえないが，既遂犯についてまで同じようにいうことには，従犯の処罰根拠を法益侵害結果の惹起と切り離してしまう点で問題がある。ただし，実行の着手が促進されたといえる場合，結果自体も促進されているはずであるから，結論の違いはほとんど生じないと思われる。

(2)　心理的因果関係

　精神的幇助の場合は，通常の因果関係の判断は不可能なので，意思の連絡をもって因果関係を擬制することで満足しなければならないとする少数説もある。心理的因果関係については，その「合法則性」を証明することはできず，「了解・説明」が可能なだけだからであるという（林・基礎159頁）。それだけでは幇助の処罰範囲が広くなりすぎるとすれば，正犯の行為に対する促進的影響を幇助行為の内容として要求することで補充すべしとするバリエーションもある（内藤古稀142頁〔町野朔〕）。

　心理的「因果関係」の判断構造が物理的因果関係のそれとは異なるとしても，およそ証明不可能なのだとすれば精神的幇助の処罰は放棄されるべきであろう。しかし，「了解・説明」が可能なのであれば，物理的なものとは異なる判断方法としてそれで満足するということもできる。いずれにせよ意思の連絡の証明だけで従犯の成立には十分であるとするべきではない。それでは，従犯は抽象的危険犯なのであって正犯行為を現実に容易ならしめたことを要しないとする見解（野村424頁）と変わるところはない。その場合，従犯が何ゆえに処罰されるのかを説明することはできないであろう。

(3)　無 効 幇 助

　判例は，幇助行為が結果発生にとって必要不可欠であることは要しない（大判大正2・7・9刑録19輯771頁）が因果関係は必要であるとする。下級審判例には，正犯者から射殺計画を聞かされて射殺用に防音措置を施した部屋を用意

第9章　共　　犯

したが，正犯者はこれを結局利用しなかったという事案について，その点については従犯の成立を否定したもの（東京高判平成2・2・21東高刑時報41巻1＝4号7頁），強盗幇助意図で睡眠薬を交付したが効果がなかった事案について「容易ならしめる可能性があったというだけでは足りない」として従犯を否定したもの（神戸地姫路支判昭和33・4・19一審刑集1巻4号615頁）もある。強盗に行くことを知りつつ，鳥打ち帽と足袋を提供した事例につき従犯を否定した判例（大判大正4・8・25刑録21輯1249頁）は，この事例群と中立的行為による幇助との限界線上に位置する。

■3　中立的行為による幇助

　刃物や工具といった犯罪に用いられうる道具の販売や，犯罪に利用されうる業務に携わっている者が，自らの行為が犯罪に利用されることを認識しつつ，通常どおり販売などを行った場合には，正犯の行為に対する促進もあるし，その旨の故意もあるので従犯が成立する余地がある。しかし，それらの業務は必ずしもそれ自体が犯罪性をもつものではないから，犯罪に利用されることの認識があるというだけで可罰的とすべきかどうか，その限界線はどこに引かれるべきなのかが争われることになる。

　判例には，売春宣伝用パンフレット，チラシなどの印刷・製本などにつき売春周旋罪の幇助（大阪高判昭和61・10・21判タ630号230頁，東京高判平成2・12・10高刑速（平2）178頁）を，闘鶏による賭博開帳図利者へのシャモの販売につき同罪の幇助（大判昭和7・9・26刑集11巻1367頁）を，農協組合長による横領意図での形式要件を具備した預金払戻請求に対する出納事務担当者の情を知ったこれへの応諾につき業務上横領罪の幇助（高松高判昭和45・1・13刑月2巻1号1頁）を，それを用いて著作権法違反行為が行われることを知りながら，ファイル交換ソフトを開発し，ダウンロード可能な状態におく行為について著作権法違反の従犯（京都地判平成18・12・13判タ1229号105頁）を認めたものがある。

　他方，販売者が軽油引取税法上の不納入罪を犯していることを知りながら，軽油を購入する行為（熊本地判平成6・3・15判時1514号169頁）は共同正犯にも幇助にもあたらないとしたものもある。ただし，これは，処罰規定のない必

要的共犯の相手方であることも考慮したものと考えられる。また,「金融機関から融資等を受ける借り手は,貸し手である金融機関の利益を確保すべき任務を負っているわけではないから」,事情を知りつつ「融資等を申し込んだからといって,それだけで金融機関に対する特別背任罪の共謀が成立するものではなく」「社会通念上許されないような方法を用いるなどして積極的に働きかけ」たのではない限り共謀共同正犯にあたらないとした判例もある（東京地判平成12・5・12判夕1064号254頁）。これは,融資を受ける行為自体の中立性に着目したものとも評価できる。

この他にも,強盗計画を知りながら,暴行脅迫に用いる器具,侵入用具を販売する行為,盗聴,傍受,不正コピー,不正なネットワークアクセス,ナンバープレートの隠蔽など,犯罪目的以外にはほとんど用途のない特殊機械・器具の販売,あるいは犯行現場まで送り届けるタクシー運転手などの事例が考えられる。

このように概観しただけでも,個別事例ごとの事情は多様であるから,「中立的行為による幇助」の事例群専用の一般原理を構築してそれ1つでこの事例群全体を処理しようとすれば,具体的判断基準としては機能しえない一般条項に頼ることになることは明らかである。従犯の成立要件の充足という観点から個別事例ごとの解決を図るしかない。その際,基本的には因果関係（客観的帰属）の問題として解決できるものが多いであろう。幇助の「因果関係」といっても上記の条件関係の問題につきるわけではなく,単独正犯の場合と同様に許されない危険の創出も要件になるのであるから,その判断の枠内で,状況により,危険の程度,実行行為との時間的・場所的接着性,促進の程度,一般的生活危険,代替原因の考慮などの観点によって妥当な解決に至ることができるものと思われる。

4 共同正犯との区別

かつて従犯と実行共同正犯とは,当該行為者の寄与が実行行為の一部とみなしうるものか否かによって区別されるとされていた。しかし,現在では実行行為の一部を行っていなくても共謀共同正犯とされる余地が広いので,同じく実行行為の一部とはいえない寄与を内容とする幇助との区別は微妙なものとなる。

第 9 章 共　　犯

　そこで，多数を占める考え方は，法益侵害の惹起ないし犯罪の実現にとって重要な役割を果たし，重大な寄与をなす者を（共同）正犯者とし，重要ではない促進的寄与をなす者が従犯であるとする。

　判例は，全体として主観説的要因と客観的要因とを複数累積的に組み合わせて幇助か共同正犯かを総合的に判断する傾向にある（例えば，大阪地裁堺支判平成11・4・22判時1687号157頁）。ただし，それら複数の要因の概念的な包摂関係や，それらのうち優先されるべきものは何かなど相互の関係は必ずしも明らかではない。

　主観的メルクマールとしては，利益，分け前にあずかった，「正犯意思を以て」（最判昭和24・2・8刑集3巻2号113頁），あるいは「自己の犯罪として」「積極的に関与した」（東京地判平成2・10・12判タ757号239頁，大阪地判平成6・3・8判時1557号148頁等），報酬その他利益配分にあずかった（東京高判昭和57・12・21判時1085号150頁等）といった諸事情があれば共同正犯であるとされている。

　窃取した試験問題の斡旋・売却に関与したが窃取方法について具体的説明を受けておらず，相談・打ち合わせなどもなく，心理的拘束を感じさせるほどの強い働きかけもなかった事例について窃盗の幇助としたもの（札幌高判昭和60・3・20判時1169号157頁）のように直接実行者との人的関係・交流の緊密さをはじめとして，より客観的な事情も併せ考慮する判例も多い。例えば，犯行計画全体の詳細な認識があったか否か，事前謀議への参加の有無（千葉地松戸支判昭和55・11・20判時1015号143頁等），あるいは，犯行グループ，組織内での被告人の役割，相対的地位（東京高判平成4・8・26判タ805号216頁，東京地判平成8・3・28判時1598号158頁等）などが考慮されている。また，行為寄与の相対的重要性など行為自体に関連するメルクマールを挙げる判例もある（名古屋地判平成9・3・5判時1611号153頁）。

第6節 共犯の諸問題

1 共犯と身分

(1) 65条の法意

65条1項は,「犯人の身分によって構成すべき犯罪行為に加功したときは,身分のない者であっても,共犯とする」と規定し,同条2項は,「身分によって特に刑の軽重があるときは,身分のない者には通常の刑を科する」と定める。1項にいう「身分によって構成すべき犯罪行為」をとくに構成的身分犯(真正身分犯)と呼び,2項の「刑の軽重」をきたす身分を加減的身分犯(不真正身分犯)と呼ぶ。

1項は,例えば収賄罪のような「公務員」という身分をもっていることが成立要件となっている罪(構成的身分犯)については,その身分をもたない関与者にも身分が要件となる犯罪,この場合では収賄罪が成立するという意味で身分の連帯的作用を規定する。2項は,例えば,保護責任者遺棄罪と単純遺棄罪のように一定の身分があることによって法定刑が重くなる関係に立つ身分犯(加減的身分犯)に関与した者については身分の有無に応じた犯罪が成立することを規定したものである。

学説はこの線まではほぼ一致しており,判例も概ねここまでの理解だけに基づいて65条を運用してきた(大判大正2・3・18刑録19輯353頁等)。しかし,判例は,この相反するようにみえる法律効果の理由にふみ込んだ判断は示していない。他方,学説は,この両者をいかに矛盾なく説明するかに心を砕いてきた。

(2) 65条1項の連帯的作用の根拠

多数を占めると思われるのは,1項の構成的身分が身分のない関与者にも連帯的に作用する理由を違法性に関係づけて説明する立場である。違法性の中核的実質は法益侵害であり,法益侵害結果は誰がどのような人的関係において惹起しても違法である。したがって関与者の1人の行為の違法性は連帯的に作用する。1人の者が違法に振る舞ったのであれば,その者の行為に因果的影響を及ぼした他の関与者の行為も違法である。このことと身分犯とを結びつける論

理は次のようなものとなる。例えば、収賄罪は公務員という身分を有するものでなければ犯せないが、それは公務員でなければ、公務の不可買収性という法益を賄賂を受ける側で侵害することが事実上できないからである。しかし、公務員でない者も公務員を1人介在させれば、この法益を侵害することができる。この場合には行為の法益侵害結果への因果的寄与の程度は公務員も非公務員も同じである。したがって、非公務員にも公務員犯罪である収賄罪の共犯が成立する。構成的身分犯については基本的にこのような説明が妥当すると思われる。

(3) 65条2項の個別的作用の根拠

(a) 違法身分と責任身分　問題は加減的身分犯に関わる2項をどのように説明するかにある。構成的身分犯を違法身分犯とする考え方の最もプリミティブなバージョンは、2項の加減的身分犯は、個人的・主観的事情に依存する責任に関わる身分を成立要件としたものだから個別的にしか作用しないのだ、とする（平野Ⅱ 366頁）。しかし、この考え方は、保護責任者遺棄罪における保護責任者という身分など、あきらかに違法身分であるにもかかわらず加減的身分犯となっているものがある、との反例を挙げられることになる。

そこで1つのバリエーションは、構成的、加減的たるとを問わず1項は違法身分、2項は責任身分に関する規定であるとする（西田379頁、山口328頁）。法文の形式がどのようなものであろうと違法身分は連帯的に作用し、責任身分は個別的にしか作用しえないからであるという。この見解は、65条の明文に反する。

(b) 違法身分としての加減的身分　65条は構成的たると加減的たるとを問わず、すべて違法身分に関する規定であるとする変種もある。責任身分が連帯的に作用しないのは当然であって、65条は違法身分のみに関わる規定であるとするのである（佐伯千365頁）。この見解は、違法身分は一応各関与者に連帯的に作用するが、厳格にいえば身分を備えたものと備えない者とではそれに対する法的評価は違うはずであるから、1項の構成的身分においても2項の精神を尊重し、非身分者の刑は酌量減軽すべし、とする。

一身専属性を有する事情が違法性を左右することもありうるから、加減的身分犯にも違法身分によるものがあり、かつその場合は身分の有無によって違法評価も変化するので、「身分のない者には通常の刑を科す」ことになってい

るのだという説明は説得的である。しかし，2項は単に「身分によって特に刑に軽重があるとき」としか規定していないのであるから，責任身分がおよそその範囲から除かれるという解釈には無理がある。また，後述する，1項にいう「共犯」には共同正犯は含まれないとする立場によるときはとくに，あるいはそうでなくても，1項の構成的身分犯についてまで減軽する必要もないであろう。

結局，65条1項と2項との関係は次のように理解されるべきである。65条1項にいう構成的身分犯は連帯的に作用する違法身分犯である。いいかえれば，身分という一身専属的事情を要件とするにもかかわらず，その身分が法益侵害性を根拠づけるものであるがゆえに連帯的に作用することを法が宣言しているのが構成的身分犯なのである。65条2項にいう加減的身分犯は，違法に関わるものであれ責任に関係するものであれ一身専属的事情によって法定刑に差異を設けたものであるから，当然その身分は個別的にしか作用しない。

(4) 65条の実質的根拠の説明を試みない見解

65条1項は構成的であると否とを問わず共犯の成立を規定し，2項は加減的身分犯につきその科刑のみを定めたものとする有力説がある。身分者に加功した以上，非身分者もすべて罪名は身分ある者の罪のそれと共通となり，非身分者について別の法定刑の定めがある場合（加減的身分犯）には，刑のみそれに対応したものが科される，というのである（団藤418頁，大塚331頁，福田289頁。類似のものとして前田470頁）。

この見解は，犯罪の成立＝罪名と科刑を分離するもので，その根拠がそもそも明らかではない。また，すべての者に身分者に成立する罪が成立する根拠も，各関与者について成立する罪名は共通でなければならないというだけで，明示されてはいない。

(5) 構成的身分犯と加減的身分犯

構成的身分犯の例としては，すでに挙げた収賄罪の他，秘密漏示罪（医師，薬剤師その他），無免許医業の罪，無免許運転罪（無免許者），重婚罪（配偶者のある者）などがある。いずれもそれらの身分にある者でなければ，事実上法益侵害ができない場合を捉える規定か，法益侵害の機会が多い者に限って処罰する趣旨の規定である。他方，加減的身分犯としては，保護責任者遺棄罪・遺棄罪

第9章 共　　犯

の他，自己堕胎・同意堕胎・業務上堕胎（「妊娠中の女子」「医師，助産師」その他〔212～214条〕）の各罪，各種職権濫用罪（公務員，特別公務員〔193～195条〕）などがある。保護責任者遺棄罪，業務上堕胎，職権濫用罪は加減的身分犯であるが違法身分によるものである。自己堕胎罪は責任身分によるものだとされている。

業務上横領罪においては「他人の物の占有者」という違法身分と「業務者」という責任身分が混在しているとされることがある（山口328頁）。しかし，業務者であることが責任を加重する根拠は明らかではない。横領罪の法定刑を窃盗に比して下げる要因とされる，他人の物の占有者であるという地位の誘惑的性格にかんがみれば，業務者であれば責任に関してはむしろより低くなるはずである。

常習賭博罪における常習性についても同様のことがいえる。常習性があれば規範意識が鈍磨するので，責任はむしろ軽くなるはずである。常習賭博の加重根拠は違法性の加重に求められるべきである。

(6)　65条1項と共同正犯

65条1項にいう「共犯」には共同正犯を含まないとする学説がある。構成的身分犯においては，非身分者は単独では罪を犯せない，すなわち非身分者が実行行為を行うことは考えられないから，一部実行を要件とする共同正犯は含まない，というのである。

現在では，「正犯とは実行行為を行うものである」という前提が崩れているので，多数説は，共同正犯もありうるとする。判例は古くから共同正犯も含むとしてきた。因果的に考えれば，例えば公務員として犯罪に関与する者も公務員が関与しているという状況で非公務員として関与する者も同等の寄与をなすことはありうる。

しかし，正犯とは犯罪の実現にとって決定的な寄与をなし，重要な役割を果たす者である，という現在の通説的な正犯概念を前提としても，収賄罪において公務員であるかないかは寄与の重要性において決定的な差をきたすものだということもできる。公務員がいなければおよそ犯罪が成り立たないのであるからである。

(7) 身分者が非身分者に加功した場合

　構成的身分犯において身分ある者が非身分者に教唆の形で加功した場合，間接正犯か教唆犯かの問題となることは前述した（本章第3節(5)。幇助者ないし共同正犯者として関与した場合は，本節(6)）。加減的身分犯において，加重身分者が身分なき者に加功した場合，結論は，65条2項の「通常の刑」を「加重されない刑」と解釈するか「その者にとっての通常の刑」と解釈するかに依存する。前者の場合，65条2項は適用されないから通常構成要件の共犯のみが，後者の場合，身分者には加重構成要件の共犯が成立する。

2　予備罪の共犯
(1)　予備罪処罰規定がある場合

　幇助行為および教唆行為は正犯者が実行に着手しなければ原則として処罰されない。正犯者自身が原則として実行の着手を待って初めて処罰されるのであるから，その正犯行為の前段階にあたる幇助，教唆の処罰も正犯の実行の着手を条件とすることになる。この点については共謀共同正犯，間接正犯においてもほぼ同様である。しかし，実行の着手の前段階である予備を処罰する規定もある。例えば，殺人予備，強盗予備，通貨偽造準備罪などである。その場合，正犯者の処罰がすでに実行の着手以前に開始されるのであるから，共犯についても同様に扱う余地が生じる。

　予備罪の共犯はありえないとする見解は，形式的な実行行為概念に依拠する。60条，61条によれば共犯は「実行」行為が行われたことを要件とするが，43条にかんがみれば，予備は実行行為ではないから，予備の共犯というものを観念することはできない，というのである（団藤382頁，大塚292頁，浅田470頁）。さらに，とくに従犯に関していえば，そもそも無限定・無定型な予備行為にさらに無定型な従犯を認めることによって処罰範囲が無限定に拡張されるおそれがあるとされることもある（名古屋高判昭36・11・27高刑集14巻9号635頁，同旨中山509頁）。

　これに対して，肯定説は，予備罪も独立して構成要件化されている以上その実行行為を観念することができ，それをめぐる共犯も認めることができるとする（平野II 351頁，大谷442頁，山中920頁，山口310頁，前田418頁等）。形式的に

いえば，62条は，「実行」ではなく「正犯」を幇助した者としか規定しておらず，予備・陰謀も正犯には違いないから，少なくとも従犯はありうる（大判昭和4・2・19刑集8巻84頁）。判例は，殺人の手段として使用されることを知りながら，青酸ソーダを手交したが，相手は結局実行に着手しなかったという事例について，殺人予備罪の共同正犯を認めた（最決昭和37・11・8刑集16巻11号1522頁）。

予備罪の無限定性に従犯の無限定性が加わることに対する危惧を考慮して，内乱予備罪のように，それに対する幇助行為の類型を特定的に記述している犯罪，あるいは通貨偽造など準備罪のように予備行為の類型を特定的に記述している場合など，行為自体に限定のある場合に限って予備罪の従犯を肯定する見解もある（福田255頁，西原（上）318頁）。

(2) 他人予備の共同正犯

予備罪の共犯一般を肯定する場合，自らは後に実行行為に出るつもりのない者を予備の共同正犯とするか従犯とするか，という問題が生じる。通常の予備罪の場合，予備行為に限定がないので，その内部で重要な寄与とそうではない寄与とを区別することは困難だからである。なお，自ら後に実行行為に出ることを企図した予備行為（自己予備）の場合，他人の関与があっても予備の（共同）正犯であることには争いはない。

判例は予備罪の共同正犯を肯定する。この結論を是認する学説は，予備行為は実行行為の一部ではないが実行行為を成り立たせるために必要なすべての事前行為をいうから，他人が実行に着手すれば幇助となる行為は事前的にはすべて同時に予備行為でもあるとする。通貨偽造準備罪は他人のための準備行為も含んでいることに着目して，これを一般化する見解もある（正田139頁）。

多数を占めると思われる共同正犯否定説は，自ら実行に出るつもりのない者を予備の共同正犯とする，つまり他人予備の共同正犯を認めると，誰かが実行に着手すれば従犯になるはずの者が，より軽いはずの実行の着手以前の段階ではより重い正犯になってしまうという評価矛盾を生じるとする。すなわち，予備は基本的構成要件の実行を予定する者にとってのみ予備であり，自己予備後に実行に着手しなかった場合のみ予備罪の正犯が成立し，他人予備後，その他人が実行に着手しなかった場合は予備罪の従犯にすぎないことになる。

3 不作為犯と共犯

(1) 不真正不作為犯としての（不作為による）共犯

不作為犯に対する関与は、従犯、教唆犯、共同正犯のどの形式によっても可能である。他方、不作為による教唆はありえない。不作為による従犯および共同正犯は、作為犯に対しても不作為犯に対しても想定可能であるが、共に他人の行動を止めないことを内容とすることになるので、その区別は困難な問題を生じる。

下級審判例には、配偶者が子を殺害するのを阻止しなかった事例について、傷害致死の従犯を認めたもの（札幌高判平成12・3・16高刑速平成12年号227頁）と、同じく両親による幼児殺害の事例において、作為によって殺害した母親にこれを制止しなかった父親との共謀共同正犯を認めたもの（大阪高判平成13・6・21判タ1085号292頁）があるが、いずれもそれぞれ従犯、共謀共同正犯とした理由に触れるところはない。

(2) 作為義務の内容による区別

優勢な学説は、作為義務の内容によって区別をはかる（中266頁、野村426頁注1、山中907頁他）。行為者に、他人の行為によって危険にさらされている法益を保護し、結果を回避する作為義務がある場合、不作為にとどまった場合は不作為正犯となる。したがって、子に対する保護義務を有する親が、子が他人に殺害されようとするのを知りながらこれを阻止しない場合は、不作為による殺人の正犯となりうることになる。ただし、この場合も不作為による構成要件実現が予定されていない犯罪類型については従犯しか成立しない。

他方、危険源監視義務としての作為義務しかない場合、あるいは間接的に犯罪に対して防止要因を設定すべき義務しかない場合は従犯であるとする。例えば、父親が未成年の子の犯罪行為を知りながら阻止しない場合は従犯となる。

保護義務がある場合、保護客体が自然力によって危殆化されている場合と人間の行為によって脅かされている場合との扱いを変える理由はない。親は、池で溺れる子供も他人に害されようとしている子供も等しく救助する義務を負う。しかし、危険源監視義務も、当該危険源から生じた結果について不作為責任を問うためには十分とされるのが通常である。危険な池の管理者は、子供が立ち入らないように柵を整備するなどの措置をとらなかったことを理由として子供

の死亡につき過失正犯としての責任を問われるはずである。

　また，未成年の子などに対する犯罪阻止義務を理由に，例えば子が犯した傷害罪という法益侵害について従犯の責任を問うことは，従犯の処罰根拠も因果的惹起にあるとする基本的理解に背馳する。結果惹起を促進したことが幇助の処罰根拠である以上，幇助としての処罰には結果回避義務が必要であろう。ここにいう犯罪阻止義務が，結果防止要因を設定する義務の意味だとすれば，保護義務との違いは生じず，区別のメルクマールとすることはできない。

(3)　行為支配説

　他人が正犯として行為支配を有する（法益侵害に対して直接的な因果的影響力を行使している）場合，これに対して介入しない保障人は幇助者にすぎないとする見解もある。この立場によれば，他人が行為支配を放棄した後にも介入しない保障人（例えば，他人が子供を池に放り込んで立ち去った後に救助しない父親）は正犯となる。この立場のなかには，それゆえ，作為正犯に関与する不作為者は原則として従犯にしかなりえないとする主張もある（内田Ⅰ311頁，山口362頁）。

　正犯者の行為支配が作為（救助）可能性を排斥するほどに強力な場合は，作為義務自体が生じないから，不作為者はむしろ不可罰となるはずである。そうではなく，ここにいう行為支配はその者が実行を放棄すれば結果は発生しないという程度の意味だとすれば，他の者も同時的にかつ同等に事象を「支配」することは可能である。拱手傍観する保障人も，直接介入も助けを呼ぶことも事後的な救助策をめぐらすこともしない，という不作為によって同時的に犯罪事実を支配しているともいえる。つまり，不作為者も作為正犯とならんで，少なくとも同時正犯たりうる。そもそも保障人というのは因果進行の法律上の支配者とみなされる者である。

(4)　区別不能説

　不作為犯は作為義務違反がなければ成立せず，作為義務違反がある以上それは正犯である。父親が川で溺れている子供を救助しなかった場合に，不作為の正犯が成立するとすればこの子供が川に落ちた原因が，他人の故意または過失行為であろうと，子供自身の過失であろうと，父親の責任は同じはずである。また，子供が川の水によって生命の危機に瀕している場合が正犯である以上，他人の故意行為による場合もまた正犯である。

不作為による幇助と正犯の区別という問いに対する答えは，結局，「作為義務はあるが正犯ではない」という場面を想定することができるかどうかに依存する。作為義務の性質・内容で区別しようとすると，法益保護義務の他に「犯罪阻止義務」「犯罪妨害義務」といったものを想定せざるをえず，共犯の処罰根拠である因果性の要求に抵触する。下手をすると責任共犯論に陥る。他方，正犯性・共犯性の一般理論から，幇助の促進的因果性あるいは規範障害，遡及禁止，行為支配などに着目して区別しようとすると，作為義務の根拠である，保障人性，支配領域性，排他性といった諸観念との整合性を維持できないことになる。

4 共犯関係からの離脱
(1) 共犯の心理関係，とくに共謀関係からの離脱

犯罪を共謀し，教唆し，精神的に幇助した場合であっても，正犯者（実行担当者）が実行に着手する以前に関与を撤回すれば，共犯関係から離脱することが可能であるとされている。少なくとも，共同正犯については，離脱の意思表示と他の共同者の了承があれば，他の者が実行に着手しても共同正犯の責を負わないとした下級審判例があるし，これに追随する学説もある（東京高判昭和25・9・14高刑集3巻3号407頁，福岡高判昭和28・1・12高刑集6巻1号1頁，西田346頁以下，山口353頁）。

共謀関係にある，あるいは意思連絡があるという心理的状態が実行を担当しない者の正犯意思あるいは主体的関与を根拠づける要件だとすれば，そのような心理的紐帯(ちゅうたい)によって結ばれた状態から離脱した場合は，帰責根拠が欠けることになる。共謀共同正犯について主観説的なあるいは共同意思主体説的な傾きをみせる判例の立場からはありうる結論である。あるいは教唆や精神的幇助における心理的因果性は証明不能で意思の連絡要件をもって擬制されるにすぎないと考える立場を前提とすれば，意思連絡の解消によって教唆，幇助関係からの離脱も認めることはできる。

(2) 因果性の遮断

しかし，共犯を因果的に根拠づけようとする通説的立場を前提とすると，他の関与者が了承したとしても，心理的因果性，すなわち処罰すべき根拠は残存

第9章　共　　犯

するのではないか，という疑問が残る。とくに離脱者が計画立案者であったり，指導的立場にあった場合には，単に離脱意思を表明しこれを他の共犯者，正犯者が了承したというだけでは，いったん生じた心理的影響を撤回することは不可能であろう。少なくとも首謀者については「共謀関係がなかった状態に復元させなければ，共謀関係の解消がなされたとはいえない」（松江地判昭和 51・11・2 刑月 8 巻 11 = 12 号 495 頁，同旨旭川地判平成 15・11・14 研修 670 巻 27 頁）とされるのは当然である。

　こうした事情は必ずしも首謀者に限って生じるわけはない。例えば，実行行為を促進するような技術，ノウハウ，知識を実行担当者を含む他の関与者に伝達した場合，離脱の意思表示とその了承だけで因果性を否定することはできない。そもそも，教唆であれ共謀であれ精神的幇助であれ，いったん生じた心理的・精神的な影響を事後的に消去することはほぼ不可能であるとさえいえる。せいぜい激励の言葉を撤回したことによって，心強い気持ちであった正犯者を不安に陥れた，といった場合が考えられるにすぎない。単純な教唆（型共謀）の場合でも，指示・命令を撤回し了承されたとしても，正犯者が同種同内容の実行に着手した以上，当該指示・命令がなければそうした実行をおよそ思いつかなかったわけであるから，条件関係も相当因果関係も否定できない。

　もちろん，物理的幇助については，例えば手渡した凶器や合い鍵を回収することによって，因果性を除去することが可能な場合はある。しかし，例えば計画立案に必要な PC や文房具の貸与といった中間的タイプの幇助の場合に限らず，物理的幇助には常に精神的幇助も随伴するともいえる。

　離脱者の責任を否定するとすれば，他の関与者の実行を少なくともいったん辞めさせたことが必要であろう。それでもしばらく後に同種の実行行為が行われたという場合は，離脱者の離脱前の関与がなくてもそれが行われたであろうといえる程度に，元の計画との時間的，場所的，内容的隔たりがあることが要件となるはずである。

(3)　**実行の着手以降の離脱，解消**

　実行の着手以降は，共犯としても少なくとも未遂犯は成立しているので，問題は，刑法 43 条但書適用の可否に限られることになる。中止犯の要件がみたされていない場合についてまで離脱者の責任を軽減することは不可能である。

因果性の遮断は実行の着手以前よりさらに困難である。

なお，共謀共同正犯として正当防衛行為を行った者のうち，1人だけが不正の侵害が終息してもなお防衛行為に接続して攻撃を続けたという事例において，不正侵害の終了後の行為について新たな共謀が成立していなければ，不正侵害終了の前後を一連の行為として全体を考察しその相当性を検討することは許されないとした判例がある（最判平成6・12・6刑集48巻8号509頁）。これは，一定の要件のもとに共謀関係が終了・解消される時期があることを認めたものと理解できるが，因果性の観点からはやはり説明できない。

第10章 罪　　数

第1節　総　　説

　罪数論では，行為者の犯行に成立するのは一罪なのか数罪なのか，および，数罪が成立するとしてどのように処断刑を形成するのかという問題が扱われる。前者は実体的に成立する犯罪を決定する点でなお犯罪論の課題といえるのに対して，後者は刑の選択・適用を規制する点で刑罰論に関わる。

　犯行について1個の罰条の適用しかない場合は，本来的な一罪である（第2節）。一罪でない，すなわち，実体的に数罪とされる場合，各罪ごとに処断刑の範囲内で刑を言い渡して併科するのが簡明な解決といえるものの，刑法典は異なる処理を規定している。すなわち，数罪が一定の関係にある場合，数罪に共通する1つの刑罰枠を形成することとしており，これを科刑上一罪（第3節）という。そのような関係にない数罪についても，併合罪（第5節）の関係にある場合，科刑の点で特別の配慮がなされている。

　さらに，明文はないものの実務上「包括して一罪」とする処理が認められている。包括一罪の性格は本来的一罪か科刑上一罪か両者を含むものかをめぐり，見解の対立がある。本来的に一罪ならばあえて「包括」する必要はないはずだとの概念的な疑義が向けられるほか，罪数の判断を実質化して本来的一罪と数罪の質的相違をあいまいにすべきではないと解されることから，包括一罪は，実体的に成立するとみられる数罪が包括的関係にある場合，そのうちの一罪の罰条を適用し，基本的にその法定刑をもって，数罪に共通する刑罰枠として処理する科刑上一罪の一種とみるべきように思われる（第4節）。

第10章 罪　　数

第2節　本来的一罪

1　総　　説

　一罪か数罪かの基準をめぐっては，行為の個数，意思決定の個数，法益侵害の個数，構成要件的評価の個数などの見解が主張されている。罪数における「犯罪」とは構成要件該当性の問題だとすれば，最後の通説的見解が支持される。実際上とくに意味をもつのは，法益侵害に向けられた行為と構成要件が保護しようとする法益であり，基本的にそれらを勘案しつつ犯罪の個数は決定されるものと解される。

　複数の法益に対する侵害が問題となる場合，行為が1個でも数罪となることが多いであろう。例えば，殺意をもって群衆に1個の爆弾を投げつけて数人を死亡させるケースでは，数個の殺人罪が成立する。しかし，法益の性格によってはなお本来的に一罪とされることがありうる。例えば，器物損壊の故意をもって1個の爆弾を投げつけて同一人が所有する数個の財物を毀損したケースでは器物損壊一罪が，さらに行為が数個でも，例えば，1戸の住宅に侵入して短時間に数か所から居住者の所有する財物を盗み出すケースでは窃盗一罪が，それぞれ成立すると考えられる。なお，法益が何かは各構成要件において判断されるので，例えば，1個の放火行為から複数の住居を焼損したケースでは，財産という法益の侵害は複数あるものの，放火罪の法益である公共の安全の危殆化は1つであり，放火罪としては一罪と数えられることになる（大判大正2・3・7刑録19輯306頁）。

　他方，1個の法益に対する侵害が問題となる場合には，一罪となることが多いであろう。例えば，同一の被害者を数分の間に何か所もナイフで突いて傷害を負わせるケース，紐で絞め殺そうとしたところ紐が切れたので直後に殴り殺したケースでは，数個の行為があるとしてもそれぞれ傷害罪や殺人罪の本来的一罪と解される。しかし，数罪となる場合もありうる。例えば，後者のケースを少し変えて，被害者を毒殺しようとして失敗し，1週間後に階段から突き落として殺害したケースでは，全く別個の行為による以上，殺人未遂罪と殺人既遂罪の2つが成立すると解される。

2 法条競合

(1) 意　義

　ある犯行に異なる罰条が適用される場合は数罪である。ただし、適用されそうにみえる数個の罰条がその相互の論理的関係から1個しか適用されない場合があり、これを法条競合と呼ぶ。法条競合のケースは本来的一罪である。

　法条競合となる罰条相互の関係は、伝統的に、特別関係・補充関係・択一関係・吸収関係の4つとされてきた。しかし、近時では、吸収関係について、吸収される犯罪が実体的に成立しないのではなく、成立したうえで吸収する犯罪により包括的に評価されるにすぎないとする理解が有力になっている。

(2) 特別関係・補充関係

　基本となる犯罪とその加重・減軽類型となる犯罪の関係を特別関係という。窃盗罪（235条）と強盗罪（236条）、殺人罪（199条）と同意殺人罪（202条）がその例である。この場合、加重ないし減軽類型となる犯罪（強盗罪や同意殺人罪）にあたる事実が存在すれば、当該犯罪一罪のみが成立し、基本犯罪（窃盗罪や殺人罪）の罰条適用は排除される。強盗罪における暴行罪（208条）・脅迫罪（222条）のように基本犯罪を構成しない犯罪についても同様である。

　基本となる犯罪とその適用が及ばない部分を可罰的とする補充類型となる犯罪の関係を補充関係という。現住建造物等及び非現住建造物等放火罪（108条・109条）と建造物等以外放火罪（110条）、公文書偽造罪（155条）と私文書偽造罪（159条）がその例である。この場合、基本類型となる犯罪（現住建造物等放火罪ないし非現住建造物等放火罪、公文書偽造罪）にあたる事実が存在すれば、当該犯罪一罪のみが成立し、補充類型となる犯罪（建造物等以外放火罪、私文書偽造罪）の罰条適用は排除される。

　なお、特別関係か補充関係かは相対的な面がある。例えば、保護責任者遺棄罪（218条）は、遺棄罪（217条）の加重類型（特別関係）とみるのが一般的な理解ではあるものの、保護責任者の範囲を緩やかに考える解釈のもとでは、前者が基本類型、後者を（保護責任が欠ける例外的なケースに関する）補充類型と捉えることも可能と解される。

(3) 択一関係（交差関係）

　従来、数個の犯罪のうち1つが成立すれば他が不成立となる排他的関係に立

つ場合を択一関係と呼び，法条競合の一類型とされてきた。しかし，当該事実がいずれかの罰条しか充足していないというだけであれば，法条「競合」とはいえないところから，近時は，数個の犯罪が，特別関係・補充関係のような包摂される関係ではなく，部分的に交差する関係にあることを要求し，この交差関係を法条競合の1つとする理解が有力である。

例えば，営利等目的拐取罪（225条）と未成年者拐取罪（224条）は営利等目的での未成年者の拐取において，横領罪（252条）と背任罪（247条）は占有物に対する背信的処分において交差する。前者では，重い営利等目的拐取罪，後者では，（領得行為説のもとでは）領得行為であれば横領罪，非領得行為であれば背任罪の一罪のみが成立する。

第3節　科刑上一罪

1　総　　説

実体的に数罪が成立するとしても，それぞれについて起訴して処罰するのではなく，1回の裁判によりこれを処理するのが妥当と考えられる場合がある。刑法典は，数罪が一定の関係にある場合にそのような処理を認め，しかも「その最も重い刑により処断する」として特別の刑罰枠の形成を指示している（54条1項）。そこでは，数罪が科刑のうえでは一罪であるかのように扱われるのである。

「最も重い刑」とは，刑法72条により加重減軽する前の各罪の法定刑を基準とし，上限と下限のそれぞれで最も重いものをいう（最判昭和28・4・14刑集7巻4号850頁）。科刑上一罪は処罰の一回性を考慮したものであるから，科刑上一罪とされる数罪に一事不再理の効果が及ぶ。

2　観念的競合

(1) 意　　義

「数罪が一定の関係にある場合」のうちの1つが，「1個の行為が2個以上の罪名に触れ……るとき」であり（54条1項前段），観念的競合と呼ばれる。

行為の1個性をどのように判断するかをめぐって，判例は，「法的評価をは

第3節　科刑上一罪

なれ構成要件的観点を捨象した自然的観察のもとで，行為者の動態が社会的見解上1個のものとの評価をうける場合」だとして，自然的観察のもとでの社会的評価に基準を求めている（最大判昭和49・5・29刑集28巻4号114頁）。これに対して，学説では，同様に行為の客観面に着目しつつ，構成要件的観点から1個の行為と評価できるかを基準とする見解や，主観面より1個の意思決定に基づく行為を1個とする見解も唱えられている。

　具体的に，判例では，無免許で酒に酔って運転する行為（最大判昭和49・5・29刑集28巻4号151頁。無免許運転の罪と酒酔い運転の罪につき観念的競合），無免許で車検のない車を運転する行為（最大判昭和49・5・29刑集28巻4号168頁。無免許運転の罪と無車検車運行供用の罪につき観念的競合），覚せい剤を関税法上の許可を得ずに輸入する行為（最判昭和58・9・29刑集37巻7号1110頁。覚せい剤輸入罪と無許可輸入罪につき観念的競合）は1個とされ，酒に酔って運転する行為と運転中過失により人を死に致す行為（前掲最大判昭和49・5・29。酒酔い運転の罪と業務上過失致死罪につき併合罪），銃砲刀剣類を不法に所持する行為とそれを用いた強盗行為（最判昭和24・12・8刑集3巻12号1915頁。銃砲刀剣類不法所持罪と強盗罪につき併合罪），麻薬を不法に所持する行為とその使用行為（最判昭和25・7・21刑集4巻8号1513頁。麻薬所持罪と使用罪につき併合罪）は2個の行為とされている。

　「2個以上の罪名に触れる」とは同一の罰条が2回以上適用される場合を含む。同一罰条の適用が1回か数回かは，罰条の保護する法益の性格──例えば，人の生命のように個別性の高いものか，財産のようにある程度包括的に捉えられるものか──により変わる点については前述した（第2節1）。

(2)　**不作為の個数**

　2個以上の不作為犯の罰条が適用される場合にそれらが観念的競合となることはあるのか，いいかえれば，不作為の個数はどのように勘定されるのかがここでの問題である。

　この点をめぐる判例には，交通事故に際しての道路交通法上の救護義務違反（道交72条1項前段・117条1項等）と報告義務違反（道交72条1項後段・119条1項10号）との関係について，「運転者等が右2つの義務に違反して逃げ去るなどした場合は，社会生活上，しばしば，ひき逃げというひとつの社会的出来事と

第 10 章 罪　　数

して認められて」おり，「各義務違反の不作為は社会的見解上 1 個の動態と評価すべき」だとしたものがある（最大判昭和 51・9・22 刑集 30 巻 8 号 1640 頁。併合罪とした最大判昭和 38・4・17 刑集 17 巻 3 号 229 頁を変更）。

　しかし，不作為犯において着目すべき作為は，「行われるべき作為」であって，事故現場から逃げ去るといった「行われるべき作為」を不可能にした現実の作為ではないと思われる。「行われるべき作為」が社会的見解上 1 個の動態と評価できるとき，不作為は 1 個と解される。救護と報告を 1 個の作為でなしえないとすれば，2 個の不作為となろう。

3　牽　連　犯

　「数罪が一定の関係にある場合」のもう 1 つは，2 個以上の行為において「犯罪の手段若しくは結果である行為が他の罪名に触れるとき」であり（54 条 1 項後段），牽連犯と呼ばれる。

　牽連関係の判断について，行為者がある行為を手段もしくは結果とする意思（牽連意思）を有していたことは要しないとする客観説が判例・通説であり，同説の内部では，「犯人が主観的にその一方を他方の手段又は結果の関係において実行したというだけでは足らず，その数罪間にその罪質上通例手段結果の関係が存在すべきものたることを必要とする」（最大判昭和 24・12・21 刑集 3 巻 12 号 2048 頁），すなわち，具体的牽連性のみならず抽象的牽連性が必要であるとの理解が多数を占めている。

　もっとも，牽連犯が認められる範囲は限定されており，住居侵入罪と住居内で行われる窃盗などの犯罪（大判明治 45・5・23 刑録 18 輯 658 頁），文書偽造罪と行使罪といった目的犯と目的の内容とされる犯罪（大判明治 42・2・23 刑録 15 輯 127 頁），偽造文書等の行使罪と詐欺罪（大判明治 43・12・16 刑録 16 輯 2227 頁）などが主なものといえる。これに対して，殺人罪と死体遺棄罪（大判昭和 11・1・29 刑集 15 巻 30 頁），保険金詐欺目的での現住建造物等放火罪と詐欺罪（大判昭和 5・12・12 刑集 9 巻 893 頁），営利目的での麻薬譲受罪と譲渡罪（最判昭和 54・12・14 刑集 33 巻 7 号 859 頁），監禁罪とそれを手段とする恐喝罪（最判平成 17・4・14 刑集 59 巻 3 号 283 頁）などは併合罪とされている。

第4節 包括一罪

1 総　説

　数罪が成立するものの1つの罰条の適用により各罪を包括して評価する場合を包括一罪という。明文はないが実務上承認されている処理である。背景にあるのは，観念的競合などと同様，数罪であっても1回の裁判で処理するのが妥当だとの考え方である。したがって，包括一罪とされる数罪には一事不再理の効果が及ぶことになる。

2 吸収一罪

(1) 随伴行為

　1個の行為により数罪が成立し，その限りで観念的競合ともいいうるけれども，主たる犯罪とこれに通常随伴する犯罪という関係にあるため，主たる犯罪の罰条の適用をもって十分と解される場合，随伴する犯罪は主たる犯罪に吸収されて，一罪のみが成立するものとして扱われる。

　例えば，殺人や傷害行為に際しての衣服等の損傷により成立する器物損壊罪（261条）は吸収されて殺人罪や傷害罪のみが成立する。さらに判例では，偽造通貨を用いての詐欺行為につき，詐欺罪が偽造通貨行使罪に吸収されて同罪のみが適用される（大判明治43・6・30刑録16輯1314頁）。

(2) 共罰的事前行為・事後行為

　段階的に同一の法益侵害に向けられている数個の行為について，ある段階の行為に適用される罰条による評価で十分と解される場合，他の犯罪が吸収されて一罪のみが成立するものとして扱われる。後行行為が主たるものでこれをもって評価する場合，吸収される先行行為を共罰的（不可罰的）事前行為，先行行為が主たるものでこれをもって評価する場合，吸収される後行行為を共罰的（不可罰的）事後行為という。

　共罰的事前行為の例としては，各種の未遂罪・既遂罪に対する予備行為，賄賂収受に対する要求・約束行為（197条参照）などが挙げられる。それぞれ未遂罪・既遂罪，賄賂収受罪のみで処理される。共罰的事後行為の例としては，窃

第 10 章　罪　　数

盗後の器物損壊行為が挙げられ，窃盗罪のみが成立するものとして扱われる。同一の法益に向けられた数罪のいずれが主たるものとはいえない場合，例えば，自己の占有する他人の不動産にほしいままに抵当権を設定して横領後に，これを売却して再度横領がなされたケースについては，いずれか一罪（横領罪）のみで処理されると解される（最大判平成 15・4・23 刑集 57 巻 4 号 467 頁参照）。

　事後行為が事前行為の結果を超える内容を伴う場合，吸収は認められない。例えば，窃取した預金通帳を利用して銀行で預金を引き出したケースでは，銀行に対する詐欺罪は併合罪として処理される。

3　狭義の包括一罪
(1)　接　続　犯
　数個の行為により数罪が犯されるとき，通常，各罪が独立に成立することになる。しかし，同一の罪名に触れる類似した態様の行為が反復・継続して遂行された場合については，各罪の成立を認めて併合罪とするのではなく，包括して一罪が成立するものとして扱われる（接続犯）。例えば，同一の倉庫から短時間に繰り返し財物を盗み出す行為は窃盗罪の，同一の被害者の毒殺を短期間に何度も試みる行為は殺人未遂罪のそれぞれ包括一罪と解される。

　進んで，異なる罪名に触れる行為の間でも包括的処理——混合的包括一罪——が認められるかをめぐっては，これを認めたとみられる最高裁決定がある（最決昭和 61・11・18 刑集 40 巻 7 号 523 頁）。そこでは，ホテルの別室に待機している買主に見せると偽って覚せい剤を取得した後に，返還を受けないように別の共犯者が被害者を殺害しようとした事案において，窃盗罪または詐欺罪と二項強盗による強盗殺人未遂罪の包括一罪になるとされている。

(2)　集　合　犯
　各構成要件において，数個の同種行為が常習として（常習犯），あるいは，業として（営業犯・職業犯）行われることが想定されている場合，各行為は併合罪ではなく包括して一罪として処理される。例えば，数個の賭博行為が常習として行われれば 1 個の常習賭博罪（186 条 1 項。最判昭和 26・4・10 刑集 5 巻 5 号 825 頁），数個のわいせつ図画販売行為が行われれば 1 個のわいせつ物頒布等罪（175 条。大判昭和 10・11・11 刑集 14 巻 1165 頁）が成立する。

4 かすがい現象

甲罪と乙罪が科刑上一罪（・包括一罪）の関係になくても，甲罪と丙罪，乙罪と丙罪がそのような関係にあれば，全体として科刑上一罪（・包括一罪）として処理することができるか——丙罪を媒介とするかすがい現象を承認するか——が論じられている。

判例は，丙罪が甲・乙罪と観念的競合となり，丙罪が狭義の包括一罪である場合に全体を観念的競合とし，また丙罪が甲・乙罪と牽連犯となる場合に全体を一罪とする（最決昭和29・5・27刑集8巻5号741頁。住居侵入罪と数個の殺人罪を科刑上一罪とする）としており，かすがい現象を認めている。これに対して，学説では，これを疑問視し，観念的競合のケースは甲・丙罪と乙・丙罪，牽連犯のケースは甲・丙罪と乙罪との併合罪として処理すべきだとの見解が唱えられている。

5 共犯における罪数

共同正犯における罪数は，全体により実現された犯罪の数によって決定され（最決昭和53・2・16刑集32巻1号47頁），実現された犯罪が一罪であれば，共同正犯としても一罪である（数人による一罪）。共謀共同正犯において共謀のみに関与した者についても同様である。

狭義の共犯において，犯罪の数は正犯のそれによって判断される。他方，行為の個数については，教唆・幇助行為の数によるべきであろう。この立場では，1個の教唆・幇助により正犯が数罪を犯した場合は，数個の教唆・幇助罪の観念的競合となる（最決昭和57・2・17刑集36巻2号206頁）。逆に，数個の教唆・幇助により正犯が一罪を犯した場合，接続犯に近似しており，教唆・幇助罪の包括一罪と解される。教唆・幇助犯が実行行為も行った場合は，教唆・幇助行為は共罰的事前行為であり，共同正犯として包括的に評価される。

第5節 併 合 罪

1 総 説

数罪が，科刑上一罪ないし包括一罪にあたらなくても，同時に審判される関

第10章 罪　　数

係にある場合については，必ずしも各罪につき刑を確定し単純に執行するのではない，特別の処理が認められており，併合罪と呼ぶ。併合罪とは「確定裁判を経ていない2個以上の罪」をいい，各罪のうち「ある罪について禁錮以上の刑に処する確定裁判があったときは，その罪とその裁判が確定する前に犯した罪とに限り，併合罪」とされる（45条）。

　併合罪の処理をめぐっては，併科主義，吸収主義，加重主義の3つの考え方がある。併科主義は，各罪の刑を併せて執行する立場であり，簡明な方法ではあるけれども，受刑者にとって苛酷となる場合がある。吸収主義は，各罪のうち最も重い罪の刑で処断する立場であり，軽い罪を犯した点が十分に評価されないおそれが残る。加重主義は，刑を一定程度加重することで対応するもので，各罪のうち最も重い罪の法定刑を加重する立場（単一刑主義）と各罪の宣告刑のうち最も重いものに加重する立場（総合刑主義）とがある。わが国の刑法は3つ（加重主義については単一刑主義をとる）を併用している。

2　併合罪の処断
(1)　吸収主義

　吸収主義は，「併合罪のうちの1個の罪について死刑に処するとき」および「無期の懲役又は禁錮に処するとき」に「他の刑を科さない」という形で採用されている。ただし，死刑の場合は没収，無期懲役または禁錮の場合は罰金，科料，没収を併科できる（46条1項・2項）。

　死刑等に「処するとき」とは，酌量減軽を行う前の段階で（72条参照），死刑等が選択されているときをいう。

(2)　加重主義

　「併合罪のうちの2個以上の罪について有期の懲役又は禁錮に処するときは，その最も重い罪について定めた刑の長期にその2分の1を加えたものを長期とする。ただし，それぞれの罪について定めた刑の長期の合計を超えることはできない」（47条）とするのは加重主義に基づくものである。

　「有期の懲役又は禁錮に処するとき」とは，法定刑から刑種を選択したうえで，再犯加重と法律上の減軽を行ったものが有期の懲役または禁錮にあたる場合をいう。そのうちで「最も重い刑」の長期に2分の1を加えたものが処断刑

の長期となるが，各罪の刑の長期の合計および刑法14条による30年の範囲内であることを要する。

罰金についても，「併合罪のうちの2個以上の罪について罰金に処するときは，それぞれの罪について定めた罰金の多額の合計以下で処断する」(48条2項)と規定されており，合計額を多額として1個の罰金刑を宣告するもので加重主義による処理と解される。

加重主義のもとでは，新たに作り出された刑罰枠から刑が具体的に選択・宣告されるのであって，各罪について個別に刑の量定を行ったうえで合算することは考えられていない点には留意を要する（最判平成15・7・10刑集57巻7号903頁）。

(3) 併 科 主 義

罰金と科料は，他の罪で死刑が選択される場合を除いて併科し（48条1項・53条1項），拘留は，他の罪で死刑または無期懲役・禁錮刑が選択される場合を除いて併科する（53条1項）。また，「2個以上の拘留又は科料は，併科する」(53条2項)。

没収については「併合罪のうちの重い罪について没収を科さない場合であっても，他の罪について没収の事由があるときは，これを付加することができる」(49条1項)。また，「2個以上の没収は，併科する」(49条2項)。

第11章 刑法の場所的適用範囲

1 総　説

　ある犯罪事象に国外的要素が含まれている場合，わが国の刑法の適用が可能かどうかが本章でとりあげられる。この問題の位置づけをめぐっては，構成要件説，客観的処罰条件説，訴訟条件説，準拠法（刑罰適用法）説が論じられている。前2者は犯罪論体系内で問題を扱おうとするものである。このうち，構成要件説には，わが国の刑法の適用を基礎づける事実の認識まで故意の内容として必要となる，共犯の成立が正犯に対する適用可能性に左右されるなどの疑義が向けられ支持がなく，客観的処罰条件説が多数を占める。

　たしかに，刑法が適用できるかどうかは犯罪の成否という実体面と関わり，これを公訴の有効性の条件と捉える訴訟条件説は妥当でないと思われる。しかし，一国の刑法をそもそも適用できるかというここでの議論は，（抽象的な）適用可能性を前提として具体的な適用範囲を画定するという実体刑法の問題とはレベルを異にする。また，後述するように（4），競合する外国刑法や外国における事件処理にも配慮する必要があると解される点で，場所的適用範囲は単なる処罰条件にとどまらない内容を伴っているといえよう。日本の刑法に準拠すべきかどうかを決定するルールを扱うことを正面から認める準拠法説（平野Ⅱ435頁，大コメ(1)66頁〔古田佑紀ほか〕）が基本的に妥当と思われる。

　場所的適用範囲は，①日本の刑法独自の視点から一応画定したうえで（2，3），②競合する外国刑法を視野に入れて調整をはかる（4），という手順で考えるのが適当であろう。このうち①に関しては，犯罪を構成する基本要素である，犯罪を行った者・犯罪が行われた場所・犯罪の被害に着目した3つの基準がある。すなわち，それらの要素が自国と関連性（連結点）をもつ場合に自国刑法の適用を肯定するもので，それぞれ属人主義・属地主義・保護主義と呼ば

れる。さらに自国との関連性（連結点）をもたなくても適用を認めるものに世界主義がある。

2 属地主義の原則
(1) 意　義
　刑法1条1項は，「この法律は，日本国内において罪を犯したすべての者に適用する」と規定し，犯罪が行われた場所である犯罪地が国内（日本の領土・領海・領空内）であれば日本の刑法を適用するとの属地主義を原則とする立場を明らかにしている。支配領域内における社会秩序の維持に対して有する国家の関心は尊重されるべきことのほか，証拠の所在との関係で捜査や裁判を行うのに適していることなどがその理由と考えられる。属地主義により日本刑法の適用を受ける犯罪行為を国内犯と呼ぶ。

(2) 犯罪地の確定
　「罪を犯した」地について，判例・通説は，構成要件該当事実の一部が発生した場所をいうとする遍在説に立つ。犯罪は「行為」または「結果（法益侵害）」のみで構成されていないこと，属地主義を採用する理由に照らしても，行為地または結果地において社会秩序の維持がとくに重要であるとか，証拠を集めやすいともいえないことなどが根拠と解される。越境的犯罪にどの国の刑法も適用できないとの事態を避けるためにも，連結点を広く認める遍在説は実際的ともいえる。
　犯罪地には行為地・結果地のほか中間影響地（例えば，甲がA国で殺意をもって乙に毒を飲ませ，その後乙が来日して体調不良を訴えて帰国後，死亡したケース）も含まれる。因果の経過地（例えば，C国において丙によりD国向け貨物船にD国で積みおろし時に爆発するよう爆発物が積み込まれ，日本を経由してD国に到達したケース）については異論もみられる（内田（上）100頁，前田84頁注29）ものの，日本国内で事態が発覚した場合（設例でいえば，日本に寄港した際に爆発物が発見された場合），独自の捜査権が認められるべきだとすれば，積極に解される。加えて，結果発生の予定地や犯罪の共謀を行った地（東京地判昭和56・3・30刑月13巻3号299頁。ただし，東京地判昭和61・1・8判夕590号83頁）も含むとする見解が有力である。他方，多数は，予備を行った地は犯罪地ではないとする。し

かし，予備が可罰的であれば，国外での実行に日本刑法を適用する余地を残してもよいように思われる。

共同正犯相互間では犯罪地が拡張される。教唆犯・従犯の犯罪地については，教唆・幇助行為自体が行われた地が犯罪地となるほか，正犯の犯罪地も共犯の犯罪地（最決平成6・12・9刑集48巻8号576頁）とされる一方，共犯の犯罪地を正犯の犯罪地とする拡張は一般に消極に解されている。それらの帰結は，近時では，共犯の従属性からではなく，共犯・正犯を独立に観察してその行為地や（正犯を介しての）結果地がどこになるかとの観点から導かれている。

(3) 錯誤の取扱い

場所的適用範囲を基礎づける事実に関する錯誤は（事実）故意を阻却しないというのが通説である（反対，山口389頁）。たしかに，準拠法に関わる事実は犯罪事実それ自体とは区別されるべきである。しかし，行為地や（後述する属人主義における）国籍などの事実の錯誤が自己の行為の違法評価に影響を及ぼすことはありうるのであり，その限度では考慮されてよいと思われる。このように解するならば，事実の錯誤が回避不能であり，かつ，その事実に基づけば，行為者が違法でないと考えたことに相当の理由がある場合は，日本の刑法の適用が排除されることになろう。

3 適用範囲の拡張

刑法は，属地主義を原則としつつ，補充的に保護主義・属人主義・世界主義を採用し，国外犯にもその適用を拡張している。なお，遡及処罰禁止の原則の重要性にかんがみて，国外犯の処罰規定は行為時に存在することを要すると解される。

(1) 保 護 主 義

保護主義とは，自国の国家・社会および自国民の法益に対する侵害・危殆化が生じる場合に自国刑法の適用を認める立場をいう。

刑法2条は，「この法律は，日本国外において次に掲げる罪を犯したすべての者に適用する」としたうえで，内乱，外患および各種偽造という日本の国家的または社会的法益を害する犯罪を掲げているところから，保護主義を採用したとみることができる。さらに，国外で日本国民が殺人，傷害，強盗，強姦等

323

の被害者になった場合に日本の刑法の適用を認める3条の2（平成15年改正により新設。ただし、昭和22年に削除された旧3条2項は同旨の規定であった）も同様である（消極的属人主義とも呼ばれる）。

国外で収賄罪などの一定の職務犯罪を犯した日本国の公務員に刑法の適用を認める刑法4条については、行為者に着目した属人主義の規定とする理解も有力であるが、同条に列挙された犯罪により損なわれるのは究極的には日本の（国家）法益である点を考慮すれば、少なくとも保護主義にも基づく規定と解されよう。

(2) 属人主義

（積極的）属人主義とは、行為者が自国民の場合に自国刑法の適用を認める立場をいう。刑法3条は広汎な犯罪類型について「国民の国外犯」を肯定している。

属人主義の根拠は、伝統的には、国家に対する国民の忠誠義務違反に求められてきたが、今日では説得力に疑問がある。近時は、外国で処罰されないまま帰国した自国民について、自国民不引渡しの原則（犯人引渡2条9号参照）により身柄が引き渡されないことから外国に代わって処罰するものだとする代理処罰説が有力である。しかし、同説によると、問題の行為は行為地たる外国でも可罰的であることが要請される。刑法3条はこれを要件としておらず、解釈論としてはとりにくい面がある。

属人主義の妥当範囲をめぐっては、まず、国民の国外犯を処罰する明文の要否につき、最高裁は規定の趣旨に基づく日本国民への適用を肯定している（最判昭和46・4・22刑集25巻3号451頁〔第2の北島丸事件〕）。共犯については、属人主義に基づいて処罰される日本国民を外国人が教唆・幇助する場合、当該外国人に日本刑法は適用されず、外国人の共同正犯も同様に扱われるべきかと思われる（基本講座(1)87頁〔古田佑紀〕）。行為後に日本国籍を取得した者への適用の可否については、認めないのが多数とみられる（反対、大コメ(1)88頁〔古田佑紀ほか〕。行為地法での処罰を免れるために日本国籍を取得する者に対処する必要を考慮する）。

(3) 世界主義

(a) 意 義　世界主義においては、犯罪地・行為者・被害のいずれも自

国と関連性をもたなくてよい。もっとも，それは，自国刑法の妥当を限りなく拡げようという拡張主義に立つものではなく，国際的な拡がりをもち，世界の平和秩序に対する挑戦といえるような犯罪に対処するためには，各国が協調して行為者の存在する国がこれを訴追し，処罰できるようにしようとの思想に基づくものである。したがって，世界主義は国際的な性格を帯びる犯罪に限って採用されることになる。

　　(b)　規定方法　　世界主義により国外犯を処罰する方法としては，条約を受けて（あるいは，わが国独自に）国内法として罰則を設け，適用範囲を刑法2条の例によらせるのがオーソドックスである（航空強取5条，麻薬特例10条等参照）。もっとも，この方法では，条約を締結しても国内法が整備されない限りは処罰できないとの難点がある。

　この点に配慮して，刑法4条の2（昭和62年改正により新設）は，条約中で国外犯を罰するとされている犯罪で刑法典第2編に相当する規定があれば，日本の刑法を適用できるとしている（包括的な国外犯処罰規定）。条約には，同条を導入する契機となった「国際的に保護される者〔外交官を含む。〕に対する犯罪の防止及び処罰に関する条約」などいくつかのものがある。このような包括的な規定方法には，条約をみなければ処罰される行為がわからず，条約をみても適用条文が明白とはいえないとの批判も向けられている。

4　刑法の競合における処理

　以上の検討を経て，ある行為に日本の刑法を適用できるとの結論に至ったとしても，それはあくまでわが国の視点からの判断である。最終的な適用の可否は，競合する外国刑法をも視野に入れて決定される必要がある。

(1)　**外国刑法では不可罰の場合**

　現行刑法には規定がないものの，学説では，共犯の行為地が国内でも，国外で行為する正犯がその外国の刑法では不可罰の場合を念頭におき，国内の共犯についても犯罪の成立を否定する見解が有力化している。例えば，甲がA国では適法なカジノのツアーを日本で企画し，乙がこれに参加してA国で賭博を行ったケースでは，国外犯たる乙だけでなく甲にも賭博教唆・幇助罪は成立せず不可罰とされる。その理由は，正犯の行為が正当化され（基本講座(1) 86頁

〔古田佑紀〕），あるいは構成要件に該当しない（松尾古稀（上）422頁〔山口厚〕）からとして，実体刑法の観点より説明されている。この点は，準拠法説を徹底させるならば，端的に，A国刑法における不可罰を日本の刑法適用法が考慮するものと解することになろう。

　有力説が支持できる方向にあるとしても，以下の点は留意を要する。1つは，犯罪類型に応じた処理の必要性である。上記甲に日本の刑法の適用排除が承認されるのは，賭博罪のような国ごとの政策判断を多分に含む犯罪が前提になっているからである。例えば，児童ポルノの所持（児童買春7条2項）が仮に行為地では不可罰だったとしても，日本国民の国外犯を処罰するとの法の態度（同法10条）から見て，国内における共犯は当然に可罰的と解されよう。もう1つは，「共犯」であること，「行為地法」により不可罰であることが決定的とはいえない点である。例えば，日本国内からインターネットを介して外国の公営カジノに参加した丙が，上記甲・乙と異なり当然に可罰的とすることには疑問があるように思われる。

(2) **外国刑法でも可罰的な場合**

　この場合に，適用の可能性がある内外の刑法のいずれを優先すべきかに関するルールは明らかでなく，今のところ，日本の刑法が適用される，ひいては訴追・裁判・（有罪の場合に）刑の執行に至りうる，と考えるほかない。そのようなルールの形成・確立は今後の課題といえよう。

　内外の刑法の適用が認められるときで，外国における刑事手続が先行し，すでに確定裁判に至っている場合，後にわが国において行為者を訴追しても一事不再理の原則（憲39条後段）には抵触しない（刑5条本文）。日本の裁判において考慮されるのは，「犯人が既に外国において言い渡された刑の全部又は一部の執行を受けたとき」であり，日本の裁判に基づく刑の執行が減軽または免除される（刑5条但書。必要的算入主義）。なお，「外国」における裁判とは，日本の裁判権に基づかない裁判を意味する（最大判昭和28・7・22刑集7巻7号1621頁）。

事項索引

あ行

アジャン・プロヴォカトゥール……… 289
新しい客観説……………………… 241
あてはめの錯誤………………………… 78
安全体制確立義務…………………… 110
医学的適応性………………………… 186
意思自由……………………………… 192
意思の連絡…………………………… 258
医術的正当性………………………… 186
一故意犯説……………………………… 91
一事不再理………………………… 312, 315
一部実行全部責任…………………… 262
一厘事件……………………………… 189
一般人標準説………………………… 252
一般予防………………… 9, 14, 18, 30
一般予防効果…………………………… 17
一般予防目的…………………………… 6
一般予防論……………………………… 5
違法一元論………………… 124, 131, 167
違法減少事由………………………… 123
違法減少説…………………………… 246
違法状態………………… 30, 131, 147
違法推定機能…………………………… 38
違法性………………………… 29, 195
違法性阻却…………………………… 218
違法性阻却事由………………… 11, 119
違法性の意識…………………………… 77
違法性の意識の可能性……… 196, 209, 211, 221
違法性の錯誤………… 3, 19, 79, 145, 205, 209, 213, 215, 221
違法性の不知………………………… 209
違法相対論…………………………… 124, 131
違法二元論…………… 30, 120, 130, 137, 147, 180
違法の統一性………………………… 123, 152
違法身分……………………………… 298
違法要素……………………………… 213
違法類型……………………………… 195
意味の認識………………………… 78, 85

か行

因果関係……………… 50, 73, 100, 213
因果関係の錯誤………………………… 92
因果経過の錯誤………………………… 92
因果的共犯論………………………… 269
因果的行為論…………………………… 34
因果の経過地………………………… 322
陰謀罪………………………… 226, 228
ヴェーバーの概括的故意……………… 93
営業犯………………………………… 316
応　報………………………………… 5
応報刑………………………………… 5
応報刑論…………………………… 5, 30

か行

概括的故意…………………………… 81
蓋然性説……………………………… 83
害の均衡………………………… 157, 163
回避可能性説………………………… 205
拡張解釈……………………………… 15
拡張された構成要件…………………… 39
拡張的正犯概念……………………… 257
確定的故意………………………… 81, 207
科刑上一罪………………………… 309, 312
加減的身分犯…………… 41, 297, 299
過　失…………… 75, 96, 191, 194, 196
過失推定説……………………………… 45
過失犯の共同正犯…………………… 271
過失犯の実行行為……………………… 96
過剰避難………………………… 163, 217
過剰防衛…………… 133, 142, 145, 217
かすがい現象………………………… 317
加重主義……………………………… 318
仮定的因果経過………………………… 53
可罰的違法性…………… 124, 131, 169, 184, 188
可罰的違法性の理論…………………… 2
可罰的違法阻却事由………… 123, 152, 188
カルネアデスの板……… 149, 153, 157, 159
監護権……………………………… 168
慣習法………………………………… 11

327

間接教唆	287	客観的相当因果関係説	59
間接正犯	88, 95, 204, 235, 274	客観的注意義務	97
間接正犯類似説	263	客観的未遂論	225
間接幇助	291	客観的予見可能性	56, 98
監督過失	109, 272	旧過失論	106
観念的競合	312	吸収一罪	315
管理過失	109	吸収関係	311
管理監督過失	97	吸収主義	318
毀棄罪	6	急迫性	129
危惧感	99	狭義の共犯	256
危惧感説	107	狭義の相当性	51, 57
危険共同体	150	狭義の包括一罪	316
危険源監視義務	303	教　唆	94
危険減殺措置	97	教唆故意	285
危険減少	151	教唆者	94
危険実現	51, 57, 100	教唆犯	88, 281
危険増加論	61, 100	強　制	276
危険創出	51, 57, 100	共同意思主体説	263
危険の引受け	185	共同実行の意思	258
危険犯	177	共同実行の事実	258
規　則	11	共同正犯	257, 300
危胎化	7	脅迫に基づく同意	178
危胎化基準	231	共罰の事後行為	315
期待可能性	152, 160, 214, 216, 219	共罰の事前行為	315
危　難	154	共　犯	94
規範意識	5, 193	共犯関係からの離脱	305
規範障害	276, 280	共犯と身分	297
規範の構成要件要素	78	共犯における罪数	317
規範の構成要件要素の錯誤	79, 85	共犯の過剰	95
規範の責任論	194	共犯の従属性	267, 323
規範の保護目的	61	共犯の処罰根拠	288
基本的構成要件	39	共　謀	260
義務緊急避難	173	共謀共同正犯	88, 258, 262, 267, 275, 283
欺罔に基づく同意	178	業　務	170
客体の錯誤	89	業務上過失	108
客体の不能	242, 290	業務上特別義務者	154
客観説	248	強要緊急避難	159, 162
客観的違法論	29, 106	極端従属形式	274
客観的危険説	241	挙動犯	176
客観的帰属	51, 100, 185	緊急救助	132
客観的処罰要件	28	緊急行為	120
客観的責任要素	221	緊急逮捕	167

事項索引

緊急避難	149, 183
偶然避難	160, 163
偶然防衛	137
具体的危険説	138, 241
具体的危険犯	223, 225, 242
具体的結果記述	53
具体的牽連性	314
具体的事実（同一構成要件内）の錯誤	89
具体的符合説	90, 166
クリーンハンドの原則	104
経過規定	20
傾向犯	116
形式客観説	256
形式的違法性	29
形式的重なり合い	86
形式的客観説	231
刑事政策説	245
刑事未成年者	275
継続的危険	155
継続犯	130
刑の執行	167
刑の執行猶予	21
刑の廃止	20
刑の変更	21
刑罰	1
刑罰適用法説	321
刑罰法規の錯誤	79
刑罰論	3
刑法	1
刑法の断片性	2
刑法の二次規範性	2
決意	283
結果回避義務	97
結果価値	120, 138
結果行為説	204
結果地	322
結果的加重犯	112
結果としての危険	225
結果犯	177
結果反価値	30, 120, 137
結果反価値論	30
結果防止努力の真摯性	249

結果反価値	77
結果反価値論	106
結合犯	270
決定規範	29
決定論	192
原因行為説	205
原因において違法な行為	141, 162
原因において自由な行為	236
原因において自由な行為の理論	203, 208
喧嘩	142
厳格故意説	212, 221
厳格責任説	145, 147
厳格な違法一元論	124
幻覚犯	239
現行犯逮捕	167
現在性	155
限時法の理論	20
限縮的正犯概念	256
限定責任能力	199, 204
現場に滞留する利益	126
謙抑主義	2, 124
牽連犯	314
故意	75, 191, 194, 196, 209, 211, 213
故意ある道具	280
故意ある幇助道具	281
故意規制機能	38
故意なき道具	277
故意の要素	212
故意犯	76
行為	32
行為価値	137
行為基準	231
行為規範	14
行為共同説	266
行為原則	1
行為支配	274
行為支配説	204, 263, 304
行為者計画	229
行為者標準説	219, 252
行為主義	194
行為状況	40
行為地	322

329

行為能力	33, 205		
行為の危険性	225		
行為反価値	31, 120, 137		
行為反価値論	32, 191		
勾引	167		
広義の共犯	255		
広義の後悔	252		
広義の相当性	51, 57, 93		
合義務の態度の代置	60, 100		
高級管理職員	47		
攻撃的緊急避難	150, 156		
合憲限定解釈	22		
交差関係	311		
構成的身分犯	41, 297, 299		
構成要件	27, 35, 195		
構成要件該当性	27, 195		
構成要件欠缺（欠如）論	238		
構成要件実現の意思	208		
構成要件的故意	75		
構成要件的故意の提訴機能	145		
構成要件的符合説	87		
構成要件要素	213, 222		
公訴時効	18		
行動制御能力	275		
合法則性	52		
合法則的条件関係	51		
合法則的条件の公式	55		
勾留	167		
国外犯	323		
国内犯	322		
国連人権規約B規約	10		
個人責任の原則	267		
誤想過剰避難	165		
誤想過剰防衛	145, 148, 221		
誤想避難	164		
誤想防衛	128, 145		
国家緊急救助	132		
国家標準説	220		
誤認逮捕	168		
個別行為責任論	193		
conditio sine qua non 公式	52		

さ行

再間接教唆	287
罪刑（の）均衡	6, 24, 25
罪刑法定主義	4, 7, 9, 13, 17, 22, 27, 33, 119, 141, 156, 194
財産犯	6
罪質	87
罪数	309, 317
罪名	266
罪名従属性	266, 268
作為可能性	33, 72
作為義務	219, 303
作為義務者	69
作為犯	33
作為犯罪	64
作為犯と不作為犯の区別	65
錯誤	221
錯誤の回避可能性	214, 216, 221
三罰規定	44
自救行為	119, 130, 171
死刑	1, 24
志向反価値	77
事後法の禁止	16
事実の錯誤	78, 86, 94, 146, 323
自招危難	161
自招侵害	139
自然科学的因果関係	51
自然的一体説	248
自損行為	162, 174, 185, 276
実害犯	223, 225
実現意思説	84
執行猶予	24
実行共同正犯	258
実行行為	4, 203, 208
実行行為の一体性・一個性	209
実行従属性	267, 284
実行の着手	228, 284, 291
実質客観説	256
実質的違法性	29
実質的重なり合い	86
実質的客観説	231

事項索引

実体的デュープロセス	13
実体的デュープロセスの理論	22
実体法	10
質的過剰	143
社会功利主義	121, 152
社会生活上必要とされる注意	105
社会相当性	105
社会的行為論	34
社会的責任論	193
社会的相当性説	122, 175, 181
社会倫理規範	31
惹起説	284, 288
重過失	108
集合犯	316
従犯	290
重要な役割	258, 264
終了未遂・実行中止	248
主観説	248
主観的違法要素	30, 32, 75, 196, 213
主観的違法論	29
主観的構成要件要素	75
主観的正当化要素	137, 160, 180, 188
主観的超過要素	114
主観的未遂論	225
主観的予見可能性	101
主刑	21
取材活動	171
主体	41
主体の不能	243
手段の不能	243
準拠法説	321
準現行犯逮捕	130
障害未遂	244
消極的一般予防論	5
消極的構成要件要素論	28, 146
消極的属人主義	324
承継的共同正犯	268
条件関係	51
条件公式	52
常習犯	316
状態犯	130
省令	11

条例	12
職業犯	316
処罰の人的制約	42
素人領域の平行的評価	78
侵害	127
侵害犯	177
人格責任論	193
人格的行為論	34
新過失論	106
新旧過失論争	106
新旧過失論の対立	106
親告罪	178
心神耗弱	197, 200
心神喪失	3, 197, 200, 205
心神喪失者	275
真正作為犯	64
真正不作為犯	64, 127, 219
真正身分犯	297
信頼の原則	103, 110
心理学的方法	197
心理強制説	9
心理的因果関係	293
心理的因果性	264
心理的責任論	194
推定的同意	183, 186
随伴行為	315
数故意犯説	91, 167
数人一罪	269
スワット事件	283
制限故意説	212
制限従属形式	123, 285
精神的幇助	290
精神の障害	196, 220
正対正	150
正対不正	125, 150
制定法	11
正当化事情の錯誤	144, 164, 177
正当化事由	28, 119
正当化事由の錯誤	123
正当業務行為	170
正当行為	167
正当防衛	125, 196, 279

正犯者	94
正犯性	258, 260
正犯なき教唆犯	278
正犯の背後の正犯	96
生物学的方法	197
世界主義	322, 324
責任	28, 191
責任・違法減少説	246
責任減少説	246
責任主義	191, 199
責任説	205, 213
責任阻却	214
責任阻却事由	11, 28, 217
責任阻却事由の錯誤	123
責任能力	29, 191, 196, 204, 207
責任の減少	217
責任身分	298
責任無能力	199, 203, 275
責任要素	196, 212, 220
責任類型	195
責任論	218
積極的一般予防	195
積極的一般予防論	5, 195
積極的加害意思	142
接続犯	316
絶対的応報刑論	6
絶対的不定刑	15
絶対不能・相対不能区別説	240
折衷の相当因果関係説	59
是非弁別能力	275
専断的治療行為	187
選任・監督上の過失	45
相互に利用し合い補充し合う	259
捜索	167
相対的応報刑論	192
相対的必要最小限度性	122, 134
相当因果関係	53, 55, 209
相当性	143
遡及禁止	63
遡及禁止論	62
遡及処罰の禁止	16, 21, 32
遡及処罰の禁止の原則	10

遡及的変更	18
属人主義	321
促進的因果関係	292
属地主義	321
組織体モデル	43, 47
訴訟法的機能	39

た 行

第三者避難	156, 158
第三者防衛	132
体罰	169
代罰規定	44
退避義務	126, 134, 157
対物防衛	130
逮捕意思	168
択一関係	311
択一的競合	54
択一的故意	81
打撃の錯誤	89
他人予備	302
たぬき・むじな	79
着手未遂・着手中止	248
注意義務違反	96
中間影響地	322
中止故意	250
中止行為の態様	247
中止動機	252
中止未遂	244, 247
抽象的危険説	240
抽象的危険犯	224, 232, 293
抽象的牽連性	314
抽象的事実の錯誤	86
中立的行為による幇助	294
懲役	1
懲戒権	168
超法規的正当化事由	119
直前行為基準説	231
治療行為	181, 186
罪を犯す意思	75
適法行為の期待可能性	196
転嫁責任	44
同一視モデル	43, 46

同意能力‥‥‥‥‥‥‥‥‥‥‥‥‥‥‥ 151, 187
動機説‥‥‥‥‥‥‥‥‥‥‥‥‥‥‥‥‥‥ 84
道義的責任論‥‥‥‥‥‥‥‥‥‥‥‥ 194, 210
道具性‥‥‥‥‥‥‥‥‥‥‥‥‥‥‥‥‥ 274
同時存在の原則‥‥‥‥‥‥‥‥‥‥‥‥ 202
同時犯‥‥‥‥‥‥‥‥‥‥‥‥‥‥‥‥‥ 272
道　徳‥‥‥‥‥‥‥‥‥‥‥‥‥‥‥‥‥‥ 1
独自の錯誤説‥‥‥‥‥‥‥‥‥‥‥‥‥ 147
特定委任‥‥‥‥‥‥‥‥‥‥‥‥‥‥‥‥ 11
特別関係‥‥‥‥‥‥‥‥‥‥‥‥‥‥‥ 311
特別刑法‥‥‥‥‥‥‥‥‥‥‥‥‥‥‥‥‥ 1
特別予防目的‥‥‥‥‥‥‥‥‥‥‥‥‥‥‥ 6
特別予防論‥‥‥‥‥‥‥‥‥‥‥‥‥ 5, 193

な 行

名宛人なき規範‥‥‥‥‥‥‥‥‥‥‥‥‥ 30
二重の故意‥‥‥‥‥‥‥‥‥‥‥‥‥‥‥ 285
任意性‥‥‥‥‥‥‥‥‥‥‥‥‥‥‥‥‥ 251
任意的共犯‥‥‥‥‥‥‥‥‥‥‥‥‥‥‥ 255
認　容‥‥‥‥‥‥‥‥‥‥‥‥‥‥‥‥‥ 83
認容説‥‥‥‥‥‥‥‥‥‥‥‥‥‥‥‥‥ 83

は 行

排他的支配‥‥‥‥‥‥‥‥‥‥‥‥‥‥‥ 71
罰　金‥‥‥‥‥‥‥‥‥‥‥‥‥‥‥‥‥‥ 1
早すぎた構成要件実現（結果発生）‥‥ 93, 208
反規範的態度‥‥‥‥‥‥‥‥‥‥‥‥‥‥ 80
犯　罪‥‥‥‥‥‥‥‥‥‥‥‥‥‥‥‥ 1, 27
犯罪共同説‥‥‥‥‥‥‥‥‥‥‥ 95, 266, 269
犯罪個別化機能‥‥‥‥‥‥‥‥‥‥‥‥ 38
犯罪者のマグナカルタ‥‥‥‥‥‥‥‥‥‥ 7
犯罪阻止義務‥‥‥‥‥‥‥‥‥‥‥‥‥ 304
犯罪地‥‥‥‥‥‥‥‥‥‥‥‥‥‥‥‥ 322
犯罪能力‥‥‥‥‥‥‥‥‥‥‥‥‥‥‥‥ 43
犯罪の続行可能性‥‥‥‥‥‥‥‥‥‥‥ 252
犯罪類型‥‥‥‥‥‥‥‥‥‥‥‥‥‥‥‥‥ 3
犯罪論‥‥‥‥‥‥‥‥‥‥‥‥‥‥‥‥‥‥ 3
反射的動作‥‥‥‥‥‥‥‥‥‥‥‥‥‥‥ 33
反対動機‥‥‥‥‥‥‥‥‥‥‥‥‥‥ 76, 84
判断基準‥‥‥‥‥‥‥‥‥‥‥‥‥‥‥ 231
判断資料‥‥‥‥‥‥‥‥‥‥‥‥‥‥ 59, 228
判例の行為規範性‥‥‥‥‥‥‥‥‥‥‥ 19

判例の不利益変更‥‥‥‥‥‥‥‥‥‥‥ 19
判例法‥‥‥‥‥‥‥‥‥‥‥‥‥‥‥‥‥ 11
被害者の同意‥‥‥‥‥‥‥‥‥ 119, 174, 185
引き受け過失‥‥‥‥‥‥‥‥‥‥‥‥‥ 102
非刑罰法規の錯誤‥‥‥‥‥‥‥‥‥‥‥ 79
非決定論‥‥‥‥‥‥‥‥‥‥‥‥‥‥‥ 192
必要的共犯‥‥‥‥‥‥‥‥‥‥‥‥‥‥ 255
避難行為の相当性‥‥‥‥‥‥‥‥ 159, 162
避難行為の補充性‥‥‥‥‥‥‥‥ 157, 163
避難行為の有効性‥‥‥‥‥‥‥‥‥‥‥ 156
避難の意思‥‥‥‥‥‥‥‥‥‥‥‥‥‥ 160
評価規範‥‥‥‥‥‥‥‥‥‥‥‥‥‥‥‥ 30
表現犯‥‥‥‥‥‥‥‥‥‥‥‥‥‥‥‥ 116
開かれた構成要件‥‥‥‥‥‥‥‥‥‥‥ 40
フォイエルバッハ‥‥‥‥‥‥‥‥‥‥‥‥ 9
不確定的故意‥‥‥‥‥‥‥‥‥‥‥‥‥‥ 81
付加刑‥‥‥‥‥‥‥‥‥‥‥‥‥‥‥‥‥ 21
不可罰的事後行為‥‥‥‥‥‥‥‥‥‥‥ 315
不可罰的事前行為‥‥‥‥‥‥‥‥‥‥‥ 315
武器対等の原則‥‥‥‥‥‥‥‥‥‥‥‥ 135
不作為‥‥‥‥‥‥‥‥‥‥‥‥‥‥‥‥‥ 63
不作為の因果関係‥‥‥‥‥‥‥‥‥ 65, 73
不作為の共犯‥‥‥‥‥‥‥‥‥‥‥‥‥ 303
不作為犯‥‥‥‥‥‥‥‥‥‥ 33, 63, 97, 237, 303
不作為犯罪‥‥‥‥‥‥‥‥‥‥‥‥‥‥‥ 63
不真正作為犯‥‥‥‥‥‥‥‥‥‥‥‥‥‥ 64
不真正不作為犯‥‥‥‥‥‥‥‥ 54, 64, 127
不真正身分犯‥‥‥‥‥‥‥‥‥‥‥‥‥ 297
不　正‥‥‥‥‥‥‥‥‥‥‥‥‥‥‥‥ 130
物理的強制‥‥‥‥‥‥‥‥‥‥‥‥‥‥‥ 33
物理的幇助‥‥‥‥‥‥‥‥‥‥‥‥‥‥ 290
不能犯‥‥‥‥‥‥‥‥‥‥‥‥‥‥‥‥ 238
部分的責任能力‥‥‥‥‥‥‥‥‥‥‥‥ 200
不　法‥‥‥‥‥‥‥‥‥‥‥‥‥‥‥‥‥ 29
不法構成要件‥‥‥‥‥‥‥‥‥‥‥‥‥‥ 36
不法・責任内容の共通性‥‥‥‥‥‥‥‥ 87
古い客観説‥‥‥‥‥‥‥‥‥‥‥‥‥‥ 240
併科主義‥‥‥‥‥‥‥‥‥‥‥‥‥‥‥ 319
平均人標準説‥‥‥‥‥‥‥‥‥‥‥‥‥ 219
併合罪‥‥‥‥‥‥‥‥‥‥‥‥‥‥ 309, 317
併合説‥‥‥‥‥‥‥‥‥‥‥‥‥‥‥‥ 246
併用説‥‥‥‥‥‥‥‥‥‥‥‥‥‥‥‥ 204

弁護活動	170
遍在説	322
片面的共同正犯	270
片面的幇助	290
防衛行為の相当性	134, 141
防衛行為の必要性	134, 142
防衛行為の有効性	133
防衛の意思	137, 160, 168
法益	7
法益関係的錯誤説	179
法益衡量説	121
法益侵害説	29, 120, 130, 138
法益性の欠如	121
法確証	128, 132, 137, 166, 172
法確証原理	126, 131
法確証の利益	127
包括一罪	309, 315
包括的委任	12
包括的同意	178
包括的な国外犯処罰規定	325
忘却犯	34
防禦的緊急避難	150, 154, 159, 165
法条競合	311
幇助行為	290
幇助者	94
幇助の因果関係	292
法人の処罰	44, 48
包摂の錯誤	78
法秩序の統一性	124, 167
法定刑	6
法定刑の加重	17
法定刑の錯誤	210
法定代理人による同意	187
法定的符合説	87, 166
法的責任論	210
法的に自由な領域	29
方法の錯誤	89, 166
法律主義	10, 13, 15
法令行為	167
保護主義	321
保護法益	4, 25
補充関係	311
保障機能	37
保障人	69
保障人的義務	69
保障人的地位	69
本来的一罪	310

ま 行

未遂	113
未遂の教唆	288
未遂犯	76, 223
未遂犯の処罰根拠	224
ミニョネット号事件	150, 157, 159
未必の故意	82
身分	42
身分犯	41
無意識下の行動	33
無過失の誤想防衛	128, 147
無期懲役	24
無形的幇助	290
無効幇助	293
明確性の原則	13, 19
命令	11
命令規範	29
目的	115
目的刑論	5
目的説	122, 171, 175, 181
目的的行為論	34
目的犯	75, 115
目的論的解釈	4

や 行

柔らかな違法一元論	124
やわらかな決定論	192
やわらかな非決定論	192
優越的利益説	121
優越的利益の観点	105
有形的幇助	290
有責性	28
許された危険	98, 105
抑止効果	20
予備罪	226
予備罪の共犯	301

ら 行

利益衡量説 ……………………… 121, 152
利益衝突 ………………………………… 119
離隔犯 …………………………………… 236
量的過剰 ………………………………… 144
領得罪 ……………………………………… 6
両罰規定 ………………………………… 44

類推解釈 ………………………………… 15
類推解釈の禁止 ………………………… 19
類推適用 …………………………………… 9
令状逮捕 ………………………………… 167
歴史的解釈 ………………………………… 4
労働争議行為 ……………………… 169, 190
論理的義務衝突 ………………………… 174

判例索引

大判明治36・5・21刑録9輯874頁（電気窃盗事件）……………………………… 15
大判明治36・7・3刑9輯1202頁……… 43
大判明治42・1・22刑録15輯27頁……… 314
大判明治42・7・27刑録15輯1048頁…… 314
大判明治43・6・23刑録16輯1276頁…… 236
大判明治43・6・30刑録16輯1314頁…… 315
大判明治43・10・11刑録16輯1620頁… 189
大判明治43・12・16刑録16輯2227頁… 314
大判明治44・7・6刑17集1388頁……… 314
大判明治44・12・25刑録17輯2328頁… 233
大判明治45・5・23刑録18輯658頁…… 314
大判大正2・3・7刑録19輯306頁……… 310
大判大正2・3・18刑録19輯353頁……… 297
大判大正2・7・9刑録19輯771頁……… 293
大連判大正3・5・18刑録20輯932頁…… 42
大判大正3・6・20刑録20輯1289頁…… 236
大判大正3・10・2刑録20輯1764頁…… 152
大判大正3・10・13刑録20輯1848頁…… 233
大判大正4・2・10刑録21輯90頁……… 70
大判大正4・8・25刑録21輯1249頁…… 294
大判大正5・5・4刑録22輯685頁……… 245
大判大正5・8・11刑録22輯1313頁…… 89
大判大正5・8・28刑録22輯1332頁…… 236
大判大正6・9・10刑録23輯999頁…… 240
大判大正6・10・11刑録23輯1078頁…… 233
大判大正7・4・24刑録24輯392頁……… 47
大判大正7・11・16刑録24輯1352頁…… 236
大判大正7・12・18刑録24輯1558頁…… 72
大判大正8・8・30刑録25輯963頁……… 70
大判大正9・3・29刑録26輯4巻211頁… 87
大判大正11・5・9刑集1巻313頁……… 89
大判大正12・4・30刑集2巻378頁……… 93
大判大正13・4・1刑集3巻276頁……… 44
大判大正13・4・25刑集3巻364頁……… 79
大判大正13・4・28新聞2263号17頁…… 114
大判大正13・12・12刑集3巻867頁…… 161
大判大正14・1・22刑集3巻921頁… 271, 290
大判大正14・6・9刑集4巻378頁……… 79

大判昭和3・2・4刑集7巻47頁……… 154
大判昭和3・3・20刑集7巻186頁……… 45
大判昭和3・4・6刑集7巻291頁……… 112
大判昭和3・6・19新聞2891号14頁…… 135
大判昭和4・2・19刑集8巻84頁……… 302
大判昭和4・9・17刑集8巻446頁……… 250
大判昭和5・12・12刑集9巻893頁……… 314
大判昭和6・12・3刑集10巻682頁…… 197
大判昭和7・1・25刑集11巻1頁……… 142
大判昭和7・3・7刑集11巻277頁……… 155
大判昭和7・6・15刑集11巻859頁……… 234
大判昭和7・9・26刑集11巻1367頁…… 294
大判昭和8・4・19刑集12巻471頁…… 276
大判昭和8・9・27刑集12巻1654頁…… 130
大判昭和8・11・21刑集12号2072頁（第五柏島丸事件）……………………………… 218
大判昭和8・11・30刑集12巻2160頁… 154
大判昭和9・8・27刑集13巻1086頁…… 176
大判昭和9・9・14刑集13巻1257頁…… 160
大判昭和9・10・19刑集13巻1473頁… 232
大判昭和10・11・11刑集14巻1165頁… 316
大判昭和10・11・25刑集14巻1217頁… 43
大判昭和11・1・29刑集15巻30頁…… 314
大判昭和12・3・6刑集16巻272頁…… 251
大判昭和12・6・25刑集16巻998頁…… 249
大判昭和12・9・21刑集16巻1303頁… 251
大判昭和12・11・6裁判例11巻刑法87頁
……………………………… 127, 152, 154
大判昭和13・3・11刑集17巻237頁… 67, 72
大判昭和13・11・18刑集17巻839頁… 269
大判昭和15・8・22刑集19巻540頁（ガソリンカー事件）……………………………… 15
大判昭和13・11・18刑集17巻839頁… 291
大判昭和16・5・12刑集20巻246頁…… 172
大判昭和16・7・17刑集20巻425頁…… 21
大判昭和17・10・12新聞4807号10頁… 172
最判昭和23・5・1刑集2巻5号435頁… 87
最判昭和23・6・22刑集2巻7号694頁… 21
最判昭和23・6・26刑集2巻7号748頁… 234

判例索引

最大判昭和23・7・7刑集2巻8号793頁
　………………………………… 142
最大判昭和23・7・14刑集2巻8号889頁… 79
東京高判昭和23・10・16高刑集1巻追録18頁
　………………………………… 220
最判昭和23・10・23刑集2巻11号1386頁…… 87
最判昭和23・11・30集刑5号525頁……… 261
最判昭和23・12・14刑集2巻12号1751頁…… 261
最判昭和24・2・8刑集3巻2号113頁…… 296
最判昭和24・3・24刑集3巻3号376頁…… 113
最大判昭和24・5・18刑集3巻6号772頁（集刑10号231頁）……………… 156, 172
最判昭和24・7・9刑集3巻8号1174頁…… 251
最判昭和24・8・18刑集3巻9号1465頁
　………………………………… 132, 155
最判昭和24・10・13刑集3巻10号1655頁…… 160
東京高判昭和24・11・18判特1号266頁…… 42
最判昭和24・12・8刑集3巻12号1915頁…… 313
最大判昭和24・12・21刑集3巻12号2048頁
　………………………………… 314
最判昭和25・4・11集刑17号87頁……… 87
最判昭和25・7・6刑集4巻7号1178頁…… 282
最判昭和25・7・21刑集4巻8号1513頁…… 313
最判昭和25・8・29刑集4巻9号1585頁…… 189
東京高判昭和25・9・14高刑集3巻3号407頁
　………………………………… 305
最判昭和25・10・6刑集4巻10号1936頁…… 48
名古屋高判昭和25・10・24判特13号107頁
　………………………………… 211, 215
最判昭和26・1・17刑集5巻1号20頁…… 206
福岡高判昭和26・1・22判時19号1頁…… 80
仙台高判昭和26・2・12判特22号6頁…… 168
名古屋高金沢支判昭和26・2・12判特30号32頁
　………………………………… 247
最判昭和26・4・10刑集5巻5号825頁…… 316
最判昭和26・8・17刑集5巻9号1789頁…… 79
最決昭和27・2・21刑集6巻2号275頁…… 176
最判昭和27・5・2刑集6巻5号721頁…… 176
最判昭和27・9・19刑集6巻8号1083頁…… 42
仙台高判昭和27・9・20判時22号172頁…… 211
最大判昭和27・12・24刑集6巻11号1346頁
　………………………………… 12

福岡高判昭和28・1・12高刑集6巻1号1頁
　………………………………… 305
最判昭和28・1・23刑集17巻1号20頁…… 272
最判昭和28・4・14刑集7巻4号850頁…… 312
札幌高判昭和28・6・30高刑集6巻7号859頁
　………………………………… 269
最大判昭和28・7・22刑集7巻7号1621頁
　………………………………… 326
広島高判昭和28・10・5高刑集6巻9号1261頁
　………………………………… 233
福岡高判昭和28・11・10判時26号58頁…… 243
最判昭和28・12・25刑集7巻13号2671頁
　………………………………… 155, 164
大阪高判昭和29・4・20高刑集7巻3号422頁
　………………………………… 127
福岡高判昭和29・5・14判特26号85頁…… 242
最決昭和29・5・27刑集8巻5号741頁…… 317
福岡高判昭和29・5・29判特26号93頁…… 251
大阪高判昭和29・7・14裁特1巻4号133頁
　………………………………… 182
仙台高秋田支判昭和30・1・27刑集11巻10号2671頁………………………… 210
最判昭和30・10・25刑集9巻11号2295頁… 142
大阪高判昭和30・11・1判特2巻22号1152頁
　………………………………… 70
広島高判昭和30・11・14裁特2巻22号1165頁
　………………………………… 140
名古屋高判昭和31・4・19高刑集9巻5号411頁…………………………… 206
名古屋高金沢支判昭和31・10・16裁特3巻22号1067頁………………………… 235
大阪高判昭和31・11・28裁特3巻24号1198頁
　………………………………… 211
最判昭和32・1・22刑集11巻1号31頁…… 142
最判昭和32・2・26刑集11巻2号906頁…… 113
大阪高判昭和32・6・28判特4巻13号317頁
　………………………………… 33
広島高岡山支判昭和32・8・20裁特4巻18号182頁…………………………… 215
最決昭和32・9・10刑集11巻9号2202頁… 251
最大判昭和32・10・9刑集11巻10号2497頁
　………………………………… 20

最判昭和32・10・18刑集11巻10号2663頁（関根橋事件）……………………………………210
最大判昭和32・11・27刑集11巻12号3113頁……………………………………………………45
最判昭和33・4・18刑集12巻6号1090頁……108
神戸地姫路支判昭和33・4・19一審刑集1巻4号615頁……………………………………294
最大判昭和33・5・28刑集12巻8号1718頁……………………………………………261, 263
最判昭和33・7・10刑集12巻11号2471頁……219
最判昭和33・9・9刑集12巻13号2882頁……………………………………………………67, 73
最判昭和33・11・21刑集12巻15号3519頁……179
最判昭和34・2・5刑集13巻1号1頁……144
福島地昭和34・3・14下刑集1巻11号2494頁……………………………………………………200
最決昭和34・5・22刑集13巻5号801頁……113
最判昭和34・7・24刑集13巻8号1163頁……71
福岡高宮崎支判昭和34・9・11下刑集1巻9号1900頁……………………………………………215
最判昭和35・2・4刑集14巻1号61頁……………………………………………………155, 164
東京高判昭和35・2・13下刑集2巻2号113頁……………………………………………………168
福岡高判昭和35・7・20下刑集2巻2号7＝8号994頁……………………………………………251
最決昭和35・10・18刑集14巻12号1559号……243
盛岡地一関支判昭和36・3・15下刑集3巻3＝4号252頁……………………………………146
広島高判昭和36・7・10高刑集14巻5号310頁………………………………………………241, 242
名古屋高判昭和36・11・27高刑集14巻9号635頁…………………………………………227, 301
最決昭和36・12・6集刑140号375頁……14
最判昭和37・3・23刑集16巻3号305頁……………………………………………………240, 243
最大判昭和37・4・4刑集16巻4号345頁……21
最大判昭和37・5・30刑集16巻5号577頁……13
東京高判昭和37・6・21高刑集15巻6号422頁……………………………………………………70
大阪地判昭和37・7・24下刑集4巻7＝8号696頁……………………………………………………33

最決昭和37・11・8刑集16巻11号1522頁……………………………………………………227, 302
大阪高判昭和38・4・8判タ192号173頁……163
最大判昭和38・4・17刑集17巻3号229頁……………………………………………………314
福岡高判昭和38・7・5下刑集5巻7＝8号647頁……………………………………………155
和歌山地判昭和38・7・22下刑集5巻7＝8号756頁……………………………………………249
最決昭和39・5・7刑集18巻4号144頁……14
東京地昭和39・5・30下刑集6巻5＝6号694頁（三無事件）……………………………227
大阪高判昭和39・9・29判例集未登載……33
最決昭和40・3・9刑集19巻2号69頁……233
最決昭和40・3・26刑集19巻2号83頁……45
東京地昭和40・4・28下刑集7巻4号766頁……………………………………………………251
大阪高判昭和40・6・7下刑集7巻6号1166頁……………………………………………………182
東京地昭和40・8・10判タ181号192頁……269
宇都宮地昭和40・12・9下刑集7巻12号2189頁……………………………………………235
最決昭和41・4・14判時449号64頁………168
最決昭和41・7・7刑集20巻6号554頁……149
東京地昭和41・7・21判タ207号187頁……261
最大判昭和41・10・26刑集20巻8号901頁（東京中郵事件）……………………………189
最判昭和41・12・20刑集20巻10号1212頁……103
最判昭和42・3・7刑集21巻2号417頁……42
最判昭和42・5・19刑集21巻4号494頁……18
最判昭和42・5・25刑集21巻4号584頁……97
最判昭和42・5・26刑集21巻4号710頁……149
最判昭和42・10・13刑集21巻8号1097頁……104
最決昭和42・10・24刑集21巻8号1116頁……59
大阪地判昭和43・1・19判タ221号235頁……261
最決昭和43・2・27刑集22巻2号67頁……206
東京地昭和43・11・6下刑集10巻11号1113頁……………………………………………………251
最大判昭和44・4・2刑集23巻5号305頁（都教組事件）……………………………………189
名古屋地判昭和44・6・25判時589号95頁……………………………………………………234

判例索引

最決昭和44・7・17刑集23巻8号1061頁 … 291
東京高判昭和44・9・17高刑集22巻4号595頁（黒い雪事件） … 211
大阪高判昭和44・10・17判タ244号290頁 … 250
大阪地判昭和44・11・6判タ247号322頁 … 233
岐阜地判昭和44・11・26刑月1巻11号1075頁 … 172
最判昭和44・12・4刑集23巻12号1573頁 … 135
高松高判昭和45・1・13刑月2巻1号1頁 … 294
福岡高判昭和45・2・13高刑集23巻1号112頁 … 45
福岡高判昭和45・2・14高刑集23巻1号156頁 … 172
最判昭和45・3・13判時586号97頁 … 46
東京高判昭和45・4・6判タ255号235頁 … 189
東京高判昭和45・4・16高刑集23巻1号239頁 … 112
最判昭和45・4・24刑集24巻4号153頁 … 14
大阪高判昭和45・5・1高刑集23巻2号367頁 … 163
大阪地判昭和45・6・11判タ259号319頁 … 234
最決昭和45・7・28刑集24巻7号585頁 … 234
浦和地判昭和45・10・22刑月2巻10号1107頁 … 238
神戸地判昭和45・12・19判タ260号273頁 … 154
最判昭和46・4・22刑集25巻3号451頁（第2の北島丸事件） … 324
最判昭和46・6・17刑集25巻4号567頁 … 112
最決昭和46・7・30刑集25巻5号756頁 … 172
最決昭和46・9・28刑集25巻6号798頁 … 283
高松高判昭和46・11・9刑月3巻11号1447頁 … 45
最判昭和46・11・16刑集25巻8号996頁 … 129, 139
名古屋高判昭和46・12・8刑月3巻12号1593頁 … 129
東京地判昭和47・6・24判時675号107頁 … 100
札幌地判昭和47・7・11刑月4巻7号1303頁 … 198
東京地判昭和47・11・7刑月4巻11号1817頁 … 241

最大判昭和47・11・22刑集26巻9号554頁 … 14
最大判昭和48・4・4刑集27巻3号265頁 … 24
最大判昭和48・4・25刑集27巻3号418頁（久留米駅事件） … 169
最大判昭和48・4・25刑集27巻4号547頁（全農林事件） … 189
最大昭和48・5・22刑集27巻5号1077頁 … 103, 104
最大昭和49・5・29刑集28巻4号114頁 … 313
最大昭和49・5・29刑集28巻4号151頁 … 313
最大昭和49・5・29刑集28巻4号168頁 … 313
大阪高判昭和49・6・21高刑集27巻3号267頁 … 235
東京高判昭和49・7・9刑月6巻7号799頁 … 80
大阪高判昭和49・7・25判タ316号273頁 … 100
東京地判昭和49・7・31判タ316号256頁 … 261
最大判昭和49・11・6刑集28巻9号393頁（猿払事件） … 12, 24, 25
東京高判昭和49・11・11刑月6巻11号1120頁 … 80
最判昭和50・4・3刑集29巻4号132頁 … 168
名古屋高判昭和50・7・1判時806号108頁 … 269
最大判昭和50・9・10刑集29巻8号489頁（徳島市公安条例事件） … 13, 14, 65
最判昭和50・11・28刑集29巻10号983頁 … 139
最判昭和51・3・16刑集30巻2号146頁 … 241, 243
札幌高判昭和51・3・18高刑集29巻1号78頁 … 99, 103
最決昭和51・3・23刑集30巻2号229頁 … 170
最判昭和51・4・30刑集30巻3号453頁 … 16
大阪高判昭和51・5・25刑月8巻4=5号253頁 … 100
東京高判昭和51・6・1高刑集29巻2号301頁 … 210
東京高判昭和51・7・14判特834号106頁 … 248
最大判昭和51・9・22刑集30巻8号1640頁

339

……………………………………………314	頁………………………………………………206
札幌高判昭和51・10・12判時861号129頁… 183	最決昭和57・2・17刑集36巻2号206頁… 317
松江地判昭和51・11・2刑月8巻11=12号495頁………………………………………………306	大阪地判昭和57・4・6判タ477号221頁… 234
	最決昭和57・5・25判時1046号15頁……… 52
札幌簡判昭和51・12・6刑月8巻11=12号525頁………………………………………… 189	最決昭和57・5・26刑集36巻5号609頁… 127
東京高判昭和52・6・30判時886号104頁… 260	大阪高判昭和57・6・29判時1051号159頁………………………………………………233
最決昭和52・7・21刑集31巻4号747頁……………………………………………129, 142	最決昭和57・7・16刑集36巻6号695頁… 260
	東京高判昭和57・11・29刑月14巻11=12号804頁………………………………………163
最決昭和53・2・16刑集32巻1号47頁…… 317	
新潟地判昭和53・3・9判時893号106頁… 111	東京高判昭和57・12・21判時1085号150頁………………………………………………296
最決昭和53・3・22刑集32巻2号381頁…… 63	
最決昭和53・5・31刑集32巻3号457頁… 171	東京地八王子支判昭和57・12・22判タ494号142頁……………………………………… 71
最判昭和53・6・29刑集32巻4号967頁（羽田空港ビルデモ事件）………………… 210	
	最決昭和58・3・11刑集37巻2号54頁…… 47
最判昭和53・7・28刑集32巻5号1068頁… 91	横浜地判昭和58・7・20判時1108号138頁……………………………………93, 230, 233
最決昭和54・3・27刑集33巻2号140頁…… 88	
最決昭和54・4・13刑集33巻3号179頁… 266	東京高判昭和58・8・23刑月15巻7=8号357頁………………………………………236
東京高判昭和54・5・15判時937号123頁… 207	
最判昭和54・12・14刑集33巻7号859頁… 314	最決昭和58・9・13判時1100号156頁…… 201
最決昭和54・12・25刑集33巻7号1105頁… 234	最決昭和58・9・21刑集37巻7号1070頁… 275
東京地判昭和55・1・30判時989号8頁… 261	最決昭和58・9・29刑集37巻7号1110頁… 313
東京高判昭和55・9・26高刑集33巻5号359頁（石油やみカルテル事件）……… 211, 215	宮崎地都城支判昭和59・1・25判タ525号302頁………………………………………252
最決昭和55・10・31刑集34巻5号367頁…… 49	鹿児島地判昭和59・5・31刑集16巻5=6号437頁………………………………………276
最決昭和55・11・7刑集34巻6号381頁…… 49	
最決昭和55・11・13刑集34巻6号396頁………………………………………………182	最決昭和59・7・3刑集38巻8号2783頁… 201
	東京高判昭和59・11・22高刑集37巻3号414頁………………………………………146
千葉地松戸支判昭和55・11・20判時1015号143頁……………………………………… 296	
	札幌高判昭和60・3・20判時1169号157頁………………………………………………296
札幌高判昭和56・1・22刑月13巻1=2号12頁………………………………………… 110	
	福岡高判昭和60・7・8刑月17巻7=8号635頁…………………………………………140
大阪地判昭和56・2・19判時1018号138頁………………………………………………137	
	最大判昭和60・10・23刑集39巻6号413頁（福岡青少年保護育成条例事件）……22, 24
大阪地判昭和56・3・19判タ453号172頁… 178	
東京地判昭和56・3・30刑月13巻3号299頁………………………………………………322	大阪簡判昭和60・12・11判時1204号161頁………………………………………………165
	東京地判昭和61・1・8判タ590号83頁… 322
東京高判昭和56・4・1刑月13巻4=5号341頁………………………………………169	
	札幌地判昭和61・2・13刑月18巻1=2号68頁………………………………………… 112
横浜地判昭和56・7・17判時1011号142頁………………………………………………290	
	福岡高判昭和61・3・6高刑集39巻1号1頁……………………………………… 249, 252
大阪高判昭和56・9・30高刑集34巻3号385	

判例索引

札幌地判昭和61・4・11高刑集42巻1号52頁 …… 69
最決昭和61・6・9刑集40巻4号269頁 …… 87
最決昭和61・6・24刑集40巻4号292頁 …… 189
名古屋高判昭和61・9・30判時1224号137頁 …… 272
大阪高判昭和61・10・21判タ630号230頁 …… 294
最決昭和61・11・18刑集40巻7号523頁 …… 316
仙台地石巻支判昭和62・2・18判時1249号145頁 …… 182
最決昭和62・3・26刑集41巻2号182頁 …… 148, 221
大阪高判昭和62・7・10高刑集40巻3号720頁 …… 269, 270
最決昭和62・7・16刑集41巻5号237頁（百円札模造サービス券事件）…… 211, 215
千葉地判昭和62・9・17判時1256号3頁 …… 136
大阪高判昭和62・12・16判タ662号241頁 …… 233
東京地判昭和63・4・5判タ668号223頁 …… 140
最決昭和63・5・11刑集42巻5号807頁 …… 59
東京地判昭和63・7・27判時1300号153頁 …… 271
大阪高判昭和63・9・20判タ696号225頁 …… 215
東京地判昭和63・10・4判時1309号157頁 …… 80
最判昭和63・10・27刑集42巻8号1109頁 …… 111
福岡高判昭和63・11・30高刑速（昭63）183頁 …… 140
最決平成元・3・14刑集43巻3号262頁 …… 102
福岡高宮崎支判平成元・3・24高刑集42巻2号103頁 …… 178
最決平成元・5・1刑集43巻5号405頁 …… 283
最判平成元・7・18刑集43巻7号752頁 …… 80, 221
東京高判平成元・7・31判タ716号248頁 …… 80
最判平成元・11・13刑集43巻10号823頁 …… 135
最決平成元・12・15刑集43巻13号879頁 …… 52, 73
東京高判平成2・12・10高刑速（平2）178頁 …… 294
名古屋高判平成2・1・25判タ739号243頁 …… 251
最決平成2・2・9判時1341号157頁 …… 80

東京高判平成2・2・21東高刑時報41巻1＝4号7頁 …… 294
名古屋高判平成2・7・17判タ739号245頁 …… 249
東京地判平成2・10・12判タ757号239頁 …… 296
最決平成2・11・20刑集44巻8号837頁 …… 59
最決平成2・11・29刑集44巻8号871頁 …… 111
東京高判平成2・12・10高刑速（平2）178頁 …… 294
大阪地判平成3・4・24判タ763号284頁 …… 136
最判平成3・11・14刑集45巻8号221頁 …… 111
長崎地判平成4・1・14判時1415号142頁 …… 207
東京地判平成4・1・23判時1419号133頁 …… 272
浦和地判平成4・3・9判タ796号236頁 …… 269
最決平成4・6・5刑集46巻4号245頁 …… 280
東京地判平成4・8・26判タ805号216頁 …… 296
最決平成4・12・17刑集46巻9号683頁 …… 59
最決平成5・11・25刑集47巻9号242頁 …… 110, 111
大阪地判平成6・3・8判時1557号148頁 …… 296
熊本地判平成6・3・15判時1514号169頁 …… 294
最決平成6・6・30刑集48巻4号21頁 …… 149
最決平成6・12・6刑集48巻8号509頁 …… 307
最決平成6・12・9刑集48巻8号576頁 …… 323
大阪高判平成7・3・31判タ887号259頁 …… 141
千葉地判平成7・12・13判時1565号144頁 …… 186
東京地判平成8・3・22判時1568号35号 …… 227
東京地判平成8・3・28判時1596号125頁 …… 252
東京地判平成8・3・28判時1598号158頁 …… 296
広島地判平成8・3・28判タ949号97頁 …… 111
東京地判平成8・6・26判時1578号39号 …… 160
千葉地判平成8・9・17判時1602号147頁 …… 80
最判平成8・11・18刑集50巻10号745頁（岩教祖事件）…… 19, 211, 215

名古屋高判平成9・3・5判時1611号153頁
……………………………………… 296
最判平成9・6・16刑集51巻5号435頁
…………………………………… 130, 137
大阪地判平成9・6・18判時1610号155頁
……………………………………… 252
最決平成9・7・9刑集51巻6号453頁 …… 48
東京地判平成9・8・4高刑集50巻2号213
頁 ………………………………… 187
東京地判平成9・12・12判時1632号152頁
……………………………………… 160
東京高判平成10・3・11判時1660号155頁
……………………………………… 168
大阪高判平成10・6・24高刑集51巻2号116
頁 …………………………… 164, 167
大阪高判平成10・7・16判時1647号156頁
……………………………………… 176
大阪地判平成11・1・12判タ1025号195頁
……………………………………… 200
大阪地堺支判平成11・4・22判時1687号
157頁 ……………………………… 296
札幌高判平成12・3・16判時1711号170頁
……………………………………… 303
東京地判平成12・5・12判タ1064号254頁
……………………………………… 295
大阪高判平成12・6・22判タ1067号276頁
……………………………………… 141
高松高判平成12・10・19判時1745号159頁
……………………………………… 130
最決平成12・12・20刑集54巻9号1095頁 …… 99
大阪地判平成13・3・14判時1746号159頁
……………………………………… 261
東京地判平成13・3・28判時1763号17頁（薬
害エイズ帝京大ルート）……………… 106
大阪地判平成13・6・21判タ1085号292頁
……………………………………… 303
名古屋高判平成13・9・19判時1765号149頁
……………………………………… 199
広島高松江支判平成13・10・17判時1766号
152頁 ……………………………… 160
最決平成13・10・25刑集55巻6号519頁 …… 275
大阪高判平成14・9・4判タ1114号293頁
……………………………………… 166
東京地判平成14・10・30判時1816号164頁
……………………………………… 216
東京地判平成14・11・21判時1823号156頁
……………………………………… 146
水戸地判平成15・3・3判タ1136号96頁 …… 111
最決平成15・3・18刑集57巻3号371頁 …… 168
最大判平成15・4・23刑集57巻4号467頁
……………………………………… 316
最決平成15・5・1刑集57巻5号507頁（ス
ワット事件）…………………… 261, 283
最判平成15・7・10刑集57巻7号903頁 …… 319
旭川地判平成15・11・14研修670巻27頁 …… 306
最決平成16・1・20刑集58巻1号1頁 …… 276
最決平成16・3・22刑集58巻3号187頁
…………………………………… 230, 233
最決平成16・10・19刑集58巻7号645頁 …… 59
最判平成17・4・14刑集59巻3号283頁 …… 314
最判平成17・7・4刑集59巻6号403頁
…………………………………… 72, 266
最決平成17・12・6刑集59巻10号1901頁 …… 168
神戸地判平成18・3・14法セ622号118頁 …… 189
最決平成18・3・27刑集60巻3号382頁 …… 113
京都地判平成18・12・13判タ1229号105頁
……………………………………… 294
名古屋高判平成19・2・16判タ1247号342頁
……………………………………… 251
最判平成19・9・18刑集61巻6号601頁（広
島市暴走族追放条例事件）………… 23, 24
最判平成20・4・25刑集62巻5号1559頁 …… 201
最決平成20・5・20刑集62巻6号1786頁 …… 141
最決平成20・6・25刑集62巻6号1859頁 …… 144

テキストブック刑法総論
Criminal Law —— General Part

2009 年 7 月 10 日　初版第 1 刷発行
2018 年 8 月 5 日　初版第 2 刷発行

著者　葛原力三
　　　塩見淳久
　　　橋田拓人
　　　安田

発行者　江草貞治

発行所　株式会社　有斐閣
　　　　郵便番号 101-0051
　　　　東京都千代田区神田神保町 2-17
　　　　電話 (03) 3264-1314〔編集〕
　　　　　　(03) 3265-6811〔営業〕
　　　　http://www.yuhikaku.co.jp/

印刷・製本　共同印刷工業株式会社

© 2009, Rikizou Kuzuhara, Jun Shiomi, Hisashi Hashida, Takuto Yasuda.
Printed in Japan

落丁・乱丁本はお取替えいたします
★定価はカバーに表示してあります
ISBN 978-4-641-04262-9

Ⓡ本書の全部または一部を無断で複写複製（コピー）することは，著作権法上での例外を除き，禁じられています。本書からの複写を希望される場合は，日本複製権センター（03-3401-2382）にご連絡下さい。